MW00981377

School District No.43 (Coquitlam)
CONFUCIUS CLASSROOM
孔子课堂
International Education • www.internationaled.com

汉英 体育词典

A Chinese-English Sports Dictionary

主编：刘振恺

外文出版社
Foreign Languages Press

图书在版编目（CIP）数据

汉英体育词典／刘振恺主编．—北京：外文出版社，2004

ISBN 7-119-03756-0

I.汉… II.刘… III.体育－词典－汉、英 IV.G8-61

中国版本图书馆 CIP 数据核字（2004）第 071427 号

外文出版社网址：
http://www.flp.com.cn
外文出版社电子信箱：
info@flp.com.cn
sales@flp.com.cn

汉英体育词典

主　　编 刘振恺

责任编辑 王　蕊
封面设计 时振晓
印刷监制 冯　浩
出版发行 外文出版社
社　　址 北京市百万庄大街 24 号　　**邮政编码** 100037
电　　话 (010) 68995963（总编室）
(010) 68329514 / 68327211（推广发行部）
印　　刷 汇鑫印务有限公司
经　　销 新华书店／外文书店
开　　本 大 32 开　　**字　　数** 450 千字
印　　数 0001–8000 册　　**印　　张** 20.375
版　　次 2004 年 8 月第 1 版第 1 次印刷
装　　别 平
书　　号 ISBN 7-119-03756-0
定　　价 32.00 元

参加编写人员

Editorial Staff

主编　刘振恺：1949 年中央大学外文系毕业。长期从事对外宣传和外事工作。曾参加共青团中央英文刊物 *Evergreen*（《万年青》）的创办和编辑工作，后任国家体委 *China Sports*（《中国体育》）副总编。北京 2000 年奥运会申办报告英译本定稿人。主要著作有《英汉体育词汇》、《中国体育五千年》和 *Footprints on the Peaks*（《高峰上的足迹》，美国出版）等。上世纪 50 年代曾为毛主席、周总理等国家领导人会见外宾时担任口译工作。70 年代参加《汉语主题词表》的研制工作，获国家科学技术进步奖。由于对宣传出版事业有突出贡献而享受国务院颁发的特殊津贴。

编辑　梁　蔚：1982 年上海外国语大学英语系毕业。现为中国奥林匹克委员会网站译审。

刘北利：1984 年获美国哥伦比亚大学硕士学位。现担任首都师范大学英语教育系硕士生导师。

刘北剑：1982 年北京外国语大学英语系毕业。现任国家体育总局乒羽中心外事部部长。

核定　宋鲁增：1991 年获英国利兹大学硕士学位。现任国家体育总局对外联络司副司长。

目 录

Contents

序 言

Foreword

《汉英体育词典》是献给2008年北京奥运会一份深情的厚礼。

这本词典在全国欢庆北京申办奥运会成功三周年之际出版发行，具有特殊意义。2001年7月13日，国际奥委会萨马兰奇主席向全世界宣布：2008年奥运会将在北京举行。喜讯传来，举国上下一片欢腾。目前，北京奥运会的筹备工作进展顺利，促进了我国的改革开放和体育事业的发展。

在奥林匹克运动中，我国正在发挥越来越重大的作用，参加和承办的国际体育竞赛和综合性运动会越来越多。在日益频繁的国际交流中，我国的广大体育工作者迫切要求熟练掌握外语，特别是国际上使用较广泛的英语。工欲善其事，必先利其器。他们希望能得到一本实用性强、内容新颖、查阅方便的词汇手册，作为学习和使用英语的工具书。

本书的编写人员曾在体育、教育战线上长期从事国际交往、对外宣传或英语教学工作。他们通过辛勤的劳动和集体智慧编成此书，做了一件十分有益的工作。令人高兴的是，还有千千万万像他们这样的热心人士，也在以不同的方式为开好奥运会献力献策。正因为有全国人民的大力支持，相信2008年北京奥运会定将以其特有的魅力载入奥运会的史册。

是为序，并对本书的出版表示祝贺！

何振梁

2004年6月

前 言

Preface

随着2008年北京奥运会的日益临近，各方面的筹备工作正在紧锣密鼓地进行。为了办好这届运动会，有关人员正在努力学习英语。在这次重大活动中，他们必将接触大量的体育专业词汇，因此有必要准备一本专业词典，作为翻译工具书。本书正是为了满足这一迫切需要而编写的。它不仅面向直接或间接参加奥运会的人员——运动员、教练员、裁判员、工作人员和广大的志愿者，而且可供所有学习和使用英文的人士在涉及奥林匹克运动和体育事业时查阅。

我们参照国内外出版的一些辞书，精选了一万多条词语编成这本带有“主题词表”性质的《汉英体育词典》，并附汉英索引和英汉索引，从而将分类词典、汉英词典和英汉词典的三种功能合为一体，便于读者通过多种途径查阅和记忆。

自从上世纪70年代我国第一部《英汉体育常用词汇》问世以来，国际奥林匹克运动和体育事业发生了巨大变化。运动技术水平在不断提高，许多规则、规程进行了重大修改。“专业化”和“商业化”的进程加快了，体育运动同市场经济、信息技术、环境保护、文化活动的联系越来越密切了。这些变化，集中反映在我国提出的“绿色奥运、科技奥运、人文奥运”这一口号中。新事物的出现必然产生新词汇，应该适度地选入新编的词典，而以实用、常用为原则。本书涉及的项目以奥运会项目为主，夏冬兼顾；同时也包括一些非奥运项目，例如在我国占有重要地位的武术和登山，在本书便占有一定的篇幅。此外还收集了一些不直接从属体育范畴，但同体育活动有密切关系的类目和词语，例如在一般用语中设立了“会议”类目，这是因为考虑到在奥运会以及其他重大国际比赛期间，有关组织都要举行各种会议。

编写本书，无论从形式或内容来说，都是一种新的尝试。分类方法和词条取舍，往往带有主观武断的成分。由于专业知识和文字水平有限，词语释义也难免会有不妥之处。凡此种种，尚希读者指正，以图今后改进。

在编写过程中，得到下列专家的鼎力协助，特此鸣谢：

（以姓氏笔划为序）

关　卫　　刘庄宜　　任春晖　　孙孝贞　　李之文　　李铁峰

张晓蓬　　翁庆章　　徐家亮　　崔志强　　黄立燊　　蔡季舟

燕呢喃

编　者

2004年6月

使用说明

Key to Entries

一、分类层次

本书条目按"部、大类、类、栏、群"五个层次分类。以"高抛式发球"为例，按从属关系排在"单项体育"（部）→"球类运动"（大类）→"乒乓球"（类）→"发球与接球"这一栏目中。该栏有36个词条，用横线分为四个意群。第二个意群列举了各种发球方法，其中包括"高抛式发球"。

正文内容分有三个部分：一般用语、单项体育和运动医学。只有第二部分因类目较多而增设了"大类"这一层次。三个部分共100类，分类统一编号。正文词条前的数字表示它在类中的序号。例如："高抛式发球"的类号为26，序号为56。

二、双向索引

本书附有汉英索引和英汉索引，条目后带有类号/序号，可以据此在正文中找到该条目的英语或汉语对应词。

三、重点词汇

重点词汇在正文中以黑体字表示，在索引中连同对应词一并标出。

四、符号使用

1. 分号;用来隔开同义词。如：

   乒乓球运动员 table tennis player; paddler

2. 圆括号（）

   ——表示注释。如：

   中华人民共和国国家体育运动委员会（1997年改名为中华人民共和国国家体育总局）Commission for Physical Culture and Sports of the People's Republic of China

——表示可省略。如：

直拳 straight (blow)

说明英语既可叫 straight blow，又可简称为 straight。

——表示缩略语。如：

国际奥林匹克委员会（国际奥委会） International Olympic Committee (IOC)

3. 方括号 [ ] 表示前面相应部分的另一种说法。如：

横劈叉 parallel [straddle] split

说明英语既可叫 parallel split，又可叫 straddle split。

4. 尖括号〈〉表示举例。

5. 曲线号～和双曲线号≈分别替代前面的汉语词和英语词。

主要参考书目

Bibliography

1《英汉体育常用词汇》(1975年人民体育出版社出版)
2 英文《中国体育》杂志(*China Sports* 1979-2000年)
3 *Webster Sports Dictionary*(1975年美国Meriam公司出版)
4 *The Oxford Companion to Sports and Games*(1977年美国巴拉丁公司出版)
5《中国大百科全书》体育卷(1982年中国大百科全书出版社出版)
6《新编汉英分类词汇手册》(1983年外语教学与研究出版社出版)
7《英汉体育词汇》(1985年人民体育出版社出版)
8《汉英体育用语2000条》(1990年奥林匹克出版社出版)
9 *BEIJING 2000*(《北京2000年奥运会申办报告》1993年奥林匹克出版社出版)
10《实用汉英分类百科词典》(1994年山西教育出版社出版)
11 *Multilingual Olympic Lexicon*(1998年Editions du Goéland与国际奥委会出版)
12《汉英体育词汇大全》(1999年人民体育出版社出版)
13《体育大辞典》(2000年上海辞书出版社出版)
14《奥林匹克百科全书》(2000年奥林匹克出版社出版)
15 *BEIJING 2008*(《北京2008年奥运会申办报告》2001年奥林匹克出版社出版)

第 一 部 分
Part One

一般用语
General Terms

1. 体育运动 Sport

1 **体育 sport**（指某个体育项目，亦可泛指体育事业）；**physical culture**（作为整个文化的一部分）；**physical education**（作为“德育”、“智育”的关联词）；**athletics**（带有竞技的意义）；**game**（带有娱乐性）
2 **运动 physical exercise**（指身体活动）；**sport**（指某个运动项目）
3 **体育教育［学］ physical education** (PE; phys ed)
4 **体育锻炼 physical training**
5 体育锻炼标准 physical training standards
6 体育活动 sports [sporting; athletic] activities
7 **娱乐 pastime; recreation;** entertainment
8 休闲 leisure
9 **体育道德 sportsmanship**
10 有体育道德的；体育作风好的 sportsmanlike; sportsmanly
11 **公平竞争 fair play**
12 体育意识 sports awareness
13 体育热 sports boom [craze]
14 对体育运动的热爱 love [enthusiasm] for sports; athleticism
15 关心体育的 sports-minded
16 体育界；体坛 sports circles [community; fraternity; world]; sportsdom
17 体育人口 sporty population
18 体育法 Sports Law
19 全民健身计划 National Fitness Program
20 发展体育运动，增强人民体质 Promote physical culture and build up the people's health
21 友谊第一，比赛第二 friendship first, competition second
22 冲出亚洲，走向世界 Make it to the top in Asia and advance into the world's forefront
23 商业化 commercialism
24 专业化 professionalism
25 业余原则 amateurism
26 普及与提高相结合 combine popularization with the raising of standards

类别

27 **群［大］众体育 sport for all;** mass sport
28 十分流行的体育项目 big-time game
29 流行一时的体育项目 fad sport
30 个人喜爱的体育项目 favorite sport
31 **民间体育 folk sport**
32 本国最流行的运动项目 national sport
33 国防体育 sport for national defense
34 军事体育 military sport
35 少数民族体育 sport for ethnic groups [minorities]
36 社区体育 community sport
37 **残疾人体育 sport for the disabled [for persons with disabilities]**
38 智障人体育 sport for the mentally retarded [for persons with intellectual disabilities]
39 轮椅运动 wheelchair sport

40 奥运会项目 **Olympic program**（指整体）；**Olympic sport**（指单项）

41 非奥运会项目 **non-Olympic sport**

42 大项 **sport**

43 分项 **discipline**

44 小项 **event**

45 正式比赛项目 **medal** [title;official] **sport**

46 非正式比赛项目 **non-medal** [-title] **sport**

47 表演项目 **demonstration** [exhibition] **sport**

48 强项 strong event

49 弱项 weak event

---

50 竞技性体育项目 competitive sport

51 参与性体育项目 participant sport

52 观赏性体育项目 spectator sport

53 娱乐性体育项目 recreational sport

54 个人体育项目 individual sport

55 **集体体育项目**（队与队的比赛） **team sport**

56 **室内运动 indoor sport**

57 **室外**［露天］**运动 outdoor** [open-air] **sport**

58 野外运动 field sport

59 身体接触项目 body-[physical-]contact sport

60 耐力项目 endurance event

61 持续时间长的项目 long duration event

62 持续时间短的项目 short duration event

63 **竞速项目**（赛跑、游泳、自行车等）**race**

64 短距离竞速项目 sprint; short-distance race

65 长距离竞速项目 (long-)distance race

单项体育

（详见第二部分有关类目）

66 **单项体育 individual sport**

67 田径运动 track and field; athletics

68 游泳 swimming

69 跳水 (fancy) diving

70 花样游泳 synchronized swimming

---

71 **球类运动 ball game**

72 球门 / 球篮项目 goal game

73 隔网项目 net game

74 执拍项目 racket game

75 棍棒球类项目 stick-and-ball game

76 足球运动 (association) football; soccer

77 篮球运动 basketball; cage

78 排球运动 volleyball

79 乒乓球运动 table tennis; ping-pong

80 羽毛球运动 badminton

81 手球运动 (team) handball

82 棒球运动 baseball

83 垒球运动 softball

84 网球运动 tennis

85 （草地）曲棍球运动 (field) hockey

86 水球运动 water polo

87 冰球运动 ice hockey

88 橄榄球运动 rugby (football)

89 高尔夫球运动 golf

90 保龄球运动 bowling

91 台球运动 billiards

---

92 体操运动（参看143页注）gymnastics

93 竞技体操 artistic gymnastics

94 韵律［艺术］体操 rhythmic gymnastics

95 蹦床运动 trampolining
96 技巧运动 sports acrobatics
97 体育舞蹈 dance sport; sports dancing

---

98 举重 weightlifting
99 健美运动 bodybuilding

---

100 格斗项目 combat(ive) sport
101 拳击 boxing
102 击剑 fencing
103 摔跤 wrestling
104 柔道 judo
105 跆拳道 taekwondo

---

106 射箭 archery
107 射击 shooting

---

108 自行车运动 cycling
109 汽车运动 motor [automobile] sport
110 摩托车运动 motorcycling

---

111 水上运动 aquatic sport
112 赛艇运动 rowing
113 划艇运动 canoeing
114 皮艇运动 kayaking
115 皮划艇运动 canoeing; canoe/kayak; paddle sports
116 帆船运动 sailing; yachting
117 摩托艇运动 motor[power]boating
118 滑水 water skiing
119 冲浪 surfing

---

120 马术 equestrian sport
121 钓鱼 angling; fishing
122 狩猎 hunting
123 信鸽竞翔比赛 pigeon racing

---

124 冬季运动 winter sport
125 速度滑冰 speed skating
126 花样滑冰 figure skating
127 滑雪 skiing
128 冰上溜石 curling

---

129 综合性体育项目 combined sport
130 现代五项 modern pentathlon
131 冬季两项 biathlon
132 铁人三项 triathlon; ironman

---

133 武术 wushu; traditional Chinese martial arts
134 登山 mountaineering

---

135 棋类项目 board game
136 纸牌游戏 card game
137 象棋 xiangqi; Chinese chess
138 国际象棋 chess
139 围棋 weiqi; go
140 桥牌 bridge

---

141 航空运动 air [aeronautical] sport
142 飞行 sporting flying
143 滑翔 gliding
144 跳伞 (sport) parachuting; skydiving
145 热气球运动 hot-air ballooning

---

146 航空模型运动 model airplane sport
147 航海模型运动 model shipbuilding [ship sport]

---

148 极限运动 extreme [X-]sport
149 无线电运动 radio sport
150 电子游戏［竞技］ electronic [E-] game; E-sport

1

我国体育组织

（详见附录 5）

151 中华人民共和国国家体育总局 **General Administration of Sport of the People's Republic of China**

152 中华人民共和国体育运动委员会（1997 年改名为中华人民共和国国家体育总局）Commission for Physical Culture and Sports of the People's Republic of China

153 中华全国体育总会 **All-China Sports Federation**

154 中国奥林匹克委员会 **Chinese Olympic Committee**

155 协会 **association**

156 管理中心 **administrative center**

----

157 中国香港体育协会暨奥林匹克委员会 Sports Federation and Olympic Committee of Hong Kong, China (SF&OC)

158 中国澳门奥林匹克委员会 Olympic Committee of Macau, China

159 中国台北奥林匹克委员会 Chinese Taipei Olympic Committee

组织机构

160 部（部委一级） ministry

161 司（司局一级） department

162 局 department; bureau; administration

163 处；科 section; office

164 联合会 **federation;** union; league; confederation; conference

165 理事会 **council**

166 委员会 **committee; commission**

167 执行委员会 **executive committee [board]**

168 体育俱乐部 **sports [athletic] club**

----

169 领导机构 leadership; leading body

170 管辖机构 governing body

171 领导人 leader

172 创始人 founder

173 主席 **president; chairman [person]**

174 名誉主席 **honorary president**

175 终身名誉主席 honorary life president

176 主任；长 **director; chief; head**

177 主任（部委一级） **minister [in charge] of...**

178 秘书 **secretary**

179 秘书长 **secretary general**

180 秘书处 secretariat

181 司库 treasurer

182 副 **vice; deputy**

183 代理 acting

184 会［成；委］员 **member**

185 名誉委员 honorary member

186 荣誉委员 honor member

187 会员组织 **member organization**

188 会员国 **member nation**

189 会籍 **membership**

190 承认 **recognize**

191 入会 **join;** affiliate oneself with

192 会员数 membership

193 接纳 admit; recruit; enrol

194 附属于…… attached [affiliated] to...

195 退出 withdraw

196 开除 **expel**
197 停止会籍 suspend
198 会费 membership fees
199 **会徽 emblem; logo**

2. 奥林匹克运动 Olympic Movement

1 **奥林匹克运动 Olympic Movement**
2 奥林匹亚（希腊南部平原） Olympia
3 奥林匹斯山 Mount Olympus
4 **奥林匹克周期**（四年） **Olympiad**
5 **奥林匹克宪章 Olympic Charter**
6 奥林匹克主义 Olympism
7 **奥林匹克理想 Olympic Ideal**
8 **奥林匹克精神 Olympic Spirit**
9 **奥林匹克大家庭 Olympic Family**
10 奥林匹克标志 Olympic symbol
11 奥林匹克旗 Olympic flag
12 **奥林匹克格言**（即"更快、更高、更强"） **Olympic motto**
13 **更快、更高、更强 Citius · Altius · Fortius; Faster [Swifter] · Higher · Stronger**
14 奥林匹克口号（即"在奥林匹克运动会上最重要的不是取胜，而是参与；正如在生活中最重要的不是胜利，而是斗争。至关重要的不是征服，而是奋力拼搏。"） Olympic creed [message] ("The most important thing in the Olympic Games is not to win but to take part, just as the most important thing in life is not the triumph but the struggle. The essential thing is not to have conquered but to have fought well.")
15 奥林匹克徽记 Olympic emblem
16 奥林匹克会歌 Olympic anthem
17 奥林匹克团结基金 Olympic Solidarity

国际奥林匹克委员会

18 **国际奥林匹克委员会；国际奥委会 International Olympic Committee (IOC)**
19 **奥林匹克代表大会 Olympic Congress**
20 **国际奥委会全会 IOC Session**
21 国际奥委会执行委员会 IOC Executive Board
22 国际奥委会主席 IOC President
23 国际奥委会副主席 IOC Vice-President
24 国际奥委会委员 IOC member
25 国际奥委会下属委员会（详见附录3） IOC Commissions
26 国际奥委会总部 IOC Headquarters
27 国际奥委会行政机构 IOC Administration
28 工作分解结构 work breakdown structure
29 国际奥委会承认的 IOC-recognized
30 国际奥委会的庇护 patronage by the IOC
31 **国际单项体育联合会**（详见附录3） **international federation (IF)**
32 **国家/地区奥林匹克委员会 National Olympic Committee (NOC)**

33 **奥林匹克勋章 Olympic Order**
34 奥林匹克金质勋章 Olympic Order in gold
35 奥林匹克银质勋章 Olympic Order in silver
36 奥林匹克杯 Olympic Cup
37 国际奥委会奥林匹克体育科学奖 IOC Olympic Prize for Sports Sciences

奥林匹克运动会

38 **奥林匹克运动会；奥运会 Olympic Games; Olympics; Games of the Olympiad**
39 古代奥林匹克运动会（公元394年以前） ancient Olympic Games
40 现代奥林匹克运动会（1896年以后）modern Olympic Games
41 顾拜旦 (Pierre de) Coubertin
42 **夏季奥林匹克运动会；夏奥会**（历届简况见附录1）**Olympic Summer Games; Summer Olympics**
43 **第29届奥林匹克运动会 Games of the 29th Olympiad; 29th Olympic Games**
44 北京奥林匹克运动会 Beijing Olympic Games
45 绿色奥运、科技奥运、人文奥运 **Green Olympics, High-tech Olympics, People's Olympics**
46 **冬季奥林匹克运动会；冬奥会**（历届简况见附录2） **Olympic Winter Games; Winter Olympics**
47 **残疾人奥林匹克运动会；残奥会 Paralympic Games; Paralympics**
48 **奥林匹克圣火 Olympic flame**
49 **奥林匹克火炬 Olympic torch**
50 奥林匹克誓言 Olympic oath
51 奥林匹克休战 Olympic truce
52 奥林匹克年 Olympic year
53 申请城市 applicant city
54 奥林匹克城 Olympic city
55 **奥林匹克村；奥运村 Olympic Village**
56 奥运村运行中心 Village Operation Center
57 奥运村指南 Olympic Village Guide
58 奥运会运动员计划 Athlete Olympic Program

59 **申请主办；申办 bid to host**
60 申办委员会 bid committee
61 申办报告 candidature file
62 北京2008年奥运会申办委员会 Beijing 2008 Olympic Games Bid Committee (BOBICO)
63 **候选城市 candidate city**
64 **主办城市 host city**
65 主办城市合同 host city contract

66 **筹备 prepare;** make preparations for; set the stage for
67 **主办 sponsor; host; organize;** under the sponsorship [auspices; aegis] of
68 **主办［东道］国 host country**
69 主办者 organizer; promoter; sponsor
70 **筹备委员会；筹委会 preparatory committee**
71 **组织委员会；组委会 organizing committee**
72 **奥林匹克运动会组织委员会；奥运会组委会 Organizing Committee of the Olympic Games (OCOG)**

73 **北京2008年奥运会组织委员会；北京奥组委**（机构详见附录6） **Beijing Organizing Committee for the Games of the XXIXth Olympiad (BOCOG)**

74 当地组委会 local organizing committee

75 接待委员会 reception committee

———

76 国际奥委会协调委员会 IOC Coordination Committee

77 奥林匹克协调局 Olympic Coordination Authority

78 联络员 attaché

79 总体组织计划 General Organization Plan

80 奥运会管理系统 Games Management System

81 奥运会总部 Games Headquarters

82 主运行中心 Main Operation Center

83 体育指挥中心 Sport Command Center

84 竞赛主任 competition manager

85 技术指挥中心 Technology Command Center

86 技术运行中心 Technical Operations Center

87 技术代表 Technical Delegate

88 交通运行中心 Transportation Operation Center

89 奥运会安全指挥中心 Olympic Security Command

3. 人员 Personnel

运动员

1 **运动员**①通称为**sportsman; sportswoman**（女）；**athlete**（经过一定训练，特指田径～）；②**player**（多用于球类、棋类项目）③有些项目的～采用项目名称+后缀的构词法，如篮球～basketballer; 柔道～judoist; **登山**～mountaineer ④有些项目的～使用专门名称，如体操～gymnast; 射击～marksman ⑤在某些语言环境下借用“参赛者”这类词，participant; competitor; contestant

2 **新手 beginner; newcomer; novice; rookie;** recruit; new hand; tyro; neophyte; prep; new boy

3 徒弟；弟子 protégé; apprentice; disciple; follower; charge; trainee

4 初次参赛者 debutant; debutante（女）

5 **青少年 junior; teenager**（13到19岁）；juvenile; adolescent

6 后起之秀 rising star; up-and-coming athlete

7 **后备力量 reserve** (force); depth

8 十六［十七……］岁以下 under-16 [-17…]; U-16[-17…]

9 老练的 experienced; seasoned

10 成熟的 mature; ripe; fully developed

11 不成熟的 inexperienced; fresh; green; callow; immature; crude

12 **主力 backbone**; leading player; stalwart; mainstay; pillar; key (man); spark plug; kingpin; linchpin; lynchpin; skeleton

13 成年人 adult; grown-up
14 **老将 vet(eran);** old-timer

---

15 **职［专］业运动员 pro(fessional)**
16 职［专］业运动员身份 professionalism
17 半职业运动员 semi-pro(fessional)
18 **业余运动员 amateur**
19 业余运动员身份 amateurism
20 假业余运动员 shamateur

---

21 等级运动员 graded sportsman [athlete]
22 一［二、三］级运动员 first-[second-; third-]grade sportsman
23 **运动健将 master of sports**
24 国际级运动健将 international master of sports
25 **大师 (grand)master;** maestro

---

26 **队 team;** squad; side; crew; contingent; franchise（享有会员权利）
27 **队长 captain;** skipper
28 比赛场上队长 playing captain
29 不参加比赛的队长 non-playing captain
30 **队员 team member**
31 **守门员 goalkeeper;** goaltender; goalie; keeper; custodian; net-minder
32 场上队员（守门员除外）field player
33 **核心队员 playmaker;** lead-off man
34 **队友 teammate**
35 一［二、三］线队伍 first [second; third] string
36 一［二、三］线队员 first [second; third] stringer
37 代表队 representative team; selection
38 **国家队 national team**
39 入选［代表］国家队 cap〈他两次入选中国国家队。He's been capped two times for China; He's a Chinese player with two caps.〉
40 青年队 youth [junior] team
41 地方代表队 local team
42 省代表队 provincial team
43 市代表队 municipal team
44 俱乐部队 club team
45 第一队（代表院校或俱乐部） first [varsity] team
46 第二队（代表院校或俱乐部） second team; junior varsity; jayvee
47 **体育代表团 sports delegation**
48 元老队 veterans' team
49 **全明星队 all-stars**
50 临时组织的队 pickup team
51 名册 roster

---

52 **阵容 lineup;** outfit
53 **首发阵容 starting lineup**
54 **首发队员 starting player; starter;** regular
55 **替补队员 substitute;** sub; spare; reserve
56 替补力量 bench power
57 多能的替补员 utilityman; utility player

---

58 杰出人才 talent; prodigy; genius; phenomenon; great; big shot [gun]; outstand
59 **优秀运动员 ranking** [outstanding; top; topnotch; accomplished; high-performance] **athlete; ace; elite; cream**
60 空前未有的优秀运动员 all-time

great
61 有世界水平的运动员 world-level athlete; athlete of world caliber; world-beater
62 第一流的 first-rate; tip-top; top-class[-flight; -ranking; -notch]
63 多面手的 versatile
64 全能运动员 all-(a)rounder; all-round [versatile] athlete
65 有特长的运动员 specialist
66 高手 crackerjack; dab; hotshot
67 夺标呼声高的选手 (hot) favorite
68 **有希望的运动员 promising athlete; hopeful**
69 有希望获奖牌的运动员 medal prospect
70 无望获胜的参赛者 long shot; outsider
71 众望所归的运动员 fancied player
72 名不见经传的获胜者 sleeper
73 **黑马 dark horse**
74 速度快的运动员 speedster; speedboy
75 能扭转局面的选手 clutch hitter
76 **最有价值的运动员 most valuable player (MVP);** top player
77 **明星 star;** shining light
78 **超级明星 superstar;** megastar
79 **新秀**（参加职业运动未满一年）**rookie**
80 **十佳 top ten**
81 国际比赛选手 international
82 **奥运会选手 Olympian**

---

83 **对**（双打） **pair;** duo
84 **同伴；搭档 partner**
85 混合双打的一对 mixed pair
86 与某人配对 pair up [team up; in partnership] with sb
87 **陪练者 training partner**

---

88 巨人 giant; giantess (女); colossus
89 高个子运动员 tall player; long fellow
90 小个子运动员 diminutive
91 体格魁梧的人 muscleman
92 **左撇子 left-hander;** leftie; portsider; southpaw

---

93 **发掘人才 spot** [discover; unearth; scout for] **talents**
94 **招收** recruit; take on
95 补充 replenish; reinforce
96 **培训 train; bring up** [on]; groom; foster; raise; cultivate; nurture
97 **转会 transfer**
98 换班 reshuffle; shake-up; retool; replace
99 **退役 retire;** hang up one's shoes [spikes]
100 **运动生涯 athletic career**
101 **高峰期 peak (period)**

教练员

102 **教练员；指导 coach;** instructor; trainer
103 **主［总］教练 chief [head] coach**
104 助理教练 assistant coach
105 临场指导 sideline coaching; bench work
106 战术讲解 skull practice [session]
107 赛前动员 pep-talk
108 指点 pointers; tip
109 职称 professional title
110 **国家级教练 national coach**
111 最佳教练员 Best Coach

112 聘请 **engage; employ**
113 辞职 **resign**
114 辞退 **dismiss;** discharge; sack; fire
115 "下课" step down

裁判人员

116 担任裁判工作 officiate; referee; run the line
117 **裁判人员 official**
118 **裁判员 ref(eree); judge; ump(ire);** arbiter
119 副［助理］裁判 assistant referee
120 见习裁判 probationary judge
121 **裁判长；主裁判 referee; chief [head] judge [referee]**
122 **国家级裁判员 national referee**
123 **国际裁判 international referee**
124 球门裁判员 goal umpire
125 终点裁判 finishing (line) judge; judge at the finish
126 底线裁判员 end-line judge
127 **司线［巡边］员 linesman**
128 **发令员 starter**
129 助理发令员 starter's assistant; assistant starter
130 **计时员 timekeeper;** timer
131 跑表计时员 manual timekeeper
132 计时长 chief timekeeper
133 **记分员 scorer;** scorekeeper; marker; recorder
134 统计员 statistician
135 **记录员 recorder**
136 检录员 register; caller
137 检查员 inspector
138 **裁判委员会 judges committee;** board of referees; judging panel; jury; panel of judges
139 **仲裁委员会 appeal committee;** panel of appeal; arbitration board
140 中立裁判员 neutral judge
141 偏袒本国［队］的裁判员 homer
142 "黑哨" "black whistle"; shady [bribed] referee

其他工作人员

143 工作人员 working staff
144 **体育工作者 sports worker** [organizer]; sportspeople
145 **官员 official**
146 **代表团团长 head of delegation; chef de mission**
147 **领队 team leader [manager]**
148 随队官员 accompanying official; entourage; team follower
149 物色者 spotter; scout
150 选拔者 selector
151 场地工作人员 field officer
152 跑道检察员 track steward
153 场地指挥员 marshal
154 **广播［宣告］员 announcer; mikester**
155 **身份证 ID** [identification; identity; accreditation] **card**
156 经纪人 promoter

观 众

157 **观众 spectator; audience;** crowd; onlooker; watcher; gallery
158 **迷；爱好者 fan; enthusiast; buff;** lover; devotee; bug; aficionado
159 露天看台上的观众 bleacherite
160 观众人数 attendance
161 激动得跳起来的观众 jack-in-the-box spectator

162 偏袒 favor
163 偏袒一方的观众 partisan audience
164 天时地利人和 favorable climate and warm support from a home crowd
165 **助威；声援 root**
166 助威者 rooter
167 **啦啦队 cheering squad;** rooting section
168 啦啦队长 rooter king
169 **鼓掌 clap; applaud**
170 **鼓掌欢呼 ovation**
171 起立欢呼 standing ovation
172 掌声雷动 thunderous applause; bring the house down
173 为某人加油 cheer sb on
174 **加油！ Come on!**
175 喝倒彩 boo; make catcalls
176 **球迷闹事 riot;** violence; rowdyism; hooliganism

---

177 入场票价 admission fees
178 优待票价 concession rate
179 **入场券 (admission) ticket**
180 赠票 free [complimentary] ticket
181 入场券全部售完 sellout
182 **满座 full house;** capacity [sellout] crowd

4. 竞赛类别 Sports Competitions

1 **竞赛 competition; match; contest;** race; vie
2 **运动会 meet(ing)**（指竞技者聚在一起角逐）；**contest**（指争夺胜利的比赛场合）；**games**（复数形式指综合性运动会）；**tournament; tourney**（经过淘汰产生名次，一般为单一运动项目）；**sports**（常指学校运动会）；**event**（泛指某项赛事）
3 **吉祥物 mascot**
4 青年比赛 junior tournament
5 比赛大会；体育盛会 jamboree; extravaganza
6 重大比赛 blue-ribbon event
7 德比；大赛 derby
8 定期比赛 fixture
9 临时比赛 pickup game
10 **比赛地点 venue;** site of competition
11 **届 edition;** version
12 年度大赛；精英赛 classic
13 年终比赛 year-ender
14 竞赛年度计划 sports calendar
15 **锦标赛 championship**
16 综合性竞赛 multi(ple)-sports competition
17 世界锦标赛 world championship; worlds
18 **公开赛 open (tournament)**
19 不公开的比赛 closed competition
20 **友谊赛 friendly (match)**
21 **邀请赛 invitational (tournament)**
22 对抗赛 dual meet
23 三角对抗赛 triangular meet
24 **挑战［擂台］赛 challenge** (competition)
25 梯次比赛（按排列名次挑战） ladder tournament
26 通讯比赛 mail [correspondence]

match
27 大师［名人］赛 masters' tournament
28 元老赛 veterans' contest
29 **表演赛 exhibition [demonstration; non-medal] competition**
30 让步赛 handicap
31 平等的（指不带让步条件） scratch
32 **热身赛 warm-up** (competition); tune-up

---

33 系列赛 series
34 **联赛 league**
35 **超级联赛 premier** [super] **league;** premiership
36 甲级 first division
37 乙级 second division
38 巡回赛 circuit; tour
39 **大奖赛 Grand Prix**

---

40 **全国运动会 National Games**
41 **全国冬季运动会 National Winter Games**
42 **全国城市运动会 National Inter-City Games**
43 **全国农民运动会 National Farmers' Games**
44 **全国少数民族运动会 National Games for Ethnic Minorities**
45 全市性比赛 municipal [intra-city] tournament
46 学校运动会 school sports (meet)
47 校际比赛 interschool [interscholastic; extramural] sports
48 院际运动会 intercollegiate sports
49 大学校际运动会 interuniversity sports

---

50 **国际比赛 international competition**
51 洲级比赛 continental competition
52 洲际比赛 intercontinental competition
53 地区运动会 regional games
54 **亚洲运动会；亚运会 Asian Games (Asiad)**
55 东亚运动会 East Asian Games
56 远东运动会（曾在1913-1934年举行） Far Eastern Championship Games
57 全非运动会 All Africa Games
58 亚非运动会 Afro-Asian Games
59 泛美运动会 Pan-American Games
60 地中海运动会 Mediterranean Games
61 英联邦运动会 Commonwealth Games
62 世界特殊奥林匹克运动会 Special Olympics World Summer Games
63 远东及南太平洋地区残疾人运动会；远南运动会 Far East and South Pacific Games for the Disabled (FESPIC Games)
64 新兴力量运动会（曾在1963年举行） Games of the New Emerging Forces (GANEFO)
65 **友好运动会 Goodwill Games**
66 **世界大学生运动会 World University Games (Universiade)**
67 运动员村 Athletes' Village
68 亚运村 Asiad Village
69 大运村 Universiade Village

---

70 赛区 zone
71 **赛季 season**
72 赛季前 pre-season

73 赛季后 post-season; afterseason
74 淡季 off-season period
75 开幕日 opening day
76 **开幕式 opening ceremony**
77 闭幕日 closing day
78 **闭幕式 closing ceremony**
79 运动会的首场比赛 opener; curtain-raiser

5. 规程制度 Regulations

5

选拔与报名

1 **选拔 select**
2 选拔赛 **selective trial;** tryout
3 选拔委员会 selection committee
4 **预选［及格］赛 qualifying rounds;** qualifier; qualification
5 及格标准 qualifying standard

---

6 **报名 enter**
7 **报名者 entrant**
8 **报名表 entry form [blank]**
9 报名费 entry fees
10 报名截止日期 deadline [closing date] for entries
11 参赛资格 eligibility
12 参赛席位 berth; ticket; seat; slot; spot
13 申请 application
14 申请者 applicant
15 申请表 application form
16 性别检查 sex [gender] test; femininity control

---

17 **种子选手 seed; seeded player**
18 非种子的 unseeded
19 种子排列 seeding; placing of seeds
20 种子排列次序 seeding order
21 **轮空 bye**
22 上半区 upper half
23 下半区 lower [bottom] half
24 四分之一区 quarter
25 八分之一区 eighth
26 **抽签 draw [cast] lots**
27 掷币猜先 toss

竞赛方法

28 **竞赛规程 regulations of competition**
29 **秩序册 program**
30 **比赛日程 (match) schedule**
31 休息日 rest day
32 比赛顺序 order of play [competition]
33 比赛者名单 list of competitors

---

34 **编［分］组 grouping;** division
35 **编对 pairing**
36 **年龄组 age group**
37 **年龄限制 age limit**
38 少年组 juvenile group
39 青年组 junior [youth] group
40 成年组 senior group
41 老年组 grand senior group
42 编号 numbering

---

43 团体项目 team event
44 个人项目 individual event
45 单打项目 singles
46 男子单打项目；男单 men's

singles

47 女子单打项目；女单 women's singles

48 双打项目 doubles

49 男子双打项目；男双 men's doubles

50 女子双打项目；女双 women's doubles

51 混合双打项目；混双 mixed doubles

52 混合团体项目 mixed team event

---

53 **预赛 preliminary round;** preliminaries; prelims

54 **分组预赛 group competition; heat**

55 **决赛阶段 final stage** [competition]; finals

56 **循环赛 round robin;** all play with all

57 单循环制 single round-robin system

58 循环赛分组 pool

59 外卡（为落选者组织的夺标赛的参赛者） wild card

60 淘汰制 knockout system

61 **淘汰 eliminate; knock** [squeeze; edge] **out;** remove; brush aside

62 淘汰赛 elimination series

63 直接淘汰 direct elimination

64 交叉比赛 crossover match

---

65 **轮 round**

66 **出线 advance to** [qualify for; make it to] **the next round;** get through

67 **出局 eliminated;** go out of contention; exit

68 十六分之一决赛 sixteenth finals

69 八分之一决赛 semiquarter [eighth] finals

70 **四分之一决赛；复赛 quarterfinals**

71 **半决赛 semifinals**

72 **决赛；冠亚军赛 final (match);** title-decider

73 十六强（进入八分之一决赛的选手） last sixteen

74 八强（进入四分之一决赛的选手） last eight

75 四强（进入半决赛的选手） last four; semifinalists

76 **冠亚军争夺者 finalist**

77 复活赛（为预赛失利者举行，胜者仍有机会进入决赛） repechage

78 宣告无效 annul

79 取消比赛 cancel a contest

80 因雨被取消 washed out

81 **延期 postpone;** put off; push back

82 **重赛 replay**

---

83 **主客场制 home-and-away system**

84 **主场 home ground** [court; game]

85 **客场 away ground** [court]; road game

---

86 **场**（指一场比赛） **match; game;** tie（指两队之间的一场团体赛，包括若干场单、双打）

87 **上半场**［时］ **first half**

88 **下半场**［时］ **second half**

89 **节**（通常指一场比赛的1/4时间） **quarter**

90 **中场休息 interval; intermission;** halftime

91 **加时 overtime [extra] period**

---

92 **局 game; set; period**（通常指一场比赛的 1/3 或 1/4 时间）
93 三局两胜制 best of three games; rubber
94 五局三胜制 best of five games; rubber
95 三局两胜的一场比赛 three-setter
96 五局三胜的一场比赛 five-setter
97 **回合 bout**（指一次比赛）；**round**（例如一场拳击比赛包括若干～）；**rally**（指球赛中赢得一分的若干来回击打）

———

98 交换场地 change of courts [ends]
99 **暂停 time-out**
100 要求暂停 time-out request
101 换人 **substitute;** replace 〈以 A 换下 B ≈ B with A; ≈ A for B〉
102 换人上场 in
103 换人下场 out
104 要求换人 request for substitution

———

105 **分 point**
106 计分制 scoring [point] system
107 计分 scorekeeping
108 11［15……］分制 11[15...]-point system
109 3 x 15 制（三局两胜、每局 15 分制） 3 x 15 system
110 **得分 score;** get [earn; win; pick up; amass; chalk; be awarded] a point
111 得分机会 scoring chance
112 得分者 scorer
113 最高得分手 top scorer
114 总分 total (points); aggregate score
115 团体得分 team score
116 发球方得分制 side-out scoring system
117 每球得分制 rally scoring system
118 零分 zero; nil; love
119 得零分 draw a blank; get a “goose egg”
120 得分数（统计） points for
121 失分数（统计） points against

———

122 **比分 score**
123 累计比分 running score
124 **比 to** 〈四～二 four ≈ two〉
125 零比零 love all
126 比分相等 tie; draw; even score
127 三方得分相等 triple tie
128 比分接近的比赛 close game
129 比分落后 down 〈～两分 ≈ by two points〉
130 高比分 high [balloon] score; box car figures
131 比分悬殊 long odds; wide gap in score

———

132 **局末平分 deuce**
133 发球占先（局末平分后发球一方先得一分） ad(vantage) in
134 接球占先（局末平分后接球一方先得一分） ad(vantage) out
135 **平局 even** [drawn] **game;** stand-off
136 **决胜局 decisive game;** decider; rubber game; showdown
137 局点 game point
138 盘点 set point
139 胜［赛］点 match point
140 金牌［冠军］点 gold point
141 平分决胜的比赛 tie-breaker; play-off
142 胜负分数率（用于平分决胜） goal average
143 净胜球数（用于平分决胜） goal difference

体重级别

144 体重级别 **weight division** [category; class]
145 以上 plus; over; more than 〈75公斤～级 +75kg class〉
146 以下 minus; under; up to 〈65公斤～级 -65kg class〉
147 次特轻量级 light flyweight
148 蝇量级；特轻量级 flyweight
149 次蝇量级 junior flyweight
150 超蝇量级 super flyweight
151 次最轻量级 junior bantamweight
152 最轻量级 bantamweight（拳击）
153 次羽量级 junior featherweight
154 次轻量级 junior lightweight; featherweight
155 羽量级 bantamweight（摔跤）
156 **轻量级 lightweight**
157 次初中量级 junior welterweight（职业拳击）
158 初中量级 welterweight（职业拳击）
159 次中量级 welterweight（业余拳击）；junior middleweight（职业拳击）
160 轻中量级 light middleweight
161 **中量级 middleweight**
162 超中量级 super middleweight
163 轻重量级 light heavyweight
164 中重量级 middle heavyweight
165 次重量级 cruiserweight
166 **重量级 heavyweight**
167 **超重量级 super heavyweight;** heavyweight plus
168 **无差别级 open class**
169 **无级别 no weight limit;** unlimited

---

170 **量体重 weigh;** weigh in（赛前）；weigh out（赛后）
171 **超重 overweight**
172 控制体重 weight control
173 减轻体重（以符合下一级别的标准）make weight
174 减重锻炼 train down

度量衡

175 **度量衡 weights and measures**
176 测量 measure
177 规格 specifications
178 公制 metric system
179 英制 English system
180 **单位**（用于计量）**unit**

---

181 **长度 length**
182 **距离 distance**
183 **高度 height;** altitude
184 **宽度 breadth; width**
185 **厚度 thickness**
186 **圆 circle**
187 **周长 circumference**
188 **半径 radius**
189 **直径 diameter**

---

190 **毫米 millimeter (mm)**
191 **厘米 centimeter (cm)**
192 **米 meter (m)**
193 **公里 kilometer (km)**
194 **码**（=0.9144米）**yard (yd)**
195 **英寸**（=2.54厘米）**inch (in)**
196 **英尺**（=30.48厘米）**foot (ft)**
197 **英里**（=1.6093公里）**mile (mi)**
198 **海里**（=1.852公里）nautical [sea] mile (nm)

---

199 **面积 area; surface**
200 **平方米 square meter (m^2)**

201 平方公里 square kilometer (km^2)
202 公顷（=10,000 平方米） hectare (ha)

---

203 重量 **weight**
204 克 **gram (g)**
205 公斤；千克 **kilogram (kg)**
206 吨 ton (tn; t)
207 磅（=0.4536 公斤） **pound (lb)**
208 盎司（=28.3495 克） ounce (oz)

---

209 容积 **capacity**
210 升 **liter (l)**
211 毫升 **milliliter (ml)**
212 西西（= 1 毫升）**cc (cubic centimeter)**

---

213 时间 **time**
214 秒 **second (sec; s)**
215 十分之一秒 **one-tenth of a second** (0.1sec)
216 百分之一秒 **one-hundredth of a second** (0.01sec)
217 千分之一秒 **one-thousandth of a second** (0.001sec)
218 分 **minute (min; m)**
219 小时 **hour (h; hr)**

---

220 气温 **temperature**
221 摄氏 **centigrade; Celsius (C)**
222 华氏 **Fahrenheit (F)**
223 度（温度和角的度量单位，书面用“°”表示） **degree**
224 每（书面用“/”表示）**per** 〈每秒两米 two meters per second; 2m/sec〉
225 百分之……（书面用“%”表示）…per cent
226 百分比 percentage

6. 裁判工作 Officiating

1 **比赛规则 playing rules; code**
2 有关规则的问题 question of law
3 有关事实的问题 question of fact
4 规则解释 interpretation of rules

---

5 制定规则 make [work out; lay down; formulate; set down; frame] a rule
6 判定 rule; adjudicate; arbitrate
7 **判分 award points**
8 报分 call the score
9 判……胜该局 game to...
10 宣布停止比赛 call off a contest
11 错判 misjudge
12 改判 reverse a decision
13 推翻（初步裁决）overrule
14 最终判定 final decision
15 有利条款（一方犯规时可根据现场情况不吹停判罚，以免反而对被侵犯方造成不利） advantage rule
16 **裁判员手势** official's signal
17 **计时 timekeeping; timing**
18 手工［秒表］计时 manual time keeping
19 电动计时 electrical timekeeping

---

20 **评分 evaluation**
21 评分表 scoring table
22 评分标准 code of points
23 艺术印象 artistic impression
24 技术分 technical merit

25 完成质量 (quality of) execution
26 扣分 deduction of points; dock
27 加分 bonus point
28 **公平的 fair;** impartial
29 **不公平的 unfair**
30 偏袒 partiality; bias; favoritism

---

31 **违例 breach [violation;** infraction; infringement] **of rules;** fault
32 **犯规 foul; offend**
33 犯规者 offender
34 犯规队 offending team
35 被侵犯队 offended team
36 小动作 shielded petty trick; gamesmanship（用以取胜而又不犯规）
37 搞小动作 act on the sly
38 占便宜 gain advantage
39 **冲撞 charging**
40 **用肘撞人 elbowing**
41 **阻挡；阻挠 obstruction**
42 出发犯规 false start
43 **侵人犯规 personal foul**
44 **技术犯规 technical foul**
45 一般犯规 minor offense; ordinary foul
46 严重犯规 serious [major; flagrant] foul
47 故意犯规 intentional foul
48 非故意犯规 unintentional foul
49 道德准则 moral code; code of ethics
50 **违反体育道德的行为 unsportsmanlike behavior**
51 不良行为 misconduct; improper deportment
52 严重不良行为 serious [gross] misconduct
53 对裁判员不正当的指责 derogatory remarks to officials
54 不服从裁判 disobey [refuse to obey] the umpire's orders; dissent
55 粗鄙的语言 foul language
56 **拖延比赛 delay the game; stall**
57 干扰比赛 interfering with play
58 干扰对方 interfering with an opponent
59 **粗暴行为 violent action;** act of brutality; boorish behavior
60 大打出手 fighting; roughhouse; rowdy play; rough and tumble
61 粗野的比赛 dirty [rough; ungentlemanly] play

---

62 纪律措施 disciplinary measures
63 **处罚 penalty; punishment**
64 判罚 penalize; charge; punish
65 受罚（不能上场） do time
66 **罚款 fine**
67 **黄牌 yellow card**
68 **红牌 red card**
69 **取消比赛资格 disqualify**
70 被开除的运动员 outlaw
71 **罚出场 send off;** banish; eject; chase out
72 判罚离场的决定 walking order
73 **中止**（比赛、会籍、资格等） **suspend**
74 终身禁赛 suspend for life; life ban
75 禁赛期间 quarantine
76 解除禁赛令 lift a ban
77 收回（奖牌等） withdraw; rescind
78 制裁 sanction

---

79 **抗议 protest**
80 抗议保证金 protest fees
81 **申诉 appeal**
82 抵制 boycott

7. 参加比赛 Participation

1 参赛 **take part** [participate; compete] **in a contest**
2 参赛者 **participant; competitor; contestant**
3 全体参赛者 field
4 派上场 field
5 上场 take the field
6 换下场 bench
7 使退出比赛（由于生病等原因）sideline
8 中途退出比赛 drop [pull] out
9 **弃权** **withdraw;** give up; waive; default; retire; scratch
10 丧失比赛资格（由于犯规等原因）forfeit a game

---

11 **准备活动；热身** **warm [limber] up**
12 **整理活动** **warm [cool] down**
13 测试赛 test event
14 赛前练习 pre-competition practice
15 **开场** **beginning; kickoff;** commencement
16 开场哨声 starting whistle
17 好的开局 flying [good] start
18 首开纪录 open the account [scoring]
19 比赛中断 interruption of the game
20 继续比赛 resumption of play
21 比赛节奏 tempo of the game
22 达到高潮 climax; culminate
23 精彩场面 highlight
24 **精彩的** **wonderful; splendid; excellent; brilliant; marvelous;** superb; spectacular; impressive; fabulous; sterling
25 **不精彩的** **poor; colorless;** lackluster; dry and dull
26 **激烈的** **keen; heated;** gruelling; intense; hot; fiery
27 **激动人心的** **exciting; thrilling;** stirring; breathtaking; heart-bumping; nail-biting
28 **引人入胜的** **attractive; fascinating; appealing;** enthralling; enchanting; crowd-pulling; eye-catching; bewitching
29 观众喜爱的表演或运动员 crowd-pleaser[-puller]; show-stopper
30 接近终场 closing minutes; dying seconds 〈终场前两分钟 two minutes to time; with two minutes remaining [left; to play]〉
31 垃圾时间（指终场前大局已定）garbage time
32 **比赛结束** **end [conclusion] of the game**
33 终场哨声 final whistle [buzzer]
34 终场锣声 final gong
35 **到达终点** **reach home; finish**
36 实际比赛时间 actual playing time
37 马拉松式的比赛（时间长） marathon game

对抗与形势

38 **对抗** **opposition; confrontation**
39 **对**（例如甲队“对”乙队）**versus; v; vs**
40 **遇上**（指与某人交锋） **meet; face; encounter;** oppose; confront; take on; up against; lock horns with

41 挑战 **challenge**
42 挑战者 challenger
43 对手 **opponent; adversary; rival;** counterpart; opposite number; opposition; peer
44 主要对手 arch rival
45 难对付的对手 tough opposition; hard nut to crack
46 不可藐视的对手 opponent to be reckoned with
47 无敌的 **matchless; peerless**
48 不相上下 **well-matched;** on level terms; equally [closely; evenly] matched; on equal footing; even chance; neck and neck; in equilibrium; all square
49 有悬念的比赛 open [unpredictable] affair [issue]; cliff-hanger
50 拉锯战 seesaw game; ding-dong battle
51 打平 **tie; draw;** split [play] even; even up; level; equalize; close the margin
52 双方各胜一局 one game each [apiece]
53 扳平的进球 equalizer
54 零比零平；互交白卷 goalless draw; draw nil nil

---

55 关键时刻 **crucial [critical; decisive] moment;** urgent time; break point; emergency; when it comes to the crunch
56 转折点 **turning point**
57 不成则败的 make-or-break
58 顺利过关 come through

---

59 优势 **advantage;** superiority; supremacy; domination; prominence; preeminence
60 人力优势 numerical superiority
61 占优势［上风］ on top; have an advantage over; get the upper hand over; get the best of; one-up
62 绝对优势 overwhelming supremacy; absolute dominance
63 微小优势 edge; slight advantage
64 略胜一筹 a cut above; have an edge on [over]
65 一边倒的比赛 **lop-[one-]sided contest;** one way traffic; walkover
66 发挥优势 bring one's superiority into full play
67 称雄 dominate; reign supreme
68 领先 **lead;** hit the front
69 比分领先 outscore; outpoint
70 保持领先地位 hold the lead
71 以微弱优势领先 nose ahead
72 遥遥领先 **lead by far;** well ahead; surge far ahead; take a large lead
73 扩大领先优势 extend the lead [a winning streak]
74 控制局面 dictate the game
75 长盛不衰 **dominate for a long time**
76 压倒 overwhelm; prevail over
77 打乱阵脚 throw into confusion; disrupt; disturb; put out of order
78 挫某人气势 take the edge off [the sling out of] sb
79 毁灭性打击 crashing [crushing; devastating] blow
80 致命一击 **fatal** [lethal] **blow;** deathblow; finishing stroke; coup de grâce
81 杀手锏 most powerful weapon

---

82 困境 **deadlock; plight; corner;**

nonplus; stalemate; impasse; tight spot [situation]; predicament

83 处于困境 at bay; at a loss; have a hard time of it; hard put to it; at the end of one's rope [tether]; at one's wit's end

84 不利 **disadvantage**

85 被动地位 passive position; passivity

86 以少打多 play shorthanded

87 不是某人的对手 no match for sb

88 处于劣势的一方 underdog

89 落后 **fall behind; trail**

90 最后挣扎 last-ditch struggle

---

91 追赶 **catch [pull] up;** gain [close up] on; cling [stick] to; hard on sb's heels

92 缩小差距 **narrow the gap;** cut the deficit

93 超过 **overtake;** overhaul; outstrip; outdo; outperform

94 扭转局面 turn the tide [tables; scales]; reverse the situation; bring about a complete turnabout; pull out of the fire

胜利与失败

95 打败 **defeat; beat; overcome; conquer; win [triumph] over; trounce;** overpower; outplay; subdue; dispatch; finish off; dismiss; dispose of; romp [get] past; stop; down; rout; drub; lick; oust; flatten; humble; thrash; trim; whip; swamp; smother; whomp; unseat; unsettle; floor; send to the loser's pool; put to rout; send sprawling; lay [bring] down

96 迅速打败 make short [quick] work of

97 胜利 **victory; triumph; win**

98 稳操胜券 sure [certain] to win; assured of victory; Victory is in the offing.

99 肯定获胜者 shoo-in

100 获胜 **win; achieve [win; gain; obtain;** score; secure; snatch; post; cruise to; notch] a victory; carry [win] the day; emerge victorious; bring home the bacon; deliver the goods

101 胜一局 take [win; carry] a game

102 获得某项目冠军 take an event

103 打败前冠军 dethrone

104 锁定胜局 seal [clinch] a victory; ice the win

105 打败强手的运动员 giant-killer

106 胜者 winner; victor

107 胜方为…… in favor of ...〈比分3-1，～广东. The score was 3-1, ≈ Guangdong.〉

---

108 大胜 **resounding** [overwhelming; sweeping; landslide] **victory;** runaway win; come out with flying colors; win by a wide margin

109 大满贯 grand slam; all-round victory

110 爆冷门 upset; win unexpectedly

111 侥幸取胜 **win by chance** [by good luck]; fluke

112 连续获胜 **win in a row [in succession]; winning [hot] streak**

113 连中三元；帽子戏法 **hat trick**

114 所向披靡 carry [sweep] all before one; steamroll one's way to victory

115 战无不胜 **invincible; ever victorious;** all powerful; all conquering

116 不败纪录 unbeaten [unblemished] record

117 后来居上的胜利 come-from-behind victory; Garrison finish

118 彻底打败 defeat thoroughly [completely]

119 **使对方得零分 whitewash; blank;** horse-collar; shut out; skunk; goose-egg

120 输方得零分的比赛 shutout; love game

---

121 **轻易取胜 win easily** [comfortably; effortlessly; hands down]; walk away [off]; breeze [romp] in; coast [ease; romp] home

122 轻易取得的胜利 easy [comfortable; runaway; untroubled] victory

123 来之不易的胜利 hard-won victory

124 险胜 narrow victory; win by a whisker [a narrow margin]; scrape out a victory; nose out

---

125 **以智取胜 outwit;** outsmart; outmaneuver; outthink

126 耐力胜过 outlast

127 用“磨”的办法取胜 wear out

---

128 **输给某人 lose [surrender; fall; bow out;** yield; give way; succumb; concede] **to sb; beaten [defeated] by sb**

129 失败者 loser; losing side; victim

130 不堪一击者 pushover

131 手下败将 cousin

132 可悲的结局 miserable [lamentable; pitiful] end

133 克星；厄运 jinx

134 **挫折 setback**

135 彻底失败 total [complete; perfect] defeat; fiasco; drubbing

136 接连失败 slump; losing streak

137 先胜后败 fizzle out

138 故意输掉 throw; lose deliberately [on purpose]; dump

139 让给弱手 concede; spot

140 骄者必败 Pride comes [goes] before a fall.

141 胜不骄败不馁 not to be dizzy with success, nor to be discouraged by failure

成绩与名次

142 **成绩 result; performance**

143 **计时项目成绩 time**

144 分段成绩（指时间）split time

145 最后成绩 final result

146 成绩单 results sheet

147 成绩册 results

148 成绩统计表 stat(istics) sheet; summary

149 公告 bulletin; public notice; announcement

150 **每日公报 daily bulletin**

151 胜（统计数字） W (=won)

152 负（统计数字） L (=lost)

153 平（统计数字） D (=drawn)

154 积分（统计数字） Pts (=points)

155 名次（统计数字） No (=number)

156 最好成绩 best result [performance]

157 空前未有的好成绩 all-time high

158 **个人最好成绩 personal best**

[record]
159 赛季新高 season-high
160 职业生涯新高 career-high
161 成绩好的一年 vintage year
162 成绩不好的一年 lean year

———

163 名次 **placing;** ranking; standing
164 决赛名次 final placings; order of finish
165 未列入名次的 unranked; unrated
166 **名次［排名］表 ranking [classification] list**
167 名次获得者 place winners
168 名列前茅 come to the fore; hit the forefront
169 并列第一 share [tie for] the first place
170 名列榜首 come out (at the) top
171 **冠军 champion;** champ; titlist; winner
172 **第一名 first placer** [finisher]; winner
173 **亚军 runner-up**
174 **第二名 second placer** [finisher]
175 **季军；第三名 third placer** [finisher]
176 冠军称号 championship; title
177 冠军保持者 title-holder
178 卫冕者 title defender
179 夺标 win the championship [title; crown]; come to the throne
180 夺标呼声 title bid
181 全能冠军 all-around [overall] champion
182 **囊括 make a clean sweep;** sweep (the board)
183 本届冠军 reigning champion
184 两项冠军获得者 double winner
185 **蝉联冠军 retain a title**
186 **三连冠 win a title three times running** [in a row; in succession]; three-peat
187 **全国冠军 national champion**
188 **世界冠军 world champion**
189 前世界冠军 former [ex-]world champion
190 **奥运会冠军 Olympic champion**

———

191 靠后的名次 minor placings
192 殿军 last finisher; bottom
193 落选者 also-ran
194 升［晋］级 promote; upgrade
195 降级 relegate; downgrade; demote; drop; reduce
196 预测 predict; anticipate; tip

纪录与荣誉

197 **纪录 record; mark**
198 青年纪录 junior record
199 正式纪录 official record
200 **全国纪录 national record**
201 **世界纪录 world record**
202 目前的世界纪录 standing world record
203 **大会纪录 games record**
204 **奥运会纪录 Olympic (Games) record**
205 **创纪录 set [make; create; establish;** chalk up**] a record**
206 **破［刷新］纪录 break [renew; topple; smash;** shatter; erase; crack; rewrite; better**] a record**
207 超（纪录或最好成绩） **surpass; improve**
208 破纪录的狂潮 record-breaking spree
209 **保持纪录 hold a record**

210 纪录创造者 record-setter
211 纪录刷新者 record-breaker
212 纪录保持者 record-holder
213 平纪录 **equal** [match; tie; touch] **a record**
214 过……关（例如女子跳高过两米大关） break the ... limit; get over the...hurdle; master the ... barrier
215 承认（纪录） recognize; accept; approve

———

216 奖品 **award; prize; trophy;** pot
217 奖牌 **medal**
218 奖牌榜 **medal standing [tally; count]**
219 获得（奖品等） **receive; collect; grab;** carry off; cop; bag; garner; nab; net
220 奖牌获得者 **medalist**
221 桂冠 crown; laurel wreath; laurels
222 金牌 **gold (medal)**
223 设……块金牌 with ... gold medals on offer [at stake; up for grabs]
224 金牌获得者 gold medalist [winner]
225 金牌榜 **gold medal standing**
226 银牌 **silver (medal)**
227 银牌获得者 silver medalist
228 铜牌 **bronze (medal)**
229 铜牌获得者 bronze medalist
230 奖杯 **cup;** trophy
231 带耳朵的奖杯 loving cup
232 巡回［流动］杯 itinerary [running] cup
233 永久保存的奖杯 permanent trophy
234 复制奖杯 replica
235 优胜杯（多次获得后可永久保留） challenge cup
236 荣誉奖 prize of honor
237 风格［公平竞争］奖 fair play trophy
238 光荣榜；荣誉册 **roll of honor**
239 名人堂 hall of fame
240 银盾 silver shield
241 奖状 **diploma;** certificate of award
242 奖旗 pennant
243 金球奖 Gold Ball trophy
244 金靴奖 Gold Boot trophy
245 纪念品 **souvenir;** keepsake; memorabilia
246 纪念章 **badge;** commemorative medal; souvenir badge [medal; pin]
247 签名留念 autograph
248 奖金 **prize money;** cash prize; money award; bonus
249 巨额奖金 jackpot
250 出场费 appearance fees

———

251 颁奖仪式 **victory** [medal] **ceremony;** prize-awarding[-giving] ceremony
252 领奖台 **victory** [winners'] **podium**
253 升国旗 **hoist the national flag**
254 奏国歌 **play the national anthem**
255 绕场一周（获胜后） run a lap of honor
256 庆祝胜利 victory celebration

———

257 成名 make one's name; make [earn] a name for oneself; distinguish oneself; become famous; come into the limelight; hit [make; reach] the headlines; rise into fame [prominence]
258 大出风头 take the spotlight; steal the limelight
259 名人 celebrity; legend; toast;

virtuoso; phenomenal [illustrious] person

260 昙花一现 flash in the pan; one-day wonder

8. 技术与战术 Skills and Tactics

8

技 术

1 **技术 technique; skill**
2 **技艺；功夫 feat**
3 个人技术 individual technique
4 **基本功 basic** [fundamental; elementary] **skill;** fundamentals; basics; rudiments; ABC
5 **绝招 stunt; forte;** tour de force; unique skill; specialty; prowess
6 **技术全面的 well-rounded; versatile**
7 **熟练的 skilled; skillful;** proficient; adept; adroit
8 熟练性 skillfulness; proficiency; virtuosity
9 磨练 hone
10 熟能生巧 Practice makes perfect.
11 技术分析 technical analysis
12 **技术统计 technical statistics;** box score
13 **技术水平 technical [athletic] level [standard];** standard of performance; level of play
14 **差距 gap;** disparity; deficit
15 差距很大 wide gap; far cry from

战 术

16 **战术 tactics**
17 基本战术 elementary tactics
18 战术意识 tactical awareness [consciousness; sense]
19 战术指导 tactical instruction
20 **战术配合 teamwork;** tactical combination
21 战术变化 variation of tactics
22 **灵活的战术 flexible tactics**
23 机动性 maneuverability
24 辅助战术 auxiliary tactics
25 心理战术 psychological tactics
26 神经战 battle of nerves
27 阵地战 positional play
28 消耗战 war of attrition

---

29 探虚实 size up [probe into] the opponent's tactics; try to find out [ascertain] the opponent's strength
30 **布阵 deploy**
31 调整上场阵容 juggle
32 进攻部署 set-up
33 体力分配 distribution of physical strength
34 掌握速度 pace; rate oneself

---

35 **策略 strategy**
36 **计谋 maneuver; trick**
37 **牵制 check;** contain; hold off [down; at bay]; pin down; pinch
38 **策应 support; pivot**
39 **掩护 screen; cover**
40 **避开 dodge; sidestep;** evade; avoid; elude; draw away; jink
41 **摆脱 shake off; break away from;**

free oneself from

42 绕过 bypass

43 包抄 outflank

44 包围 surround; besiege; lay siege to

45 磨时间 kill [run out] the clock

46 **拖延战术 delaying tactics**

47 控球战术 ball control

48 引诱战术 decoying tactics; deceptive [sucker] play

49 **诱入圈套 trap; decoy**

50 **佯攻 feint** [fake] **attack;** sell the dummy

51 声东击西 make a feint to the east but attack in the west

52 犯规战术 tactical foul; foul seduction

打法

53 **打法 game; play; playing method** [style]

54 **风格 style of play**

55 传统的 conventional; traditional

56 非传统的 unconventional; untraditional

57 正统的 orthodox

58 非正统的 unorthodox

59 **进攻型打法 offensive game**

60 **防守型打法 defensive game**

61 **阵形［式］ formation;** pattern; system; format

62 **强攻打法 power play**

63 技术全面的打法 well-balanced game

64 打法纤细 finesse; touch

65 以我为主 play [stick to; persist in] one's own game

66 **稳扎稳打 play safe**

67 打成功率 percentage game

68 伺机取胜的打法 waiting game

69 先发制人的打法 anticipation game; pre-emptive strike

70 巧妙打法 trick play

---

71 **保守打法 safe** [safety-first; conservative] **play**

72 **老一套打法 stereotyped game;** play in a rut [a groove]

73 呆板的战术 cut and dried strategy

74 笨拙的打法 bone; bonehead play; boner; rock

75 无意中暴露自己的意图 telegraph; tip off

进攻

76 **进攻 attack; offense;** on the offensive

77 **进攻者 attacker**

78 **攻方 offensive side**

79 进攻型运动员 offensive player

80 **进攻组织者 playmaker**

81 进攻意识 sense of attack

82 全力［面］进攻 all-out attack

83 正面进攻 frontal attack

84 侧翼进攻 flank attack

85 固定进攻法 set offense

86 全攻型 all-out attacking style

87 **快攻 fast attack [break]**

88 闪电式进攻 blitz attack

89 **突然袭击 surprise attack;** take sb unawares [by surprise]

90 **助攻 assist**

91 猛攻 rush; fierce [violent] attack; assail; storm

92 突进 thrust

93 钳形攻势 pincer(s) movement

94 插入防守一方 split
95 压缩对方的防守面 pack the defense
96 拉开对方的防守面 spread the defense; open up
97 突破对方的防守 crack the defense
98 挫败对方的进攻 defeat [foil; thwart; frustrate; repel] the opponent's attack
99 瓦解 disintegrate; demoralize

———

100 反攻 **fight [hit] back; counterattack;** counteroffensive
101 快速反击 **fast counterattack**
102 报复 **revenge**
103 回敬 **retaliate;** tit for tat
104 疯狂反扑 stage a desperate fightback

防 守

105 防守 **defend; defense; mark; guard;** on the defensive
106 防守者 **defender**
107 守方 **defensive side**
108 防守型运动员 defensive player
109 防守战术 defensive tactics
110 严密防守 **close [solid; tight; watertight] defense**
111 （人）钉人防守 **man-for-man [man-to-man; person-to-person] defense**
112 紧逼防守 **pressing defense**
113 全场紧逼 **full-court press**
114 贴身防守 shadow; hugging defense
115 区域联防 **zone [zonal] defense**
116 无人防守的 unguarded; unprotected; defenseless; no mark
117 空当 **opening;** free space; unprotected [uncovered] area; gap
118 攻守平衡 balance between offense and defense

9．素质与表现 Attributes and Performance

身体素质

1 素质 **quality; attribute;** makings 〈他具有优秀网球运动员的～. He has the makings of a good tennis player.〉
2 身体素质 **physical attribute** [quality]; **physique;** constitution
3 身高 **body height; stature**
4 体重 **body weight**
5 体力 **physical strength**
6 肌肉力量 muscular strength; brawn
7 弹跳力 **jumping ability; spring**
8 灵敏性 **agility; nimbleness**
9 柔韧性 **suppleness; flexibility**
10 耐力 **endurance; stamina;** staying power
11 肌肉耐力 muscular endurance
12 速度耐力 speed endurance
13 心肺耐力 cardio-respiratory endurance
14 心血管耐力 cardiovascular endurance
15 运动耐受力 tolerance of exercise

———

16 体形 figure; bodily form; build
17 匀称的体形 well-proportioned figure
18 体型 body type; somatotype
19 一般体型 average physique
20 瘦体型 frail [ectomorphic] type
21 肥胖体型 soft-fat [endomorphic] type
22 运动员体型 athletic [mesomorphic] type

---

23 **竞技状态 condition; form; shape**
24 进入竞技状态 get into shape
25 **竞技状态良好 in good** [sound; fine] **form; on** (full) **song**
26 竞技状态很好 in top form
27 **精力充沛 full of go [drive;** pep; vim and vigor]
28 **疲劳 tiredness; fatigue; fag**
29 精神疲劳 mental fatigue
30 疲劳过度 overfatigue
31 极度疲劳 tired [fagged] out; exhausted; all in

心理状态

32 **心理状态 mental state; mentality**
33 动力；动机 motive force; motivation
34 **心理准备 mental** [psychological] **preparation**
35 创造力 creative ability; creativeness; originality
36 振奋起来 brace up; psych oneself up; pull oneself together
37 **兴奋 excitement**
38 过分激动 overexcitement
39 运动知觉 motion perception; kinesthetic sensation
40 位置感 positional sense
41 韵律［节奏］感 sense of rhythm
42 平衡感觉 sense of balance
43 耳前庭感觉 vestibular sensation
44 实体［立视］感觉 stereognostic perception
45 运动空间知觉 perception of motion space
46 运动时间知觉 perception of motion time
47 直觉 intuition
48 本能 instinct
49 凭本能比赛 play by instinct

---

50 情绪 emotion; mood; feeling
51 精神性应激 mental stress
52 **神经紧张的 nervous;** uneasy; fidgety; jittery; white-knuckled
53 **紧张感 nervousness; mental strain; jitters;** nervous feeling; uneasiness; fidgets; butterflies
54 过度紧张 overstrain; choke up
55 精神紧张引起的肌肉僵硬 scared stiff
56 **心理压力；思想包袱 mental pressure [burden]**
57 急躁的 impetuous; impatient; impulsive
58 不顾一切的 reckless; rash; desperate; devil-may-care
59 恐惧 fear; panic; phobia
60 焦虑 anxiety
61 **自卑感 sense of inferiority**
62 **集中注意力 concentration**
63 **分散注意力 distraction**
64 心不在焉 absent-minded
65 **垂头丧气 lose heart; dejected; crestfallen; in low spirits**

66 自信 **(self-)confidence;** poise; aplomb
67 沉着冷静的 **calm; composed; undisturbed;** cool-[level-]headed; imperturbable; unruffled
68 风格高的失败者 good [great] loser
69 风格不高的失败者 bad loser
70 自我控制 self-control
71 毅力 **fortitude; perseverance; willpower; strong will**
72 士气 **morale**
73 鼓舞士气 boost morale
74 勇敢 **courage; bravery; mettle; guts;** daring; pluck; valor; gallantry; boldness; grittiness
75 顽强的 **stubborn; dogged; persistent;** tenacious; unyielding; never-say-die
76 不畏强手 show no fear for a strong opponent; in defiance of heavy odds
77 拼搏精神 **fighting [fight-it-out] spirit;** spirit of hard struggle
78 团队精神 **team spirit;** esprit de corps
79 敬业精神 **enterprising spirit;** devotion [dedication] to one's career
80 为国增光 do one's country proud; win honor for one's country
81 安于已得荣誉 rest on one's laurels; rest contended with one's past glory; sit back and bask in one's glory

才能与风格

82 才能 **ability; talent; gift; genius;** prowess; aptitude; bent; capacity; caliber
83 潜力 **potential(ity)**
84 有天赋的 **gifted; talented;** natural
85 比赛中动脑子 play by thought; use one's brains in the game
86 经验和才智 savvy
87 比赛经验 **game experience**
88 通观全局 read the game
89 专长于 **specialize in**
90 擅长于 excel at [in]; good at
91 优点；长处 **strong point; strength**
92 弱点；短处 **weak point; weakness;** shortcoming; vulnerable spot
93 致命弱点 Achilles' heel
94 错误 **error; mistake;** blunder; slip
95 主动［无谓的］失误 **unforced [unnecessary;** careless; unwarranted**] error**

96 场上作风 **court manner**
97 临场发挥 on-the-spot performance; actual play
98 充分发挥 give full play to; do one's level best; to the best of one's ability
99 重振雄风 regain one's lost glory
100 东山再起 stage a comeback; bounce back
101 从零开始 **start from scratch [zero]**
102 打出风格、打出水平 bring out one's best level in spirit and skill
103 配合 cooperate; coordinate; team up
104 表现得好 **put in a good performance; make a good showing; give a good account of oneself;** acquit oneself well
105 保持一颗平常人的心 be one's usual self; stay cool, calm and collected

106 完美无瑕 perfect; flawless; impeccable
107 接近完美 near perfection
108 稳健的 **steady; persistent**

———

109 一般水平的 average
110 水平较差的选手 **lesser light**
111 竞技状态不好 **off [out of] form;** loss of form
112 没打出水平 below par [one's best]
113 思想或技术上失常 crack; breakdown
114 比赛作风粗野 play rough
115 草率的 sloppy
116 走下坡路 on the decline
117 松懈下来 ease up; slacken off; let up
118 错过良机 bungle [lose; squander] a good chance; let a good chance slip through one's fingers; muff a sitter
119 砸锅 flop
120 崩溃 collapse
121 比赛中好表现自己 play to the gallery
122 **华而不实的运动员 fancy Dan;** grandstander; hot dog; show-off
123 单纯为获奖而参赛的运动员 pot hunter

10．人体动作 Movements of the Human Body

1 **动作 movement; move; action**
2 **套 set; routine**
3 **力量 force; strength; energy; effort**
4 最大力量 maximum effort
5 冲力 momentum; impulsive force
6 前冲力 forward momentum
7 **用力 exert**
8 用力过大 overexert
9 反作用力 force of reaction; reaction [reactive] force
10 施力点 point of application
11 分力 component (of force)
12 合力 resultant of forces
13 离心力 centrifugal force
14 向心力 centripetal force
15 杠杆作用 leverage
16 支点 fulcrum
17 力矩 torque
18 引力 attraction; attractive [gravitational] force
19 **阻［抵抗］力 resistance (force);** retarding effect
20 摩擦力 friction

———

21 **速度 speed; pace;** velocity; tempo
22 最大速度 maximum speed
23 **加速 quicken; speed up; accelerate**
24 **减速 slow down; decelerate;** retard
25 匀速运动 uniform motion
26 **幅度 amplitude**
27 **协调 coordination**
28 保持身体平衡 maintain body balance
29 **优美的 elegant; graceful**

30 灵巧的 **nimble; agile;** adroit; dext(e)rous; deft
31 僵硬的 **rigid; stiff**
32 笨拙的 clumsy; awkward

类别

33 基本动作 **basic movement**
34 技术动作 **technical movement**
35 技术动作图 action [photo] series
36 分解动作 segment
37 熟练动作 skilled movement
38 规定动作 **compulsory; compulsory [required] movement**
39 自选动作 **optional; optional [voluntary] movement**
40 标准动作 standard movement
41 过渡动作 transition movement
42 连接动作 linking [connecting] movement
43 顺随动作 **follow-through**
44 多余动作 superfluous [additional] movement
45 错误动作 faulty movement
46 犹豫 falter
47 假动作 **feint;** fake; deception; deceptive movement

---

48 松弛 **relaxation**
49 收缩 **contraction**
50 肌肉收缩 muscle contraction
51 伸 **stretch; straighten;** extend; spread out
52 屈 **bend; flex**
53 背屈 dorsiflexion; dorsal flexion
54 直线运动 straight-line motion
55 圆周运动 circular motion
56 弧形的；曲线的 **curved**
57 8字形 figure 8
58 之字形 zigzag
59 飞行路线 trajectory; path of flight

动作方位

60 向 toward(s)
61 向上 **upward(s)**
62 向下 **downward(s)**
63 向左 **leftward(s)**
64 向右 **rightward(s)**
65 向前 **forward(s); frontward(s)**
66 向后 **backward(s);** rearward(s)
67 向内 **inward(s)**
68 向外 **outward(s)**
69 正面的 **frontal**
70 反面的 **reverse**
71 侧向的 **sideward(s);** sideways; sidewise
72 体侧的 sidearm
73 横向的 **crossways;** crosswise
74 斜向的 **diagonal; oblique;** slanting
75 对称的 symmetric(al)
76 非对称的 asymmetric(al)
77 水平的 **horizontal;** level
78 平行的 **parallel**
79 垂直的 **vertical;** perpendicular
80 面朝上的；仰卧的 supine
81 面朝下的；俯卧的 prone
82 顺时针方向 **clockwise**
83 逆时针方向 **counterclockwise**

---

84 内旋 internal rotation
85 外旋 external rotation
86 内收 adduction
87 外展 abduction
88 脊柱前屈 flexion of the vertebral column
89 脊柱侧屈 lateral flexion of the vertebral column
90 脊柱背伸 extension of the verte-

10

bral column
91 脊柱回旋 rotation of the vertebral column

躯干动作

92 身体横轴 breadth [lateral] axis of the body
93 身体纵轴 long(itudinal) axis of the body
94 转动 **rotate**
95 转动轴 axis of rotation
96 转动中心 center of rotation
97 转体 **turn; twist; twirl**
98 旋转 **spin**
99 上体绕环 circle the trunk; washboard drill
100 向后转 turn (a)round [about]
101 轴心脚 pivot foot
102 前倾 **bend [lean] forward**
103 手触脚尖（体前屈） touch-toes
104 后仰 **bend [lean] backward;** arch; lay back
105 侧屈 **bend sideward**
106 腹部运动 abdominal exercise; gut work
107 直立 stand erect [upright]
108 手倒立 **handstand**
109 悬垂 **hang**
110 空翻 **somersault**
111 手翻 **handspring**
112 侧手翻 **cartwheel**
113 旋子；水平侧空翻 **butterfly**
114 滚翻 **roll**

上肢动作

115 上臂伸 extension of the upper limb
116 上臂屈 flexion of the upper limb; bend the elbow
117 上臂外展 abduction of the upper limb
118 上臂内收 adduction of the upper limb
119 上臂外旋 external [backward] rotation of the upper limb
120 上臂内旋 internal [forward] rotation of the upper limb
121 抱 **hold**
122 握 **grasp; grip; hold**
123 握拳 **clench one's fist**
124 握力 gripping power; grip strength
125 击打 blow; strike; punch
126 挥［摆］动 **swing**
127 推 **push**
128 拉 **pull; drag**
129 摔 **throw**
130 高［上］手的 overarm[hand; head]
131 低手的 underarm[hand]
132 正手的 forehand
133 反手的 backhand
134 左右手都灵巧的 ambidext(e)rous

---

135 掌内屈 palmar flexion of the wrist
136 掌外屈 dorsiflexion of the wrist
137 手尺侧倾 ulnar deviation
138 手桡侧倾 radial deviation
139 手腕动作 wrist work
140 抖腕 flick the wrist
141 翻掌向上 supinate the palm
142 翻掌向下 pronate the palm

下肢动作

143 大腿外展 abduction of the hip joint
144 大腿内收 adduction of the hip joint
145 大腿外旋 external rotation of the hip joint

146 大腿内旋 internal rotation of the hip joint
147 伸髋 extension of the hip joint
148 屈髋 flexion of the hip joint
149 伸膝 extension of the knee joint
150 屈膝 flexion of the knee joint; bend the knee;
151 足内翻 inversion of the ankle joint
152 脚背绷直 plantar flexion of the ankle joint; toes pointed down
153 脚尖上跷 dorsiflexion of the ankle joint; toes pointed up
154 脚尖向外 toes turned outward
155 脚尖向内 toes turned inward

---

156 **步法 footwork**
157 **步子 step**
158 **步幅 stride**
159 **步频 frequency**
160 步态 gait
161 前进 advance
162 **前进步 forward step**
163 后退 retreat
164 **后退步 backward step**
165 **横［侧］步 sidestep**
166 **交叉步 cross step**
167 **滑步 slide**
168 **滑行 glide**
169 **劈叉 split**

---

170 **下蹲 squat**
171 全蹲 full squat
172 半蹲 semi-squat
173 后蹬 leg drive
174 **跪 kneel**
175 **踢 kick**
176 **跳 jump; leap; spring;** skip（两腿交替轻跃）；hop（单腿短跃）；bound（蹦跳）；bounce（弹跳）；vault（跳越）
177 **起跳 take off**
178 **落地 land**

姿势

179 **身体姿势 position; posture;** pose; attitude; carriage; bearing; gesture
180 造型 pose; plastique
181 站立姿势 standing position; stance
182 直立姿势 upright [erect] position
183 两脚开立姿势 stride position; parallel stance
184 俯卧姿势 prone position; lying face down
185 仰卧姿势 supine position; lying on back
186 任意姿势 free position
187 静止姿势 motionless [static; stationary] position
188 **预备姿势 ready [set] position**
189 **开始姿势 starting position**
190 **结束姿势 closing [concluding] position**

11. 训练 Training

1 训练 **training;** instruction; preparation; practice; exercise; drill
2 训练体制 training system
3 **教练员；指导 coach; instructor;**

trainer
4 教练员考核制度 coaches certification program
5 受训者 **trainee;** charge
6 陪练 training partner
7 青少年级 junior division
8 训练有素的 well-trained

---

9 **训练中心 training center**
10 **训练［练习］馆 training hall**
11 **训练营 training camp**
12 训练班 training class [course]; clinic
13 训练场地 training ground

---

14 从难、从严、从实战出发 proceed from difficulty, strict demands and actual contest
15 训练从儿童抓起 start training from childhood

计划与安排

16 训练期 training period
17 **训练周期 training cycle**
18 低要求计划 low-keyed program
19 赛前适应期 working-up period
20 **赛前训练**（以进入良好竞技状态）**conditioning**
21 **减量期 tapering period**
22 **恢复期 recovery phase**
23 训练节奏 training rhythm
24 循序渐进的训练 progressive training
25 训练期间隔安排 spacing of training periods
26 日常训练 daily [routine] training
27 集训 intensified training
28 **训练季节 training season**
29 春训 spring training
30 冬训 winter training
31 训练过渡期 layoff period
32 达到竞技状态高峰 peak
33 针对某一对手进行训练 point for some opponent

---

34 训练大纲 training program [outline]
35 训练日程 training schedule [routine]
36 训练日记 training log
37 训练手册 training manual
38 **训练课 workout**
39 综合训练课 comprehensive [integrated] workout
40 一堂训练课 training session

训练种类

41 综合训练 combined [comprehensive] training
42 系统训练 systematic training
43 规范化 standardization
44 **全面训练 all-round training**
45 **质量训练 quality training**
46 **体质训练 physical [fitness] training**
47 一般素质训练 general fitness training
48 全面身体训练 overall conditioning
49 力量训练 strength [power] training
50 速度训练 speed training
51 呼吸训练 respiratory training; breathing exercise
52 肌肉训炼 muscular training
53 肌肉伸缩练习 plyometrics; plyometric exercise
54 等长收缩练习 isometrics; isometric exercise
55 等张收缩练习 isotonics; isotonic exercise

56 神经肌肉训练 neuro-muscular training
57 **耐力训练 endurance training**
58 速度耐力训练 speed endurance training
59 **有氧运动 aerobic exercise**
60 有氧健身训练 aerobic conditioning program
61 **无氧运动 anaerobic exercise**

---

62 **技术训练 technical training**
63 **战术训练 tactical training**
64 **专项训练 specific training**
65 专项技术训练 specific technical training
66 专项耐力训练 specific endurance training
67 专项速度训练 specific speed training

---

68 **心理训练 psychological [mental] training**
69 专项心理训练 specific mental training
70 竞赛心理 competitive psychology
71 心理分析 psychoanalysis
72 心理调节 mental regulation [adjustment]
73 集中注意力训练 attention [concentration] training
74 抗干扰 resist disturbance
75 想象训练 imagination training
76 快乐原则 pleasure principle
77 “过电影”（临赛前把动作要领在脑子里复习一遍） run over the actions in one's mind

---

78 **循环训练 circuit training**
79 **周期性训练 cyclic training**
80 补充训练 supplementary training
81 补偿 compensation
82 超量补偿 super compensation
83 补偿训练 compensation training
84 **适应性训练 acclimatization [adaptation] training**
85 **高原训练 (high) altitude training**
86 陆地训练 land drill
87 生理极限 physiological limit
88 极限训练 limitation training

方法与手段

89 **训练方法 training method**
90 **练习 exercise; practice; drill**
91 **气功训练 qigong training**
92 **瑜伽训练 yoga training**
93 **重复训练 repetition** [repeat; reiterative] **training**
94 重复动作 repetition; rep
95 **间歇训练 interval training**
96 **负重训练 weight training**
97 增强力量的训练方法 strengthener
98 诱导训练 motivative training
99 模仿 imitation
100 模拟 simulation
101 模拟训练 simulated training
102 伸展活动 stretching exercise
103 抗阻练习 resistance exercise
104 扩胸运动 chest expanding exercise
105 **放松训练 relaxation training**
106 肌肉放松 muscular relaxation
107 **自我放松训练 self-relaxation training**
108 赛前准备活动 limber up
109 放松活动 limbering work
110 放松跑 relaxed running
111 慢［健身］跑 jogging

112 长跑练习 roadwork
113 超长距离训练 over-distance training
114 任意变速练习；法特莱克训练法 speed play; fartlek
115 成组练习 group exercise
116 成对互助训练法 buddy system
117 练习赛 practice match
118 队内分组比赛 scrimmage

---

119 训练测验 training test
120 计时测验 time trial
121 阶梯［合阶］试验 step test
122 摸高（测弹跳力） sargent jump
123 12 分钟跑体能测试 12-minute test
124 “外欧”体能测试（20 米距离内往返跑） yoyo test

负荷

125 负荷 **load**
126 训练负荷 training load
127 最适负荷 optimal load
128 高负荷 heavy [crest] load
129 超负荷 **overload**
130 训练强度 **intensity of training**
131 训练量 volume of training
132 小运动量训练 light training
133 中强度 moderate intensity
134 大强度训练 intensive training
135 饱和训练 saturation training
136 过度训练 overtraining; overload [excessive] training
137 训练效果 training effect
138 疲沓（因训练过度） staleness
139 矫枉过正 over-correction

器材

140 训练器械 **training apparatus;** trainer; exerciser
141 滑轮拉力器 pulley weights
142 滑轮负重拉力器 latissimus apparatus; lat
143 橡皮拉力器 stretch cords; surgical tube
144 哑铃 **dumbbell**
145 测功计 ergometer
146 自行车测功计 bicycle ergometer
147 步程计 pedometer
148 固定自行车 **stationary bicycle;** exercise bike
149 量力器 dynamometer
150 跑步器 **runner; treadmill**
151 划船器 rowing machine
152 举腿器 leg machine
153 绳梯 rope ladder
154 升降训练装置 up-and-down training apparatus
155 有氧训练器械 aerobic exerciser
156 实心药球 medical [medicine] ball
157 扩胸器 **chest expander** [developer]
158 握力器 hand grips [dynamometer]
159 肌肉健壮器 muscle builder
160 高压室 hyperbaric chamber
161 家庭用健身器 **home gym**

12

12. 场地与设备　Facilities and Equipment

场馆

1 **体育设备　sports facilities [equipment]**
2 **体育中心　sports center [complex]**
3 **体育［运动］场　stadium;** athletic field; playground; sports field [ground]
4 大比赛场（棒球、赛马等）　park
5 大型体育场　coliseum
6 椭圆形运动场　oval
7 球场　court（篮球、羽毛球等）；field; pitch（足球、曲棍球等）field
8 **体育馆　gym(nasium);** indoor stadium; sports hall
9 健身房　gym(nasium)
10 练习场地　practice ground
11 草坪场地　lawn
12 人造草皮　artificial turf
13 小孩玩球的空地　sandlot
14 比赛区［场地］　competition [playing] area; arena
15 标志线　marking
16 中线　center [halfway; midfield] line
17 底线　baseline; end line; touchline
18 边线　sideline

---

19 售票处　booking office
20 入口　entrance
21 **看台　stands;** grandstand（带顶篷）；bleachers（露天）；gallery
22 正面看台　main stand
23 **座位　seat**
24 **座位总数　seating capacity**
25 不对号的座位　free [rush] seat
26 活动座位　retractable seat
27 固定翻椅　tip-up seat
28 主席台　rostrum
29 包厢；专门席位　box
30 **贵宾席　VIP** (=very important person) **box**
31 记者席　press box
32 检录区　marshalling area
33 运动员席　players' [athletes'] bench
34 替补员席　(substitutes') bench
35 裁判台　referee's platform [stand]
36 裁判员桌　referee's [umpire's] table
37 裁判员椅　referee's [umpire's] chair
38 记录台　scoring table
39 检录处　registration desk
40 布告栏　bulletin [notice] board

---

41 休息厅　lounge
42 **浴室　bathroom**
43 **更衣室　locker room**
44 淋浴间　shower room
45 **厕所　WC; rest room; (water) closet; toilet;** latrine
46 男厕所　men's [gents'] (room)
47 女厕所　ladies' (room)

设备

48 **电动计时器　electronic timer;** electric timekeeping device
49 电动计时触板　touch board
50 **终点摄影机　photo-finish camera**
51 高速纪录片　high-speed film
52 记分器　scoring device
53 **记分牌　scoreboard;** marking board; score indicator
54 电动记分牌　electric scoreboard

12

55 示分牌（裁判员用） flash card
56 记分卡；示分牌 scorecard
57 记分表 score sheet
58 划线器 marker
59 广播系统 public address system
60 扩音设备 amplification system
61 彩色影像荧光屏设备 color video display system
62 灯光照明 **lighting**
63 泛光照明 floodlighting
64 勒克司；米烛光 lux
65 风向标 wind indicator
66 风力［速］计 **wind gauge**

---

67 秒表 **stopwatch;** timer; watch; chronograph
68 皮尺 tape measure
69 量网尺 net measuring gauge
70 磅秤 **scale;** weighing machine
71 哨子 **whistle**
72 发令枪 **starting gun** [pistol]

服装

73 体育用品 **sporting goods**
74 比赛服装 **competitor's costume**
75 队旗 team pennant
76 制服 **uniform**
77 队服 colors
78 裁判服 judge's uniform
79 帽子 **cap**
80 遮阳帽舌 visor; vizor
81 运动服［衫］ **tracksuit; shirt**
82 松紧服 stretch [form-fitting] suit
83 超弹性面料 super stretch fabric
84 领奖服 podium-wear
85 T恤衫 **T-shirt**
86 运动背心 **singlet**
87 运动套衫 jersey; sweater; pullover; slipover
88 运动裤 **shorts; trunks; pants**
89 衬棉短裤 padded shorts
90 比基尼 **bikini**
91 短裙 **skirt**
92 短袜 **sock**
93 长统袜 stocking

---

94 运动鞋 **sports shoe;** sneakers; plimsoll
95 高帮运动鞋 high-top sneakers
96 跑鞋 running [track] shoe
97 球鞋 rubber-soled shoe
98 钉鞋 **studded [cleated; spiked] shoe; spikes**
99 鞋底 sole
100 楔形鞋底 wedged midsole
101 鞋帮 upper
102 鞋带 lace
103 鞋钉 spike
104 Z形鞋钉 Z spike
105 鞋底钉柱 cleat; stud

---

106 挎包 haversack
107 运动提包 **sports bag**
108 背囊 knapsack; rucksack

护具

109 护具 **protective clothing; protector**
110 头盔 **helmet;** head protector; headgear
111 面罩 **mask**
112 护齿 **teeth protector; gumshield;** mouthpiece; mouth guard
113 太阳眼镜 **sunglasses**
114 护目镜 **goggles**
115 风镜 dust goggles

116 护胸 chest protector; breast protector（女用）; plastron
117 **护垫 pad**
118 护肩 shoulder pad
119 **手套 glove**
120 护腕 wrist bandage [pad]
121 手腕带 wrist strap
122 **护裆 cup protector;** jockstrap; (athletic) support; foul-proof cup
123 护腿 leg guard; thigh-protector
124 **护膝 kneepad; kneecap**
125 护胫 shinpad; shinguard
126 绑腿 gaiter; puttee
127 安全带 safety [spotting] belt

13

13．教育与科技 Education, Science and Technology

学校体育

1 学校体育 school sport [physical education]
2 德智体全面发展 develop in an all-round way — morally, intellectually and physically
3 **体育教师 PE teacher**
4 **体育课 PE class**
5 体操课 gymnastic
6 **课外体育活动 sporting activities outside class;** extracurricular sporting activities
7 **课间操 setting-up exercises between classes**

———

8 **体育学校 sports school**
9 少年体校 juvenile sports school
10 **青少年业余体校 spare-time sports school for children**
11 **体育学院 sport [physical education] college [institute]**
12 **体育大学 sport [physical education] university**
13 **体育系 sport [physical education] department**

体育科研

14 科技兴体 develop sports through science and technology
15 **科研人员 scientific researcher**
16 研究员 research fellow [professor]
17 副研究员 associate research fellow
18 研究室 research department
19 研究组 research group
20 **实验室 laboratory; lab**
21 综合实验室 comprehensive laboratory
22 **学术论文 research paper**
23 专著 monograph
24 攻关课题 key problems to be tackled
25 科学技术进步奖 Science and Technology Progress Award

———

26 体育科学 sports science
27 体育学科 branches of sports science
28 **运动生理学 sports physiology; physiology of exercise**
29 **运动医学 sports medicine**
30 **运动生物化学 sports biochem-**

istry
31 运动解剖学 sports anatomy
32 **运动生物力学 sports [exercise] biomechanics** [biodynamics]
33 运动营养学 exercise nutriology
34 运动仿生学 exercise bionics
35 运动学 kinematics; kinesiology
36 人体运动学 kinematics of the human body
37 人体力学 body mechanics
38 人体动力学 kinetics of the human body
39 人体静力学 statics of the human body
40 体育概论 sports generality
41 体育哲学 sports philosophy
42 体育伦理学 sports ethics
43 体育社会学 sports sociology
44 体育法学 law of sports
45 **运动心理学 sports psychology**
46 运动训练学 exercise training
47 体育管理学 sports management science
48 体育经济学 sports economics
49 体育信息学 sports information
50 运动统计学 sports statistics

———

51 人体测量 anthropometry
52 体质监测 survey and supervision of health condition
53 体质测定器材 fitness testing instrument
54 心率遥测器 heart-rate telemeter
55 生化分析仪器 biochemical analyzer
56 自动水力按摩机 automatic hydro-massage
57 计算机技术在体育上的应用 application of computer technologies to sports
58 奥运会全球总体影响(科研项目) Olympic Games global impact

———

59 **国家体育总局体育科学研究所 China Institute of Sport Science (CISS)**
60 **体育信息中心 Sports Information Center**
61 中国体育科学学会 China Sports Science Society
62 奥林匹克研究中心 Olympic Research Center
63 科技开发中心 Science and Technology Development Center
64 后勤服务中心 Logistics Service Center

14. 市场开发 Marketing

财政

1 财政 **finance**
2 财政保证 **financial commitment**
3 收入 **revenue**
4 预期收入 forecast revenue
5 预算 **budget**
6 支出 **expenditure**
7 预支 advance; prepay
8 超支 overexpenditure
9 费用 **expense; charge**
10 支付 **payment;** reimbursement

11 成本 **cost**
12 资金 **fund;** financial resources
13 资产 assets
14 投资 **investment**
15 投资者 **investor**
16 融资 financing
17 投资组合 portfolio
18 纳税 taxation
19 免税 exemption of taxes
20 节余 **balance; surplus**
21 盈利；利润 **profit**
22 亏损 **deficit; shortfall**
23 利益 **benefit**
24 捐赠 **donation**
25 捐助者 **donor**
26 补助 subsidize
27 政府补贴 government subsidy

———

28 计划经济 **planned economy**
29 市场经济 **market economy**
30 具有中国特色的社会主义 **socialism with Chinese characteristics**
31 国内生产总值 **gross domestic product (GDP)**
32 国民生产总值 **gross national product (GNP)**

市场开发

33 市场开发 **marketing**
34 奥运会市场开发 Olympic marketing
35 资源 resources
36 人力资源 human resources
37 人才流动 flux [flow] of talent
38 合作伙伴 partner
39 伙伴关系 partnership

———

40 奥林匹克合作伙伴计划 **The Olympic Partner (TOP) Program**
（以下为2005-2008年第六期合作伙伴）
41 可口可乐 Coca-Cola
42 源迅 Atos Origin
43 通用电气 General Electric
44 恒康人寿 John Hancock
45 柯达 Kodak
46 联想 Lenovo
47 麦当劳 McDonald's
48 松下 Panasonic
49 三星 Samsung
50 斯沃琪 Swatch
51 威士 Visa

———

52 电视转播权 **television rights**
53 广播电视转播权所有者 television and radio rights holder
54 收入分配；分成 distribution of income
55 奥林匹克知识转让 Transfer of Olympic Knowledge (TOK)
56 门票销售 **ticket sales; gate**
57 票务中心 main ticketing center
58 奥运会彩票 Olympic Lottery
59 体育彩票 sports lottery
60 纪念邮票 commemorative stamp
61 纪念牌 commemorative plaque
62 纪念币 commemorative coin

———

63 产品 product
64 奥运会产品 Olympic product
65 商品 commodity; merchandise
66 销售 sales; merchandising
67 认可 **endorse**
68 指定 **designate**
69 特许产品 licensed product
70 特许经营权 **license**
71 特许经营运营中心 Licensing Operations Center

72 奥运会特许纪念品专卖店 Olympic Superstore
73 独家经销 exclusive distribution
74 独家销售权 exclusive marketing rights
75 **推广活动 promotional campaign**
76 商机 business opportunity

———

77 **产业 industry**
78 体育产业 sports industry
79 服务业 service industry
80 **企业 enterprise**
81 企业家 entrepreneur
82 企业集团 corporation
83 私营企业 private enterprise
84 国有企业 state-[government-]owned enterprise
85 独资企业 single-investor enterprise
86 合资企业 joint venture
87 跨国公司 multinational [transnational] corporation
88 证券［股票］交易所 stock exchange
89 国库券 state treasury bond
90 商业性的 commercial
91 非盈利性的 non-profit

广告与赞助

92 **广告 advertisement; ad**
93 广告权 advertising rights
94 优先权 priority
95 专有权；独家权 exclusive rights
96 特权 privilege
97 广告代理商 advertising agency
98 广告牌 billboard
99 空中广告 sky space advertising
100 **插播广告 commercial**
101 **赞助 sponsor**
102 现金赞助 sponsorship in cash
103 实物赞助 value in kind (VIK)
104 **赞助者 sponsor**
105 **赞助商标志**（比赛服上） **sponsor logo**
106 赞助商运行中心 Sponsor Operation Center
107 赞助商款待村 Sponsor Hospitality Village
108 供货商 supplier
109 **制造商 manufacturer**
110 交易 deal
111 **协议 agreement**
112 **合同 contract**

15．宣传与媒体　Publicity and Media

新闻与报道

1 **宣传 publicity**
2 **媒体 media**
3 大众媒体 mass media
4 超媒体 hypermedia
5 媒体运作 media operations

———

6 **新闻；消息 news**
7 **新闻发布会 press conference** [briefing]
8 发言人 spokesperson; spokesman; spokeswoman（女）
9 新闻发布室 press room

10 **新闻工作 journalism**
11 新闻检查 censor

---

12 **报道 report; cover**
13 互联网报道 web coverage
14 连续报道 running story
15 **重要新闻**；头版头条 **headline**
16 标题 title
17 小［副］标题 subtitle
18 **照［图］片 photo(graph); picture**
19 图片说明 caption
20 综述 roundup
21 特写 feature (article; story)
22 简讯 brief news; news in brief
23 新闻稿 press release
24 新闻通讯 newsletter
25 **传略**；人物介绍 **profile;** sketch of life
26 **采访 interview**
27 民意调查 poll
28 评论 comment(ary)
29 评述；回顾 review
30 预评 preview
31 **看法**；**见解 view; opinion**
32 **观点 point of view**
33 **问题 issue; question; problem**
34 热门话题 hot issue [topic]
35 焦点 focus
36 反馈 feedback

报 刊

37 报刊 press
38 **出版**；**出版物 publication**
39 **报纸 newspaper**
40 **日报 daily**
41 副刊 supplement
42 特刊 special issue
43 号外 extra
44 画报 pictorial
45 赠阅 gift [complimentary] copy
46 剪报 clippings
47 **体育专栏 sports column**
48 体育专页 sports page
49 体育增刊 sports extra
50 **刊物 magazine; journal**
51 定期刊物 periodical
52 周刊 weekly
53 双周刊 fortnightly
54 月刊 monthly
55 双月刊 bimonthly
56 季刊 quarterly
57 过期刊物 back number
58 小册子 brochure; pamphlet
59 传单 handout; leaflet; folder（折叠式）
60 **宣传画 poster**
61《国际奥委会文字／摄影指南》 *IOC Written and Photographic Press Guide*
62 供记者用的整套资料 media kit

---

63 发行 distribute
64 **发行量 circulation**
65 版权 copyright
66 订阅 subscribe
67 订阅者 subscriber
68 作者 author; authoress（女）
69 读者 reader
70 读者人数 readership

---

71 中国体育报业总社 China Sports Publications Corporation
72《中国体育报》 *China Sports Daily*
73 人民体育出版社 People's Sports Publishing House
74《新体育》 *New Sports*

15

75《中国体育》 *China Sports*

76《奥林匹克评论》（国际奥委会） *Olympic Review*

77《体育画报》（美国） *Sports Illustrated*

78《奥林匹克运动员》（美国） *Olympian*

79《队报》（法国） *L'Equipe*

广播电视

80 **广播 broadcast**

81 无线电广播 radio

82 广播电台 broadcasting [radio] station

83 **电视 television (TV)**

84 **电视台 television station**

85 中国中央电视台 China Central Television (CCTV)

86 中国国际广播电台 China Radio International (CRI)

---

87 **有线电视 cable TV**

88 收费电视 subscription [pay] TV

89 有限播送 narrowcasting

90 闭路电视 closed circuit TV

91 互动电视 interactive TV

92 投影电视 projection TV

93 电视塔 TV tower

94 **演播室 studio**

95 **电视卫星 TV satellite**

96 车载卫星传播设备 mobile [vehicle-mounted] satellite transmission equipment

97 电视转播车 outside broadcast van

98 电视信号 TV signal

---

99 **播放；传播 broadcast; transmission**

100 **转播 relay**

101 **现场直播 live broadcast**

102 **现场（实况）转播 live transmission** [telecasting]; on-the-spot broadcasting; field pickup; remote

103 现场解说；实况报道 commentary

104 解说控制室 commentary control room

105 解说员信息系统 commentator information system

106 卫星转播 satellite transmission

107 图像传送 video transmission

108 数字转播系统 digital broadcasting system

109 数据显示系统 data display system

110 接收 receive; reception

111 接入 access; connection

112 **收看［听］ tune in**

113 进行电视转播 televize

114 国际电视传输 overseas TV transmission

115 **重播 rebroadcast; repeat transmission**

116 重放（录像片断） replay

117 黄金时段播送 prime-time coverage

---

118 **电视观众 TV viewer [watcher]**

119 **收视率 TV rating**

120 **收视人数 reach**

121 平均每天收视人数 average daily reach

122 覆盖率 coverage

123 电视覆盖面 audio-visual coverage

124 电视画面 camera views

125 高清晰度 high definition

126 失真 distortion

127 干扰 interference; jamming

---

128 频道 channel
129 现场直播频道 simultaneous live channel
130 **体育频道 sports channel**
131 **节目 program; show**
132 音像资料 audio and video files
133 **体育节目 sports program**
134 **收音机 radio [wireless] set**
135 **电视机 television set [receiver]**
136 荧光屏 screen
137 天线 antenna
138 **摄录机 video camera**
139 **数码相机 digital camera**

机构与人员

140 **新闻中心 press center (PC)**
141 主新闻中心 Main Press Center (MPC)
142 分新闻中心 sub-press center
143 世界新闻机构 World News Press Agencies
144 场馆新闻中心 Venue Press Center
145 场馆通讯中心 Venue Communication Center
146 公共工作区 common work area
147 工作站 workstation
148 记者村 Media Village
149 国际广播电视中心 International Broadcasting Center (IBC)
150 国际体育广播公司 International Sports Broadcasting
151 国际奥委会广播电视委员会 IOC Radio and Television Commission
152 奥林匹克转播中心 Olympic Broadcasting Organization
153 奥林匹克转播服务公司 Olympic Broadcasting Service
154 奥林匹克广播电视组织 Olympic Radio and Television Organization
155 北京奥林匹克广播组织 Beijing Olympic Broadcasting
156 奥运会电视研究中心 Olympic Television Research Center
157 奥运会电视档案局 Olympic Television Archive Bureau

---

158 **电信公司 telecommunication company (telco)**
159 中国互联网络信息中心 China National Network Information Center (CNNIC)
160 互联网服务供应商 Internet service provider (ISP)
161 Trax 运动寻呼服务 Sports Trax
162 客户呼叫服务中心 customer call center
163 信息产业部 Ministry of Information Industry (MII)

---

164 新闻界 press
165 编辑人员 editorial staff
166 **编辑 editor**
167 主［总］编 chief editor; editor-in-chief
168 **评论员 commentator**
169 体育评论员 sports commentator [critic]
170 **记者 journalist; newsman; newspeople; reporter**
171 记者证 press card
172 体育记者 sportswriter
173 体育编辑 sports editor
174 体育专栏作家 sports columnist
175 特约记者 special correspondent

[reporter]
176 本刊［报］记者 staff reporter

---

177 **广播员 broadcaster**
178 新闻广播员 newscaster; newsreader
179 体育广播员 sportscaster
180 **节目主持人 program host; program hostess**（女）；**presenter**
181 现场解说员 color analyst
182 电视采访小组 television team

电信与网络

183 **信息 information**
184 **信息技术 information technology (IT)**
185 信息储存 information storage
186 信息处理 information processing
187 信息传递 information delivery
188 **电信 telecommunication**
189 奥运会官方网站 official Olympic website
190 北京奥运会信息系统 Info2008
191 奥林匹克成绩信息服务 Olympic Results Information Services
192 奥运会广域成绩与信息系统 Games Wide Results and Information Systems
193 全球通 Global System for Mobile Communications

---

194 **电话 (tele)phone**
195 **手机**；移动式电话 **mobile [cell] phone; handset**
196 电视［可视］电话 videophone
197 卫星电话 satellite phone
198 **国内长途 toll call**
199 **国际长途 international call**
200 长途电话费 toll
201 国内直拨电话 domestic direct dial (DDD) telephone
202 国际直拨电话 international direct dial (IDD) telephone
203 码分多址 code division multiple access (CDMA)
204 预付电话卡 prepaid telephone card
205 智能［IC］卡 intelligence [smart] card

---

206 **计算机；电脑 computer**
207 **笔记本**（电脑） **notebook** (computer)
208 便携式电脑 laptop
209 掌中［微型］计算机 palmtop
210 个人电脑 personal computer (PC)
211 台式电脑 desktop computer
212 个人数字助理 personal digital assistant (PDA)
213 程序 program
214 多媒体 multimedia
215 主机 main frame [processor]; central processing unit (CPU)
216 显示器 display device; indicator
217 键盘 keyboard
218 鼠标 mouse
219 打印机 printer
220 **硬件 hardware**
221 **软件 software**
222 上传 upload
223 下载 download
224 更新 update
225 **平台 platform**
226 **终端 terminal**
227 浏览器 browser
228 存储器 storage
229 调制解调器 modem

230 文字信息处理器 word processor
231 扫描仪 scanner
232 **磁盘 disk; disc**
233 **光盘 compact disc (CD)**
234 闪盘 flash disc
235 只读光盘 compact disc read-only memory (CD-ROM)
236 激光视盘；影碟 video compact disc (VCD)
237 数字光盘 digital video disc (DVD)
238 备份 backup document [material]

---

239 **网络 network**
240 光域网；全球网络；万维网 world wide web; www
241 电话网络 telephone network
242 网络世界 cyberworld
243 网络系统 network system
244 网络管理 network management
245 综合服务数字网 integrated services digital network (ISDN)
246 非对称数字用户线路 asymmetric digital subscriber line (ADSL)
247 **电子邮件 e-mail**
248 电子商务 e-commerce
249 **电传；传真 fax; fascimile**
250 **网站 website**
251 数据处理平台 data processing platform
252 数字信号处理 digital signal processing
253 体育门户网站 sports portal
254 互动数字体育平台 interactive digital sports platform (IDSP)
255 综合业务数字网；一线通 Integrated Subscriber Digital Network (ISDN)
256 网吧；网络咖啡屋 Internet bar [café]; cyberbar[café]
257 网上聊天室 chat room
258 网址 Internet address
259 电脑黑客 hacker
260 **国际互联网；因特网 Internet**
261 信息高速公路 information highway
262 内部互联网 intranet
263 互联网协议 Internet Protocol (IP)
264 局域网 local area network
265 网上直播 webcast
266 实时图像 real-time video
267 **在线**；在网上 **online**
268 宽带 wide[broad]band
269 数据库；资料库 database[bank]
270 短信息服务 Short Message Service (SMS)
271 上网；浏览网上信息 surf; get on the Internet

---

272 网络漫游者 web surfer
273 **网民 netizen;** viewer; visitor
274 网络用户 webster; web [Internet] user
275 网友 Internet buddy
276 网虫 webaholic
277 **病毒 virus**
278 点击 click
279 网上点击纪录 Internet traffic record
280 网页 web page
281 网页访问流量 page views
282 普及率 penetration rate

---

283 **通信卫星 communications satellite; comsat;** Telstar
284 卫星地面站 satellite earth station
285 全球卫星通信系统 Global Satellite Communication System
286 **全球卫星定位系统 global positioning system (GPS)**

16

16．环境保护 Environmental Protection

1 环境保护 **environmental protection**
2 环境意识 environmental awareness
3 有利于环保的 **environmentally friendly**
4 生态系统 ecosystem
5 **生态平衡 ecological balance**
6 自然资源 natural resources
7 自然保护区 natural conservation
8 保护野生动物 protection of wildlife

绿化

9 绿化 **make [go] green**
10 绿色奥运行动计划 Green Olympics Program
11 绿化面积 green coverage
12 绿地 green land
13 植被 vegetation
14 **植树 plant trees**
15 造林 afforestation
16 林木覆盖率 forest coverage
17 **绿化带 green belt**

污染

18 **污染 pollution**
19 **无污染的 pollution-free**
20 **污染物质 pollutants**
21 **污染源 pollution source**
22 天然污染源 natural pollution source
23 大气污染源 atmospheric pollution source
24 工业污染源 industrial pollution source
25 农业污染源 agricultural pollution source
26 交通运输污染源 transportation pollution source
27 生活污染源 domestic pollution source
28 污染综合防治 integrated pollution control

空气质量

29 **空气质量 air quality**
30 **有害气体 harmful** [noxious] **gas**
31 **废气 exhaust fume**
32 交通污染 pollution caused by vehicles
33 **机动车尾气排放 automotive emission**
34 一氧化碳 carbon monoxide
35 二氧化碳 carbon dioxide
36 二氧化硫 sulphur dioxide
37 氟化物 fluoride
38 消耗臭氧层物质 ozone-depleting substance
39 悬浮颗粒物 suspended solid particles [particulates]
40 沙尘暴 sandstorm
41 **温室效应 greenhouse effect**
42 空调系统 air-conditioning system

固体废物

43 固体废物 solid waste
44 **垃圾 garbage; refuse**
45 城市垃圾 municipal refuse
46 垃圾分类 separate collection of solid wastes

47 垃圾焚化 refuse incineration
48 无害化处理 pollution-free disposal
49 填埋 landfill
50 **回收 recycle; reuse**
51 再生纸 recycled paper
52 一次性用品 disposable article

水源

53 **水源 water source**
54 水源保护区 protected area for water supply
55 **饮用水 drinking water**
56 **污水 sewage; wastewater**
57 排放 discharge
58 **处理 disposal; treatment**
59 废水处理厂 wastewater treatment plant
60 南水北调 diversion of water from the southern to the northern regions

能源

61 **能源 energy**
62 **清洁能源 clean energy**
63 **天然气 natural gas**
64 火力发电 thermal power generation
65 水力发电 hydraulic power generation
66 风力发电 windmill power generation
67 太阳能发电 solar power generation
68 太阳能集热 solar energy collection
69 地热发电 geothermal power generation
70 地热井 thermal well
71 燃料电池 fuel cell
72 节约能源 save energy
73 西气东输 diversion of natural gas from the western to the eastern regions

17. 文化活动 Cultural Activities

1 **人类文化 human culture**
2 **东方文明 Eastern** [Oriental] **civilization**
3 **西方文明 Western** [Occidental] **civilization**
4 文明古国 country with an ancient civilization
5 传统文化 traditional culture
6 **文化交流 cultural exchange**
7 **体育交流 sports exchange**

---

8 **文化遗产 cultural heritage**
9 **文物 cultural [historical] relics**
10 **体育文物 sports antiquities**
11 **博物馆 museum**
12 中国体育博物馆 China Sports Museum
13 **名胜 scenic spot**
14 **古迹 places of historical interest;** historic sites

文化活动

15 **文化活动 cultural event [activity]**
16 文化活动计划 cultural program
17 奥林匹克理想的传播 spread [promotion; dissemination; popularization; proliferation] of the Olympic Ideal

18 体育与艺术的结合 combination of sport and art
19 **奥林匹克火炬接力 Olympic Flame [Torch] Relay**
20 火炬接力者 torch-bearer
21 花车游行 flower floats parade
22 **国际青年营 International Youth Camp**
23 **奥林匹克文化艺术节 Olympic Cultural & Arts Festival**
24 奥林匹克知识竞赛 Olympic Knowledge Contest
25 奥林匹克演讲比赛 Olympic Speech Contest
26 奥林匹克教育课本 Olympic Education Textbook
27 奥林匹克讲座 Olympic course
28 **论坛 forum**
29 **展览会 exhibition**
30 **体育美术展览 sport-in-art exhibition**
31 **体育集邮 sports philately**

娱乐活动

32 **文艺演出 artistic performance**
33 **团体操 group calisthenics**
34 预演 rehearsal
35 彩排 dress rehearsal
36 **烟火 fireworks**
37 演出队 troupe
38 表演；秀 perform; show
39 **歌剧 opera**
40 **京剧 Beijing opera**
41 地方戏 local drama [opera]
42 戏剧 drama; play
43 **舞蹈 dance**
44 **芭蕾舞 ballet**
45 **话剧 modern drama; stage play**
46 **相声 cross talk; comic dialogue**

---

47 **音乐会 concert**
48 **交响曲 symphony**
49 **交响乐团 orchestra**
50 爱乐乐团 philharmonic orchestra
51 乐队 musical band
52 **唱歌 singing**
53 男高音 tenor
54 男中音 baritone
55 男低音 bass
56 女高音 soprano
57 女中音 mezzo-soprano
58 女低音 alto
59 独唱 solo
60 合唱 chorus
61 **通俗歌曲 pop song**
62 **卡拉OK karaokay**
63 **民间音乐 folk music**
64 **民歌 folk song**
65 **民间器乐 instrumental folk music**

---

66 **杂技 acrobatics**
67 马戏 circus
68 皮影戏 shadow play; leather-silhouette show
69 木偶戏 puppet show
70 **电影 film; movie**
71 时装表演 fashion show
72 时装模特儿 fashion model

---

73 **电影院 cinema;** movie house [theater]
74 **剧院 theater**
75 **音乐厅 concert hall**
76 **舞厅 dancing hall**
77 **迪斯科舞厅 disco(theque)**
78 夜总会 night club

艺 术

79 艺术 **art**
80 美术 **fine arts**
81 绘画 **painting**
82 油画 **oil painting**
83 国画 **traditional Chinese painting**
84 书法 **calligraphy**
85 摄影 **photography**
86 体育摄影 sportsphoto
87 雕塑 **sculpture**
88 手工艺品 **handicraft**
89 木刻 woodcut
90 剪纸 paper-cut
91 瓷器 porcelain; china
92 陶器 pottery
93 漆器 lacquerware
94 景泰蓝 cloisonne
95 玉器 jade article
96 刺绣 embroidery
97 蜡染 wax printing
98 古玩 **antique; curio**

99 旅游 **tour**
100 旅游业 **tourism**
101 奥林匹克世界游 Olympic World Tour
102 旅游者 **tourist**
103 参观 **visit**
104 游览；观光 **sightseeing**
105 长城 **Great Wall**
106 故宫 **Imperial Palace**
107 颐和园 **Summer Palace**
108 天坛 **Temple of Heaven**
109 胡同 **lane; alley;** hutong
110 购物；逛商店 **shopping**
111 浏览橱窗 window-shopping
112 商店 **store; shop**
113 商场 market; bazaar; arcade（有拱廊）
114 超级市场 **supermarket**
115 购物中心 shopping center [mall]
116 商业区 shopping center; commercial district
117 店员 **shop-assistant;** salesclerk; salesman; saleswoman; shopkeeper; shopgirl
118 讨价还价 bargain; haggle
119 折扣 discount（指削减部分）〈八折 20 percent ≈〉

18

18. 会议 Conference

1 会议 conference; convention; meeting
2 代表大会 **congress**
3 全体会议；全会 plenary session
4 全会休会期间 between sessions
5 理事会议 **council meeting**
6 执委会会议 **executive board meeting**
7 扩大会议 enlarged meeting
8 联席会议 joint meeting
9 欢迎［招待］会 welcome party; reception

10 欢送［告别］会 farewell party
11 庆祝会 celebration
12 **座谈会 symposium**
13 研讨会 workshop; seminar
14 情况汇报会 debriefing
15 情况介绍会 briefing
16 预备会 preparatory [preliminary] meeting
17 紧急会议 emergency [urgent] meeting
18 特别会议 special [ad hoc] meeting
19 可视电话会议 videoconference

---

20 文件 document; file; papers
21 密件 confidential [classified] document
22 工作文件 working paper
23 **工作报告 working report**
24 摘要记录 summary record
25 会议纪要 minutes
26 档案 archives

---

27 **会议厅 conference hall**
28 **会议室 meeting room**
29 主席台 rostrum
30 讲台 platform
31 旁听席 visitors' seats; public gallery

人员

32 **主席 chairman**（男）；**chairwoman**（女）；chairperson（男女兼指）
33 **副主席 vice chairman**
34 主席团 presidium
35 执行主席 executive [presiding] chairman
36 代理主席 acting chairman
37 临时主席 interim chairman
38 名誉主席 honorary chairman
39 召集人 summoner; convener
40 主持会议 preside over a meeting
41 **参加会议 attend [take part in] a meeting**
42 参加者 participant; attender; attendee
43 **代表 delegate; representative; deputy**
44 首席代表 chief delegate
45 **代表团 delegation**
46 出席人数 attendance
47 法定人数 quorum
48 出席 present
49 缺席 absent
50 缺席者 absentee
51 列席会议 attend a meeting without voting rights
52 **旁听者 observer; visitor**

---

53 资格证书 credentials
54 资格审查委员会 credential committee
55 调查委员会 enquiry [investigating] committee
56 常务［设］委员会 standing [permanent] committee
57 专家小组 panel of experts
58 评审委员会 jury

议事

59 宣布开会 declare the meeting open
60 议事规则 rules of procedure
61 **议事日程 agenda;** order of the day
62 **议题 topic; item; subject**
63 主题 keynote; central theme
64 **提出问题 raise [put forward;**

move; pose; submit] **a question**
65 **讨论 discussion**
66 提交讨论 put forward [bring up] for discussion
67 分组讨论 group discussion
68 交换意见 exchange views; compare notes
69 商议；酝酿 deliberation
70 **协商 negotiation**
71 会谈 talks
72 动议 motion
73 **建议 suggest; propose**
74 附议 second
75 **考虑 consider;** take into consideration [account]
76 僵局 deadlock; impasse; stalemate
77 休会 adjourn

---

78 **发言 speak; take the floor;** make [deliver] a speech; address the meeting
79 即席发言 speak impromptu [extempore]
80 **请某人发言 give the floor to sb**
81 **要求发言 ask for the floor**
82 **发言者 speaker**
83 **陈述 statement**
84 **代表**（某人、某团体发言） **on behalf of; in the name of**
85 **争论 dispute;** squabble
86 **辩论 debate**
87 有争议的问题 controversial issue
88 正反两方面的理由 pros and cons
89 游说 lobby
90 **批评 criticize**
91 **驳斥 refute;** repudiate
92 谴责 condemn; denounce

---

93 **赞成 uphold; advocate; agree;** favor; stand for
94 达成谅解 reach an understanding
95 **达成协议 reach an agreement**
96 **求同存异 seek common ground while reserving differences**
97 **一致意见 agree in opinion; share a view;** have [hold] identical views; see eye to eye; of one mind; reach a consensus
98 **反对 oppose; object to**
99 破裂（指谈判） break down
100 退出会议 withdraw from [walk out of] a meeting; secede
101 提出抗议 make [lodge; present] a protest

投票

102 **投票 vote**
103 投票权 right to vote; suffrage; franchise
104 记名投票 disclosed ballot
105 无记名投票 (secret) ballot
106 委托投票 proxy vote
107 举手表决 vote by show of hands
108 鼓掌表决 vote by acclamation
109 **投票表决 put to vote;** decide [vote] by ballot
110 通信表决 vote by correspondence [post]
111 信任投票 vote of confidence
112 不信任投票 vote of non-confidence
113 表决程序 voting procedure
114 **轮**（投票） **round**
115 赞成票 affirmative vote
116 **投赞成票 vote for [in favor of]**
117 反对票 negative vote
118 **投反对票 vote against**

18

119 弃权 **abstain**
120 投票率 percentage of voters; turnout
121 废票 defective ballot
122 无效票 invalid ballot
123 选票 ballot (paper)
124 投票箱 ballot box
125 表决设备 voting equipment
126 投票站 polls; polling booth [station]

决 议

127 决议 **resolution**
128 裁决 ruling
129 作出决定 **decide; make a decision**
130 异议 **objection**
131 通过 **adopt; pass** 〈以八票赞成、两票反对、三票弃权～ pass with eight votes for, two votes against and three abstentions〉
132 一致通过 **adopt unanimously**
133 多数通过 **pass by majority**
134 压倒多数 overwhelming majority
135 三分之二多数 two-thirds majority
136 保留意见 reserve one's opinion
137 修正 revise; amend
138 修正案 **amendment**
139 否决 **reject;** vote down; overrule; veto
140 撤消 withdraw; cancel
141 生效 **come into effect [force]**
142 草签 initiate
143 签字 **sign; signature**
144 审查 **examine**
145 批准 **approve; ratify;** sanction
146 执行 **carry out; implement;** enforce; put into effect
147 声明 declaration; statement; proclamation
148 官方公报 communiqué
149 解释权 right to interpret

选 举

150 选举 **election**
151 选举权 right to elect
152 被选举权 right to stand for election
153 选举资格 qualification for election
154 提名 **nominate**
155 候选人 **candidate**
156 竞选活动 campaign
157 竞选者 campaigner
158 竞选主席 run for presidency
159 当选 **elected**
160 连续当选 **re-elected**
161 连任 serve another term
162 落选 lose an election; fail to be elected
163 任期 **term of office; tenure**
164 任期期满 expiration of office

翻 译

165 翻译 **translate; interpret;** render
166 口译 **oral [verbal] translation; interpretation**
167 笔译 **written translation**
168 交替传译 consecutive interpretation
169 同声传译 simultaneous interpretation
170 译员 **interpreter**
171 译者 **translator**
172 原文 **original**
173 译文 **translated text;** translation; version
174 工作语言 **working language**
175 音译 transliteration
176 意译 **free** [liberal] **translation**
177 直译 **literal translation**
178 粗率的翻译 rough [crude] translation
179 忠实于原文的翻译 **faithful translation**

第 二 部 分
Part Two

单项体育
Sport by Sport

田径与游泳 Athletics and Swimming（19–22）

19. 田径 Athletics

项目

1 田径运动 **track and field; athletics**
2 黄金联赛 Golden League
3 径赛项目 track event
4 赛跑项目 running event
5 **短（距离）跑 short-distance race; dash; sprint**
6 **中（距离）跑 middle-distance race**
7 **长（距离）跑 (long-)distance race**
8 中长（距离）跑 middle- and long-distance races
9 超长距离跑 ultradistance race

---

10 **马拉松赛跑 marathon (race)**
11 半程马拉松赛跑 half-marathon race
12 团体赛跑 team race
13 **接力赛跑 relay race**
14 公路［马拉松］接力赛跑 road relay
15 **跨栏跑 hurdles (race)**
16 **障碍赛跑 (steeple)chase; obstacle race**
17 公路赛跑 road race
18 **越野赛跑 cross-country race**
19 **竞走项目 race walking; (race-) walk**
20 场地竞走 track race walking
21 公路竞走 road race walking

---

22 **田赛项目 field event**
23 跳跃项目 jumping event
24 **跳高 high jump**
25 立定跳高 standing high jump
26 **撑竿跳高 pole vault**
27 **跳远 long** [broad] **jump**
28 **三级跳远 triple jump;** hop, step and jump
29 立定跳远 standing long jump

---

30 投掷项目 throwing event
31 **推铅球 shot put**
32 **掷铁饼 discus throw**
33 **掷标枪 javelin throw**
34 **掷链球 hammer throw**

---

35 全能项目 combined event
36 **十项全能运动 decathlon**
37 **七项全能运动 heptathlon**
38 五项全能运动 pentathlon
39 评分表 scoring table

人员

40 **田径运动员 athlete**
41 径赛运动员 runner; trackster
42 赛跑运动员 runner
43 短跑运动员 short-distance runner; sprinter; dasher; dash man; speedster
44 中长跑运动员 middle-distance runner
45 长跑运动员 distance runner
46 马拉松运动员 marathoner; marathon runner

47 跨栏运动员 hurdler
48 障碍赛跑运动员 steeplechaser
49 不计分队员（团体赛跑） non-scoring member
50 接力队 relay team
51 竞走运动员 walker
52 田赛运动员 field athlete; fieldsman
53 跳高运动员 high jumper
54 撑竿跳高运动员 pole-vaulter [-jumper]; vaulter
55 跳远运动员 long [broad] jumper
56 三级跳远运动员 triple jumper
57 铅球运动员 shot putter
58 铁饼运动员 discus thrower
59 标枪运动员 javelinist
60 链球运动员 hammer thrower
61 十项全能运动员 decathlete
62 七项全能运动员 heptathlete
63 五项全能运动员 pentathlete

---

64 **裁判员** **judge**
65 **裁判长** **referee**
66 **总裁判长** **chief** [head] **referee**
67 助理裁判长 umpire
68 终点裁判长 chief photo-finish judge
69 **发令员** **starter**
70 助理发令员 starter's assistant; recall starter
71 记圈员 lap scorer
72 检录员 clerk of the course
73 检查长 head [chief] inspector
74 场地指挥 marshal
75 广播员 announcer
76 测量员 surveyor
77 衡量裁判员 measurement judge

规则与裁判

78 风速 wind velocity
79 **轮次** **round**
80 **点名** **call the roll**
81 **预赛**（分组进行） **heat**
82 起跑顺序 starting order
83 并排起跑 abreast start
84 分道跑 run in lanes
85 梯形起跑 echelon; staggered start
86 起跑前伸数 stagger; echelon allowance
87 集体起跑 mass start
88 起跑信号 starting signal
89 鸣枪 fire the gun [pistol]
90 各就位！ On your marks!
91 预备！ Get set!; Set!
92 跑！ Go!
93 **抢跑** **beat** [jump] **the gun;** break start; fly
94 起跑犯规 false start
95 双脚腾空（竞走犯规动作） double float
96 召回重跑 recall
97 重跑 re-run
98 **最后一圈** **last lap;** gun-lap
99 平分决胜的赛跑 runoff

---

100 试跳 trial jump
101 试推 trial put
102 试掷 trial throw
103 **越过**（障碍或横杆） **clear**
104 免跳 pass on a height
105 有效试跳 valid jump
106 有效试掷 valid throw
107 犹豫不跳 balk
108 触起跳线前地面 touching the ground beyond the takeoff line
109 失败 failure
110 跳高无成绩 no height achieved

赛跑与竞走

111 蹲踞式起跑 crouch start
112 短式蹲踞［短子弹式］起跑 bunch start
113 拉长式［长子弹式；普通式］起跑 elongated start
114 体力分配 distribution of energy [effort]
115 跑的节奏 running rhythm
116 跑速分配计划表 pace-schedule
117 分段成绩 split time
118 平均每圈时间 average lap-time

---

119 竞走步法 mode of progression
120 膝挺直 lock the knee
121 单脚支撑阶段 foot support phase
122 步长［幅］ **length of stride**
123 **步频 stride frequency**
124 步法安排 stride plan

---

125 摆动 swing
126 摆动臂 swinging arm
127 体前摆臂 cross-body arm motion
128 摆幅 amplitude
129 蹬腿 driving leg
130 跑姿 running form [style]; carriage

---

131 **领跑者 pacesetter**[maker]; front runner; leader
132 领先一圈 steal a lap; ahead by one lap
133 直道跑 straight running
134 弯道跑技术 bend technique; corner work
135 **最后一个弯道 final** [home] **bend**
136 向内抢道 cut in
137 抢道起点 point of denouement
138 集团（跑道上） bunch; pack; ruck
139 夹在人群里（中长跑） boxed in; pocketed
140 顺势［惯性］跑 coast
141 逆风跑 run against the wind
142 匀速跑 steady running
143 **冲刺 kick; burst; sprint; spurt;** dash
144 到达终点 reach home
145 撞线 break the tape
146 同时到达终点 dead heat
147 几乎同时到达终点 close [photo] finish

传接棒

148 **传接棒 baton exchange;** handoff
149 跑第一棒 lead off
150 第一棒队员 first runner
151 第二棒队员 second runner
152 第三棒队员 third runner
153 最后一棒队员 anchorman
154 持棒 carry the baton
155 握棒 baton grasp
156 **传棒 pass the baton**
157 传棒人 passer; incoming runner
158 倒V字形传棒技术 inverted V technique
159 下压式传棒 downward pass
160 **接棒 take over;** relieve
161 接棒人 receiver; outgoing runner
162 换手传接棒法 alternating baton-pass method
163 接棒时看传棒者 sight exchange; visual pass
164 接棒时不看棒 blind pass; non-vision exchange
165 段（每一棒的跑程） leg
166 接棒时越出接力区 overrun

19

19

跨栏

167 上栏 take the hurdle
168 **攻栏 attack the hurdle**
169 跨栏步 hurdle step [stride]
170 起跨点 takeoff spot
171 栏间距离 space between hurdles
172 **栏间步 steps between hurdles**
173 栏间步太大 overrun the hurdles
174 前腿 lead leg
175 跟进腿 trail leg
176 过栏 clear a hurdle
177 过栏步 clearance stride
178 过栏前倾 dip
179 踢栏 hit a hurdle
180 碰倒栏架 knock down [bash] a hurdle

跳高

181 **背越［福斯贝里］式跳高 back layout;** (Fosbury) **flop**
182 俯卧式跳高 straddle [barrel; belly] roll
183 滚［西方；赫莱恩］式跳高 Western [Horine] roll
184 剪［东方；跨越］式跳高 scissors jump; Eastern cut-off; Sweeney layout
185 **助跑 approach run; run-up**
186 步点 check [striding] mark
187 弧线助跑 curved run
188 助跑道 runway
189 助跑标志 run-up mark
190 倒数第二步（起跳前） drive step; penultimate step [stride]
191 脚步错误 foot fault
192 **起跳 take off**
193 起跳腿 takeoff leg
194 摆动腿 swinging leg
195 起跳蹬踏 takeoff push
196 抬腿 leg lift
197 抬膝 knee lift
198 **腾空 transit**
199 横杆下垂度 sag of the bar
200 **过杆 clear the bar**
201 滚动过杆 roll over the bar
202 **落地 landing**
203 落地腿 landing leg
204 开始试跳高度 commencing [starting] height
205 升高横杆 raise the bar
206 **碰掉横杆 knock down the bar**

撑竿跳高

207 握竿 handhold
208 持竿姿势 pole carry
209 插竿 pole planting
210 **推起 push-up**
211 摆腿 swing up the leg
212 推竿 final push; push off the pole
213 **引体 pull up**
214 弓身 arch
215 撒竿 throw-away
216 折叠式撑竿跳高 jackknife

跳远

217 **蹲踞式跳远 knee-tuck type;** float style
218 **剪［走步］式跳远 walk**-[stride-] **in-air type**
219 挺身式跳远 hang style; straight-away
220 **踏跳 beat the board**
221 空中动作 action in the air
222 **空中步 air step**
223 单足跳（三级跳远第一步） hop

224 跨步（三级跳远第二步） step
225 跳跃（三级跳远第三步） jump
226 扒地动作（三级跳远） pawing movement
227 “滑车”动作（三级跳远） churning
228 水平速度 horizontal velocity
229 垂直速度 vertical velocity

投 掷

230 投掷 throw
231 推（铅球） put; push
232 投掷臂 throwing arm
233 投掷步 delivery stride
234 前交叉步（掷标枪） front cross-step
235 **投掷角度 angle of shot**
236 最理想的投掷角度 optimum angle of shot
237 角速度 angular velocity
238 旋转式（投掷） rotation style
239 **旋转 spin;** pivot; turn; wind up（掷链球）
240 背向推掷 back-putting
241 侧向推掷 side-putting
242 握枪 handhold
243 持枪 carry the javelin
244 肩上持枪 over-shoulder carry
245 后引标枪 draw back the javelin; withdrawal
246 出手 release
247 肩上投掷 over-shoulder whip
248 仰度 angle of release
249 迎［攻击］角 angle of attack
250 出手姿势 throwing position
251 飞行路线（投掷器械） trajectory

场 地

252 **田径场**（尤指径赛场） **track;** track-and-field arena
253 **室内田径场 indoor track**
254 田赛场；内场 field; infield; athletic arena
255 **跑道 track**
256 煤屑跑道 cinder track
257 黏土跑道 clay track
258 **塑胶跑道 synthetic track**
259 全天候跑道 all-weather track
260 **分道 lane**
261 直道 straight(-lane); stretch
262 终点直道 finishing [home] straight
263 非终点直道 back straight
264 **弯道 bend;** curve
265 横向倾斜度 bank; lateral inclination
266 里圈 inner lane
267 里沿 inside edge
268 跑道凸缘 curbing; kerb
269 外圈 outer lane
270 水池（障碍赛跑） water-jump
271 集合线 assembly line
272 **起跑线 start line**
273 弧形起跑线 curved starting line
274 **终点线 finish line**
275 摄影终点 photo finish
276 录象终点 videotape finish
277 **转弯处**（马拉松赛） **turning place** [point]
278 饮水 / 用水站 drinking/sponging station
279 饮料站 refreshment station

---

280 接力区 exchange [passing; takeover] zone; baton-exchange area
281 接力区标志 changeover [takeover] mark
282 接力各段起跑线 exchange mark;

scratch line
283 抢道线 breakline

———

284 起跳板 takeoff [jumping] board; joist
285 橡皮泥显示板 plasticine indicator board
286 沙坑 **jumping pit**
287 落地区 landing area
288 插斗（撑竿） planting box
289 前壁（撑竿插斗） stop board

———

290 投掷区 **throwing sector;** delivery area
291 铅球投掷区 putting area
292 投掷区标志旗 sector flag
293 投掷区角度线 sector line
294 投掷圈 throwing circle
295 铅球投掷圈 circle for shot putting; putting circle
296 链球投掷圈 circle for hammer throwing
297 限制圈 circle band
298 起掷弧 throwing arc
299 起掷线 scratch line
300 抵趾板 stop [toe] board
301 护笼 (safety) cage

器 材

302 起跑器 (starting) block
303 栏架 hurdle; barrier
304 栏板 top bar
305 座脚 base

———

306 跳高架 **high jump stand;** (jump) standard
307 立柱（跳高架） upright; support; peg
308 延伸臂（撑竿跳高架） extension arm
309 横杆 **crossbar**
310 海绵垫 **foam rubber;** sponge-rubber pad
311 充气垫 air-filled mattress
312 平耙（用于沙坑） rake

———

313 投掷器械 weights
314 金属器材（铁饼、铅球、链球） hardware
315 铅球 **shot**
316 铁饼 **disc(us);** platter
317 边缘（铁饼） rim
318 标枪 **javelin;** spear
319 标枪杆 shaft
320 缠线把手（标枪） cord grip
321 标枪头 javelin head
322 金属头（标枪） metal head
323 链球 **hammer;** chain ball
324 链球球体 hammer head
325 链 hammer wire
326 链球把手 hammer grip [handle]
327 接力棒 **baton**
328 皮尺 measuring tape
329 测量杆 measuring rod
330 撑竿 **vaulting pole**
331 玻璃纤维撑竿 fiberglass pole
332 铝合金撑竿 aluminum pole
333 信号旗 signal flag

20. 游泳 Swimming

1 游泳 **swimming;** natation
2 游程 course
3 短池比赛 short-course meet
4 短距离比赛 sprint; dash
5 中距离游泳 middle-distance swimming
6 长距离游泳 (long-)distance swimming
7 超长距离［马拉松式］游泳 ultra-distance [marathon] swimming
8 渡峡游泳 channel swimming
9 冬泳 winter swimming

项 目

10 **游泳姿势 swimming stroke**
11 爬泳 crawl (stroke)
12 美国式爬泳（六次打腿） American crawl
13 澳大利亚式爬泳（两次打腿） Australian [two-beat] crawl
14 **自由泳 freestyle;** free stroke
15 **仰［背］泳 backstroke;** back crawl
16 **蛙泳 breaststroke**
17 高航式蛙泳 high sail breaststroke
18 波浪式蛙泳 wave breaststroke
19 **蝶泳 butterfly**
20 海豚泳 dolphin
21 混合泳 medley stroke
22 **个人混合泳 individual medley**
23 接力游泳 relay
24 自由泳接力 freestyle relay
25 **混合泳接力 medley relay**
26 接力中的交接 relay change; takeover
27 **侧泳 sidestroke**
28 单臂出水侧游 northern stroke; overarm sidestroke

---

29 潜水运动 underwater sports
30 **潜水 (skin) diving; underwater swimming**
31 屏气潜泳 holding-breath diving; diving with bated breath
32 蹼泳 fin swimming
33 器泳 scuba swimming

人 员

34 **游泳运动员 swimmer**
35 短距离游泳运动员 sprinter; dash man; dasher
36 长距离游泳运动员 distance swimmer
37 蝶泳运动员 butterfly swimmer; flyer
38 个人混合泳运动员 individual medleyist
39 全面的游泳运动员 all-round swimmer
40 **潜水运动员** (skin) **diver**
41 蹼泳运动员 fin-swimmer
42 冬泳者 winter swimmer; polar bear

---

43 姿势裁判员 stroke judge
44 转身裁判员 turning judge
45 终点裁判员 finishing [placing] judge
46 记趟裁判员 lap counter
47 游程计算员 clerk of course
48 救生员 lifeguard; lifesaver; rescuer

规则与裁判

49 分组赛 **heat**
50 出发信号 starting signal
51 **各就位! Take your marks!**
52 出发犯规 false [illegal] start
53 **过早出发 beat the gun**
54 重游 re-swim
55 回表! Clear watches!
56 转身犯规 illegal turn
57 趟 lap
58 分段 segment
59 成绩(以时间计算) time
60 分段成绩 split [lap] time
61 中间成绩 intermediate time
62 水温 water temperature

出发

63 出发姿势 starting position
64 立定出发 stationary start
65 抓台式出发 grab start
66 出发时的蹬腿 takeoff kick
67 出发跳水 starting dive [plunge]
68 跳入水中 take [plunge into] the water
69 入水浅的跳水 shallow [flat; surface] dive

转身

70 **触池壁 touch**
71 蹬壁 pushoff
72 **转身 turn**
73 水平转身 horizontal turn; feathering
74 平转身(仰泳) pivot turn
75 侧[拉边]转身 lateral turn; tumble-turn
76 滚翻 flip over
77 滚翻转身 flip-turn; somersault turn
78 半滚翻转身 semi-flip turn

臂部动作

79 臂部动作 arm movement
80 **划水[臂] (arm) pull; stroke;** paddle
81 劈水动作(蛙泳) wedge action
82 划水动作效率 stroke efficiency
83 划水动作错误 stroke defect
84 划水幅度 distance per stroke
85 **划水周期 arm cycle**
86 划臂动作的力学原理 stroke mechanics

---

87 手入水 hand entry
88 入水臂 leading arm
89 手入水过深 digging
90 手伸得过远 overreaching
91 抱[抓]水 catch; grip; purchase
92 搅动水面 churn the surface
93 长划臂 long arm pull
94 直臂划水 straight arm stroke
95 屈臂划水 bent arm [elbow] pull
96 沉肘划水 dropped elbow pull
97 高提肘划水 over the barrel
98 向下压水 downward press
99 连续划臂动作 continuous strokes
100 反复划水 repeat pulls
101 快频率动作 racing stroke
102 两臂同时划水 double overarm
103 两臂交替划水 alternate arm [hand-over-hand] stroke
104 双臂仰泳 double overarm backstroke
105 手臂交叉动作 scything arm action

106 鱼鳍式划水（仰卧并腿，两手身旁上下打水） finning
107 前交叉（一臂等待另一臂） catch-up stroke
108 特拉金式爬泳（两臂轮换出水，两腿剪水，单侧呼吸） trudge(o)n

———

109 曲线动作 circular motion
110 曲线摆动 circular swinging motion; circular wind-up
111 直线划水路线 straight through pull
112 半直线划水路线 modified straight line pull
113 钥匙洞形划水路线 keyhole pull
114 反问号形划水路线 inverted question mark pull
115 漏斗形划水路线 hourglass pull
116 双“S”形划水路线（蝶泳） double “S” pull
117 锯齿形［小“S”形］划水路线 zigzag pull

———

118 手臂出水 overarm; overhand
119 移臂 recovery of the arm
120 加快移臂或收腿动作 rushed recovery
121 两臂或两腿分开的距离 spread
122 手腿配合 arm-leg relationship

腿部动作

123 **打［踢］水 kick**
124 交替打腿 alternate [flutter] kick
125 交叉打腿 crossover kick
126 鱼尾式打腿 fishtail kick
127 剪式打腿 scissors kick
128 反剪式打腿 reverse scissors kick
129 快速打腿 sprinting kick
130 向上打腿 upbeat
131 向下打腿 downbeat
132 两次打腿 two-beat kick
133 两次交叉打水 two-beat crossover kick
134 直上直下打腿 kick up and down
135 直上直下两次打腿 straight two-beat kick
136 反复打腿 repeat kicks
137 划水一周的打腿次数 beats per stroke
138 仰泳打腿 back crawl kick
139 海豚式打腿 dolphin kick

———

140 **蹬腿［水］ leg drive [push]**
141 蛙泳蹬腿 breaststroke [frog; thrust] kick
142 蹬腿宽度 width of kick
143 窄蹬腿 narrow [whip] kick
144 宽蹬腿 wedge kick
145 向后蹬 kick backward
146 斜向蹬腿 diagonal thrust
147 两侧蹬腿 lateral thrust
148 两腿交替蹬水 bicycle pedaling
149 收腿 recovery of the leg
150 **踩水 treading water**

身体位置

151 身体中线 center [medium] line of the body
152 躯干位置 trunk position
153 身体平衡 body balance
154 **浮力 buoyancy**
155 浮出水面 surface
156 浮在水面 keep afloat
157 浸入水中 submerge
158 下沉 drop; sink
159 水面线（蛙泳中头的位置） waterline

160 俯卧姿势 face down; prone position
161 仰卧姿势 back floating position
162 俯卧漂游姿势 prone float
163 流线型姿势 streamlined position
164 低头 drop the head
165 弓背［身］ arch the back
166 时起时伏（在水中） ducking; undulation
167 滑行 glide

呼 吸

168 **呼吸 breathe; respire**
169 呼气 breathe out; exhale
170 吸气 breathe in; inhale
171 闭［屏］气 hold one's breath
172 换气 change breath
173 **呼吸控制 breath control**
174 呼吸率 breathing rate
175 抬头（呼吸时） lift the head
176 早呼吸法 early breathing
177 晚吸气 late [delayed] breathing
178 正常呼吸法 normal breathing
179 有节奏的呼吸 rhythmical breathing
180 深呼吸 deep breathing
181 浅呼吸 shallow breathing
182 均匀呼吸 regular [even] breathing
183 爆发式吸气 explosive breathing

———

184 侧面呼吸 side breathing
185 两侧呼吸法 bilateral breathing
186 呼吸侧 breathing side
187 呼吸侧手臂 breathing arm
188 非呼吸侧 non-breathing side
189 非呼吸侧手臂 non-breathing arm
190 两次划臂呼吸法 two-stroke breathing
191 四次划臂呼吸法 four-stroke breathing

———

192 喘气 gasp; pant; out of breath
193 呼吸急促 broken winded
194 憋气 labored breathing
195 呼吸困难 respiratory difficulty

训 练

196 入水前准备活动 pre-water exercise
197 **水上准备活动 warm-up swimming**
198 **分段游 splits;** broken swim
199 分段游组 broken set
200 年龄分组游泳 age-group swimming
201 短于主项距离的游泳 under-distance swimming
202 超主项距离的游泳 over-distance swimming
203 **陆上练习 land drill** [practice]

———

204 **加速游 pick-up**
205 **等速游 even-pace swimming**
206 中速游 moderate effort swimming
207 慢速长游 long easy swimming
208 变速游练习 alternating slow-fast set
209 速度忽高忽低 speed fluctuation
210 任意变速游 speed play; fartlek
211 后半程加速游 negative split
212 时停时进游 stop-and-go swimming
213 俯仰交替游 spinning swim
214 带游；速度诱导 pacemaking; pacesetting

———

215 **反复游 repeat swim**
216 等速反复游 straight set of repeats
217 减距反复游 decreasing-distance repeats
218 逐个加快反复游组 progressive sets
219 综合反复游组 mixed set of repeats
220 逐个减慢反复游组 regressive set
221 逐个加快和逐个减慢交替游组 alternating progressive-regressive set

---

222 **耐力游 endurance swimming**
223 强度游 effort swim
224 **放松游 easy** [loosening-down] **swim**
225 恢复性游 wake-up swim
226 循环游法 circle swimming pattern
227 梯形游 locomotive; pyramid
228 阶梯增进 staircase
229 冲刺练习 sprint work
230 训练呼吸的冲刺 wind sprint

---

231 **间歇训练 interval training**
232 快游间歇训练 fast interval training
233 慢游间歇训练 slow interval training
234 全力计时游 all-out time trial
235 **游量 swimming load**

---

236 水的压力 water pressure
237 迎面阻力 frontal [head-on] resistance
238 身后旋涡阻力 eddy resistance; tail suction
239 **水感 feel of the water**

救生

240 救护站 lifesaving station
241 救生对象（指溺者） subject
242 拖带（溺者） carry
243 胸前拖带 cross-chest carry
244 扣颈拖带 neck carry
245 托头拖带 head carry
246 托下颏拖带 chin carry
247 抓发拖带 hair carry
248 人工呼吸 artificial respiration; rescue breathing
249 嘴对嘴人工呼吸 mouth-to-mouth resuscitation
250 救活 resuscitate

场地器材

251 **游泳池 (swimming) pool;** bath; tank
252 短池 short course
253 室内游泳馆 indoor pool; natatorium
254 露天游泳池 open-air swimming pool
255 有看台的游泳场 swimming stadium
256 深水池 deep pool; swimmers' pool
257 浅水池 non-swimmers' pool
258 儿童池 wading pool
259 **泳道 lane**
260 分道线 lane [course] rope
261 池端 end wall
262 深端 deep end
263 浅端 shallow end
264 出发池端 starting edge
265 **出发台 starting block** [platform]
266 出发握手器 starting bar [grip]
267 终点池端 finish end

268 池端目标标志线 target line
269 转身标志线 turn indicator
270 触板 touch board [panel]
271 电子计时触板 electronic timing pad
272 长的一边 length side
273 扶手 handrail
274 **池边地面 deck**
275 池缘 curb; deck edge
276 水槽 gutter
277 逆泳槽 swimmer's treadmill
278 池底 floor; bottom
279 池底标志线 bottom line
280 浮标 buoy; float
281 浮具 buoying device
282 水下观察窗 underwater viewing window
283 水下影片 underwater movie
284 氯化器 chlorinator

---

285 **游泳衣 swimsuit;** swimming suit
286 **游泳裤 trunks;** bathing slips
287 套身游泳服 full-body swimwear
288 **“鲨鱼皮”游泳服 Fastskin swimsuit**
289 **游泳帽 swim cap**
290 浴衣 bathing suit; bath-wrap; gown
291 **游泳护目镜 swim goggles**

---

292 脚蹼 fins; flippers
293 手蹼 webbed gloves
294 潜水面罩 face plate
295 潜水护目镜 lunettes
296 护鼻塞 nose guard
297 潜泳面罩 diving [face] mask
298 通气［呼吸］管 snorkel
299 潜水呼吸器；水肺 aqualung
300 自携式水下呼吸器 scuba (=self-contained underwater breathing apparatus)
301 套口 aqualung mouthpiece; snorkel tube

---

302 打水板 flutter [kick] board
303 划水板 paddle
304 救生圈 life buoy
305 救生衣 life jacket

21．跳水 Diving

1 **跳水运动** (fancy) **diving**
2 跳水 dive
3 **跳板跳水 springboard diving**
4 **跳台跳水 platform** [high] **diving**
5 **双人同步跳水 synchronized [pair] diving**
6 跳水表演 exhibition diving
7 滑稽跳水 comic [funny] diving
8 悬崖跳水 cliff diving
9 **跳水运动员** (fancy) **diver**

规则与裁判

10 **规定动作 compulsory (dive);** required dive
11 **自选动作 optional** [voluntary] **(dive)**
12 跳水难度表 diving table
13 跳水动作名称 denomination of dive
14 有难度系数限制的跳水动作 dive with limit
15 无难度系数限制的跳水动作 dive without limit

16 试跳 attempt; trial dive
17 失败 fail; miss
18 重跳 repeat a dive
19 重做开始动作 re-start
20 评分 evaluation
21 很好（8.5 - 10.0 分） very good
22 好（6.5 - 8.0 分） good
23 较好（5.0 - 6.0 分） satisfactory
24 普通（2.5 - 4.5 分） deficient
25 不好（0.5 - 2.0 分） unsatisfactory
26 完全失败（0 分） completely failed

跳水动作

27 跳水动作 dive
28 跳水动作表 list of dives
29 **难度系数 coefficient [degree] of difficulty**
30 低难度动作 plain dive
31 高难度动作 highly difficult dive; stunt; stunner
32 **动作号码**（参看 73 页说明） **number of dives**
33 动作方式 manner of execution
34 跳水姿势 carriage; bearing
35 倒下跳水 fall dive; sailor's dive
36 立正姿势 attention position
37 **立定跳水 standing dive**
38 立定起跳 standing takeoff
39 **跑动**［助跑］**跳水 running dive**
40 **向前跳水 forward** [front] **dive**
41 向前直体跳水 forward dive layout; plain header forward; swallow [swan] dive
42 **向后跳水 back**(ward) **dive**
43 **反身跳水 reverse dive;** half gainer
44 反身翻腾 full gainer
45 反身翻腾两周 double gainer
46 **向内跳水 inward dive;** cutaway
47 **转体跳水 twist dive**
48 **臂立跳水 armstand** [handstand] **dive**
49 臂立向后跳水 armstand back fall
50 臂立翻腾 armstand somersault
51 中穿 cut through
52 **飞身**；燕式 **flying**
53 反身飞身跳水 flying gainer
54 反燕式姿势 inverted swan position
55 蝶式跳水 butterfly dive

21

起 跳

56 跳水准备活动 warm-up dive
57 **跑动起跳 running takeoff**
58 **开始姿势 starting position**
59 走板；跑台 approach; run; walk
60 跳台上的助跑步 platform steps
61 踏跳步 hopping step
62 跨跳步 hurdle (step)
63 弹跳 bounce
64 摆动腿 power [lifted] leg
65 向前倾斜 forward lean
66 向后倾斜 backward lean
67 蹬腿角度 angle of leg thrust
68 **起跳 takeoff**
69 向前起跳 forward takeoff
70 起跳角度 angle of takeoff
71 跳板跳水练习 boardwork

腾 空

72 **腾起 spring up**
73 **腾空 flight;** path [passage] through the air
74 腾空时间 duration of flight
75 跳水动作最高点 crest [top] of the dive
76 空中技巧 in-flight maneuver

---

77 空中姿势 position in height [in the air]
78 **直体**；A 式 **straight;** layout; posi-

tion A

79 屈体；B 式 **pike;** position B

80 抱膝；团身；C 式 **tuck;** position C

81 自由式；D 式 **free;** any position; position D

82 开放式屈体（双手置体侧） open pike

83 封闭式屈体（双手触踝或抱腿） closed pike; jackknife

---

84 翻腾 **somersault**

85 飞身翻腾 flying somersault

86 向前翻腾 forward somersault

87 向后翻腾 back somersault

88 翻腾一周半 1½ somersaults

89 翻腾两周 double somersaults

90 翻腾两周半 2½ somersaults

91 翻腾三周 triple somersaults

92 向前翻腾三周半 forward 3½ somersaults

---

93 转体 **twist;** turn; trunk rotation

94 转体半周 half twist [turn]

95 转体一周 full twist

96 转体两周 double twists

97 向前转体一周 forward dive 1 twist

98 翻腾转体 flip turn

99 向前翻腾一周半转体半周 forward 1½ somersaults ½ twist

100 翻腾一周半转体一周半 1½ somersaults 1½ twists

101 旋转力量 spinning force

102 旋转速度 spinning speed

103 旋转动量 spinning momentum

---

104 挺直 draw up

105 向前伸直 extend straightforward

106 弓背 hollow back

107 弓背姿势 arched position

108 低头含胸 head down on chest

109 收腹 abdomen in [flat]

110 向下压臂 move arms down

111 打开 **opening;** coming out; alignment

112 身体展开 body straightening

入水

113 入水 **entry**

114 入水技术 entry work

115 水花 **splash;** spray; dome of water

116 上喷水流（入水时出现在水面上） upjet

117 压水花 **rip** [clean; splash-free] **entry**

118 水泡 bubble

119 头先入水的跳水动作 head-first entry

120 脚先入水的跳水动作 feet-first entry

121 腹部拍水 belly-flop

场地器材

122 跳水池 **diving pool** [well]; bath

123 中心线 center line

124 纵线 cross line

125 跳板 **springboard;** (diving) board

126 1 米跳板 one-meter springboard; low board

127 3 米跳板 three-meter springboard; high board

128 支点调整装置 fulcrum adjustor

129 有弹性的 resilient; springy

130 防滑面 non-skid[-slip] surface

131 棕毯垫 cocoanut mat

132 橡皮垫 rubber mat

133 跳台 **platform;** tower

134 水面起波装置 mechanical surface agitation

135 气泡发生器 bubble generator

附：跳水动作号码说明

How to Read the Number of Dives

跳水动作按起跳方向和动作特点分为六个组：第一组为向前跳水（forward dives），第二组为向后跳水（back dives），第三组为反身跳水（reverse dives），第四组为向内跳水（inward dives），第五组为转体跳水（twist dives），第六组为臂立跳水（armstand dives）。跳水动作名称往往念起来一大串，因此在许多场合用号码来代替。

前四组的动作号码都是三位数。首位数表示组数，同时也指出了起跳方向。第二位数为“1”时表示有飞身动作（flying），“0”表示没有。第三位数表示翻腾（somersault）周数：“1”指半周（½ somersault），“2”指一周（1 somersault），“3”指一周半（1½ somersaults），“4”指两周（double somersaults）……如此类推，目前最高水平达到“9”，即翻腾四周半（4½ somersaults）。例：

102 = 向前翻腾一周 forward somersault

213 = 向后飞身翻腾一周半 back flying 1½ somersaults

第五组动作为四位数。首位数表示组数，动作均带转体。第二位数表示起跳方向：“1”指向前，“2”指向后，“3”指反身，“4”指向内。第三位数表示翻腾周数，已如上述。第四位数表示转体周数，折算方法同翻腾，即“1”指半周（½ twist），“2”指一周（1 twist）……如此类推，目前最高水平达到“9”，即转体四周半（4½ twists）。例：

5235 = 向后翻腾一周半转体两周半 back 1½ somersaults 2½ twists

5432 = 向内翻腾一周半转体一周 inward 1½ somersaults 1 twist

第六组动作为三位数或四位数。首位数表示组数，动作均从臂立开始。第二位数表示起跳方向，第三位数表示翻腾周数。如果是翻腾加转体，则加上第四位数表示转体周数。例：

614 = 臂立向前翻腾两周 armstand forward double somersaults

6122 = 臂立向前翻腾一周转体一周 armstand forward somersault 1 twist

各组动作号码后面还可以加 A、B、C 或 D，分别表示直体（straight）、屈体（pike）、抱膝（tuck）或自由（free）空中姿势。

22．花样游泳 Synchronized Swimming

1 **花样［同步］游泳 synchronized swimming**

2 水上芭蕾 water ballet

3 **单人项目 solo event**

4 **双人项目 duet event**

5 **集体项目 team event**

---

6 裁判小组 panel of judges

7 伴奏管理人员 controller of accompaniment

8 水下播音器管理人员 controller of underwater speakers

规 则

9 规定动作 **figures**
10 技术自选 **technical routine**
11 自由自选 **free routine**
12 技术分 **technical merit**
13 艺术印象分 **artistic impression**
14 难度系数 **coefficient of difficulty**
15 年龄组规则 age group rules

规定动作

16 **第一类规定动作 Category I of figures**
17 **芭蕾腿 ballet leg**
18 非芭蕾腿 non-ballet leg
19 单芭蕾腿 ballet leg single
20 单芭蕾腿侧倒 ballet leg roll single
21 双芭蕾腿 ballet leg double
22 双芭蕾腿下沉 submarine ballet leg double
23 埃菲尔步式 Eiffel walk
24 埃菲尔塔式 Eiffel tower
25 潜水鹤立式 subcrane
26 红鹳式 flamingo
27 鹮式 ibis
28 城堡式 castle
29 卡塔拉克式 catalarc
30 卡塔利纳式 catalina
31 反卡塔利纳式 reverse catalina
32 骑士式 knight

---

33 **第二类规定动作 Category II of figures**
34 **海豚式 dolphin**
35 海豚利纳式 dolpholina
36 脚向前海豚式 dolphin foot first
37 信天翁式 albatross
38 倒鹤立式 reverse crane

---

39 **第三类规定动作 Category III of figures**
40 **梭鱼式 barracuda**
41 苍鹭式 heron
42 电梯式 elevator
43 芭蕾式 ballerina
44 空翻式 somersault
45 密涅瓦女神式 minerva
46 达尔卡里亚式 dalecarlia
47 开花式 blossom
48 马略卡式 mallorca
49 海王星式 Neptunus
50 基普式 kip
51 加维艾塔式 gaviata
52 前软翻 walkover front
53 屈体前翻 somersault front pike
54 萨比拉克式 subilarc
55 萨布利纳式 sublina
56 萨默萨布式 somersub
57 曙光女神式；奥罗拉式 aurora

---

58 **第四类规定动作 Category IV of figures**
59 **鹤立式 crane**
60 高塔式 hightower
61 后软翻 walkover back
62 阿尔巴式 alba
63 阿里安纳式 ariana
64 旋转木马式 carousel
65 潜水箭鱼式 swordasub
66 箭鱼利纳 swordalina
67 箭鱼式 swordfish
68 新星式 nova
69 直腿箭鱼式 swordfish straight leg

基本动作

70 **岸上动作 deck movement**
71 游泳动作 swimming strokes
72 **基本动作 basic movement;** element
73 放下单芭蕾腿 lower ballet leg single
74 成前屈体 to forward pike
75 卡塔里纳转动 catalina rotation
76 反卡塔里纳转动 reverse catalina rotation
77 垂直下沉 vertical submerge
78 海豚成垂直 dolphin to vertical
79 垂直成海豚弧 vertical to dolphin arc

---

80 **滚动 roll**
81 **滚翻 flip turn**
82 滚翻转身 somersault turn
83 屈体后翻 somersault back pike
84 团身后翻 somersault back tuck
85 转体一周 full twist
86 海豚转体一周 dolphin full twist
87 红鹳转体一周 flamingo bent knee full twist
88 转体半周 half twist; spinning 180°
89 **急转 twist**
90 红鹳急转 flamingo twist
91 “基普”急转 kip twirl
92 旋转 spin
93 180°下旋 spin downward 180°
94 360°下旋 spin downward 360°
95 连续旋转 continuous spins
96 转体接下旋 twist spin
97 180°上旋 spin upward 180°
98 螺旋式 **spiral**
99 劈叉并腿 180° split closing 180°
100 展开 open
101 劈叉展开 360° split open 360°
102 侧浮展体 side layout
103 弓身 arch
104 弓背；塌腰 arch the back
105 腿绷直 leg extended
106 合拍 in step
107 **协调；配合 synchronization**
108 音乐的体现 musical interpretation

基本姿势

109 **基本姿势 basic position**
110 **做出姿势 assume a position**
111 **下沉姿势 submerge position**
112 **水面姿势 surface position**
113 俯漂姿势 front layout position
114 仰浮姿势 back layout position
115 侧浮姿势 side layout position
116 仰卧姿势 back position
117 芭蕾腿姿势 ballet leg position
118 双芭蕾腿姿势 double ballet leg position
119 垂直姿势 vertical position
120 弓形姿势 arched position
121 屈膝姿势 bent knee position
122 垂直屈膝姿势 vertical bent knee position
123 劈叉姿势 split position
124 前屈体姿势 front pike position
125 后屈体姿势 back pike position
126 团身姿势 tuck position
127 骑士姿势 knight position
128 鹤立姿势 crane position
129 红鹳姿势 flamingo position
130 海豚姿势 dolphin position
131 鱼尾姿势 fishtail position
132 侧鱼尾姿势 side fishtail position

场 地

133 **比赛游泳池 competition pool** [basin]
134 池岸 deck
135 水下扬声器 underwater speaker
136 水池卫生 pool sanitation

球类运动 Ball Games（23–38）

23. 足球 Football

1 足球运动 **football**（在美国指橄榄球运动）；**soccer;** association football; socker; footy
2 世界杯足球锦标赛 **World Cup (Soccer Tournament);** FIFA World Cup Competition
3 世界女子足球锦标赛 **Women's World Cup**
4 世界杯决赛 World Cup Finals
5 朱尔斯·雷米特杯 Jules Rimet Cup
6 五人足球 five-a-side; futsal
7 七人足球 seven-a-side
8 足球暴力 soccer violence; riot; hooliganism

人员

9 足球运动员 **football [soccer] player; footballer;** booter
10 足球队 football [soccer] team; eleven
11 队员（除守门员外） field player
12 后卫线 back line
13 后卫 **(full)back;** rear defender
14 左后卫 left back
15 右后卫 right back
16 前卫线 link line
17 前卫 **half(back)**
18 边前卫 wing [outside] half
19 左前卫 left half
20 右前卫 right half
21 中前卫 center half
22 双中前卫 twin center halves
23 自由中卫 **free back** [man]; spare man; libero
24 清道夫（=自由中卫） sweeper
25 钉人中卫 stopper
26 拖后前卫 deep-lying halfback; policeman

---

27 锋线 forward line
28 前锋 **forward;** spearhead; lineman
29 双前锋 twin forwards
30 靠前的前锋 spearhead forward
31 边锋 **winger;** wing (forward); outside (forward)
32 左边锋；左翼 left wing [winger; flank]; outside left
33 右边锋；右翼 right wing [winger; flank]; outside right
34 内锋 inside (forward); inner
35 左内锋 inside left
36 右内锋 inside right
37 拖后内锋 withdrawn striker
38 中锋 **center forward**
39 双中锋 double center forwards; double spearheads
40 拖后中锋 withdrawn [deep-lying] center forward
41 攻击手 **striker**

---

42 中场队员 **midfielder;** midfield player; link(man)
43 前腰 **attacking midfielder**
44 双前腰 double attacking midfielders
45 后腰 **defending midfielder**
46 双后腰 double defending midfielders

———

47 核心队员 **key player;** point man

48 最佳球员（一场比赛后选出） Man of Match

49 惯用左脚的 left-footed

50 惯用右脚的 right-footed

51 左右开弓的 double-footed

52 积极拼抢的防守队员 ball hawk

53 观望队员（不积极主动） ball watcher

———

54 **裁判员 referee;** ref; man in the middle

55 **巡边员 linesman**

规则与裁判

56 **上半时［场］ first half**

57 **下半时［场］ second half**

58 **开球**；比赛开始 **kick off**

59 实际比赛时间（由裁判员掌握） official time

60 **伤停补时 stoppage [injury] time**

61 **加时赛**；决胜期 **extra period;** overtime

62 突然死亡（加时赛中首先进球为胜方，比赛终止） sudden death

63 **金球**（突然死亡制中首先进球） **golden goal**

64 银球（加时赛中进球后该半场仍赛完）silver goal

65 **点球决胜 penalty shootout**

———

66 **出界 outside;** out of bounds

67 **掷界外球 throw-in**

68 **球门球 goal** [defense] **kick**

69 **角球 corner (kick)**

70 获得罚角球权 win a corner

71 **任意球 free kick**

72 判给任意球 award a free kick

73 **直接任意球 direct free kick**

74 **间接任意球 indirect free kick**

75 定位球 placekick; stationary ball

76 踢定位球的队员 placekicker

———

77 严重犯规（判罚直接任意球或点球） penal offense

78 侵人犯规 personal foul

79 技术犯规 technical foul

80 故意犯规 intentional foul

81 **越位 offside**

82 **非越位 onside**

83 巡边员用旗表示越位 flag

84 **冲撞犯规 charging**

85 从后面冲撞 charging from behind

86 **合理冲撞 legal** [fair] **charge**

87 进行阻挡的队员 blocker

88 身体阻挡 body check

89 **拉人犯规 holding**

90 推人犯规 pushing

91 **打人 striking**

92 小动作 little trick [maneuver]; concealed foul

93 危险动作 dangerous play

94 抬脚过高 foot over

95 **手球犯规 handball;** hands; handling

96 **蹬踏犯规**；**踢人 hacking; stamping**

97 经常踢人的队员 hacker

98 **绊人犯规 tripping**

99 **背后铲球 tackle from behind**

100 铲球过迟（球已离开对方脚下） late tackle

101 **假摔 fake a fall** [an injury]; simulation

———

102 粗暴行动 violent conduct

103 **延误比赛 delay** [hold up] **the**

23

game

104 持球时间过长（指守门员） excessive possession of the ball

---

105 警告 **warning;** caution; book

106 黄牌 **yellow card**

107 红牌 **red card**

108 罚出场 **evict; eject;** banish; send [order] off the field; show the red card

109 停赛一场 suspend for a game

110 **以少打多 play shorthanded**

111 以少打多的局面 man down [short]

112 以多打少的局面 power play; man [numerical] advantage

---

113 **罚点球 penalty** [spot] **kick**

114 踢罚球；主罚 take the kick

115 罚中 convert a penalty kick

116 罚球未中 miss a penalty kick

踢 球

117 **踢球 kick;** boot

118 踢球者 kicker

119 得球 gain possession of the ball

120 失球 lose possession of the ball

121 漏球 miskick

122 踢出界 kick out

123 踢球太高 sky

124 **控球能力 ball-control**[-handling]

125 控球时间比 ball possession percentage

126 **停球 trap; stop**

127 大腿停球 thigh trap

128 胸部挡球 chest

129 停空中球 stop volley

130 停住空中球 kill a ball

---

131 **凌空踢出 volley**

132 凌空反弹踢出 half volley

133 抛球凌空踢出 punt; drop volley

134 拨球 flick the ball

135 扫踢 sweeping kick

136 颠球 juggle

137 迈过球（以迷惑对方） step over the ball

138 弧线球 curved [swerving] ball; bend; curl

139 内弧球 inswinger

140 外弧球 outswinger

141 跑动踢球 running kick

142 踢后前冲 kick and rush

143 无球跑动 off-the-ball running

144 转身踢 turnaround kick

---

145 脚背踢球 instep kick

146 脚外侧敲击 flick [jab] kick

147 脚尖踢球 toe kick

148 脚弓踢球 kick with the inside of foot

149 脚跟踢球 heel kick

传、接、运

150 **传球 pass**

151 一次［直接］传球 first-time [one-touch] pass

152 到位的传球 spot [well-placed; pinpoint] pass

153 **长传 long pass**

154 **短［近］传 short [close] pass;** one-two

155 三角传球 triangular [delta] pass

156 **短传配合 short game**

157 短传三角配合 short triangular passing

158 深传 deep pass

159 沿边线传球　flank pass
160 **传中　center**
161 **横传　cross** [lateral; line] **pass; cross**
162 横向转移传球　square pass
163 斜［对角］线传球　diagonal pass
164 **传高球　high [lob] pass;** loft; chip; pass in the air
165 **地滚传球　ground [rolling] pass**
166 直传；向前传球　forward pass
167 大脚直传　steep forward pass
168 **回传**；向后传　**pass back**
169 脚后跟回传　back-heel
170 穿越　through pass
171 踢墙式二过一　wall pass
172 推传　push pass
173 敲传（使用脚外侧）　flick pass
174 隐蔽传球　trick pass
175 快速传球　brisk pass
176 领前传球　lead pass
177 助攻传球　setup pass

---

178 **接传球　receive** [pick up] **a pass**
179 接球失误　fumble; mishandle

---

180 **运［带；盘］球　dribble;** run with the ball
181 运球队员　dribbler
182 **带球过人　beat;** break through; dribble past
183 盘带过多　excessive dribbling

头球

184 **头球　head; nod; header**（指一次动作）
185 跳起顶球　flying header; head with a jump
186 侧顶　head sideward
187 善于顶球　good in the air

抢截

188 **堵截　block; clog**
189 **断球　intercept**
190 **铲球**；抢截　**tackle**
191 侧面铲球　side (block) tackle
192 **倒地铲球　sliding** [hook] **tackle**
193 抡脚铲球　scything tackle
194 铲倒对方　tackle through the ball
195 对方铲球时仍控制住球　ride a tackle
196 双方机会各半的待争夺球　fifty-fifty ball
197 **混战　scramble; mêlée;** skirmish

射门

198 **射门　shoot;** attempt at [try for] goal
199 射手　shooter; marksman
200 进球　find the net; hit [drive the ball] home
201 **破门得分　make** [score; net] **a goal**
202 破门机会　scoring opportunity
203 射门得分者　goalgetter
204 助攻射中　assisted goal
205 **连中三元；帽子戏法　hat-trick**
206 扳成平局的进球　equalizer
207 射中次数　shots on goal
208 轻易射门得分　sitter
209 射门命中率　shooting average [percentage]
210 未射中　mishit
211 射门过高　high shot; sky
212 **从门柱弹回　deflect** [bounce back] **from the goalpost**
213 射中无效　goal disallowed

---

214 **近射　close-range**[-up] **shot**

23

215 远射 **long shot** [drive]
216 冲门 gate-crashing
217 突然射门 snap shot
218 **劲射 hard** [heavy; crashing; cannon] **shot; drive;** thump
219 补射 tip-in
220 转身射门 pivot shot
221 贴地射门；低射 grazing shot
222 一次射门 first-time [one-touch] shot
223 调整后［停球］射门 second-touch shot
224 小角度射门 sharp-angled shot
225 狭缝射门（指穿过防守线） slot
226 倒地射门 sliding shot
227 凌空射门 volley shot
228 **倒钩射门 scissors shot**
229 **头球入门 head [nod] in a goal**
230 **高吊球射门 lob** [hanging] shot
231 射空门 free shot
232 香蕉球 banana shot
233 **乌龙球**（踢进本方球门） **own** [self] **goal**
234 射门的强烈愿望 goal hunger
235 庆祝进球 goal celebration

---

236 球门网右上角 top right-hand corner of the net
237 球门网右下角 bottom right-hand corner of the net
238 球门网左上角 top left-hand corner of the net
239 球门网左下角 bottom left-hand corner of the net

守门

240 守门 **goalkeeping;** goaltending
241 救球 save; retrieve; stop
242 托救球 finger-tip save
243 **鱼跃救球**；扑救 **diving save**
244 挡开 parry
245 拳击球 fist [punch] the ball
246 护球；抱死 smother
247 封住角度 shut off [cut down; narrow] the angle
248 跑出来（抢球） come out
249 视线受阻 unsighted

进攻

250 **快攻**；快速突破 **fast break** [counterattack]
251 防守反击 switch from defense to attack; counterattack; push up
252 **快速反击 fast-switching attack;** runback
253 **突破 break;** thrust
254 中路突破 thrust down the middle
255 **单刀直入 solo drive**
256 突破对方防守 split the defense
257 破坏对方防守 disorganize the defense
258 拉开对方的防守面 spread the defense

---

259 **正面进攻 frontal attack**
260 **边线进攻 flank attack**
261 左路进攻 attack on the left wing
262 右路进攻 attack on the right wing
263 全面压上 sweeping attack
264 **助攻 assist**
265 穿过 weave through
266 插入 cut in; penetrate
267 沉底 drive down the sideline
268 靠近对方球门线 deep
269 钳形攻势 pincers movement

---

270 摆脱动作 evasive movement
271 绕过防守队员（通过假动作） turn a defender
272 侧步躲闪 sidestep
273 补位 cover a position; fill a gap; plug a hole
274 跑位 run off the ball
275 跑位意识 positional sense
276 跑动量（一场比赛中） work-rate

防守

277 **密集防守** **tight** [close] **defense** [marking]
278 地毯式防守 blanket defense
279 钉住 mark up; get tight
280 撤退 retreat; withdraw
281 后撤防守（引对方进入中场口袋） funnel back
282 **解围**（踢开球门区） **clear**
283 **封死** **close off**
284 **人墙** (defensive) **wall**
285 筑人墙 set [line] up a wall
286 二夹一 double-team

战术

287 前场 opposing half
288 后场 own half
289 进攻型足球 offensive football
290 防守型足球 defensive football
291 **全攻全守型［总体型］足球** **total football**
292 **欧洲型足球** **European** [Continental] **football**
293 **拉丁美洲型足球** **Latin American football**
294 **接［策］应** **support**
295 接应位置 supporting position
296 分派位置 assign position
297 跟进 trail
298 制造空当 create an opening
299 **边锋战术** **wing play**
300 紧靠边线 hug the sideline
301 控制中场 control the midfield
302 **越位战术** **offside tactics** [trap]
303 交叉移动 scissors movement
304 定位球战术（由固定队员主罚） set-piece play

---

305 **WM［3-4-3］阵式** **WM [3-4-3] formation**
306 W 阵式（WM 阵式中的进攻部分） W formation
307 M 阵式（WM 阵式中的防守部分） M formation
308 4 **前锋［匈牙利］阵式** **four forwards** [Hungarian] **formation**
309 4 **后卫阵式** **four backs formation**
310 3 后卫阵式 three backs formation
311 2-3-5 阵式 2-3-5 formation; pyramid
312 4-3-3 阵式 4-3-3 [Catenaccio] formation
313 **4-2-4［巴西］阵式** **4-2-4** [Brazilian] **formation**
314 五对五练习赛 five-a-side game
315 绕杆练习 swerve around sticks

场地与器材

316 **足球场** **football field** [pitch; ground]
317 训练场地 training grid
318 中线旗 center flag
319 **中圈** **kickoff circle**
320 **中场** **midfield;** center field
321 球门线 goal line

322 球门区 **goal area**
323 球门区线 goal area line
324 角球区 corner area
325 角旗 corner flag
326 罚球点 **penalty kick mark** [spot]
327 罚球区 **penalty area** [box; zone]
328 罚球弧 penalty [restraining] arc

---

329 球门 **goal;** nets
330 球门口 goalmouth
331 球门柱 goalpost; upright
332 球门横梁 goal crossbar
333 球门框 woodwork
334 球门网 goal net

---

335 彩条球衣 strip
336 足球鞋 **football shoe**
337 巡边员旗 linesman's flag

24. 篮球 Basketball

1 篮球运动 **basketball; cage;** hoops
2 中国篮球联赛 **CBA** (=Chinese Basketball Association)
3 中国大学生篮球联赛 **CUBA** (=Chinese University Basketball Association)
4 美国篮球联赛 **NBA** (=National Basketball Association)
5 东部联盟 Eastern Conference
6 西部联盟 Western Conference
7 常规赛 regular season
8 季后赛 playoffs; postseason games
9 小篮球运动 biddy basketball; minibasketball

人员

10 篮球运动员 **basketballer; basketball player; cager;** cagerette (女); hoopster
11 篮球队 **basketball team; five;** quintet
12 梦之队 **Dream Team**
13 最有价值的球员 **most valuable player (MVP)**

---

14 后卫 **guard;** backcourt man
15 组织后卫 **point guard;** 1 guard
16 攻击后卫 **shooting guard;** 2 guard
17 组织进攻的后卫 offensive guard

---

18 前锋 **forward;** cornerman; advanced guard
19 中锋 **center;** 5 player
20 内中锋；内策应队员 inside [low; deep] post
21 内线队员 **inside man**
22 外中锋；外策应队员 outside [high] post
23 固定中锋 set post
24 边锋 wing(er)
25 左前锋 left forward
26 右前锋 right forward
27 小前锋 small forward; 3 player
28 大前锋 power forward; big man; 4 player
29 靠边线的队员 wingman
30 靠底线的队员 baseman
31 有球队员 player with the ball
32 无球队员 player without the ball; no

ball man

———

33 第六人；头号替补 sixth man
34 跟踪对方主力的队员 chaser
35 能打不同位置的队员 swingman
36 光顾自己多投篮的队员 gunner; chucker; pump
37 特别高大的队员 giant; giantess（女）

———

38 **新秀 rookie**
39 选秀 draft
40 获选新秀 draft pick
41 **状元秀 pick No. 1**

———

42 **主裁判 referee;** chief official
43 **副裁判 umpire**
44 前场裁判员 lead official
45 后场裁判员 trail official
46 计时员和记录员 table officials

规 则

47 **跳球 jump ball;** tap-[tip-]off
48 中圈跳球 center-jump[-tap]
49 抛球 toss
50 中圈抛球 center toss

———

51 死球 dead ball
52 活球 live ball
53 控球权 possession of the ball
54 使球进入比赛状态（开始计时） put the ball into play
55 实际比赛时间 actual playing time
56 裁判员的暂停 official's time-out; referee time
57 界内 in bounds
58 界外 out of bounds
59 **掷界外球 throw in;** inbound; inbounds pass
60 掷边线球 sideline throw
61 争球 held [tie] ball
62 "投中有效！" "Basket counts!"
63 "投中无效！" "No goal!"

———

64 **3 秒钟规则 3-second rule**
65 5 秒钟规则 5-second rule
66 10 秒钟规则 10-second rule
67 24 秒钟规则 24-second rule
68 带球跑；持球移动 carry; palm the ball
69 两次运球 double [broken] dribble; double
70 超过时间 overtime
71 **3 秒违例 3-second violation**
72 **走步违例 traveling; walking;** steps
73 踢球违例 kicking
74 踩线 touch [step on] the line
75 **干扰球 basket interference;** goaltending
76 **失误**（因错误、违例等而失去控球权） **turnover**

———

77 无球犯规 away-from-play foul
78 争抢球犯规 loose ball foul
79 **打人犯规 striking**
80 **打手犯规 hacking**
81 以肘顶人犯规 elbowing
82 击打球犯规 punching foul
83 拉腿犯规（对方在空中时） undermine; submarine; low bridge
84 **撞人犯规 charging**
85 **带球撞人 charging with the ball**
86 **阻挡犯规 blocking foul**
87 **拉人犯规 holding; grabbing**
88 身体堵截犯规（阻挡对方切入） body-checking

89 推人犯规 pushing
90 推拉犯规 (hand) checking
91 双方犯规 double foul
92 多人犯规 multiple foul
93 全队犯规 team foul

---

94 **犯规达到限定次数被罚下场 foul out**
95 **罚球 free throw;** penalty [foul; charity] shot
96 执行罚球 execute a free throw
97 追加罚球 bonus one [free-throw]; one-and[-plus]-one
98 追加罚球规则 three-for-two rule
99 **罚中 convert a free throw**
100 罚球失误 missed free throw

传接球

101 **传球 pass**
102 长传 long pass
103 穿过全场的传球 coast-to-coast [court-length; full-court] pass
104 短传 close [short; flip] pass
105 横传球 cross [lateral] pass
106 三角传球 triangle [delta] pass
107 回传球 return pass
108 身后传球 behind-[around-]the-body pass
109 向后传球 back pass
110 留给后面的同伴 drop pass
111 胸前传球 chest [push] pass
112 头上传球 overhead pass
113 体侧传球 side [drag] pass
114 身前异侧传球 cross-body pass
115 头前异侧传球 cross-face pass
116 隐蔽传球 trick pass

---

117 单手传球 single-hand pass
118 双手传球 two-hand pass
119 手递手传球 hand-off; quarterback pass
120 低手传球 under(hand) pass
121 传滚地球 rolling [floor; bowling] pass
122 上［超］手传球 overhand pass
123 单手肩上传球 baseball pass

---

124 快传 quick [shove] pass
125 猛力传球 shot pass
126 跑动［行进间］传球 running pass; passing on the run
127 跳起传球 jump pass
128 反弹传球 bounce [bound] pass
129 点拨传球 slap [snappy; tap] pass

---

130 第一传（抢到前场篮板球后）outlet pass
131 **分球 relay a pass**
132 假装投篮的传球 fake-shot pass
133 传球跟进 pass and follow
134 领前传球 lead pass
135 球领人；传球提前量 lead
136 传球到位 spot pass
137 不看接球同伴的传球 blind [phantom] pass
138 暴露传球意图 telegraph a pass

---

139 **接球 receive a pass**
140 接住球 catch a ball

运 球

141 **运球 dribble**
142 **控球能力 ball-control [-handling]**
143 运球者 dribbler
144 原地运球 standing dribble

145 原地连续拍球 yo-yo
146 空中运球 air [in-the-air; overhead] dribble; juggle
147 低运球 low [defensive] dribble
148 左右手交换运球 crossover dribble
149 背后运球 behind-the-back dribble
150 向外围运球 dribble out
151 体侧运球 drag
152 侧滑步运球 sliding dribble
153 后转身运球 spin [reverse] dribble
154 之字形运球 zigzag dribble
155 胯下运球 between-the-legs dribble
156 运球前进 speed dribble; drive
157 运球突破 dribble in
158 投篮假动作后运球突破 up-and-under dribble
159 急停 sudden [hard; instant] stop

投篮

160 本方篮（国际规则指对方投的篮） own basket
161 对方篮（国际规则指本方投的篮） opponents' [offensive] basket
162 **投篮** **shoot** [throw] **for a goal; shot;** goal attempt; shoot hoops
163 上篮 lay-up; lay-in
164 跨步上篮 stride lay-up
165 突破上篮 driving lay-up
166 正面上篮 down-the-middle lay-up
167 **篮下转身上篮** **twisting lay-up**
168 原地投篮 set [standing] shot
169 行进间投篮；跑篮 running [action] shot
170 强行投篮 force; power shot
171 **补篮** **tip-in;** flip [tip; follow-up; tapping; second] shot
172 中距离投篮 middle-distance shot; intermediate shooting
173 远距离投篮 long(-distance) shot
174 **3分球** **three-point shot; three-pointer**
175 近距离投篮 short [close-in] shot
176 高弧度投篮 high arch shot
177 外围投篮 outside shooting; shoot over the zone
178 底线投篮 baseline shot
179 篮下运球到另一侧投篮 under-basket buttonhook shot
180 假装投篮 fake a shot
181 假动作后运球到另一侧投篮 up-and-under shot
182 埋伏篮下伺机投篮的队员 sleeper; (basket-)hanger; cherry pick

---

183 正面投篮 facing shot
184 头上投篮 overhead shot
185 低手投篮 underhand shot
186 胸前投篮 chest [push] shot
187 单手投篮 one-[single-]hand shot
188 双手投篮 two-hand shot
189 反手投篮（通过篮下向后投篮） cross shot
190 **钩手投篮** **hook shot**
191 小钩手投篮 babyhook
192 大［飞跃］钩手投篮 sky-hook
193 掏投（经防守者臂下） scoop [underhand sweep] shot
194 挤投 muscle shot
195 从旁侧切入投篮 crossover shot
196 终场时的投篮 buzzer shot

---

197 **跳投**；砸眼 **jump shot;** jumper
198 飞跃 sky; talk to God
199 滞空时间 hang time
200 跳起钩手投篮 jump hook
201 急停投篮 stop shot

202 急停跳投 stop-jump shot
203 后仰跳投 fadeaway [fallaway] jump shot
204 反身投篮 reverse shot
205 后撤步投篮 back-step shot
206 转身投篮 pivot [turn; turnaround; backup] shot
207 转身跳投 turnaround jump shot
208 跳起反手投篮 reverse lay-in

---

209 扣篮 **dunk;** slam; sink; ram; jam; stuff
210 头后扣篮 behind-the-head dunk
211 反手扣篮 reverse dunk
212 单手扣篮 single-hand dunk
213 双手扣篮 two-hand dunk
214 转身扣篮 pivot dunk
215 空中接力扣篮 alley-oop
216 战斧式扣篮 tomahawk
217 风车式扣篮 windmill

---

218 投篮能力 shooting ability; marksmanship
219 出手次数 attempts
220 投篮角度 shooting angle
221 擦板球 bank [carom; backboard; rebound] shot
222 擦板不中 glass ball
223 乱投 hope shot
224 三不沾 air ball
225 **投篮不中 miss the basket; misshot; brick**

---

226 **投中 goal; find the basket** [goal]; make a goal; hit; bury [sink] a shot
227 **投篮命中率 shooting average [percentage]**
228 轻易投中 easy shot
229 篮下轻易投中 chippie; garbage
230 远投命中 bomb
231 碰篮圈投中 rim shot
232 空心球 clean [open] shot; swisher
233 判定投中有效 allow a goal
234 对方犯规前投中有效 continuation
235 判定投中无效 disallow [cancel] a goal
236 投中得分（除罚球外） field goal; basket; bucket; hoop
237 罚中得分 convert a free throw

---

238 神投手 sharpshooter; pure shooter
239 关键时刻神投手 clutch shooter
240 投篮顺手 hot hand
241 投篮低潮 cold
242 个人得分总数 total points
243 **两位数**（个人得分达到或超过10） **double (figures)**
244 **两双**（个人得分和篮板球都达到两位数） **double-double**
245 三双（个人得分、篮板球和助攻都达到两位数） **triple-double**
246 四双（个人得分、篮板球、助攻和盖帽／抢断都达到两位数） quadruple-double

篮板球

247 **篮板球 rebound;** bank ball; board
248 前场篮板球 offensive rebound
249 后场篮板球 defensive rebound
250 抢篮板球 rebound
251 冲抢篮板球 crash [bang; hammer] the board; pound [bang] the glass
252 手脚伸张跳起（抢篮板球时） spread eagle
253 挡开对方（抢篮板球时） block [box; screen] out

254 抢到篮板球 secure a rebound
255 易于抢到篮板球的三角地带 rebound triangle
256 抢篮板球者 board man
257 善于抢篮板球的队员 rebounder
258 使蛮劲抢篮板球的队员 muscle player

进 攻

259 **组织进攻 set up**
260 **进攻组织者 playmaker**
261 **助攻 assist**
262 **快攻 (fast) break**
263 机动灵活的快攻 racehorse; run and gun
264 高速度进攻 running [up-tempo] game
265 快攻路线（靠边线） lane
266 机动进攻 freelance
267 **突破 drive; break**
268 强行通过 power drive
269 通过罚球区冲向篮下 drive the lane
270 阵地进攻 position play; set offense
271 交叉进攻 alternating attack
272 中间进攻 center pivot play
273 单中锋进攻 single-post attack (靠罚球线); single-pivot attack（靠篮下）
274 换位进攻 shuffle offense
275 侧面进攻 flank offense
276 马蹄形进攻 horseshoe offense
277 磨时间的进攻 stall offense
278 有控制的进攻 controlled offense
279 破人钉人防守的进攻 man-for-man offense
280 拉开对方防守面的进攻 spread offense
281 **跟进 trail;** follow up
282 前进阻力大 heavy traffic
283 迂回 bypass; circle-back; detour
284 **摆脱对方防守 break away** [free; loose]; shake
285 利用掩护摆脱对手 rub off the screen
286 阻隔对方防守队员 set a pick
287 压缩对方防守 pack the defense
288 冲过人群防守 charge through

---

289 **掩护 screen;** pick
290 掩护队员 screener
291 假掩护 dummy screen
292 反掩护 rescreen; screen away
293 侧掩护 side screen
294 内侧掩护（靠3秒区一侧） inside screen
295 外侧掩护 outside screen
296 交叉掩护 crisscross screen
297 定位掩护 stationary screen
298 转身掩护 turnaround block
299 双掩护 double screen
300 行进间掩护 moving [running] screen

---

301 **切入 cut** (**in;** through); pierce; penetrate; split; knife through
302 切入者 cutter
303 双切 double-cut
304 绕切 cut around
305 背后切入 backdoor cut
306 篮下外切 under and out
307 前场沉底 play deep
308 **溜底线**；反切打法；后门进攻战术 **backdoor play**
309 **传切配合 pass-**[give-]**and-go play**
310 传切8字进攻 give-and-go weave

311 环形切入（切向边线和篮下） loop cut
312 场角环形切入（从端线到场角再切向篮下） corner loop cut
313 沿边线切入篮下 sweep
314 交叉切入 scissors cut
315 中间切入 inside drive
316 解围的切入 decoy cut
317 V形切入 V cut
318 向里切入（利用策应队员掩护） slice cut
319 向外切入 break-out
320 变向切入 angle cut
321 突然后转 fish hook
322 掩护转身切入 pick and roll
323 突然转身奔至篮下 roll

---

324 策应 **pivot;** post up
325 策应队员 counter
326 策应区 post (area)
327 内策应 low post
328 外策应 high post
329 迂回策应（从篮下切回3秒区） reverse post
330 中锋策应 bucket [center-pivot; pivot-post] play
331 中锋篮下策应 post play
332 三前锋策应阵式 stack

---

333 1-3-1进攻阵形 1-3-1 offensive formation
334 马蹄形进攻阵形 2-3 offensive formation
335 1-4进攻（前场四角各一人，另一人在中圈附近） four-corner offense
336 四人8字配合 four-man roll [weave; figure 8]

防守

337 **个人防守 individual defense**
338 **补防 fill in;** help
339 补漏［位］ **shift**
340 协防 double-cover
341 抢位 take position
342 确定防守对象 match up
343 替换防守 shift defense
344 背后防守 guard from the back [rear]
345 重叠防守 tandem defense
346 **夹击 double-team;** clamp
347 场角夹击 corner trap
348 **三夹一 triple-team**
349 堵截防守 check defense
350 **遏制 contain**
351 **断球 intercept**
352 **抢断**；夺球；偷袭 **steal**
353 **盖帽 block** [reject] **a shot**
354 封死（传球线路） cut [close; block] off
355 严密封锁 bottle up
356 **紧逼防守 press** [pressure] **defense**
357 **全场紧逼 all-**[full-]**court press;** full press
358 半场紧逼 half-court press
359 窒息性防守（距防守对象不到1米） suffocation defense
360 紧逼中锋（在罚球区内） collapse
361 围守 girding defense
362 关门 shut the door
363 撤回 retreat
364 后撤防守 sag; slough; sluff
365 **后撤队员 sagger**

---

366 **钉人 marking**

367 面对面的钉人防守 face guarding
368 钉住 pin
369 交换钉人 switch; mark change

370 **区域联防 zone** [zonal] **defense;** zone
371 4人联防 zone-box
372 5人联防 five-man defense
373 区域紧逼 zone press
374 **混合防守**（钉人与区域联防结合）**combined** [combination] **defense**
375 2-1-2区域联防阵形 2-1-2 zone format
376 1-3-1区域联防阵形 1-3-1 zone format
377 1-2-2区域联防阵形 1-2-2 [jug; box-and-one] zone format
378 1-2-1-1区域联防阵形 1-2-1-1 [diamond-and-one] zone format
379 1-1-3区域联防阵形 1-1-3 zone format
380 2-3区域联防阵形 2-3 zone format

381 无人防守的 clear; open; unguarded; unprotected
382 无人防守的队员 unguarded player
383 有人防守的队员 guarded player
384 沉底防守的队员 deep man
385 灵活的防守步法 boxer's step

战术

386 前场 front [fore] court; offensive half of court
387 后场 back [rear] court; defensive half of court
388 **中场 midcourt**
389 向前场 upcourt; toward the frontcourt
390 向前场篮下 downcourt
391 **外围 outside;** perimeter
392 **内线 inside**
393 强侧 on-side
394 弱侧 off-side

395 有球移动 move [progression] with the ball
396 无球移动 move [progression] without the ball
397 穿梭移动 weave
398 引诱性移动 decoy movement
399 假步法（运球时突然改变步速或方向） stutter step
400 投篮前两个假动作 double pumps
401 前后移步假动作 rocker step

402 二打二的配合 two-on-two play
403 一打一的配合 one-on-one play
404 双人配合 two-man [buddy] play
405 三人重叠（在3秒区一侧） triple stack
406 中场配合 flash-post play
407 双后卫 twin guard
408 单中锋 single pivot [post]
409 **双中锋 double post**
410 前后双中锋 tandem post
411 场角队员与外中锋的配合 corner post play

412 **造成对方犯规 draw a foul**
413 诱使对方犯规的战术 foul-baiting tactics
414 3 **分战术**（上篮时使对方犯规，连投带罚得3分） **three-point play**
415 4分战术（投3分球时使对方犯规，连投带罚得4分） four-point play

416 基本技术打法 bread-and-butter play
417 攻守平衡 court balance
418 **攻防转换 transition**
419 **拖延战术 delaying** [stalling; slow-down] **tactics**
420 拖延时间等待终场 run out the clock; freeze the ball
421 一次篮战术（快终场时拖延投篮时间，使对方失去投篮机会） play for one
422 **控球战术；打成功率 control game**
423 卧底［篮下留人］战术 low post play
424 针对实战情况的打法 situation play

---

425 练习比赛 scrimmage
426 半个场地练习比赛；“斗牛” one-goal basketball
427 4对4练习 box drill
428 一对一的攻防练习 shadow drill

场地与器材

429 **篮球场 basketball court**
430 **中圈 center circle**
431 3秒区；限制区 **three-second area** [lane]; restricted area
432 跳球圈 (jump) circle
433 罚球圈 free throw circle; perimeter
434 罚球区 free throw [foul; charity] lane; lane; paint
435 罚球线 foul [free-throw] line; charity line [stripe]
436 3分线 **three-point line;** arc
437 中区（指罚球线周围地区） middle

---

438 **球篮 basket;** goal; bucket; cage
439 **篮圈 rim;** ring; hoop
440 篮圈支颈 basket support
441 篮网 cage; (cord) net
442 **篮板 (back)board;** bank
443 透明篮板 transparent backboard; glass
444 篮板支柱 basket post

---

445 **篮球 basketball**
446 暂停计时器 time-out clock
447 24秒计时器 shot clock
448 犯规次数号码牌 number marker
449 **记录台 scorers' table**

25. 排球 Volleyball

1 **排球运动 volleyball**
2 **沙滩排球运动 beach volleyball**
3 软式排球运动 soft volleyball

4 **排球运动员 volleyballer; volleyball player; spiker**
5 1号位队员；后排右 player No. 1; right back
6 2号位队员；前排右 player No. 2; right forward
7 3号位队员；前排中 player No. 3; center forward

8 4号位队员；前排左 player No. 4; left forward
9 5号位队员；后排左 player No. 5; left back
10 6号位队员；后排中 player No. 6; center back
11 前排队员 front-row player; forward
12 后排队员 back-row [backline; backcourt] player; back
13 攻击［扣球］手 **attacker; spiker;** killer
14 主攻手 **chief spiker**
15 副攻手 **second spiker**
16 二传手 **setter;** tosser
17 主二传 **chief [specialist] setter**
18 接应二传 **second setter**
19 进攻组织者 game maker
20 自由人 **libero**

---

21 第一［正］裁判员 **(first) referee**
22 第二［副］裁判员 **second referee; umpire**
23 司线员 **line judge; linesman**

规则

24 局 **game**
25 休息暂停 **time-out for rest**
26 技术暂停 **technical time-out**
27 轮转换位 rotation
28 轮转顺序 rotational order
29 同排队员换位 lateral switch

---

30 持球 **holding;** catching; sticky; held ball
31 捞球 scooping
32 推球 shoving; pushing
33 带球 carrying
34 举球 lifting
35 连击 **double hit** [touch]; dribbling
36 四次击球 **four hits**
37 界内球！ Good!; In!
38 出界 **outside**
39 压线球 ball on line
40 触手出界 touch out
41 触网 **touch net;** net fault
42 不过网 not over the net
43 碰标志杆 **touch the rod**
44 下［入］网 **net in**
45 过网击球 **over-**[cross-]**net hit**
46 拦网犯规 blocking fault
47 越过中线 passing the center line
48 脚步犯规 foot fault
49 轮转犯规 rotational fault
50 位置错误 positional fault; overlapping
51 换人违例 illegal substitution
52 双方犯规 double foul
53 对方失误送分 points from opponents' errors
54 个人警告 personal warning
55 比赛规则委员会 Rules of the Games Commission

发球

56 发球 **service; serve**
57 发球队员 **server**
58 关键时上场发球的队员 pinch server
59 发球方 serving team [side]
60 发球次序 order of service; serving order
61 发球得分 **ace;** service point
62 发球失误 service error
63 发球违例 service fault
64 换位（发球后） change of position; switching

---

65 抛球 toss

66 上手［网球式］发球 overhand [tennis] service
67 下手发球 underarm [underhand] service
68 侧面发球 sidearm [side-hand] service
69 钩手发球 hook service
70 砍式发球 chopping service
71 扣球式发球 smash [cannonball] service
72 抡臂［大力钩手］发球 windmill [roundhouse] service
73 **跳起发球 jump service**
74 **大力跳发 smashing jump service**
75 **擦网球 net ball**
76 发高［顶棚］吊球 lobbing [ceiling; sky] service
77 发近网吊球 drop short service
78 发旋转球 spinning service
79 **发飘球**；日本式发球 **floater;** floating [Japanese] service
80 发上手飘球 overhand floater
81 发下沉球 drop [sink] service
82 发保险球 safe service
83 发怪球 freak service
84 发球时遮挡对方视线 screening
85 **破坏对方一传 break** [upset] **the opponents' first pass**

接 球

86 **接球 receive;** reception
87 接发球 receive a service; service reception [return]
88 接发球队员 receiver
89 接发球一方 receiving side
90 接发球阵形 receiving [service-reception] formation
91 6人接发球阵式 six-man[-person] service reception
92 W接发球阵形 W [W+1; 1-3-2] service reception
93 关键时上场接球的队员 pinch receiver
94 **垫球 dig;** forearm [under; underhand] pass
95 小臂垫球 forearm digging
96 过网的高球 free ball
97 够得着 within reach
98 够不着 out of reach
99 接球失误 receive miss
100 接球不稳的 butter-[glue-]fingered

---

101 **救球 retrieve;** recover; save
102 滚动救球 rolling dig
103 侧滚动 side roll
104 日本式滚动 Japanese roll
105 **鱼跃 fish dive** [jump]
106 向前鱼跃 forward dive
107 扑救；鱼跃救球 diving retrieve; recovery dive
108 救起球 pick up
109 救入网球 recover a net ball

传 球

110 **传球 pass**
111 单手传球 single-hand pass
112 双手垫球 two-hand dig
113 上手传球 overarm [overhand] pass
114 肩下传球 dig pass
115 倒地传球 fall down pass
116 高传 high pass; lob
117 跑动传球 running pass
118 **一传 first pass**
119 一传队员 first passer
120 **一传不到位 poor** [misplaced] **first pass**

121 调整球 **adjust a poor pass**

---

122 二传；托球 **set** (up); toss; second [set] pass
123 正面二传 forward set
124 背传 **back set** [pass]
125 侧传 side pass; sideway volley
126 跳起二传 jump set
127 晃传 feint set
128 上手二传 overarm set
129 单手二传 single-hand set
130 低二传 low set
131 高二传 high set
132 平传 parallel [shoot] set
133 平拉开 **flat** [wide] **set;** open toss
134 传近网球 close set
135 传远网球 deep set
136 传球过头 overpass
137 二传太远 overcast a setup
138 第三传（直接推过网） third pass

---

139 中一二阵形 setter-in-forward-center formation; W formation
140 边一二阵形 setter-in-forward-wing formation
141 三三配备 3-3 [three-setter] system; system of pairs
142 双二传制 two-setter system
143 五一配备 5-1 [one-setter] system
144 后排跟进［插上］ penetration
145 后排中跟进 center-back penetration
146 后排两边跟进 back-wing penetration

进攻

147 进攻 **attack; spike**
148 进攻路线 attacking route
149 攻击点 attack point
150 攻击性击球 attacking shot
151 空中动作 action in the air
152 手腕动作 wrist action [work]
153 甩腕 snap of wrist
154 用拳击球 fist the ball
155 用手掌击球 bat the ball

---

156 快攻 **fast** [quick; full-speed; wildcat spring] **attack**
157 半快球 semi-quick
158 近体快球；A 快球 quick spike from close set; quick-A
159 短平快；B 快球 **quick spike from short set;** quick-B
160 短平快掩护扣球 screened quick spike from short set; double B
161 背快球；C 快球 quick spike from back set; quick-C
162 背溜；D 快球 quick spike from back short set; quick-D
163 双快一游动 double quick and rove

---

164 扣杀 **spike; smash;** kill
165 大力扣杀 hard [powerful; powerhouse] smash; hard-driven spike
166 直臂扣球 straight-arm attack
167 屈臂扣球 bent-arm spike
168 抡臂扣球 windmill spike
169 网球式扣球 tennis smash
170 钩手扣球 hook smash
171 高点扣球 high spike
172 超手扣球 spike over the block
173 高举高打 high spike from high set
174 助跑起跳扣球 running jump spike
175 从拦网手的空隙扣球 spike through the block
176 打拦网手扣球 spike on [against] the block

177 **打手出界　spike off the block**
178 避开拦网的扣球　clear-the-block spike; spike past the block
179 拉开扣球　open spike
180 直线扣球　straight spike
181 **斜线扣球　cross** [crosscourt; diagonal; oblique] **spike**
182 小斜线扣球　sharp-angled [inner] spike
183 边线扣球　wing smash
184 近网扣球　close(-to-the-net) spike
185 远网扣球　distance attack; far-from-the-net spike

---

186 **强攻型排球　power volleyball**
187 一攻　first(-round) attack
188 **探头球**；一次扣杀　**direct kill;** first-touch attack
189 **二次进攻**（一传后直接扣球）**one-pass** [one-two] **attack**; two-count spike
190 突破拦网　pierce the block
191 游动［掩护］进攻　wave [screened] attack
192 迷惑对方的打法　trick play
193 晃跳　feint [trick] jump
194 **时间差　delayed** [second-jump] **attack;** attack after a feint jump; jikansa
195 位置差　alternate position spike; spike after an extra step

---

196 战术球　tactical ball
197 **吊球　drop shot;** dink
198 轻拨球　tip
199 抹球　wipe for kill
200 **轻扣　soft spike;** dump; off-speed attack
201 打吊结合　smashes combined with drop shots
202 立体进攻　space [multidimensional] attack
203 **交叉进攻　switch** [alternation] **attack**
204 前交叉进攻　front switch attack
205 后交叉进攻　rear [back] switch attack
206 梯次进攻　tandem attack
207 **后排进攻　back-row**[-line] **attack**
208 夹塞进攻　wedge-in attack; insert play
209 前飞　forward flight; front flyaway
210 **背飞　back flight;** rear flyaway
211 背围绕　roving attack

---

212 扣球出界　spike out
213 **扣球不过网　spike into the net**
214 扣球成功率　spike average

---

215 扣球练习　knock drill
216 扣传练习　knock-toss drill
217 一对一练习　one versus one game
218 双人传球练习　partner work

拦网

219 **拦［封］网　block;** stop; close up
220 **拦网队员　blocker; stopper**
221 拦网阵形　blocking pattern
222 单人拦网　one-man block
223 双人拦网　two-man [double; two-person] block
224 三人拦网　three-man block
225 多人拦网　multiple block
226 人钉人拦网　man-to-man [person-to-person] block
227 中间拦网者　middle blocker
228 两侧拦网者　end blocker
229 区域拦网　zonal block

230 盖帽拦网 cap
231 靠边线拦网 wing block
232 攻击性拦网 offensive block
233 拦网保护 cover behind the block
234 拦网的空隙 gap in the block
235 变换手型拦网 change-hand-position block
236 反弹球（从拦网手弹回） rebound ball
237 拦网成功 shut out; successful block
238 拦网得分 block [stop] point
239 拦网出界 block out
240 "卧果"（拦网未成下网） block into the net

防守

241 原地防守 stationary [static] defense
242 有防守的区域 covered area
243 半月形防守 half-moon defense
244 **心［中］跟进防守 center-cover** [No. 6 cover] **defense**
245 **边跟进防守 side-cover defense**
246 马蹄形防守 hoof-[U-]shaped defense
247 后压防守 deep defense
248 补位 cover; seam protection
249 补位队员 seam protector
250 **保护 cover;** back up
251 保护队员 covering player
252 保护场角 cover an angle
253 2-1-3 拦网保护阵形 2-1-3 cover system
254 2-0-4 拦网保护阵形 2-0-4 cover system
255 6 号位队员拦网保护阵形 No. 6 cover system

场地与设备

256 **排球场 volleyball court**
257 本区 own court
258 对方场区 opponents' court
259 前场区 front [attack] area
260 后场区 back area
261 后区两角 back corners
262 **限制线 attack line**
263 发球区 service area [box]
264 无障碍区域 clear [unobstructed] area
265 无障碍空间 clear space
266 网绳 net cord [cable]
267 网底绳 under rope
268 球网上沿帆布带 upper net band
269 标志带 vertical [side] band
270 **标志杆 antenna; vertical rod;** net aerial

26. 乒乓球 Table Tennis

1 **乒乓球运动 table tennis;** ping-pong; paddle
2 乒乓外交 ping-pong diplomacy

---

3 **团体赛 team event**
4 男子团体赛 men's team event
5 女子团体赛 women's team event
6 **单项比赛 individual event**
7 **单打 singles**
8 男子单打 men's singles

9 女子单打 women's singles
10 双打 **doubles**
11 男子双打 men's doubles
12 女子双打 women's doubles
13 混合双打 **mixed doubles**
14 斯韦思林杯（男子团体奖杯） Swaythling Cup
15 考比伦杯（女子团体奖杯） Marcel Corbillon Cup
16 勃莱德杯（男子单打奖杯） St. Bride Vase
17 盖斯特杯（女子单打奖杯） G. Geist Prize
18 伊朗杯（男子双打奖杯） Iran Cup
19 波普杯（女子双打奖杯） W. J. Pope Trophy
20 赫杜赛克杯（混合双打奖杯） Heydusek Prize

人员

21 乒乓球运动员 **table tennis player; paddler**
22 裁判员 **umpire**
23 主裁判；裁判组长 chief umpire
24 裁判长 **referee**
25 副裁判长 deputy referee
26 检录长 chief recorder

规则

27 团体赛两队之间的一场比赛 team match; tie
28 团体赛两队队员之间的一场比赛 individual match
29 每局11分制 **11-point scoring system**
30 轮换发球法 expedite system
31 主队队员抽签代号 ABC
32 客队队员抽签代号 XYZ
33 选择方位与发球权 choice of ends and service
34 交换场地；换边 change sides
35 换发球 change service

---

36 发球违例 service fault
37 拦击 **volley**
38 连击 **double hit**
39 两跳 **double bounce**
40 界内球 **inside**
41 出界 **out;** outside; over the table
42 落网 net; hit into the net
43 擦网球 **net ball**
44 擦网好球 net in
45 擦网出界 **net out**
46 擦网重发 **let**
47 擦边球 **edge** [touch] **ball;** touch
48 擦边缘以下的球 edger
49 局末平分后的分数 extra point

发球与接球

50 发球 **serve; service**
51 发球员 **server**
52 发球员的右半区 server's right half court
53 发球员的左半区 server's left half court

---

54 下蹲式发球 squatting [crouching position] service
55 无遮挡发球 **no-hiding service**
56 高抛式发球 **high toss service**
57 发轻球 light service
58 发短球 short service
59 发底线球 deep service
60 发平击球 flat service
61 正手发球 forehand service
62 反手发球 backhand service
63 发反手斜线球 backhand

crosscourt service
64 发斜线急球 fast cross table service
65 发弹击式急球 flip service
66 发怪球 freak service

———

67 **发旋转球 spin service**
68 **发不转球 knuckle service;** serve without spin
69 发上旋球 topspin service
70 发下旋球 backspin service
71 发奔球 deep topspin service
72 发侧旋球 sidespin service
73 发快速旋转球 heavy spin service
74 发球时用手指转球 finger spin

———

75 合法发球 good service
76 **发球得分 service ace** [winner; point]
77 发球失误 lose one's serve; missed service
78 发球落网 fall
79 发球出界 service out
80 发球未触及本区台面 volleyed service

———

81 接球 receive; reception
82 接球失误 receive miss
83 接球员 receiver
84 接球员的右半区 receiver's right half court
85 接球员的左半区 receiver's left half court
86 **接发球 service reception** [return]
87 接发球得分 kill a service

握拍

88 执拍手 racket hand
89 非执拍手 free hand
90 **直握 pen-hold grip**
91 直拍运动员 pen-holder
92 **横握 tennis** [shake-hand; knife-hold; open; orthodox; Western] **grip**
93 横拍运动员 open-grip player; tennis-holder
94 深握 deep [Seemiller] grip

击球

95 **击球 hit; stroke; strike; shot**
96 轻击 tap
97 还击；回球 return
98 合法还击 good return
99 击球部位 striking spot on the ball
100 触球 impact with the ball
101 触球点（点在球上） point of contact
102 正手侧 forehand side
103 正手击球 forehand stroke
104 反手侧 backhand side
105 反手击球 backhand stroke

———

106 拍形 shape of bat
107 拍面垂直 bat in vertical position
108 拍面前倾 bat tilted forward
109 拍面稍前倾 bat tilted slightly forward
110 拍面后仰 bat tilted backward
111 拍面稍后仰 bat tilted slightly backward
112 调整拍形 angle the bat
113 挥拍幅度 amplitude of swing
114 挥拍速度 speed of swing
115 挥拍路线 path of the bat
116 随挥动作 follow-through
117 飞行路线 line [path] of flight; trajectory
118 飞行最高点 zenith of flight
119 球反弹的顶点 top of the bounce

———

26

120 高球 lob; high ball; balloon shot
121 直线球 **straight [down-the-line] shot**
122 斜线球 **cross** [angled; diagonal] **shot**
123 曲线球 curved stroke
124 飘球 floater
125 落点控制得好的球 placement; well-placed shot
126 追身球 **body**(-chasing) **hit**
127 超身球 passing shot
128 机会球 sitter; easy ball
129 打出界 overhit; hit out

---

130 步法 **footwork**
131 单步 single step
132 并步 level step
133 跨步 striding step
134 跳步 jumping step
135 小碎步 random little step
136 侧身步 **sideway step**
137 混乱的步伐 confused footwork

---

138 站位 positioning
139 近台（身体离台约30-50厘米） short court; close to the table
140 中台（身体离台约50-100厘米） middle court
141 远台（身体离台1米以上） back court; off [far from] the table
142 站位姿势 stance

抽杀

143 抽球 **drive**
144 平抽球 **flat drive**
145 反手抽球 backhand drive
146 跳起抽球 jump smash
147 扣球 **smash**
148 扣杀［死］ **kill;** deal a fatal [lethal] blow
149 侧身攻 **pivot attack;** forehand attack from backhand court
150 突然起板 sudden [surprise] attack
151 猛击 hard hit; slag; wham; slam

旋转

152 旋转 **spin**
153 旋转球 screw; spinning ball
154 不转球 plain [knuckle] ball
155 上旋 **topspin**
156 左侧上旋 left-side topspin
157 右侧上旋 right-side topspin
158 下旋 **back[under]spin**
159 左侧下旋 left-side backspin
160 右侧下旋 right-side backspin
161 急下旋 fast [quick] backspin
162 侧旋 **sidespin;** English
163 左侧旋 left sidespin
164 右侧旋 right sidespin
165 回跳 backward bound
166 低旋球 bottom-spin
167 加转 impart spin to the ball
168 刁钻的旋转球 vicious spin
169 抵消旋转 counteract [offset] spin

---

170 削球 **chop; cut;** slice; chisel
171 削球手 chop player
172 削短球 short chop
173 削得薄 **cut thin**
174 削下旋球 backspin chop
175 对搓 **chopping the chop;** trade [exchange] chops

---

176 弧圈球 **loop (drive)**
177 弧圈球选手 looper
178 提拉 **lift**
179 前冲弧圈球 fast [accelerated] loop

180 高吊弧圈球 high loop
181 强旋转弧圈球 heavy-spin loop
182 加转高吊弧圈球 high-spin [super] loop
183 不转弧圈球 dummy loop

推挡

184 **推 push**
185 **挡 block**
186 推挡 push-and-block; semi-push and semi-drive; semi-volley
187 轻推挡球 stop ball
188 **加力推 accentuated push**
189 **减力挡 cushion block;** stop-block shot
190 快挡 fast block

远近与快慢

191 **短**［吊；近网］**球 short [drop] shot;** dink
192 **长**［远；底线］**球 deep [long] ball;** end-line shot
193 近抽 close drive
194 远抽 long [off-table] drive
195 近削 close-to-table [short-range] chop
196 远削 long chop
197 台内抽球 drive over the table
198 台内削球 chop over the table
199 滚网球 net-cord ball
200 打到对方台角的球 corner

---

201 **快**［**急**］**球 quick [fast] ball**
202 快拉 quick lift
203 快拨 quick flick
204 快点 quick point
205 快带 quick bringing
206 抖腕球；弹球 flick
207 改变速度 change speed

打法

208 **打法 playing method; play; game**
209 **风格 style of play**
210 快、准、狠、变、转 speed, accuracy, aggressiveness, variation and spin
211 争取主动 gain control [domination] over the game; force the pace
212 **前三板 first three strokes**
213 **发球抢攻 attack after service;** third-ball attack; service-led offensive
214 **相持球 sustained** [protracted] **rally;** post-third-ball strokes; persistent trade of shots
215 对攻［抽］ exchange drives

---

216 **攻击型打法 offensive play**
217 攻击型选手 attacking player
218 **防守型打法 defensive play**
219 防守型选手 defensive player
220 以削为主的打法 all cut
221 **削中反攻 counterattack during chops**
222 **左推右攻 backhand block and forehand attack**
223 正反手结合进攻 forehand and backhand attacks
224 **反手攻结合侧身攻 backhand and pivot attacks**
225 **快攻结合弧圈球 fast attack and loop**
226 弧圈球结合快攻 loop and fast attack
227 直拍横打 pen-hold backhand at-

tack with reverse surface

---

228 近台打法 close-to-table play
229 近台快攻 **close-to-table fast attack**
230 近台防守 short [close-to-table] defense
231 近网区 net zone
232 近网球打法 net play
233 以短回短 return short with short
234 远台打法 far-from-table play
235 远台防守 far-from-table [long-range] defense
236 放高球防守 **balloon [high lobbing] defense**
237 打回头；远台反攻 **hit back from a long distance;** far-from-table counterattack
238 长短结合 **long drives combined with drop shots;** long-and-short play; rocking tactics

---

239 变线 change direction of shots
240 两面攻 two-winged attack; attack on both sides
241 滑板 feint play
242 拉中路杀两角 corner smash after lift to the middle
243 拉两角杀相反方向 smash after lift to opposite corner

---

244 多球训练 multi-ball practice
245 共同练习 joint practice

场地与器材

246 比赛场区 **playing area**
247 挡板 **barriers; surrounds**
248 记分器 score indicator

---

249 球台［桌］ **table**
250 中线 center [middle ; service center; doubles] line
251 左半区 left half court
252 右半区 right half court
253 本方球台 home court
254 对方球台 opponent's court
255 台面 playing surface
256 网 **net**
257 网架 net brace
258 网柱 pole; support

---

259 乒乓球 **table tennis [ping-pong] ball**
260 大球（直径 40 毫米） big ball
261 乒乓球发射机 robot machine

---

262 乒乓球拍 **table tennis bat** [racket; paddle]
263 拍柄 handle
264 拍身 blade
265 拍面 racket surface
266 木版面 wooden face
267 胶合板 veneer
268 双面胶板 double-glue bat
269 胶皮 **gum;** rubber (covering)
270 合成胶 synthetic rubber
271 胶粒 **pimple**
272 胶膜 paint sheet
273 胶水 glue

---

274 海绵胶拍 **sponge (bat);** sandwich; soft rubber
275 橡胶拍 rubber bat
276 胶粒球拍 pimpled rubber
277 正胶拍 **pimples-[pips-]out bat;** sandwich [outward-pimpled] rubber
278 反胶拍 **pimples-[pips-]in bat;**

inverted sandwich [inward-pimpled] rubber; reversed(-glue) bat
279 长胶拍 **long-pimpled bat**
280 两面不同性能的球拍 different rubber bat
281 两面不同颜色的球拍 two-color bat
282 防弧圈拍 anti-loop bat
283 反旋转拍 anti-spin [Phantom] rubber

27. 羽毛球 Badminton

1 羽毛球运动 **badminton**
2 世界羽毛球锦标赛 World Badminton Championships
3 世界羽毛球大奖赛 World Grand Prix Badminton
4 全英羽毛球公开赛 All-England Open Badminton Championships
5 汤姆斯杯（男子团体冠军赛） Thomas Cup
6 尤伯杯（女子团体冠军赛） Uber Cup
7 苏迪曼杯（男女混合团体冠军赛） Sudirman Cup

人员

8 羽毛球运动员 **badminton player; shuttler**
9 打网前位置的球员（双打） net man [player]
10 发球裁判员 service judge
11 司线员 line judge

规则

12 回合（争得一分的往返击球） **rally**
13 一方得零分的一局 love game
14 一方得零局的一场 love match
15 **再［加分］赛 set (the score)**
16 选择再赛权 choice [option] of setting
17 错区 wrong court
18 站错位 out of position
19 **界内 in**
20 **界外 out**
21 没看清（指司线员对球是否出界） unsighted
22 **压线球 line**
23 死球 dead bird; shuttle not in play
24 有效还击 good return
25 击球犯规 foul hit
26 持球；拖带动作 slung; hold
27 连击 hit twice
28 球触身 touch the body
29 球触网 touch the net; net tap
30 **过网击球 over net**
31 干扰 distract
32 妨碍 obstruct
33 试球 test the shuttle
34 换球 change the shuttle

发球

35 发球方得分制 side-out scoring system
36 **换发球！ Service over!**
37 重发球 let
38 发球方位 serving position
39 发球顺序 order of service

40 发球顺序错误　serve out of turn
41 发球方位错误　serve from a wrong court
42 交换发球区　alternate courts
43 发球权　right to serve; service privilege
44 有发球权　hand-in
45 掌握发球权一方　"in" side
46 一方保持发球权的时间　inning
47 **失去发球权　hand-out; loss of service**
48 失去发球权的一方　retired side
49 发球违例　service fault
50 过手　service above hand
51 过腰　service above the waist
52 脚违例　foot fault
53 一次发球权　one hand
54 两次发球权　two hands
55 **第一发球　first serve**
56 第一发球权；第一轮　first inning
57 失去第一发球权　one down [out]; one hand out
58 **第二发球　second serve**
59 两次发球失误　two down

---

60 发球动作　delivery of service
61 抖腕发球　flick service
62 发平球　flat service
63 发短低球　short low service
64 发高球　high service
65 发高远球　deep high service; long high
66 发短［网前］球　short service
67 发远球　long service
68 发深球　deep service
69 发球方　serving side
70 接发球方　receiving side
71 接球预备姿势　on guard

击球

72 基本击球法　basic strokes
73 东方式握拍法　Eastern grip
74 西方式握拍法　Western grip
75 握手式握拍法　shake-hand grip
76 移指握拍　finger the grip

---

77 向前挥拍　fore swing
78 向后挥拍　backswing
79 全力挥拍　full swing
80 绕臂挥拍　wind-up
81 **击球　strike; hit; bat; stroke; shot**
82 回击　return
83 **高手击球　overhand stroke**
84 **低手击球　underhand stroke**
85 过渡球　transitional ball
86 拍框击球；木球　wood [frame] shot

---

87 **抽球　drive**
88 齐肩高平抽球　shoulder-high drive
89 抽平高球　drive clear
90 抽球用力过猛　overdrive
91 **杀球；扣杀　smash**
92 **点［短］杀　overhead wrist shot**
93 锋利扣杀　razor-sharp smash
94 绕头顶扣杀　round-the-head stroke
95 **头顶击球　overhead stroke**
96 绕身后击球　round-the-back stroke

---

97 侧手球　side-hand [sidearm] stroke; swipe
98 搓球　lunge stroke
99 **推球　push shot**
100 **挑高球　lob;** toss; lofted shot
101 高远球　clear
102 正手高远球　forehand clear
103 低球　low shot
104 短击　stop; no swing

105 短球 short
106 **吊球 drop; dink**
107 顺风 before the wind
108 逆风 against the wind
109 借助风力的攻球 drift-assisted attack

---

110 轻挑短球（近网直起直落） hair-pin shot
111 近网挑球 lift
112 近网挑高球 pop
113 贴网下落的扣球 stop volley
114 贴网快平球 driven flight
115 近网扑球或扣杀 net shot
116 **扑球 rush shot**
117 曲线近网球 net fly

---

118 飞行（指球） flight
119 直线球 straight
120 对角线球 crosscourt shot
121 **勾对角 crosscourt flight**
122 场内落球点 court spot
123 判断错误（误以为来球出界） misjudge
124 落点的准确性 accuracy of place-ment
125 善于找落点的球员 placer; place-hitter
126 **追身球 body hit**
127 **超身球 passing shot**
128 **救球 retrieve;** recover
129 **救险球 get**
130 救险球队员 getter
131 抢打同伴的球 poach; hog the court

---

132 滑步 sliding step
133 交叉步 cross step
134 跑过头 overrun
135 下蹲防守 crouch defense

打法

136 打法变化 variation of shots
137 **网前打法 net play**
138 上网 rush; take [approach] the net
139 封网 block the net
140 截击 intercept
141 **后场打法 backcourt play**
142 底线球战术 baseline game
143 **四方球；快速拉开 fast clear out**
144 **扣吊结合 smashes combined with drops**

---

145 前后站位 up [front] and back
146 左右站位 side by side
147 对角线阵形 diagonal formation
148 轮转配合打法 rotation system
149 攻人战术 one-man attack

场地

150 边线 sideline; side boundary line
151 端线 base line; back boundary line
152 端线外的空地 back room; runback
153 发球区 service court
154 左发球区 left service court
155 右发球区 right service court
156 前发球线 front [short; inside] ser-vice line
157 后发球线 rear [long; outside] ser-vice line

---

158 **单打球场 singles court**
159 **双打球场 doubles court**
160 单、双打两用球场 combination court
161 单打边线 singles [inside] sideline
162 单打发球区 singles service court

163 双打边线 doubles [outside] sideline
164 双打发球区 doubles service court
165 双打发球线 doubles service line
166 边线狭长地带 side alley [lane]
167 端线狭长地带 back alley [lane]
168 无障碍物空间 clearance; headroom

器材

169 球网装置 net assembly
170 网的上缘 top line of the net
171 网顶白布边 white top band
172 网端的标志带 strip

173 **羽毛球拍 badminton racket**
174 拍颈 throat
175 拍杆 shaft
176 拍框 frame
177 拍面 racket face
178 **羊肠线 gut string**
179 **尼龙线 nylon string**
180 穿线 stringing
181 拍夹 press

182 **羽毛球 shuttle(cock); bird**
183 皮包软木羽毛球 leather-covered cork shuttle
184 塑料羽毛球 plastic [synthetic] shuttle
185 底托 cork base
186 羽毛 feather
187 坏球 broken shuttle

28. 网球 Tennis

1 **网球运动 tennis**
2 全英［温布尔登］草地网球锦标赛 All-England [Wimbledon] Lawn Tennis Championships
3 戴维斯杯（男子团体赛） Davis Cup
4 网球联合会杯（女子团体赛） Fed(eration) Cup
5 霍普曼杯（男女混合团体赛） Hopman Cup
6 法国网球公开赛 French Open Tennis Championships
7 美国网球公开赛 US Open Tennis Championships
8 澳大利亚网球公开赛 Australian Open Tennis Championships
9 国际职业网球联合会巡回赛 ATP (=Association of Tennis Professionals) Tour
10 女子网球协会巡回赛 WTA (=Women's Tennis Association) Tour
11 网球大师杯赛 Tennis Masters Cup
12 网球大师系列赛 Tennis Masters Series
13 冠军系列赛 International Series Gold
14 世界网球系列赛 International Series
15 等级赛事 tier events
16 软式网球运动（19世纪起源于日本） soft(ball) tennis

人员

17 **网球运动员 tennis player;**

netman; netter
18 左场区球员 left court player
19 右场区球员 right court player
20 网前队员 net man
21 后场球员 backcourt player; baseliner
22 善于底线打法的球员 baseliner
23 善于网前打法的球员 net player
24 善于全场打法的球员 all-court player
25 善于截击空中球的球员 volleyer
26 善于抢救险球的球员 getter

---

27 **主裁判 umpire**
28 **副裁判 net(cord) umpire**
29 **司线员 linesman; marker**
30 边线裁判 line judge
31 底线裁判 baseline judge
32 发球线裁判 foot fault [service] judge
33 发球中线裁判 center line judge
34 球童；拾球员 ball boy [girl]

规 则

35 场地选择 choice of side
36 发球权选择 choice of service
37 转拍猜先 spin the racket to decide who chooses first
38 发球次序 order of service; serving order
39 发球顺序错误 serve out of turn
40 发球位置错误 serve from a wrong court
41 发球错区 other box
42 换发球！ Side in!
43 交换发球 change service
44 **触网重发 let**
45 错接球！（双打） Wrong played!
46 **脚误 foot fault**
47 连击 double hit
48 故意拖延时间 stall
49 球拍过网 over the net
50 第一次弹起 first bounce
51 第二次弹跳 second bounce
52 两跳（还击前球着地两次） double bounce; not up
53 还有一次！（第一次发球失误后） One ball!
54 还有两次！（第一次发球无效后） Two more!
55 **界内球 in (bounds)**
56 **界外球 out (of bounds)**
57 **压线 on line**

---

58 零分 love; nothing
59 得分球 winner
60 **得一分 fifteen**
61 **得两分 thirty**
62 **得三分 forty**
63 一平；一比一 fifteen all
64 二平 thirty all
65 三平 forty all
66 一比二 fifteen thirty
67 一比三 fifteen forty
68 零比零 love all
69 一比零 fifteen love
70 二比零 thirty love
71 三比零 forty love

---

72 **局 game**
73 **盘 set**
74 三盘两胜制 best of three sets
75 五盘三胜制 best of five sets
76 **局末平分 deuce**
77 **占先**（平分后先得一分） **ad(vantage)**
78 发球占先 ad in
79 接球占先 ad out

80 盘末平局 **deuce**
81 先胜一局（平局后） **advantage game**
82 无占先记分制（第一次局末平分后赢一分者即胜该局） no-ad system
83 先胜一盘（一平或二平后） advantage set
84 平局决胜（盘末6:6后） tiebreaker
85 长盘制 long set
86 **局点 game point**
87 **盘点 set point**
88 **赛点 match point**
89 决胜局 rubber game
90 单数局 odd game
91 双［偶］数局 even game
92 一方得零分的一局 love game
93 一方得零分的一盘 love set
94 未失一盘取胜 straight sets
95 连胜三盘 three straight
96 **主动得分**（凭自己实力而不是靠对方失误） **earned point**

发球

97 发球方 serving side
98 发球权 right of service
99 **发球局 service game**
100 第一次发球 first serve
101 第二次发球 second serve
102 第一发球员 first server
103 **爱司**（特指接发球未能触球） **(service) ace**
104 发球直接得分 service winner
105 第一次发球得分率 first service point average
106 打到落点的发球 placing service
107 落点好的发球 placement serve
108 合法发球 good service
109 **赢得［保住］发球局 hold** [win] **one's service**
110 靠发球赢得全场比赛 serve out a match
111 **破对方发球局；破发 break sb's service;** (service) break
112 破发点 break point
113 **发球失误 fault;** serve error
114 **双（发失）误 double (fault)**
115 **输掉发球局 lose [drop] one's service**

---

116 发球握拍法 service grip
117 抛起 toss
118 低手发球 underhand service
119 高手发球 overhand service
120 发高球 serve high
121 发深球 serve deep
122 发肩上球 shoulder service
123 平击发球 flat service
124 **大力发球 hard [big] service**
125 **炮弹式发球 cannonball** (service)
126 **发外角球**（落点靠近边线） **serve wide**
127 **发内角球**（落点靠近中线） **serve tight**

---

128 **发旋转球 twist serve**
129 发美国式旋转球 American twist serve
130 发急旋球 kick serve; kicker
131 发不转球 knuckle service
132 发上旋球 topspin serve
133 发削［下旋］球 slice serve
134 发急下旋球 reverse serve
135 发侧旋球 slice service
136 发反旋球 reverse twist serve
137 发刁球 freak service
138 回击发球 return of service

139 接发球方 receiving side; striker-out
140 接发球一侧场地 hazard side

击 球

141 正手［握手式］握拍 forehand [shake-hand] grip
142 反手握拍 backhand grip
143 长握拍法 long grip
144 短握拍法（握拍柄中段） choke
145 东方式握拍法 Eastern grip
146 西方式握拍法 Western grip
147 欧洲式握拍法 Continental grip
148 英国式握拍法 English grip

———

149 **挥拍 swing** [wield] **the racket;** wind-up
150 水平后摆 flat backswing
151 向后弧线挥拍 circular backswing
152 小抡拍 short swing
153 大抡拍 long swing
154 全力挥拍 full swing
155 短促挥拍 whip the racket
156 挥拍不到位 hack
157 挥拍幅度 length of swing
158 挥拍弧线 racket trajectory; arc of swing
159 随挥动作 follow-through

———

160 球艺 courtcraft
161 **击球 stroke; hit; shot;** deliver [punch] the ball
162 合法［有效］还击 good return
163 双手握拍击球 two-handed stroke
164 绕头顶挥拍击球 around-the-head stroke
165 来球 oncoming ball
166 迎击 meet the ball
167 迎接空中球 direct
168 击球面 striking [hitting] face
169 球与拍的接触点 point of contact
170 击球面斜向上 open face
171 击球面斜向下 closed face
172 击球方向 direction of stroke
173 击球速度 speed of shot
174 球的坠落 descent [dip] of the ball
175 球落地 landing

———

176 有力的击球 hard [forceful; solid] hit
177 使不上劲的击球 cramped shot
178 击落地球 ground stroke
179 **扣杀 kill**
180 短扑杀 short smash
181 **高压球 smash**
182 高压球得分 smash a winner
183 **平［扫］抽 flat drive**
184 抽低球 low drive
185 长抽 long drive
186 扫击球 brush at the ball
187 提拉抽球 lift drive
188 抽球用力过猛（打出端线） overdrive; overplay

———

189 **挑高球 lob; high ball**
190 进攻挑高球 offensive lob
191 防守挑高球 defensive lob
192 挑高球过人 lob over the opponent
193 近网高球 pop-up

———

194 低球 low shot
195 触网 touch net
196 擦网球 net ball
197 **落网球 net;** netted ball; hit into the net
198 擦网好球 cord ball
199 短球 short ball

28

200 回击近网球 net stroke
201 吊球 **drop** [trap] **shot;** dink
202 轻击 garbage
203 慢球 idle ball
204 底线球 **deep** [long] **ball;** baseliner
205 打到底线两角的球 deep baseline corner
206 高弹 high bounce; kick
207 弹起最高点 top of the bounce
208 反弹球 pick up
209 快击刚弹起的球 fast breaking
210 **击反弹球；随[兜]击 half-volley**

---

211 **直线球 straight stroke**
212 沿边线打出的直线球 down-the-line shot
213 中路球 down-the-middle shot
214 **斜线球 cross** [angle] **shot;** crosscourt
215 小斜线球 sharp short crosscourt
216 抽出角度来 angle the drive
217 对角球 cross-corner
218 打曲线球 break

---

219 **截击球 volley**
220 高截球 high volley
221 低截球 low volley
222 截击时吊高球 lob volley
223 截击时轻吊 drop volley
224 对打空中球 volley exchange
225 高压拍击 overhead volley
226 平打的截击 flat volley
227 网前拦截空中球 stop volley
228 带抽球动作的截击 drive volley
229 带削球动作的截击 slice volley

---

230 **旋转球 spin;** twist
231 上旋 topspin; overspin; forward spin
232 下旋 underspin; backspin; reverse spin
233 急下旋球（跳得不高不远） die
234 短促带旋的击球 punch
235 抽旋转球 spin drive
236 侧旋 sidespin; English
237 飘球 floater
238 **削球 chop**（拍形大于45°）; **slice**（拍形小于45°）; undercut
239 **切球**（下旋轻吊） **chip**
240 拦切球 block slice
241 **弧圈球 loop drive**

---

242 落点控制得好的球 placement
243 **追身球 body hit**
244 **超身［穿越］球 passing shot**
245 超身直线球 down-the-line passing shot
246 机会球 setup; sitter
247 打出边线的球 wide
248 木球 wooden shot
249 漏击 mishit
250 危险地区；无人区 dead zone; no-man's land
251 抢救险球 get

---

252 上步；箭步 lunge
253 侧滑步 side shuffle step
254 关闭式步法 close stance
255 步法错乱 off stride
256 满场奔跑 run around the court
257 跑动中击球 hit the ball on the run

打法

258 **网前打法 net game** [play]
259 **上网 approach** [take] **the net**
260 上网球 approach shot
261 网前截球 net interception
262 上网进攻者 net rusher

263 发球上网的打法 serve-and-volley game
264 **拦截 block**
265 空中拦击 mid-air return
266 **拦［封］网 close up**
267 控制前场 command the forecourt
268 网前技术得分率 net play point average
269 发球上网得分率 serve-volley point average

---

270 后场打法 backcourt play
271 **底线打法 baseline game** [play]
272 变换打法 mix up one's game
273 全场打法 all-court game
274 技术全面的打法 all-round play
275 引对手至网前 draw the opponent to the net
276 调动对方前后左右奔跑 move the opponent up and back and from side to side

---

277 双打并肩队形 side by side formation
278 东方阵形（双打站位靠后） Eastern formation
279 澳大利亚阵形（双打一前一后） Australian [tandem] formation
280 美国阵形（双打接发球后同时上前） American formation
281 英国阵形（双打中接发球员靠近端线，同伴靠近发球线） English formation
282 半场前后练习（一人近网，另一人近端线轮流攻守） up-back drill
283 二打一练习（两人从同一方轮流发球上网） two-on-one serve and volley drill
284 三打一练习（三人从同一方轮流上网击落地球） three-on-one ground stroke approach drill

场地

285 **网球场 tennis court**
286 **草地球场 lawn** [grass] **court;** (tennis) lawn; turfcourt
287 **红土场地 clay court**
288 混凝土球场 concrete court
289 沥青球场 asphalt court
290 木板场地 wooden court
291 塑胶球场 synthetic court
292 水泥球场 cement court
293 **硬场地 hard [fast] court**
294 **软［慢速］球场 soft [slow] court**
295 潮湿的场地 heavy court
296 练习场地 practice ground
297 练习板墙 practice board

---

298 单打球场 singles court
299 双打球场 doubles court
300 单双打两用球场 combination court
301 **底［端］线 baseline**
302 边线外空地 side room
303 端线外空地 runback
304 **发球中线 center service line**
305 左场区 left [backhand] court
306 右场区 right [forehand] court
307 前区 forecourt
308 后区 backcourt
309 中区 midcourt
310 中点标志 center mark
311 **发球区 service area [court; box]**
312 左发球区 left service court; ad(vantage) court
313 右发球区 right service court
314 发球线 service line

315 发球区边线（双打） service sideline

---

316 场后围栏 back stop [fence]
317 场后挡网 back net
318 场边挡网 side stop

器 材

319 挂网绳 cord
320 挂网钢丝绳 metal cable
321 球网的松紧装置 skid
322 单打支网柱 singles stick
323 白边 white top
324 网中心布带 center strap
325 网中心高度调节器 net strip

---

326 **网球 tennis ball**
327 羊毛绒（球面材料） felt
328 **网球拍 tennis racket** [racquet]
329 钛合金球拍 titanium alloy racket
330 超强碳合金球拍 hyper carbon racket
331 甜区；有效击球面积 sweet spot
332 球拍握把顶端 butt
333 **球拍线 racket string**
334 短［横］线 short [cross] string
335 长［竖］线 long [main] string
336 换球拍线 restring
337 减震区 vibration absorber

服 装

338 **网球衫 tennis shirt**
339 网球服 tennis togs
340 **网球鞋 tennis shoe**
341 带钉的草地网球鞋 pointed shoe

29. 棒、垒球 Baseball and Softball

1 **棒球运动 baseball**
2 **垒球运动 softball**
3 快投垒球运动 fast pitch softball
4 慢投垒球运动 slow pitch softball
5 美国职业棒球大联盟 MLB (=Major League Baseball)

人 员

6 **棒球运动员 baseballer;** baseball player
7 **垒球运动员 softballer;** softball player
8 **棒［垒］球队 nine**
9 **进攻队 batting team;** team at bat
10 **防守队 fielding team;** team in the field

---

11 投接手（总称） battery
12 **投手 pitcher**
13 主力投手 leading pitcher
14 替补［救援］投手 relief pitcher; reliever
15 紧急替补的投手 fireman
16 **接手 catcher;** receiver
17 守场员 fielder
18 内场手 infielder
19 **守垒员 baseman;** sacker
20 一垒手 first baseman
21 二垒手 second baseman
22 三垒手 third baseman
23 **游击手 shortstop**
24 外场手 outfielder; gardener

25 左外场手 left fielder
26 中外场手 center fielder
27 右外场手 right fielder
28 **击球员 batter;** hitter; man at bat; swinger
29 第一棒击球员 first [leadoff] batter
30 第四棒击球员 cleanup man
31 指定击球员 designated hitter
32 **跑垒员 (base) runner**
33 前位跑垒员 lead runner
34 最先出局的球员 starting number

---

35 **裁判员 umpire**
36 **裁判长 umpire-in-chief**
37 司垒裁判员 base [field] umpire
38 司球裁判员 plate umpire
39 教练员；跑垒指导员 coach

规 则

40 **场**（包括若干局） **game**
41 **局 inning;** frame; stanza
42 半局 half inning
43 上半局 first half [top] of an inning
44 下半局 last half [bottom] of an inning
45 第五局的上半局 top five
46 **替补 relieve**
47 选择攻守权 choice of innings
48 攻守交换 change sides
49 击球顺序 batting order

---

50 好球 strike
51 投接手犯规 balk
52 合法投球 fairly delivered ball
53 不合法投球 illegally delivered ball
54 不合法击球 illegally batted ball
55 不合法接球 illegally caught ball
56 半挥 half swing
57 挡住 blocking
58 **投球无效 no pitch**
59 投球中身 hit batsman
60 得分数 runs
61 投手责任失分 earned runs
62 投手责任失分率 earned run average
63 决定胜负的一击 winning hit [shot]
64 决定胜负的一分 winning run
65 决胜局（平局后） extra inning
66 投满局的比赛 complete game
67 无效的比赛 no game

---

68 击球员就位！ Batter up!
69 击！ Strike!
70（坏）球！ Ball!
71 安全上垒！ Take your base!
72 离垒过早！ Left base too soon!
73 暂停！ Time!
74 击球员出局！ Batter out!
75 比赛结束！ Game set!

投 球

76 **投球 pitch; deliver;** twirl
77 投出不同速度和类型的球 mix-up delivery
78 8字式投球 figure 8 pitch
79 叉球 forkball
80 大抡臂投球 pump
81 大摆臂动作 full windup
82 轴心脚 pitching [pivoting] foot
83 投快球 breeze; rifle
84 暴投 wild pitch
85 正面投球 wind up
86 侧［横］手投球 sidearm throw
87 击中击球员头部的球 bean ball
88 古怪多变的投球 freak delivery
89 外侧球 course; outshoot
90 过早投球（击球员未准备好） quick return

29

91 投偏 wide pitch
92 内角球 inside pitch
93 外角球 outside pitch
94 四坏球 four balls
95 投接手失误 battery error
96 故意投出的坏球 waste ball [pitch]
97 投手故意送击球员上垒 intentional pass
98 投球局数（一个投手） innings pitched
99 投满九局（一个投手） go the distance [route]
100 胜利投手 winning pitcher

传接球

101 **传球 pass; throw**
102 野传 wild throw
103 假传 bluff throw
104 传歪 wide pass
105 反手传球 backhand flip
106 下手传球 underhand throw
107 肩上传球 overhand throw
108 体侧传球 sidearm throw
109 接力传球 relay
110 过高的传球 overthrow

---

111 **接球 catch;** grab
112 反手接球 backhand catch
113 反手快接 backhand [reverse] stab
114 接腾空球 fly catch; gather in
115 善于接腾空球的守场员 ball hawk
116 落地前接住球 shoestring catch
117 击出腾空球被接出局 fly out
118 齐胸部接球 letter high
119 兜接；捞球 scoop up
120 拦接 intercept; cut off
121 接住一弹球 trap
122 抄接贴地球 pickup
123 跑动接球 running catch
124 接球不稳 juggle
125 不善于接球的 butter-fingered
126 接球失误 muff; fumble
127 漏接；接球后球失落 bobble
128 漏接球 passed ball
129 不戴手套的手 meat hand

击球

130 **击球 bat; strike**
131 击球技术 batsmanship
132 准备上场（击球员） on deck
133 上场击球 at bat; up
134 开式站法 open stance
135 好球区（在击球员膝部与腋部之间） strike zone
136 球棒最理想的击球部位 fat part of the bat; joy zone; good wood
137 **挥棒 swing**
138 全挥 full swing
139 长挥 long swing
140 短挥 short swing
141 拉打 pull
142 猛力挥棒 swipe
143 缩棒触击 drag bunt
144 挥空棒 whiff
145 挥棒不中 fan
146 **未击中 miss**

---

147 砍击 chop
148 猛击 clout; hammer; pound; power (pound); shell; sock; tag
149 长打 long hit
150 短打 choke
151 远距离平飞球 long drive
152 击出平直球 line
153 准而狠地击球 connect
154 界内球 fair ball

155 界外球 foul ball
156 触击 bunt; lay one down
157 触击安打 bunt for a base hit; safety bunt
158 一垒安打 bingle
159 三“球”两“击” full count
160 一垒打 one-base hit; single
161 二垒打 double hit; two-base hit; two-bagger
162 三垒打 three-base hit; triple (hit); three-bagger
163 三击 three strikes
164 **出局** **out;** away; gone
165 三击不中出局 struck out
166 “打掉”（进攻队一再击出好球迫使对方换投手） chase; knock out
167 **三人出局** **all out;** one-two-three

---

168 **本［全］垒打** **home run;** circuit drive; round trip
169 被击出本垒打的投球 gopher ball
170 球刚刚越过围网的本垒打 cheap home run
171 一分本垒打 solo homer
172 两分本垒打 two-run homer
173 三分本垒打 three-run homer
174 四分本垒打 grand slam; jackpot
175 **牺牲打** **sacrifice (hit)**

---

176 **安打** **safe hit;** safety
177 击出安打 make a hit
178 内场安打 infield hit
179 侥幸的安打 scratch hit
180 垒打数 total bases
181 接连击出安打 bunched hits

---

182 防守 field; guard
183 防守率 fielding average
184 防守位置 fielding position
185 防守失误 fielding error

跑垒

186 **离垒** **lead**
187 **跑垒** **run**; base-running
188 跑垒道 base path
189 击球跑垒得分 runs batted in
190 垒间停留 half way
191 跑垒员比球先到垒 beat out
192 **滑垒** **slide;** hit the dirt
193 侧身钩式滑垒 hook [fallaway] slide
194 扑垒 head-first slide
195 返回触垒（接住腾空球后） tag up
196 **进垒** **advance;** move up
197 安全进垒 safe
198 安全返垒 safe in
199 超越垒位 over-run
200 **满垒** **base full** [jammed]; three men on
201 在垒上；占垒 on base; aboard
202 四坏球上垒 base on balls; free ticket [trip]; gift; pass; walk
203 漏踏 cut a base
204 残垒 left [dead] on base

球的性状

205 活球 ball in play
206 死球 dead ball; ball not in play
207 好击的球 good ball
208 难击的球 bad ball

---

209 快球 fastball; fog; aspirin tablet
210 平急［直］球 fireball; line drive; (clothes) liner
211 好打的球 fat pitch
212 弧度大的球 roundhouse
213 摇晃的球 flutterball

---

214 变方向的球 breaking ball
215 **拐弯球 hook**
216 **曲线球 bender;** curve (ball); slant
217 普通曲线球 fundamental [regulation] curve
218 反向曲线球 reverse curve
219 滑球 slider
220 内曲线球 incurve; screwball
221 外曲线球 outcurve; swerving pitch
222 **飘球 floater**
223 **下坠球 drop;** sinker
224 内下坠球 indrop
225 外下坠球 outdrop
226 逐渐变慢的下坠球 fadeaway
227 高吊下旋球 blooper
228 不旋转球；指节球 knuckle ball; knuckler

---

229 **腾空高飞球 fly ball**
230 小高球 pop
231 界内腾空高飞球 fair fly
232 界外腾空高飞球 foul fly

---

233 擦棒球 bleeder; (foul) tip
234 擦身球 shave
235 近身球 incourse
236 追身球 dust
237 地滚球 ground ball; grounder; roller
238 慢地滚球 dribbling roller
239 快地滚球 grass cutter
240 弹跳球 hop
241 空当球 ball in the hole

战术

242 接应；补漏 back up; cover
243 **击跑配合战术 hit and run**
244 **跑击配合战术 run and hit**
245 迫使进垒 force
246 诱使跑垒员离垒 pull off
247 抢分战术 squeeze play
248 冒险抢分的一种打法（三垒跑垒员） all-or-nothing play
249 埃弗斯战术 Evers System

---

250 **偷垒 steal base;** pilfer
251 双偷垒 double steal
252 三重偷垒 triple steal
253 偷垒数 stolen bases
254 偷本垒 home steal
255 偷垒被杀 caught stealing
256 偷垒出局 out stealing

---

257 **触杀 tag out;** touchout
258 传杀 throw out
259 接杀 catch out
260 夹杀 run-down; trap
261 封杀 force play
262 **杀出局 put out;** cut down; get; nail
263 **封杀出局 force out**
264 杀出局次数 putouts
265 双杀 double play; twin killing
266 双杀次数 double plays
267 双杀出局 get two
268 三杀 triple play
269 三杀中第三个接杀 triple up
270 助杀 assist (out)
271 助杀次数 assists

场地与器材

272 **棒球场 baseball field [park]; diamond**
273 **垒球场 softball field [park]**
274 棒球练习馆 cage
275 投手包 pitcher's mound [hill]
276 **击球区 batter's position**

277 击球区界线 batsman's line
278 准备击球区 next batter's box
279 击球笼 (batting) cage; birdcage
280 **接手区 catcher's box**
281 接手区限制线 catcher's line

---

282 **垒 base;** sack; bag
283 垒包 bag
284 垒线 base line
285 跑垒限制线 three-foot line
286 **本垒 home(base)**; plate; platter; dish
287 本垒板 home plate; rubber
288 **后挡网 backstop;** screen
289 **一垒 first (base);** initial homer
290 **二垒 second (base);** keystone
291 **三垒 third (base);** far [hot] corner
292 游击手分管的区域（二垒和三垒之间） shortfield

---

293 左场 left field
294 右场 right field
295 界内区 fair territory
296 界外区 foul territory
297 **内场 infield;** diamond
298 **外场 outfield;** garden
299 中外场 center field

---

300 跑垒员指导区 coach's box
301 球员席 dugout
302 投手练习区 bull pen

---

303 **棒球 baseball;** apple; horse-hide
304 **垒球 softball**
305 球棒 **bat;** club; hickory; wood
306 球棒加重环 bat weight; doughnut; donut
307 击球手套 batting glove
308 连指手套 mitt
309 投手板 pitcher's plate [rubber]; slab

30．手球 Handball

1 **手球运动**（7 人制） **(team) handball;** seven-a-side

人员

2 **手球运动员 handballer; handball player**
3 场上队员 court player
4 后卫 back
5 中卫 center back
6 左卫 left back
7 右卫 right back
8 锋线队员 forward; pivot
9 中锋 center
10 边锋 winger; side player
11 左边锋；左翼 left winger
12 右边锋；右翼 right winger

---

13 中场裁判员 court referee
14 端线裁判员 goal line referee

规则

15 **开球 throw-off**
16 决胜期 overtime period
17 消极比赛 passive play
18 接球违例 catching violation
19 侵区违例 entering the goal area

30

20 四步违例 **walking violation; steps**
21 持球超过3秒 3 seconds
22 换人［替补］违例 faulty substitution
23 两次运球 double dribble
24 进攻队员犯规 offensive foul
25 抱人 holding
26 打人犯规 hitting
27 拉人 pulling
28 撞人 charging; running into
29 非体育道德行为 unsportsmanlike
30 **球门球 goalkeeper throw**
31 **罚7米球 7-meter throw**
32 **任意球 free throw**
33 **掷界外球 throw-in**
34 掷球 throw; take the throw
35 罚出场 suspension
36 **罚出场两分钟 two minutes' suspension**
37 罚出场队员 suspended player

传接球

38 双手胸前传球 two-hand chest pass
39 低手传球；低传 underhand pass; under throw
40 钩手传球 hook pass
41 肩上传球 shoulder pass
42 胸前传球 chest pass
43 体侧传球 side throw
44 头上传球 head pass
45 跳起传球 jump pass
46 直接传球 direct pass
47 间接传球 indirect pass
48 隐蔽传球 hidden pass
49 跨下传球 under-knee pass
50 长传 long pass
51 短传 short pass
52 推传 push pass
53 向后传球 back pass
54 背后传球 behind-the-back pass
55 反弹传球；击地球 bounce pass
56 同侧脚踏地传球 same side foot landing pass
57 阵地传球 positioning pass
58 持球 hold the ball

---

59 接球 catch
60 单手接球 one-[single-]hand catching
61 双手接球 two-hand catching
62 换手；倒手 changing hands
63 接球不稳 fumble
64 运球 dribble

---

65 侧滑步 side slide
66 侧交叉步 side crossover step

射门

67 低手射门 underhand [floor] shot; undershot
68 **高手射门 overhand [overhead] shot**
69 推射 push shot
70 肩上射门 shoulder shot
71 单手肩上射门 one-hand shoulder shot
72 原地射门 standing [no step] shot
73 **反弹射门 bounce shot**
74 空中接球射门；快板球 Japanese flyer
75 小角度［边锋位］射门 small angle shot; wing [side] shot

---

76 **跳起射门 jump shot**
77 同侧脚起跳射门 same side leg jump shot
78 **鱼跃射门 diving shot**

79 鱼跃跳起射门 diving jump shot
80 向侧鱼跃射门 diving side shot
81 转身射门 pivot shot
82 体侧射门 sidearm shot
83 大转身射门 turnaround shot
84 落地射门 landing shot
85 **倒地射门 falling shot**
86 冷射 sudden shot
87 假射门 feint shot

进 攻

88 **进攻组织者 playmaker**
89 **快攻 fast break**
90 边线进攻 wing attack
91 **突破 breakthrough**
92 起动假动作 starting feint
93 两次假动作 double feint
94 两次身体假动作 double body feint
95 切入 cut
96 交叉直切 crossover forward cut
97 交叉换位进攻 attack with interchanging position
98 换位 shift
99 连续换位 continuous shift

100 **密集防守 close defense**
101 **区域防守 zone defense**
102 集体防守 collective defense
103 综合防守 combined defense
104 混合防守 mixed defense
105 人墙 wall
106 3-3 防守 3-3 defense
107 4-2 防守 4-2 defense
108 5-1 防守 5-1 defense
109 6 人一线防守 six-man one line defense
110 3-2-1 防守 3-2-1 defense

---

111 断球 intercept
112 **拦截 block the ball**
113 **抢球 steal**
114 **封球 block a shot**
115 扑球 dive for the ball

场地与器材

116 **手球场 handball court**
117 任意线 free-throw line
118 7 米线 7-meter line
119 换人［替补］区 substitution area

---

120 **手球 handball**

31．曲棍球 Field Hockey

1 （草地）**曲棍球运动 (field) hockey**
2 室内曲棍球运动 indoor hockey
3 儿童曲棍球运动 shinn(e)y; shinty
4 轮滑曲棍球运动 roller hockey

5 **曲棍球运动员 hockey player; hockeyist**
6 **后卫 (full)back;** deep defender
7 自由后卫 sweeper; single back
8 **前卫 half(back)**
9 边前卫 wing half
10 中前卫 center half
11 **前锋 forward;** striker

12 边锋 **wing forward**
13 左边锋 left wing; outside left (forward)
14 右边锋 right wing; outside right (forward)
15 内锋 inside forward
16 左内锋 inside left
17 右内锋 inside right
18 **中锋 center forward**
19 **中场队员 midfielder;** midfield player
20 下场队员 player going out
21 上场队员 player going in
22 换上场 substitute in
23 换下场 substitute out
24 换人表 substitution form

---

25 裁判长 umpires' manager
26 替补裁判员 reserve umpire
27 一级国际裁判员 Grade 1 international umpire
28 督察员 judge

规 则

29 组别 pool
30 小组比赛 pool match
31 排名[交叉]赛 classification match
32 单组比赛 single pool
33 双组比赛 double pool
34 循环赛 round robin
35 淘汰赛 play-off

---

36 **开球 pass-back**
37 **争球 bully**
38 争球队员 bullier
39 出界 out-of-bounds
40 滚球入界 roll-in
41 推入边线球 push-in
42 没碰到（指球未触对方队员） no touch

---

43 **球棍超肩 sticks**
44 手球 hand-ball
45 抓球 catch the ball
46 踢球犯规 kicks
47 **干扰对方球棍 stick checking** [obstruction]
48 棍背击球 back [wrong] stick
49 球棍断裂 breaking of the stick
50 身体犯规动作 wrongful use of the body
51 **侵人犯规 personal foul**
52 危险动作 dangerous play
53 **钩棍［人］ hooking**
54 杵人阻截 poke check
55 冲撞 charging
56 挡人 body-checking
57 拉人 holding
58 交叉阻拦 third party obstruction

---

59 短角球 short corner
60 长角球 long corner
61 短角球进球 penalty corner goal
62 **点球；7码球；击罚球 penalty stroke**
63 点球进球 penalty stroke goal
64 点球决胜负 penalty stroke competition
65 罚争球 penalty bully
66 界外球 hit-in
67 **任意球 free hit**
68 16码球 16-yard [defense] hit
69 警告器 hooter
70 绿牌（表示警告） green card
71 黄牌（表示暂时罚出场） yellow card
72 暂时罚出场 temporary suspension
73 红牌（表示取消比赛资格） red card

击球

74 控球技术 stick technique; stickwork
75 迎球 approach the ball
76 队员左侧 nonstick side
77 队员右侧 stick side
78 短握棍法 close stickwork
79 **击球 hit; stroke**
80 举棍 raise the stick
81 漏球 slip the ball
82 行进间击球 straight drive
83 **轻击 tap**
84 **重击 drive**
85 **高击 high stick;** rising stroke
86 正手击球 forehand hit
87 反手击球 backhand hit
88 反棍击球 reverse-stick tap
89 **击凌空球 hit on the fly** [in the air]
90 挥击球 knock on
91 腕力击球 wrist drive
92 转棍击球 reverse stick
93 **推球 push the ball**
94 挑推球 uppish push
95 滚推球 rolling push
96 **挑拨球 flick stroke**
97 长铲球 long scooping

---

98 削球 sliced ball
99 切球 cutting; undercutting
100 旋转球 spinning ball

---

101 捅球 jab
102 转棍截球 reverse stopping
103 假抢截 affect tackling; feint tackle
104 **停球 stop the ball**
105 停接球 trap the ball
106 反手停球 backhand stopping
107 急停球 checking the ball
108 不停球直接击回 no stop

---

109 **运球 dribble;** propel the ball
110 变向运球 swerving dribble
111 近身运球 close dribble
112 突破运球 tearaway dribble
113 松动运球 loose dribble
114 横跨步运球 side-stepping dribble
115 侧滑步 slip step
116 后转身 backspin

传球

117 转棍传球 reverse stick pass
118 横传 square [line; parallel] pass
119 后传 back [minus] pass
120 推传 push pass
121 **快速传球 swift pass**
122 **凌空传球 volley** [direct] **pass**
123 对角传；斜传 diagonal pass
124 三角传球 triangle [delta] pass
125 通传（后卫传给前卫或穿过对方防线） through pass
126 传球到空当 pass into space
127 二过一传球 wall [deflected] pass
128 向圈内传球 center the ball

射门

129 **射门 shoot;** shot (on goal)
130 抢射 crashing shot
131 挑射 scoop shot
132 远射 long shot
133 正手射门 forehand shot
134 反手射门 backhand shot
135 劲射 hard shot
136 凌空射门 volley shot
137 拨射 flick shot
138 弹回 rebound
139 供球 feed

140 助攻 assist
141 进球；射中得分 cage; score a goal
142 配合进球 field goal
143 罚球得分 penalty goal
144 净胜球 goal difference

攻 守

145 左翼进攻 left-flank attack
146 右翼进攻 right-flank attack
147 **推进 advance**
148 **跑位 positioning**
149 换位 interchanging
150 **密集防守 packed defense**
151 **紧逼防守 press**
152 防守较松的一侧 open side
153 **抢断 tackle**
154 转身向后抢断球 back-tackle
155 排险 clear
156 跑出来抢球（指守门员） come out
157 守门员救球 goalkeeper save
158 防守队员救球 defense save
159 踢挡救球 kick save

---

160 定位战术 positional play
161 4-3-3 阵形 4-3-3 formation
162 5-3-2［金字塔］阵形 5-3-2 [pyramid] formation

场地与器材

163 **曲棍球场 hockey field [pitch]**
164 天然草皮球场 grass pitch
165 人造草皮球场 artificial pitch
166 25 码线 25-yard line
167 端线 back line
168 **射门区；击球圈 striking** [shooting] **circle**
169 点球点 penalty spot
170 短角球点 penalty corner mark
171 后挡板 backboard
172 侧挡板 side board
173 犯规球员禁闭区 penalty box
174 角旗 corner flag
175 中旗 center flag
176 旗杆 flagpost

---

177 **曲棍球 hockey ball**
178 **曲棍球棍 hockey stick**
179 棍柄 stick handle
180 棍头 blade; head of the stick
181 棍头正面 front [flat; striking] side of the stick
182 棍头反［凸］面 back [rounded] side of the stick
183 棍尖 toe of the stick

---

184 护腕 wrist pad
185 护腿 shinguard
186 护腿板 shinpad
187 护踝 ankle support
188 护脚 kickers
189 护趾 toe pad

32．水球 Water Polo

1 **水球运动 water polo**
2 **水球运动员 water-polo player; poloist**
3 白帽（标志一方） white cap
4 蓝帽（标志另一方） blue cap
5 红帽（标志守门员） red cap

6 后卫 **back; guard**
7 中卫 halfback
8 固定后卫 standing back
9 机动后卫 moving back
10 前锋 **forward**
11 边锋 corner man
12 中锋 center forward
13 固定中锋；穴中人 set [two-yard] man; hole man

---

14 裁判员 **referee**
15 监门员 **goal judge**

规 则

16 节 **period; quarter**
17 比赛开始时裁判员掷球 starting throw
18 得分后开球 re-start after a goal
19 裁判球 neutral throw
20 待争夺的球 loose ball

---

21 连续犯规 persistent foul
22 干扰 interfere
23 拉人 pull back an opponent
24 抱人 hold an opponent
25 踢人 kick an opponent
26 打人 strike an opponent
27 压沉对方 sink [dunk] an opponent
28 推离对方 push off from an opponent
29 握拳击球 punch the ball
30 双手触球 touch the ball with two hands
31 踢球 kick the ball

---

32 抢中线球 sprint
33（间接）任意球 **free throw**
34 直接任意球 **direct free throw**
35 球门球 **goal throw**
36 任意球门球 **free goal throw**
37 角球 **corner throw**
38 任意角球 free corner throw
39 4米罚球 **penalty throw**
40 命令退场 order out
41 离场 leave the water

专项游泳技术

42 直立姿势 vertical position
43 踩水姿势 treading position
44 打蛋机式踩水快进 eggbeater sprint
45 持球游 **walking the ball**
46 快速游进 sprint
47 连续游动 constant movement
48 转体 full screw
49 向反手方向转体 wheel
50 向顺手方向转体 spin

传接球

51 第一传 lead-out pass
52 平传 flat pass
53 拨传 scoop pass
54 推传 push pass
55 正手传球 forehand [baseball] pass
56 钩手传球 hook pass
57 干传；传球到手 dry pass
58 湿传；传球到水 wet pass
59 弧形高传球 loop pass
60 循环传球 round pass
61 环游传球 swimming round pass
62 仰卧传球 layout pass
63 掷球 throw
64 直立掷球 erect [standing] throw
65 侧臂掷球 swing throw
66 高抬肘 high elbow

32

---

67 接球 **receive**
68 干接；接空中球 dry reception

控制球

69 控制球 **ball handling**
70 运球 **dribble;** swim with the ball
71 低［埋］头运球 head-down dribble
72 抬头运球 head-up dribble
73 推运 push dribble
74 推进球 **advance** [forward] **the ball**
75 带球 carry the ball
76 触球 touch the ball
77 持球 hold the ball
78 持球入水 take the ball under water
79 球入水 ball under
80 藏球水下 **hide the ball under water**
81 起球 lift; scoop the ball up
82 晃球 pump the ball
83 拧转球 screw the ball

射门

84 射门 **shot at goal**
85 直立射门 erect [standing] shot
86 定位［直体］射门 sitting shot
87 单手射门 one-hand [single-handed] shot
88 正手射门 forehand shot
89 反手射门 backhand shot
90 急停跳起反手射门 rear back shot
91 弧形［曲线球］射门 loop shot
92 侧射 side shot
93 推射 push shot
94 挑推射门 pop shot
95 拧转球射门 screw shot
96 向后射门 back shot
97 越肩向后射门 over-the-shoulder shot
98 仰卧射门 layout shot
99 向前转体仰卧射门 hole layout shot
100 大力射门 power shot
101 轻触射门 tip shot
102 快拍射门 bat shot
103 平扫射门 slingshot; sweep shot
104 切入射门 drive-in shot
105 抛高射门 toss-up shot
106 凌空射门 volley shot
107 射空门 free shot
108 假动作射门 fake shot
109 不看球门射门 blind shot

攻守

110 前场 frontcourt
111 后场 backcourt
112 强侧 strong side
113 弱侧 weak side
114 无人区 open water

---

115 快攻；反击 **fast break**
116 中锋进攻 center forward offense
117 中锋位置 hole
118 切入；虚晃过人 hesitate and go
119 6 前锋进攻；全攻全守 six forward offense
120 2-2-2 进攻阵式 two-two-two offense
121 4-2 进攻阵式 four-two offense
122 楔形进攻 wedge
123 守门员助攻法 goalie play
124 越位 offside

---

125 全场紧逼 **full-court press**

126 堵位 cut off
127 堵位紧逼 block-press
128 1-2-3 防守阵式 one-two-three defense
129 5 人区域联防 five-man zone
130 **夹击 double-team**
131 追逐对方 tackle an opponent
132 **后撤 back off**
133 坠后 drop back
134 收缩；回收 jamming
135 回[围]抢 slough; sluff
136 破回抢 beat the slough
137 抢得中线球 win the sprint
138 潜水抢位 cut under
139 臂下前钻 duck under
140 **封球 block the ball**
141 跃起封球 lunge block
142 偷球 steal the ball
143 手下偷球 underarm steal
144 上臂挡球（守门员） upperarm block

场地与器材

145 **球场 field of play; bath; pool**
146 池底 floor of the bath
147 2 米线 two-meter line
148 2 米禁区 two-meter area
149 4 米线 four-meter line
150 4 米禁区 four-meter area
151 中线 center [half distance] line
152 分区线 zone line
153 裁判员台 referee's platform

---

154 蓝旗 blue flag
155 白旗 white flag [mark]
156 红旗 red flag [mark]
157 黄旗 yellow flag [mark]

---

158 水球 water polo ball

33

33. 冰球 Ice Hockey

1 **冰球运动 ice hockey**
2 北美冰球联赛 NHL (=National Hockey League)

人 员

3 **冰球运动员 ice hockey player; puckster;** iceman
4 冰球队 sextet
5 守门员 goalkeeper; goaltender
6 锋线 line
7 **前锋 forward**
8 中锋 center forward
9 边锋 wingman; winger
10 **后卫 defender;** defenseman; blueliner
11 场上队长 captain on the ice; playing captain

---

12 **裁判员 referee**
13 **监门员 goal judge** [referee; umpire]
14 边线裁判员 linesman
15 处罚计时员 penalty timekeeper

规 则

16 **局 period**
17 控球权 possession of the puck

33

18 失去控球权 lose control [possession] of the puck
19 开［争］球 **face-off**
20 中区争球 center face-off
21 重新争球 reface the puck
22 在比赛停止的地点争球 last play face-off
23 裁判员掷球 drop the puck
24 换人 change players

---

25 抱人 holding
26 扑倒绊人 clipping
27 用膝顶人 kneeing
28 踢人 kicking
29 踢射 kick shot
30 危险动作 dangerous play
31 干扰无球队员 interference
32 **非法冲撞 charging**
33 背后撞人 charging from behind
34 头撞 head-butting

---

35 举杆过肩 high-sticking; high sticks
36 投扔球杆 throw a stick
37 **杆柄杵人 butt-ending**
38 杆刃戳人 spearing
39 用杆打人 slashing
40 用杆钩人 hooking

---

41 **受罚 serve penalty [time]**
42 受罚队员 penalized player
43 受罚时间 penalty time
44 违反纪律的处罚 misconduct penalty
45 取消比赛资格的处罚 match penalty
46 队小罚 bench minor (penalty)
47 **小罚 minor (penalty)**
48 **大罚 major (penalty)**; time
49 两分钟小罚 two-minute penalty
50 5分钟大罚 five-minute penalty
51 10分钟处罚 ten-minute penalty
52 **罚任意球 penalty shot**
53 **离场处罚 time penalty**
54 判罚离开球场 rule off the ice
55 离场 leave the ice
56 判给攻方得一分（因守方犯规） awarded goal
57 判给非犯规队一分（因对方投扔球杆） penalty goal

---

58 **越位 offside**
59 蓝线越位 blue-line offside
60 红线越位 red-line offside
61 有意造成的越位 intentional offside
62 非越位 onside
63 **死球 icing**
64 取消死球 wave off
65 暂缓判罚；缓吹 delayed penalty; slow whistle
66 继续比赛（边线裁判员手势，表示不判） wash out
67 球杆折断 broken stick
68 球门移动 move the goal
69 射中无效 goal not allowed; wash out

滑行

70 滑行 **glide**; slide; slip
71 倒滑；后退滑行 backward skating
72 快速起跑 fast starting
73 侧［横向］起跑 side start
74 **全力滑跑 power skating**
75 长滑步 long stride
76 大步滑行 full stride
77 侧［横］滑 side [horizontal] slide
78 蹬冰腿 drive leg
79 压步 crossover

80 急转弯 sharp turn
81 压步转弯 cutting
82 倒滑压步 back crossover
83 压步倒滑练习 cutting capers

---

84 **急停 dead stop**
85 前脚急停 front foot stop
86 后脚急停 rear foot stop
87 单脚急停 one skate stop
88 单脚向后急停 one-foot backward stop
89 脚内侧急停 stop with inside foot
90 双脚急停 two-foot stop
91 双脚向后急停 two-foot backward stop
92 倒滑急停 backstop
93 急停后起滑 stop and go
94 急停后转身速滑 return stride

控球

95 **控球能力**；杆上功夫 **puck-stick-handling;** stickwork
96 用力的手（握杆时在下方） power hand
97 **击传**；点拨传球 **slap pass**
98 平传 flat pass
99 推传 push pass
100 横传 cross [line] pass
101 **扫传 sweep pass**
102 劲传 hard pass
103 弹传 snap pass
104 挑传 flip pass
105 高挑传球 clear [airborne; lift] pass
106 挑传过人 flip through
107 外围传球 perimeter pass
108 **回传 return pass**
109 斜线回传 back diagonal pass
110 **撞墙传球 fence [board] pass**
111 板墙反弹球 rebound
112 墙角击球练习 corner drill
113 冰刀反弹 skate deflection
114 前后拨球 forward-backward dribble
115 左右拨球 lateral [side-to-side] dribble
116 延缓传球 delayed pass
117 留球 drop pass
118 穿过对方后卫传球 through pass
119 越区传球 cross pass
120 传到攻区 rush
121 传球越位 offside pass
122 **供球 set up; feed**
123 轻［软］触 soft touch
124 传球路线 passing pattern
125 接球 receive
126 缓冲（接球时） give
127 停住球 trap the puck

---

128 **运球 advance** [propel] **the puck; dribble;** carry
129 运球者 puck-carrier
130 身体掩护运球 protective dribble
131 拖延时间的运球 rag
132 拉杆过人运球 quick wide dribble

争夺

133 **阻截 check**
134 阻截队员 checker
135 臀部阻截 hip check
136 **身体阻截**［贴挤］ **body check**
137 肩部阻截 shoulder check
138 **球杆阻截 stick check**
139 杵人阻截 poke check
140 钩球阻截 hook check
141 挑杆阻截 stick lift check
142 扫钩阻截 sweep check
143 戳球阻截；捅掉 poke-check
144 鱼跃戳球阻截 diving poke check

145 在攻区内阻截 offensive check
146 回守区阻截 back-check

———

147 **挤住对方**（使之失去控球权） **tie up an opponent**
148 **板墙挤贴 board checking; boarding**
149 将球挤至界墙 freeze the puck
150 板墙角抢球 dig in the corner

———

151 压杆 brace the stick
152 挡住 block out
153 滑倒挡球 sliding
154 双腿滑挡 double-leg slide
155 断球 intercept the puck

射门

156 **射门 shoot; shot**
157 抖腕射 wrist shot
158 **劲射 hard [power] shot**
159 击射 slap shot
160 大力击射 batting shot
161 **快射 fast** [speedy; snap] **shot**
162 弹射 reflection shot
163 **挑射 flip shot**
164 急转身射门 quick turn shot
165 **近**［门前快］**射 close-up shot**
166 高球射门 flying shot
167 腾空球射门 raised shot
168 滑射 slide shot
169 掩护射门 screen shot
170 假射门 fake shot
171 门外球 off target shot
172 **垫**［补］**射 tip shot**

———

173 射门路线 shooting lane
174 射门三角形 shooting triangle
175 射门有利地区 slot
176 不可能射门的角度 impossible angle
177 多球射门练习 rapid fire shooting drill

守门

178 **守门技术 goaltending**
179 封角 cut down the shooting angle
180 **封锁射门 block a shot**
181 **双脚滑挡 double-leg slide save**
182 半劈叉跪挡 half-split save
183 全劈叉跪挡 full-split save
184 踢挡救球 kick save
185 **球杆挡球 stick save**
186 冰刀挡球 skate save
187 **摔倒压球 fall on puck**
188 跳起扑身停球 flop
189 用手接空中球 catch
190 手握球 hold the puck
191 解围 clear
192 滑出球门区抢球 come out
193 低姿势的守门员 low-crouch goaltender
194 蝴蝶式 butterfly style
195 球杆侧 stick side
196 手套侧 glove side
197 撤换守门员（换上一般队员以增强进攻力量） pull the goalkeeper

战术

198 **突破 breakaway;** break into an opening
199 迅速突破夺球 jump the puck
200 **轮番进攻 rolling offense**
201 流线型进攻法（球直接打入攻区） streamline hockey
202 一打一 one-on-one
203 二打二 two-on-two
204 三打二 three-on-two

205 三前锋组 trio
206 向前切入 cut forward
207 将球打出守区 breakout play
208 方形阵式 box formation
209 争球阵式 face-off alignment
210 控球拖延比赛 freeze; stall
211 拖延战术 stalling tactics
212 筑人墙固守战术 kitty-bar-the-door tactics
213 在本方守区内钉人 cover up
214 紧逼 shadow
215 以多打少 outman; power play
216 以少打多 play shorthanded; kill a penalty
217 以少打多的战术 penalty killing
218 以少打多的队员（减员时上场的主力） penalty killer
219 越位战术 offside tactics [trap]
220 掩护 convoy
221 迂回 swing
222 迂回接近 circling approach
223 蓝线［进攻区］技术 blueline technique
224 进入对方蓝线的后卫 point man
225 等候在中区的偷袭队员 floater
226 在门前距端墙最近的队员 deep man
227 身体假动作 body feint
228 以假动作诱骗对方离位 fake (out); deke
229 空当 open ice
230 进入对方空当的队员 open man
231 无人区 no man's land

---

232 对抗性练习 face hymn drill
233 非冰上训练 off-ice training

场地

234 冰球场 ice hockey rink
235 冰球门 cage; goal
236 球门网 goal net
237 球门区 goal crease
238 球门支架 framework
239 中区 center ice; center [neutral] zone
240 中圈 center-ice circle
241 中区开球点 center face-off spot
242 端区 end zone
243 争球圈 face-off circle
244 争球圈限制线 face-off line
245 端区争球圈 end circle
246 端区争球点 end (zone) face-off spot
247 分区线 zone line
248 红线 red line
249 蓝线 blue line
250 蓝线争球点 zone line face-off spot
251 **攻区 attacking** [offensive] **zone**
252 **守区 defending** [defensive] **zone**
253 罚球限制线 penalty shot (restraining) line

---

254 界［板］墙 boards; fence; wall
255 端线界墙 end boards
256 边线界墙；侧挡板 side boards
257 界墙角 curved corner

---

258 **队员席 players' seat** [bench]
259 **受罚席 penalty bench** [box]; box; chink; cooler; pen
260 准备活动区 ice box
261 裁判区 referee's crease [zone]

器材

262 冰球刀鞋 hockey skate
263 **冰球 puck; disk; rubber;** disc
264 硬橡胶冰球 ebonite; hard [vulcanized] rubber

265 冰球杆 **ice hockey stick**
266 守门员球杆 goalkeeper's stick
267 杆柄 stick handle
268 杆刃 blade
269 角度（由杆刃和杆柄形成） lie
270 拍子跟 heel
271 拍子尖 toe

---

272 面罩 **face mask**
273 抓球手套 catcher; catching glove
274 手臂挡板（守门员用） stopper
275 挡球手套 stick hand mitt
276 护肩 shoulder pad
277 护腿 thigh-protector; gaiters; leg guard; shinguard
278 护臀［髋］ hip pad

34. 橄榄球 Rugby

1 **橄榄球运动**（总称） **rugby** (football)
2 **英式**［软式］**橄榄球运动 rugby (football)**
3 7人制橄榄球 rugby 7s; 7-a-side
4 联盟橄榄球（13人制） Rugby League (football); 13-a-side
5 协会橄榄球（15人制） Rugby Union (football); 15-a-side

---

6 **美式**［硬式］**橄榄球运动 American football**（在美国直称“football”，称“足球”为“soccer”）
7 美国职业橄榄球联赛；超级碗 NFL (=National Football League); Super Bowl
8 加拿大式橄榄球运动 Canadian football
9 澳大利亚式橄榄球运动 Australian Rules football
10 国家队之间决赛阶段的比赛 test match

人员

11 橄榄球运动员 rugby player; rugger; footballer （美国用法）
12 **前锋 forward;** lineman
13 正锋 center
14 核心前锋 forward leader
15 松头支柱（1号队员） loose head
16 内侧正锋（12号队员） inside center
17 侧翼前锋 flank forward; flanker
18 边锋 wing (back); wing threequarter back
19 外侧正锋 outside center
20 强侧边锋（美橄） tight end
21 卫线队员 backman
22 **传锋**（传球中锋） **scrum half**
23 右前卫 right halfback
24 左前卫 left halfback
25 右后卫与端线间的球员 left tackle
26 四分之三后锋 threequarter (back)
27 中卫中坚 center threequarter
28 中后卫 linebacker
29 掷球中卫 rover
30 角后卫（美橄） cornerback; cornerman
31 安全后卫（美橄） safety(man)
32 接锋（接球中锋） standoff; flyhalf
33 投球前卫 flying halfback
34 内侧后卫 inside half
35 边卫 wing back
36 **最后卫 fullback**

37 角后卫 cornerman
38 后场队员 backfield player
39 线后防守队员 backer-up
40 竖球队员 placer

---

41 **裁判员 referee**
42 **巡边员 line [touch] judge**

规 则

43 **节 quarter**
44 **开球 kick off**
45 重新开球 kick out
46 比赛再开始的规则 play-the-ball rule
47 比赛终了 no side
48 出界 touch

---

49 在位 onside
50 **越位 offside**
51 持球越位 unfield offside
52 意外越位 accidental offside
53 无意的越位 unwilled offside
54 司克兰的越位 offside at scrum
55 拉克的越位 offside at ruck
56 冒尔的越位 offside at maul
57 争边球的越位 offside at line-out

---

58 持球犯规 held ball
59 **抱人犯规 clipping**
60 **拉人犯规 holding**
61 争球中拾球 pick up
62 故意压人 piling
63 扫踢 hack
64 助攻犯规 helping the runner

---

65 **罚踢 penalty kick**
66 惩罚达阵；罚处达阵得分 penalty try
67 罚踢得分 penalty goal
68 **定踢 place**
69 定踢队员 placekicker
70 定踢得分 place goal
71 球出界［边线］ ball in touch
72 球直接出界 (direct) touch
73 非比赛中 no [out of] play
74 角球 ordinary corner
75 巧接 fair catch
76 达阵不成立 no try

跑 动

77 规定跑动路线 pattern
78 **穿越 cut through**
79 跨越过人 hurdling
80 从中区线后退（指四分卫） fade
81 变速跑 change gear
82 变向侧跑 side step
83 前锋猛冲 forward rush
84 **前传**；抛前；向前投球 **throw forward**

---

85 **带球跑 carry**
86 持球队员 ball carrier
87 带球退回 carry back
88 枢纽前卫快速带球切入 quarter-back sneak
89 **盘带球 dribble**
90 并列运球 close dribble
91 密集运球 mass dribble
92 集体运球 combined dribble
93 向开阔地区运球 open dribble

传 球

94 双手传球 basket pass
95 手递手传球 handoff
96 低手拨传 shovel pass
97 前拍［吊］（拍向对方死球线） knock-on
98 **向前传球**（犯规） **forward pass**

34

99 向后传球 **backward pass**
100 变向传球（假动作） reverse pass
101 原地传球 standing pass
102 **侧向传球 lateral pass**
103 交叉传球 scissors pass
104 鱼跃传球 dive pass
105 胯下传球 snap
106 胯下向后传球 blind pass
107 密集传球 mass pass
108 "山形"传球（堆压中的慢传球） mountain pass
109 前场外折传球 down-and-out
110 线后短传 pass behind line
111 中卫相互传球 threequarter pass
112 前卫传球 each one man pass
113 四分卫传给斜线跑动的同伴 look-in
114 四分卫传球时佯装看另侧 look off
115 圆圈传球练习 circle pass

踢球

116 踢出 **shot off**
117 自由踢 free kick
118 反攻踢 drop-out
119 横踢 cross kick
120 远踢 long kick
121 踢地滚球 grubber kick
122 脚跟踢球 heel out
123 踢向边线 touch kick
124 踢旋转球 spin kick
125 **碰踢 punt**
126 远距离碰踢球 long punt
127 **落踢 dropkick;** half-volley kick
128 **落踢进门 drop**(ped) **goal**
129 越线踢球 point over
130 高碰踢球 high kick [punt]
131 踢过顶高球（直上直下） up and under kick
132 短距离碰踢球 short (punt)
133 悬空高球 Garryowen
134 踢球失误 miskick

抢截

135 **扑搂 tackle**
136 撞抱 rush tackle
137 扑搂队员 tackler
138 猛冲阻截 rush stopping
139 侧面扑搂 side tackle
140 用肩撞击扑搂 shoulder tackle
141 内侧抢球 in(side) tackle
142 **过高扑搂**（肩以上部位） **high tackle**
143 低扑搂 low tackle
144 鱼跃扑搂 diving [flying] tackle
145 倒扑到球上 fall on the ball; saving
146 **压制扑搂 smother tackle**
147 倒卧在球上 lie on the ball
148 极阵内乱集团争抢球 maul in goal
149 身体阻挡 body block
150 用肩阻挡 shoulder block
151 轻快挡开对方 brush block
152 阻挡非持球队员 interfere
153 倒滑抱腿截球 sliding tackle
154 凌空抢球（抱起持球者） flying tackle
155 掌推 hand off

争球

156 **司克兰；对阵**［正集团；并列；密集］**争球 scrum(mage)**
157 司克兰［对阵争球前排］中线 scrum line; the middle line of scrum
158 争球外围线 scrum circle
159 争球侧面 scrum side
160 **列队争球 lineout**
161 对阵开球线 line
162 对阵争球通道 tunnel

163 10米对阵争球线　10-meter scrum
164 5米对阵争球线　5-meter scrum
165 中线争球　center scrum
166 拉克；乱集团争球　ruck; loose scrum
167 **冒尔；围挤争球　(loose) maul**

———

168 对阵争球阵列　scrum formation
169 参加对阵争球的队员　scrummager
170 **前排队员；前锋　first [front] row** (player)
171 前排中间队员　first row center
172 勾球队员　hooker
173 支柱前锋　prop forward
174 松头支柱　loose head [prop]
175 紧头支柱　tight head [prop]
176 **第二排　second row**
177 锚锁队员　lock (forward)
178 第二排边锋　rocker
179 第三［后］排　third [back] row
180 第三排中间队员　back row center
181 宽阔边（争球点到边线较宽的一侧）open side
182 狭窄边（争球点到边线较窄的一侧）blind side
183 对阵争球核心队员　scrum leader
184 争球前卫　scrum half
185 争球能手　ball hawk

———

186 球投入司克兰或争边球阵列　ball in
187 争边球　line-out
188 剥散　peel off
189 推进；切入　shove
190 护球　keep
191 护球推进　straight push
192 **对阵争球配合　scrum work**
193 **钩球　hook**
194 抬脚过早（指前排队员）　foot up
195 高抱　overgrip
196 低抱　undergrip
197 旋转　wheel
198 投球合法　fair in

触地

199 **挽球**（在本方极阵内首先压球触地）**touch down**
200 压球触地　ground the ball
201 进线触地　run in
202 救球触地　safety
203 追加［转换］射门得分　converted
204 **达阵得分**（在对方极阵内首先压球触地）**try**
205 持球触地得分手　try getter
206 持球触地(得分)　touchdown; down [ground] the ball
207 对阵争球触地得分　scrum try
208 守门队员持球触地　touch back
209 安全得分　safety
210 **追加［转换］射门　conversion (kick)**
211 球越过球门横木得分　field goal

战术

212 多人进攻　mass dribble offense
213 集体进攻　combined rush
214 连续快攻　swing play
215 **持续攻向对方球门　march**
216 展开进攻　open play
217 **直线冲刺　straight dash**
218 踢球后冲向落点　kick dash
219 飞劈撞击战术　flying wedge
220 消极进攻　defensive attack
221 **回转进攻　reverse play**
222 端线外侧迂回进攻　end run
223 边卫迂回战术　end around play
224 进攻分段　down

225 后方掩护 back up

---

226 防守线 defense line
227 近线防守 shallow defense
228 纵深防守线 deep defense
229 中卫的攻防线 quarter line

---

230 前锋打法 forward play
231 中锋战术 halfbacks play
232 卫线战术 backs play
233 围绕跑动传接球战术 overlap
234 越位战术 offside tactics [trap]
235 陷阱战术 mouse trap
236 **对阵争球战术 scrum play**
237 交叉跑动传接球战术 scissors play
238 争边球战术 lineout play

阵式

239 **开球阵式 kick-off formation**
240 英国阵式 England formation
241 都柏林阵式 Dublin formation
242 新西兰阵式 New Zealand system
243 8人争球阵式 eight system
244 A字阵式 A formation
245 I字阵式 I formation
246 T字阵式 T formation
247 菱形防守阵式 diamond defense formation
248 短传进攻阵式 short punt formation
249 3边卫进攻阵式 triple wing back formation
250 双后卫制 two-fullback formation
251 后卫散开进攻阵式 spread formation
252 7前锋制 seven forwards
253 7锋8卫制 seven eighth
254 5-3-2-1防守 5-3-2-1 defense

场地与器材

255 **球场 field** (of play)
256 **赛场 infield**
257 **达阵［得分］区；极阵 in-goal**
258 中区 neutral zone
259 **边线 touch line**
260 **端［死球］线 dead-ball line**
261 **阵线 goal line**
262 得分区线 in-goal line
263 10米线 10-meter line
264 15米线 15-meter line
265 22米线 22-meter line
266 中线旗 optional flag
267 **球门 goal**

---

268 **橄榄球 rugby ball**; pigskin
269 角旗杆 corner post
270 护衣 padded equipment
271 对阵争球头盔 scrum cap

35. 高尔夫球 Golf

1 **高尔夫球运动 golf**
2 **比杆赛 stroke [medal] play**
3 **比洞赛 match play**
4 逐洞赛 skins game
5 四人二球赛 foursome
6 男女混合四人二球赛 mixed four-

some
7 四球赛 four-ball match
8 三人二球赛 threesome
9 每穴决定胜负的比赛 hole match
10 最佳球赛（一人对三人） best-ball
11 击远比赛 driving contest
12 迷你高尔夫球运动 minigolf

人员

13 **高尔夫球运动员 golfer;** linksman
14 参加巡回赛职业选手 tour pro
15 同伴比赛者 fellow-competitor
16 局外者 outside agency
17 差劲的球员 duffer

---

18 巡场员 marshal
19 球场管理员 green keeper
20 观察员 observer
21 球童 caddie; caddy; attendant

规则

22 礼貌规范 etiquette
23 **一轮 round**
24 规定一轮 stipulated round
25 半场 half (round)
26 前9洞［半场］ first nine; out (-course)
27 后9洞［半场］ last nine; in (-course)
28 **发球 tee off**
29 发球员 starter
30 发球顺序 order of play
31 优先击球权 honor
32 最后一洞 last (hole)
33 总杆数 gross score
34 净杆数 net score
35 大满贯 grand slam
36 领先洞数（比洞赛中） hole up
37 落后洞数（比洞赛中） hole down
38 **标准杆 par**
39 低于标准杆 under par
40 平标准杆 even par
41 超过标准杆 over par
42 **在一洞超标准杆数一杆 bogie;** bogy; bogey
43 在一洞超标准杆数两杆 double bogie
44 在一洞超标准杆数三杆 triple bogie
45 **小鸟**（在一洞低于标准杆数一杆） **birdie**
46 **老鹰**（在一洞低于标准杆数两杆） **eagle**
47 双鹰；金鹰（比标准杆数低三杆击球入洞的美式叫法） double [golden] eagle
48 信天翁（比标准杆数低三杆击球入洞的英式叫法） albatross
49 差点 handicap

---

50 **比洞赛打平 halve a match**
51 比洞赛中暂时平手 all square
52 比杆赛打平 tie
53 比洞赛中一洞平分 half
54 加赛洞（平分决胜） extra hole
55 骤死式延长赛 sudden death

---

56 助言 advice
57 罚杆 penalty stroke
58 重打 replay
59 遗失球（击出后5分钟内找不着） lost ball
60 球移动 ball moved
61 使用中球 ball in play
62 暂定球 provisional ball
63 球因局外者变向或停止 rub of green
64 错球 wrong ball
65 初始球 original ball

35

66 静止的球 ball at rest
67 不能打之球 unplayable ball
68 替换球 substituted ball
69 拿起球 lift ball
70 放置球 place ball
71 重放置球 replace ball
72 擦拭球 clean ball
73 补救 relief
74 补救的最近点 nearest point of relief
75 球痕 ball mark
76 记分卡 score card
77 当地规则 local rule

握 杆

78 **握杆 grip**
79 重叠握法 overlapping [Vardon] grip
80 互扣握法 interlocking grip
81 手指握法 finger grip
82 V 型握法 V-shape grip
83 棒球式［自然］握法 baseball [natural] grip

挥 杆

84 **站位 stance**
85 平行式站位 square stance
86 **开放式站位 open stance**
87 **封闭式站位 closed stance**
88 击球准备 address the ball
89 摆动杆头（击球前） waggle
90 前压杆 forward press
91 **挥杆 swing**
92 上挥杆 upswing
93 下挥杆 down swing
94 平挥杆 flat swing
95 直挥杆 upright swing
96 后挥杆 back swing
97 向后慢挥杆 slow back
98 全挥杆 full swing
99 由外向内挥杆 outside in
100 由内向外挥杆 inside out
101 四分之一挥杆 quarter swing
102 四分之三挥杆 three-quarter swing
103 挥杆路线 swing path
104 过度挥杆 over swing
105 练习挥杆 practice swing

击 球

106 **击球 stroke; shot**
107 **控制击球 control shot**
108 在球的现状态下打球 play the ball as it lies
109 打球线 line of play
110 推击线 line of putt
111 架球（把球放在球座上） tee up
112 击球角度 striking angle
113 杆头触地 ground the club
114 杆头跟部击球失误 socket; heel
115 铁杆击球 iron shot
116 稳打 bingle
117 舀球 scoop
118 杆面或杆头跟部击球失误 shank
119 下挥杆击在球的后面 duff
120 削头球 top the ball

———

121 擦地击球 sclaff
122 擦过草地（指球） scruff
123 杆头切去的一块草皮 turf; divot
124 不切草皮的击法 clean

———

125 **砸式击球 punch shot**
126 下砸击球 down blow
127 **推击 putt**
128 **长推击 long putt**
129 全力击球 full shot

130 大力击球 drive
131 爆炸式击球 explosion shot; splash shot
132 **扫击 sweep**
133 依靠手腕动作击球 wrist shot
134 **长打 long shot**
135 一击打上球洞区 one stroke to get on the green; one on
136 击球过远 overplay
137 击近球技术 short game
138 **短切球 chip shot**
139 向球洞区的击球 approach
140 救球（从长草区、沙坑等处打出） recovery shot
141 飞行距离 carry
142 缩短球路 short cut

———

143 击高球 loft; list; cut up
144 **高飞球 fly ball**
145 右飞球 push
146 左飞球 pull
147 刮地高球 baff
148 弧线高飞球 loop
149 腾浪球 pitch-and-run shot
150 劈起击球 pitch shot
151 低滚球 run-up shot

———

152 左曲球 hook
153 右曲球 slice
154 小左曲球 draw
155 小右曲球 fade
156 有意打出的右曲球 intentional slice
157 上旋球 overspin; topspin
158 后旋球 backspin; bite
159 顺时钟旋转 clockwise spin
160 反时钟旋转 anti-clockwise spin
161 飞行弧线 arc

———

162 **球的位置状态 lie**
163 平坦球位 flat lie
164 上坡球位 uphill lie
165 下坡球位 downhill lie
166 斜坡球位 hanging ball
167 凹状球位 cuppy lie
168 选移球位 preferred lie
169 无法打球的球位 unplayable lie
170 斜面击球 play from slope
171 斜上坡球 ball on up slope
172 斜下坡球 ball on down slope
173 击上坡球留出修正量 borrow

———

174 差劲的击球 foozle
175 击球失误 miss shot
176 击球未中 air shot
177 击球练习 practice stroke

入洞

178 **击球入洞 sink;** hole out
179 可能入洞的 hol(e)able
180 **切击入洞 chip in**
181 **一杆入洞 hole in one; ace**
182 一推进洞 one putt
183 两击入洞 deuce

场地

184 **高尔夫球场 golf course** [links]
185 小型高尔夫球球场 miniature golf course
186 异常球场状况 abnormal ground conditions
187 **发球区 tee(ing) ground;** tee box
188 后方发球区 back [blue; champion] tees
189 **球座 tee peg**
190 后方球座 back tee
191 发球区标志 tee mark
192 **球洞区 (putting) green**

193 球洞区裙边 apron

---

194 **障碍区**（水障碍区和沙坑） **hazard**
195 障［妨］碍物 obstruction
196 散置障碍物（石头、枝叶等） loose impediment
197 可移动障碍物 movable obstruction
198 不可移动障碍物 immovable obstruction
199 **沙坑 bunker; (sand) trap**
200 球道沙坑 fairway [cross] bunker
201 长草区 rough
202 水障碍区 water hazard; pond
203 侧面水障碍区 lateral water hazard
204 临时积水 casual water
205 草坑 grass bunker
206 球道 fairway
207 平坦球场 flat course
208 狗腿洞 dogleg
209 地面起伏 up and down
210 抛球区 dropping zone

---

211 **球洞［穴］ hole; cup**
212 长洞 long hole
213 短洞 short hole
214 中洞 middle hole
215 球洞边缘 lip
216 盲洞（因地势而看不见） blind (hole)
217 距离标志桩 yard [guiding] post
218 旗杆（指示球洞位置） flagstick
219 界外 out-of-bounds
220 整修地 ground under repair
221 球洞区通道 through the green

装备

222 **高尔夫球 golf ball**
223 **高尔夫球杆 golf club**
224 杆头 club head
225 杆头前端 nose
226 杆身 shaft
227 杆头和杆身形成的角度 lie angle
228 杆面 club face
229 杆面倾角 loft
230 杆面甜点 sweet spot
231 握柄 grip
232 杆颈 goose neck
233 劈起杆 pitching wedge
234 沙坑杆 sand wedge
235 推杆 putter

---

236 一套球杆（14 根） full [standard] set of clubs
237 **木杆 wooden club; wood**
238 1 号木杆 driver
239 **铁杆 iron club**
240 长铁杆（1-3 号） long iron
241 中铁杆（4-6 号） medium iron
242 短铁杆（7-9 号） short iron
243 使用球杆型号过小 underclub
244 使用球杆型号过大 overclub
245 球杆袋 golf bag
246 **高尔夫球车 golf kart**
247 球具车 trolley
248 携带品 equipment
249 高尔夫球鞋 golf shoe

36．保龄球　Bowling

1 **保龄球运动　bowling;** kegling
2 **草地保龄球运动　lawn bowling;** bowling on the green; bowls
3 加拿大五瓶制保龄球　Canadian five-pins
4 九瓶制保龄球　ninepin bowling; nine-pins
5 十瓶制保龄球　tenpin bowling; ten-pins
6 单人赛　singles
7 双人组赛（6局）　doubles

---

8 **保龄球运动员　bowling player; bowler;** kegler
9 **裁判员　foul judge**

规 则

10 **局**（包括10轮）　**game;** line; string
11 **轮**；方格　**turn;** frame
12 第一次掷球　first ball [attempt]
13 第二次掷球　second ball [attempt]
14 累积分　running score
15 奖励球　extra ball
16 总分　total; final score
17 **满分局　perfect game;** top score
18 满分［300分］获得者　three hundred bowler
19 未能全倒的一轮　open frame
20 倒瓶数　pinfall
21 死球　dead ball
22 死瓶　dead pin
23 重投　rebowl
24 连投（犯规）　double bowling
25 **犯规**（触及犯规线）　**foul**
26 越过限制线　ba(u)lk
27 故意犯规　deliberate foul
28 **合法投球　fair ball;** legal delivery
29 击中！　Wood!
30 加分　bonus
31 零分　scratch

---

32 排列　set
33 串列（1-5，2-8，3-9号瓶）　tandem
34 顶柱；1号瓶　headpin; No. 1 pin
35 后排球瓶　back row pins
36 5号瓶　kingpin
37 隅瓶　cornerpin
38 后隅瓶　back cornerpin
39 暗［后］瓶　barmaid; sleeper
40 空当；口袋（1、2号或3、4号瓶之间）　hole; pocket
41 更换球瓶　replacement of pins
42 重排　re-set

投 球

43 **玩保龄球　bowl**
44 **抓球法　grip**
45 浅抓法　fingertip grip
46 半深抓法　semi-fingertip grip
47 传统式抓球法　conventional grip
48 完全式抓球法　full fingertip grip
49 直腕抓球法　straight wrist
50 曲腕　cock wrist

---

51 下摆　down swing
52 平摆　flat swing
53 随摆动作　follow through

---

54 投掷球　bowl; deliver; roll
55 瞄准点　spot

56 点击 spot bowling
57 出手 release
58 **外旋**（顺时针转动手臂） **turn out**
59 **内旋**（逆时针转动手臂） **turn in**
60 90 度角投球 ninety degree angle release
61 手指上拨投球 lift
62 托底式投球 getting under the ball
63 高投 loft
64 钩式投球 getting through
65 掴式投球 getting around
66 1 号柱反侧（就投球臂而言） jersey side
67 向内投（右手投球向左） move in
68 向外投（右手投球向右） move out
69 轻击 light hit
70 重击 high hit
71 斜［对角］投 cross alley [over]; Brooklyn
72 正常投球方式 normal strike pattern
73 正常全旋投球 normal full roll release
74 反旋转球 roller
75 半旋转球 semi-roller
76 不旋转球 knuckle ball
77 飞碟球 frisbee ball
78 直线球 straight ball

---

79 曲［弧］线球 curve (ball)
80 钩球 hook (ball)
81 大弧度曲线球 looper
82 强右曲球 reverse
83 歪［反弧线］球 backup (ball); reverse hook

---

84 滑滚 skid
85 前滚 forward roll
86 侧滚 side roll
87 慢滚球 creeper
88 落沟球 gutter ball

---

89 三步法 three-step approach
90 四步法 four-step approach
91 五步法 five-step approach
92 关键步 key step

---

93 瓶间投（球挤倒相邻两瓶） make it fit
94 对准瞄准点投球的运动员 spot bowler
95 对准球瓶投球的运动员 pin bowler
96 装口袋（对准一击全倒的突破口，即 1 号与 3 号或 2 号瓶之间） pocket
97 小动作［装口袋］投球法 small ball
98 大动作投球法（无固定瞄准点而一击全倒） big ball

击倒

99 击倒 bowl [knock] down
100 正前投（打 1 号瓶的正面） high hit
101 擦瓶球 light [thin] hit
102 被击倒球瓶 pinfall
103 全中 strike
104 补中 spare
105 **失误**（两掷后仍未全倒） **break**
106 运气球（指全中） spiller
107 散花球（击散全部球瓶的好球） splash
108 连续两次全中 double
109 **连续三次全中 triple;** three consecutive strikes; turkey
110 最后一局三击全中 strike out
111 除一个球瓶外全倒 tap
112 打顶瓶（打倒 1 号瓶） nose hit
113 铲刀（轻碰 1 号瓶导致全倒） Schleifer; spiller
114 大清扫（第二球打倒八个以上的

全部余瓶） big fill
115 没打中 miss
116 没有投好的球（倒瓶很少） apple; pumpkin

———

117 **余瓶**（第一球后） **leave**
118 **樱桃**（第二球后仍有余瓶） **cherry**
119 余一瓶（5或10号瓶） dim store
120 余两瓶（1、7号或1、10号瓶） dodo split
121 留底边（第一球后余8、9、10号瓶） Cincinnati
122 隔号余瓶（如4-6或5-10号瓶） split
123 装口袋隔号余瓶 pocket split
124 分［技术］瓶（余2、7号或3、10号瓶） baby split
125 栅栏桩（余7和10号瓶） bed [fence] post
126 前后两瓶未倒 double wood
127 酸苹果（余5、7、9号瓶） sour apple
128 百合花（余5、7、10号瓶） lily
129 圣诞树（余3瓶呈圣诞树状） Christmas tree
130 三边留（余3、6、10号瓶） poison ivy
131 双边留；金门（余4、6或7、10号瓶） double pinochle; golden gate
132 剩余瓶（右手投球余1、3、7号瓶，有时还余6号瓶；左手投球余1、2、10号瓶，有时还余4号瓶） washout
133 大耳朵；大四（余4、6、7、10号瓶） big ear [four]
134 吊桶（余2、4、5、8号或3、5、6、9号瓶） bucket
135 边栅栏（余1、2、4、7号或1、3、6、10号瓶） picket fence

场地与器材

136 **保龄球场 bowling alley**
137 草地保龄球场 bowling green
138 **球道 lane; alley**
139 慢球道 slow lane
140 球床 alley bed
141 **犯规线 foul line**
142 **助走道 approach**
143 目标箭头 target arrow
144 引导标点 target marker
145 球沟 gutter; channel
146 奔板 run-up board
147 边隔板 side partition

———

148 **球瓶 pin; maple**
149 **瓶靶区 pin target area**
150 球瓶坑 pit
151 球瓶台 pin deck
152 自动换瓶机 automatic pin-setting machine
153 **整瓶器 pin-setter**
154 点瓶器 pin-spotter

———

155 **保龄球 bowling ball**
156 手指洞 finger-hole
157 拇指洞 thumb-hole
158 球架 ball holder

37

37. 台球 Billiards

1 台球运动 **billiards**
2 **斯诺克台球 snooker (pool)**
3 **普尔［落袋］台球 pool; pocket billiards**
4 普尔（9球） pool nine ball
5 美式普尔（8球） pool eight ball
6 英式台球 English billiards
7 卡罗姆［法国式］台球 carom game; French billiards
8 三球台球 straight-rail billiards
9 三边台球 three-cushion billiards
10 15球［轮番］台球 fifteen-ball billiards; rotation
11 限线台球 balkline

---

12 **台球运动员 billiard player**

规 则

13 **场 game**
14 **局；轮**（球全部落袋） **frame**
15 集球 nurse
16 摆成三角形 rack
17 **宝塔阵；金字塔**（15枚球排成三角形） **pyramid**
18 宝塔阵点 pyramid point
19 手中球 in-hand
20 赛中球 ball in play
21 活球 ball on
22 指定球 nominated ball
23 自由球 free ball
24 连击 double
25 连得分数 run
26 最高分（一次击球） high run
27 总平均分 grand average
28 击球犯规 foul stroke
29 推杆 push shot
30 失机 loss of chance
31 无意识救球 foul and a miss

击 球

32 **击 strike; stroke**
33 击球方 striker
34 置［开］球点 spot
35 置球点被占 spot occupied
36 斯诺克（处于困境） snookered
37 一杆球 break
38 滑杆 miscue
39 误击 error
40 空杆 miss
41 **安全球**（为对方设置困难） **safe ball; safety**
42 只顾得分不给对手设置困难的打法 shooting out
43 直接推击球 direct follow

---

44 **跟球**（主球撞的球后继续前进） **follow;** direct English
45 跟球打法 follow shot
46 长距跟球 long follow
47 半跟球 half follow
48 逆旋跟进 running English
49 慢跟球（主球撞的球后停下来） drag

---

50 **旋转球 screw**
51 轻拧转球 soft screw
52 反向旋转击球 counter-spin stroke
53 **轻切法 fine cut**
54 **上旋球 above; topspin**
55 **下旋球 below; backspin;** draw

56 普通下旋击球 natural draw
57 锐角下旋球 draw acute
58 拉杆；倒转 screw-back
59 直接引球 direct draw
60 螺旋击法 screw shot
61 顺旋（指主球） natural twist
62 反旋球 check side; reverse twist [English]
63 顺旋球 running ball
64 横向旋转球 twist
65 **曲球 fancy shot**

———

66 **定杆**；中心击法 **center [plain] stroke**
67 **顶击 top stroke**
68 **正面碰球 full ball**
69 **侧击球 (running) side;** English
70 **擦边球 thin hit**
71 **半球**（主球撞的球左右侧） **half ball;** half-full shot
72 跳［反弹］球 jump shot
73 四分之一球（主球仅碰的球 1/4 处） quarter ball
74 四分之三球（主球碰的球 3/4 处） three-quarter ball

———

75 轻球 soft
76 吻球（两球轻碰） kiss
77 回旋击另一的球 kiss draw
78 继续推进击另一的球 kiss follow
79 连撞两球 carom; cannon; anchor stroke
80 双球间接击法（主球碰的球后撞边折射再碰一球） cushion carom [follow]

———

81 沿边击球法 rail nurse; straight forward railing
82 贴边 touch cushion
83 球撞台边 cushion kiss
84 冻结（球集台边） freeze
85 **折射［撞边］碰球 bank shot;** cushion first
86 离开台面 forced off the table
87 水平击球法 horizontal stroke
88 悬架击球 free hand massé
89 **悬架击球法 grand massé**

落袋

90 **入［落］袋 pocket; pot**
91 送球落袋 pocket; drive into pocket
92 送白落袋 pocket a white ball
93 送红落袋 pocket a red ball
94 主球或的球撞他球后落袋 hazard
95 的球落袋 winning hazard; pot
96 主球撞的球后自落 losing hazard
97 白球落袋 white hazard
98 红球落袋 red hazard
99 **自落 off**
100 着白自落 off white
101 着红自落 off red

场地与器材

102 **台球厅**；弹子房 **billiard room** [parlor; saloon]; pool hall; poolroom
103 **台球 billiard ball**
104 **的［目标］球 object ball**
105 **主［母］球 cue ball**
106 红球 red ball
107 白球 white ball
108 有点白球 spot white ball
109 象牙台球 ivory ball
110 球号 ball number
111 球架 ball rack
112 台球钟 billiard clock
113 计分牌 billiard marker

114 台球杆 **billiard stick; cue**
115 杆尖 cue tip [point]
116 球杆架 cue rack [rest]
117 手架 hand rack

118 **台球台 billiard table**
119 **台面 table bed**
120 台呢［面布］ billiard cloth
121 **台边 rail; cushion**
122 橡胶内边 rubber cushion
123 **袋；穴 pocket**
124 **角袋 corner pocket**
125 **侧面球袋 side pocket**
126 台角区 anchor
127 D 形区 D
128 开球线 string
129 限线 balkline

38. 其它 Others

1 无挡板篮球 netball
2 合球 korfball
3 速球（类似足球，可用手接球） speedball
4 **板球 cricket**
5 **墙手球 (court) handball**
6 英式墙手球 fives
7 **壁球 squash**
8 网拍式墙球 racquets
9 短网拍墙球 racquetball
10 （巴斯克）回力球 Basque pelota; jai alai
11 槌球游戏 croquet
12 板网球 paddle tennis
13 长曲棍球；兜网球 lacrosse
14 俄罗斯式冰球 bandy
15 **门球 gateball**
16 跑柱式棒球 rounders
17 自行车球 bike [cycle] polo
18 象球 elephant polo
19 推球（将直径 6 英尺的球推过对方球门线即得分） pushball
20 **毽球 shuttlecock**
21 康乐球 caroms
22 躲球游戏 dodge ball
23 **地掷球 bocce; bocci**(e); boccia
24 **藤球 sepak takraw**
25 撞柱游戏 skittles
26 滚木球 boule
27 木球 wood ball
28 沙壶球 shuffle ball
29 巧固球 tchouk ball
30 彩弹游戏（将涂有不同颜料的球掷向对方身体） paintball

残疾人项目

31 **轮椅篮球 wheelchair basketball**
32 坐式排球 sitting volleyball
33 轮椅网球 wheelchair tennis
34 轮椅英式橄榄球 wheelchair rugby
35 雪橇冰球 ice sledge hockey
36 盲人门球 goalball

体操 Gymnastics（39–43）

注：使用单双杠等器械的体操，我国习惯称之为“竞技体操”，在西方则称之为“artistic gymnastics”（“艺术体操”）。使用圈、棒、绳等器械的体操，我国习惯称之为“艺术体操”，有时也称之为“韵律体操”；后一种叫法符合“rhythmic gymnastics”这一西方叫法的原义。

在讲英语时，对使用单双杠等器械的体操，只能叫作“artistic gymnastics”或简称“gymnastics”，而不宜按汉语名称的字面意义直译为“competitive gymnastics”，因为这一英文名称泛指所有竞技性的体操项目，以区别于那些非竞技性的体操活动（例如医疗体操和团体操）。

另一方面，对使用圈、棒、绳等器械的体操，讲英语时只能称之为“rhythmic gymnastics”；如果按汉语的习惯叫法直译为“artistic gymnastics”，必将引起误解。

39. 竞技体操 Artistic Gymnastics

1 **体操 gymnastics**
2 **竞技性体操 competitive gymnastics**
3 **竞技体操 artistic gymnastics**
4 **自由体操项目 floor exercise**
5 **鞍马项目 pommel(led) horse**
6 **吊环项目 rings**
7 **跳马项目 vaulting horse**
8 纵跳马项目（男子） long horse; horse lengthways
9 横跳马项目（女子） side horse; horse sideways
10 **双杠项目 parallel bars**
11 **单杠项目 horizontal bar**
12 **高低杠项目 uneven** [asymmetrical] (parallel) **bars**
13 **平衡木项目 balance beam**
14 **团体项目 team event**
15 **个人单项 individual event**
16 **个人全能项目 individual all-around event; combined exercises**

---

17 徒手操 free exercise
18 柔软体操；健身操 cal(l)isthenics
19 器械体操 gymnastics with apparatus
20 轻器械体操 gymnastics with hand apparatus
21 模仿体操 imitation exercises
22 非竞技性体操 non-competitive gymnastics
23 **团体操 group [mass] calisthenics;** group free exercise
24 保健操 hygienic gymnastics
25 健美操 aerobic exercises
26 医疗体操 medical gymnastics; therapeutic exercises
27 矫形体操 remedial gymnastics
28 减肥［瘦身］操 slimnastics
29 **工间操 work-break exercises**
30 广播操 setting-up [callisthenic] exercises to radio music

人员

31 **体操运动员 gymnast**

32 裁判员 **judge**
33 难度裁判员 judge for difficulties
34 裁判长 **head judge**
35 项目裁判组 **apparatus jury; judges' panel**
36 项目裁判长 **apparatus chair**
37 技术助理 technical assistant
38 A 裁判组 A-jury[-panel]
39 B 裁判组 B-jury[-panel]
40 区域主任 local competition director
41 视线员 line judge
42 计时员 time judge
43 裁判委员会 Judges Committee; corps of judges
44 仲裁委员会 Jury of Appeal
45 保护者 spotter; catcher

规 则

46 资格赛；第一种比赛 **qualifying competition; Competition I**
47 个人全能决赛；第二种比赛 **all-around finals; Competition II**
48 单项决赛；第三种比赛 **apparatus finals; Competition III**
49 团体赛；第四种比赛 **team finals; Competition IV**

---

50 难度 **difficulty**
51 中等难度 medium difficulty
52 难度系数 degree of difficulty
53 难度分值 score for [value of] difficulty
54 难度表 table of difficulty; tariff
55 规定动作 **compulsory; compulsory [required] exercise**
56 自选动作 **optional; optional [voluntary] exercise**
57 A 组动作 **A-part**
58 B 组动作 **B-part**
59 C 组动作 **C-part**
60 D 组动作 **D-part**
61 E 组动作 **E-part**
62 超 E 动作 **super E-part**
63 难度动作 **difficult [value] part**
64 新动作 new element
65 无价值动作 part of no value
66 附加动作 additional move
67 编排 **composition;** combination; structure

---

68 技术规程 technical regulation
69 评分 **evaluation; grading; marking**
70 评分规则 code of points; scoring code
71 评分因素 evaluation factor; factor in grading
72 完成质量 **technical execution**
73 物质表现 material expression
74 个人表现力 personal expression
75 总印象 **general impression**
76 基本分 basic score
77 起评分 **start value; starting score**
78 加分 **bonus**
79 加分因素 bonus point factor
80 扣分 **deduction**
81 追加扣分 additional deduction
82 共计扣分 total deduction
83 少减分 decrease deduction; leniency; mitigation
84 整个扣分 global deduction
85 零分 zero point; invalid
86 满分 **full mark;** maximum [perfect; ideal; dream] score
87 最高分 **highest mark**
88 最低分 **lowest mark**
89 中间分 middle mark
90 最后得分；有效分 **final score**

91 累计分 running score
92 总分 total score
93 平均分 average score
94 公开示分法 visual method of judging
95 个人成绩 individual results
96 团体成绩 team results
97 总成绩 combined results

---

98 **错误 fault; error**
99 小错 small error
100 中错 medium error
101 大错 large error
102 常见错误 frequent [usual] fault
103 一般性错误 general fault
104 轻微错误 slight [small] fault
105 严重错误 grave [serious] fault
106 违纪行为 undisciplined behavior
107 **出界 step out**
108 摇晃 sway
109 虚晃 intermediate swing
110 摔倒 fall
111 坐地 fall on seat
112 **掉下器械 drop [fall] off the apparatus**
113 中断 break
114 迟疑 hesitating
115 **停顿 halt; pause;** stop
116 时间不足 deficiency of time
117 表演时间太短 under time
118 表演超过时间 overtime
119 没有完成的动作 non-executed part
120 曲解动作 contortion movement
121 非典型的 atypical

---

122 轮换器械 rotation
123 试作 attempt
124 音乐伴奏 musical accompaniment
125 保护 spot

动作类别

126 **动作 movement; move; part; element**
127 成套动作 whole exercise
128 用力动作 strength part
129 静止动作 hold [static strength] part
130 静止姿势 holding [static] position
131 近杠动作 in-bar move
132 飞行动作 flight element
133 连接 connection
134 连接动作 connecting part
135 直接连接 direct connection
136 连续动作 sequence
137 系列 series
138 一组动作 set
139 结构组 structure group
140 结束 conclusion
141 结束姿势 final position
142 流畅 fluency
143 **惊险性 risk**
144 **独特［创造］性 originality**
145 **熟练性 virtuosity**
146 三性（= 惊险性、独特性、熟练性）ROV (=risk, originality, virtuosity)

跳 跃

147 **直体［挺身］跳 stretched jump**
148 向前挺身跳 arch jump; Hecht jump forward
149 向前直腿交换跳 hitch kick
150 **转体跳 twist jump**
151 跳转 180° hop with half turn
152 双脚跳 jump
153 轻快的跳步 hop
154 **鱼跃 dive; Hecht leap forward**
155 远距离鱼跃 long dive [fly]
156 **跨跳 stride leap**

39

157 剪式跨步跳 scissors leap
158 **大跨［劈叉］跳 split leap**
159 **羚羊跳 cabriole**
160 前击足跳 beat hop; cabriole forward
161 手触脚尖跳 toe touch jump
162 **鹿跳 stag leap**
163 鹿结环跳（一腿前屈、一腿后屈结环跳） stag leap with one foot at head height
164 羊［双腿结环］跳 ring leap; sheep jump; arch jump with feet at head height
165 双腿前屈跳 tuck jump
166 分腿 straddle
167 **分腿跳 straddle jump**
168 向后分腿跳 back straddle
169 推手弹腿跳起（手到脚的节奏跳） mule kick; snap down
170 鹰式跳跃（空中两手触足尖） eagle leap

摆动

171 **摆动 swing**
172 预摆 pre-swing
173 **摆幅 amplitude**
174 摆腿 leg swing
175 落下 layaway
176 鞭腿动作 leg beat movement
177 双腿鞭打动作 whip legs
178 **鞭打动作**；振浪 **whipswing;** hip beat; counter swing
179 弧形射出 shoot
180 弧形摆 underswing; cast
181 长振 glide
182 短振 short underswing
183 前振臂屈伸 pump swing forward
184 挂膝摆动 hock swing
185 悬垂摆动 pendulum swing

翻滚

186 **空翻 salto; somersault;** somie; airspring; aerial; flip; airborne move
187 **空翻两周 double salto**
188 **空翻三周 triple salto**
189 **前空翻 forward [front] salto**
190 **后空翻 back(ward) salto; backflip**
191 **侧空翻 side salto;** free cartwheel
192 直体前空翻 stretched salto forward
193 直体后空翻 stretched salto backward; back salto layout
194 **旋子；蝴蝶跳；水平侧空翻 butterfly**
195 前空翻两脚依次落地 step-out
196 阿拉伯空翻 Arab salto
197 向后跳起转体 **180°**；阿拉伯前空翻 Arabian step-out
198 阿拉伯侧空翻 Arabian cartwheel

---

199 **手翻 handspring**
200 前手翻 forward handspring
201 **踺子**；阿拉伯跳；手翻转体 180° **round-off;** Arab spring
202 **后手翻 back handspring; flic-flac;** flip-flop
203 **侧手翻 cartwheel**
204 侧翻外转 cartwheel with half turn outward; tinsica
205 前软翻 walkover forward
206 后软翻 walkover; back over
207 鱼跃（依次）手翻 Arabian [diving; leaping] handspring; Arabian
208 鱼跃前手翻 flyspring

209 依次支撑前手翻双脚落地 Radwende inwards

---

210 **滚翻 roll**
211 后滚翻 backward roll
212 侧滚翻 side roll
213 胸滚 chest roll
214 腹滚 belly roll
215 头翻 head kip; kip from the neck
216 头手翻 headspring

---

217 **转体 turn; twist**
218 **转体 180° half turn**
219 **转体 360° full turn**
220 **转体 720° double turn**
221 转体 1080° triple turn
222 多周转体 multiple turns
223 单足转体 360° pirouette; turn on one leg
224 主力脚 pivot foot
225 踢腿转体 kick turn
226 鹞子翻身转体 illusion
227 **旋**；后空翻两周转体 360° **fliffis; double salto with full twist**

屈伸

228 **直体 straight; stretched**
229 **团身 tuck**
230 **屈体 pike; jackknife**
231 直臂 extended [straight] arm
232 直臂直体 stiff-stiff
233 直臂屈体 stiff-bent
234 屈臂直体 bent-stiff
235 屈臂屈体 bent-bent
236 仰卧起坐 abdominal raise; situp
237 半蹲 bent stand; demi-plie; half bending of the knees
238 脚尖伸直；蹦脚尖 pointed toes
239 提［起］踵 heel raising; rise on toes

腾越

240 **腾越 vault**
241 俯腾越 front vault
242 高俯腾越 high front face vault; Wendeschwang
243 背腾越；直角腾越 rear vault
244 侧腾越 flank [side] vault
245 侧摆越 flank over
246 分腿腾越 straddle [stride] vault
247 摆起分腿腾越 straddle out
248 跪腾越 sheep vault
249 燕式水平腾越 Hecht vault
250 屈体腹腾越 stoop vault
251 正面踢腿腾越 cross-legged straddle vault

支撑

252 **撑 support; rest**
253 支撑点 support point
254 支撑区［部位］ support area [zone]
255 正［俯］撑 front support
256 后撑 back support
257 侧撑 side [cross] support; support crossways
258 侧水平 side lever [planche]
259 仰撑 rear support
260 卧撑 leaning [rest] support; support lying
261 俯卧撑 push-up; trunk lifting
262 直体支撑 stretched support
263 **腾身支撑 clear support**

---

264 挂臂撑 (upper)arm rest
265 前臂撑 forearm rest

39

266 屈臂撑 bent-arm rest
267 前臂撑桥 bridge with forearm support

---

268 立［脚］支撑 foot support
269 跪撑 knee rest
270 骑撑 crotch [straddle] support
271 腹撑 free support frontward
272 **分腿支撑 stride support**
273 摆起成分腿立撑 straddle on
274 **直角［半水平］支撑 L support;** half lever
275 直角分腿支撑 L support straddled
276 直角坐 sitting in L position; suspense-seat
277 腿与地面平行的高锐角支撑 V-sit with legs horizontal
278 支撑腿 supporting leg
279 非支撑腿 free leg

悬垂

280 **悬垂 hang; suspend**
281 正悬垂 side-hang frontward
282 直体悬垂 stretched hang
283 屈体悬垂 bent-body hang
284 **倒悬垂 inverted hang**
285 屈体倒悬垂 bent inverted hang
286 屈腿倒悬垂 inverted squat hang
287 挂踵悬垂 heel hang
288 挂足尖悬垂 foot [instep; toe] hang
289 窄握悬垂 close hang
290 吊臂悬垂 back [reverse] hang
291 屈臂悬垂 bent-arm hang
292 卧悬垂 lying [leaning] hang
293 鸟窝悬垂 bird's [crow's] nest; backside hang
294 短暂悬垂 brief hang

倒立

295 手倒立 **handstand**
296 单臂倒立 **one-arm[-hand] balance**
297 **大开臂倒立 wide arm handstand**
298 屈臂倒立 bent-arm handstand
299 肘倒立 elbow stand [balance]
300 头倒立 head stand
301 肩倒立 shoulder stand
302 胸倒立 balance on chest
303 **慢起成手倒立 slow press to handstand**
304 直臂慢起倒立 straight arm press; tiger balance
305 倒立行走 walking on hands
306 前倒 forward leaning; fall out

平衡

307 **燕式平衡 scale forward; arabesque;** horizontal balance; balance stand; front horizontal scale; single-leg front lever
308 仰平衡；反燕式平衡 single-leg back lever
309 侧平衡 side scale
310 **搬腿平衡 Y-scale**[-stand]
311 支撑平衡 balance support
312 俯撑平衡 free horizontal support scale
313 V 式平衡；高举腿坐 V seat; piked [angle] sitting position
314 蛙式平衡 frog [squat] balance
315 跪撑平衡 free knee scale
316 肘平衡 elbow support scale
317 屈体分腿站立 needle scale

握法

318 **握 grip; grasp; clasp; hold**
319 **正握 front** [ordinary; regular] **grip;** overgrip
320 **反握 reverse** [rear] **grip;** undergrip
321 正反［混合］握 combined [alternate; mixed] grip
322 交叉握 cross grip
323 **扭臂握**；翻握 **L-grip;** eagle [rotated] grip
324 扭反握 mixed L-grip
325 反翻握 reverse inside-out grip
326 宽握 wide grasp
327 窄握 narrow [close] grasp
328 深握 deep grasp
329 浅握 shallow grasp
330 自内握 inside grip
331 自外握 outside grip
332 **再握 regrasp**
333 抓（杠） catch
334 握点 catch point
335 换握 grip change
336 直接换握 direct grip change
337 手离器械 hand release
338 推手 push off
339 失手 lose the grasp; slip out

上法

340 上（器械） **mount**
341 **前摆上 uprise; stem**
342 屈伸上 kip (up)
343 反身屈伸上 reverse upstart
344 短振屈伸上 short upstart
345 长振屈伸上 glide kip-up
346 悬垂屈伸上 hang kip-up
347 **翻**［后摆］**上 felge;** back uprise [circle mount]; upward circle [swing]
348 跳上 vault mount
349 跳上成分腿立撑 straddle mount; jump to straddle stand

下法

350 下（器械） **dismount**
351 直角下 rear dismount
352 直体前空翻下 forward flyaway
353 屈腿腾越下 squat off
354 侧腾越下 flank dismount [off]
355 背［直角］腾越下 rear off
356 狼式［夹臂］跳下 wolf dismount
357 倒立屈体下 English handstand [handstand snapdown] dismount
358 倒立侧翻下 handstand wheel out
359 倒立转体侧翻下 pirouette cart-wheel out
360 倒立分腿跳下 handstand straddle vault off

---

361 **落地 landing**
362 落地姿势 landing position
363 落地稳 firm [balanced; controlled] landing
364 落地不稳 unbalanced landing

步法

365 **步法 footwork**
366 **弓箭步 lunge**
367 跑步 running step
368 马步［盖洛普］跳 gallop leap
369 并步跳 tendu
370 滑步 chassé step
371 变换步 change of steps
372 换脚跳步 bounding [jumping] step
373 哥萨克舞步 Kozatsky
374 **劈叉 split**
375 半劈叉 half split

376 纵劈叉 **forward [regular] split**
377 横劈叉 straddle [lateral] split; cross-split; sidesplit
378 横劈叉上体前倾触地 split lean

自由体操

379 单肘水平撑 single-elbow horizontal lever
380 炮式（跪撑向前举腿） cannon
381 锐角［高举腿］支撑 pointed angle support
382 分腿水平支撑 straddle-planche
383 单臂手翻 one-arm handspring
384 单臂后手翻 one-arm back handspring; flic-flac with one arm
385 单臂侧手翻 one-arm cartwheel
386 前踢后手翻 gainer flic-flac
387 手脚依次着地的前软翻 Arab wheel forward
388 鱼跃前滚翻 dive [Hecht] roll
389 马里尼奇（前手翻前空翻接前滚翻） Maninich

---

390 **空翻转体 180° half-turn salto; half pirouette**
391 **空翻转体 360° full-turn [screw] salto**
392 后空翻转体 720° back salto with double twist
393 团身 720° 旋 double salto tucked with two turns
394 筋斗挂串 tumble; bounder
395 回笼；后空翻接前空翻 back-front
396 挺身后空翻 back salto straight
397 挺身前倒经胸滚推起手倒立接前滚翻 barrel roll
398 团身后空翻加转体 180° 再接团身前空翻加转体 180° half-in half-out
399 童非；旋子转体 360° Tong Fei; butterfly with full twist
400 楼云空翻（侧空翻两周转体 270°）Lou Yun salto
401 李月久空翻（侧空翻一周半转体 90° 前空翻）Li Yuejiu salto
402 托马斯（后跳转体 540° 接团身前空翻一周半前滚翻） Thomas flarc
403 李小双空翻；团身后空翻三周 Li Xiaoshuang salto; triple salto backward

---

404 直角转体 180° double rear
405 直角转体 270° triple rear
406 倒立转体 handstand pivot [turn; pirouette]
407 坐转体 seat spin
408 向前摆腿转体 tour jeté
409 垂直劈腿转体 360° illusion split
410 瓦尔德兹（坐撑前摆转体 360°）Valdez
411 戈戈拉泽（分腿全旋成倒立落下接分腿全旋） Gogaladze

鞍 马

412 正撑 side support
413 **摆越 half leg circle**
414 摆越转体 turn flank
415 直角转体 kehre
416 异侧摆越 undercut
417 剪绞［向后分腿］腾越 scissors vault
418 挺身转体 wendeswing
419 捷式转体（挺身全旋转体 180° 成后撑）Czechkehre
420 左腿摆越 undercut left outward

421 左腿向右后摆越　undercut left inward
422 俄式摆越；环上直体转体　Russian swing
423 德式摆越（马端后撑全旋转体90°）Schwabenkehre
424 德式环外绕越　allemande; Schwabenflanke
425 环外骑撑　feint
426 正撑后摆屈单腿摆越成骑撑　through with one leg

———

427 **平移；移位　travel**
428 交叉平移　travel scissors
429 正交叉移位　forward scissors travel
430 同时换手平移　travel hop sideward
431 反交叉平移　travel scissors backward
432 平移入　travel in; double-leg circles from one end of the horse to the pommels
433 平移出　travel out; double-leg circles from pommels to the end of the horse
434 直角入　double rear in; Kreiskehre
435 全旋平移　leg circle traveling
436 全旋移位　magic traveling
437 双腿全旋移位　double-leg travel circle
438 移位加转体180°　half turn travel
439 正交叉转体180°平移　travel scissors forward with half turn
440 俄式挺身转体　Russian wendeswing
441 **施托克里**（直角进直角出或直角出直角进）**Stöckli**
442 反施托克里（反进或反出）reverse Stöckli
443 直接的施托克里　direct Stöckli
444 弗洛普（单环全旋与施托克里A或B的组合）flops
445 舒洛克（捷式转体接直体转体180°接反出）Shurlock
446 马乔尔移位（侧撑全旋纵向前移四位）Magyar travel
447 特拉姆洛特（平移出直角入）Tramlot
448 李宁交叉（正交叉转体90°经单环支撑起倒立落下成骑撑）Li Ning scrissors
449 鞍马李小平（纵向前移环中转体360°）Li Xiaoping pommel horse

———

450 **交叉　scissors**
451 正交叉　forward scissors
452 反交叉　back [reverse] scissors; back shears
453 两次交叉　double scissors
454 单臂支撑环外向后直角下　false double rear vault

———

455 **全旋 (flank) circle;** giant hip circle
456 **托马斯全旋　Thomas circle**
457 反向旋转　counter circle
458 马端全旋　double-leg circle on the outer zone
459 环上全旋　double-leg circle on the pommel
460 环中全旋　intermediate circle
461 单腿全旋　single-leg circle
462 正撑单环全旋　double-leg circles in side-support on one pommel
463 单腿异侧全旋　single-leg circle inward
464 双腿全旋　double-leg circle
465 正向双腿全旋　basic double-leg circle

466 反向双腿全旋 opposite [counter-clockwise] double-leg circle
467 瑞士人（单腿全旋同时转体180°） Swiss
468 双腿瑞士人 double Swiss
469 打滚 spindle
470 侧撑一次全旋打滚360° spindle in cross support in 1 circle
471 德式全旋（马端至环外或环外至马端全旋并转体180°） German circle
472 马头全旋面向内 double-leg circle in cross support frontward
473 马头全旋面向外 double-leg circle in cross support rearward
474 沙金扬（马端全旋转体360°接俯腾跃下） Chaquinian
475 尼古拉（单环连续三次直接的施托克里B） Nikolay
476 马乔尔打滚（马端侧撑全旋转体360°） Magyar circle
477 鞍马李宁（环上托马斯全旋经环中捷克式转体180°） Li Ning pommel horse
478 鞍马童非（马端挺身全旋转体360°，隔两环至另一马端） Tong Fei pommel horse
479 鞍马王崇升（环上托马斯全旋经倒立落下接托马斯，两次成倒立转体180°） Wang Chongsheng pommel horse

吊环

480 **用力慢起 press**
481 摆起倒立 swinging handstand
482 用力慢翻上 slow roll backward; felge with strength backward
483 **水平十字支撑 free support scale; planche cross;** upper lever; swallow
484 后水平 back lever
485 拉上成支撑 vertical pull-up
486 后转肩 dislocate
487 前转肩 inlocate
488 两次后转肩 double dislocation
489 水平悬垂 hang-scale; horizontal hanging scale; lever
490 前水平悬垂 frontward horizontal hanging scale
491 支撑后倒弧形摆成悬垂 long underswing backward from upperarm hang to straight hang
492 前摆分腿直体后翻下 forward swing and flyaway backward straddled
493 本间（悬垂后摆屈体前转肩，接屈伸上成支撑后摆） Honma
494 **吊环李宁**（正吊后悬垂前摆上成支撑） **Li Ning rings**
495 古佐基（团身后翻二周悬垂前摆） Guczoghy
496 奥尼尔（屈体或直体后翻二周悬垂前摆） O'Neill

---

497 **十字支撑 cross**(hang; balance); Roman [iron] cross; crucifix; (front) vertical lever
498 侧十字支撑 side cross; cross with 1/4 turn; Olympic cross
499 **倒十字支撑 inverted cross;** cross-hang handstand
500 **直角十字支撑 L cross;** cross half lever
501 分腿直角支撑 straddle L support
502 后上成水平十字 back kip to support scale at ring height
503 用力压上成十字 pull to cross

504 倒十字用力压上成倒立 press from inverted cross to handstand
505 阿扎良十字（直臂直体用力慢翻上成十字支撑） Azarian
506 李小双十字（直臂侧分慢落下经悬垂后立即直臂用力压上成十字支撑） Li Xiaoshuang cross

跳马

507 **助跑 approach run**
508 **腾空 flight**
509 **第一腾空 first flight;** first phase of the vault; preflight
510 **第二腾空 second flight;** second phase of the vault; afterflight; off-flight
511 第一跳 first vault
512 第二跳 second vault
513 推马 push off from the horse
514 高度不够 insufficient height
515 落地距离 landing distance
516 区域错误 zone error

---

517 天鹅式腾越（屈腿弓身） swan vault
518 夹臂腾越 wolf vault
519 侧手翻腾越 cartwheel vault; giant cartwheel; Hollander
520 踢腿腾越 thief [upward swing] vault
521 **手翻转体两周 handspring with 2 turns**
522 **家原跳**（跳起侧手翻内转90°接团身后空翻） **Tsukahara vault**
523 山下手翻（屈体前手翻腾越） Yamashita; angle jump
524 查尔沃跳（前手翻转体180°后空翻）Cuervo
525 笠松跳（侧翻内转270°） Kasamatsu
526 尤尔琴柯跳（踺子后手翻一直体后空翻转体360°）Yurchenko
527 谢尔勃（踺子转体360°后手翻直体后空翻）Scherbo
528 **楼云跳马**（前手翻直体前空翻转体450°）Lou Yun vault

双杠

529 杠内正立 inner side-stand
530 杠内侧立 inner cross-stand
531 杠外正立 outer side-stand
532 杠外侧立 outer cross-stand
533 远杠 far bar
534 近杠 near bar

---

535 **臂屈伸 shoulder dip;** bending and stretching of the arms; pump
536 挂臂屈伸上 shoulder circle; up-start from upperarms
537 挂臂撑后摆上 back uprise from upperarms
538 莫依（悬垂前摆） Moy
539 支撑后倒屈伸上 drop-back short upstart; support kip
540 支撑后倒成挂臂屈伸上 drop-back upstart from upperarms; kick upstart; top kip

---

541 杠下空翻 back circle under bars
542 **后空翻 flying backhand roll**
543 杠下后空翻成手倒立 peach basket
544 日本式空翻（挂臂后摆上接前空翻成支撑后摆） Japanese salto
545 分腿前滚翻 lazyman's roll
546 施特劳依里（后滚翻成静止手倒

立）Streuli

---

547 肩臂倒立 neck-and-shoulder stand

548 **季阿米托夫转体**（前摆转体360°成支撑）**Diamidov turn**

549 卡米努西（前摆转体360°成挂臂后摆）Carminucci

550 童非摆上（挂臂前摆上转体成倒立）Tong Fei stemme

551 向后分腿摆越 straddle out backward over bars

552 施图茨；前摆转体180° Stutz (kehre); half turn from forward swing

553 反施图茨；后摆转体180° reverse Stutz; half turn from backward swing

554 武井（屈伸上或长振上成支撑接向后分腿摆越成支撑；弧形上不抓杠接团身前空翻成挂臂后摆）Takei

555 **希里转体**（后摆经倒立成支撑转体360°）**Healy twirl**

556 马库兹（3/4 季阿米托夫接3/4 希里成支撑）Makuts

557 全旋转体 Kreisflanke

558 捷克式；全旋成手倒立 Czech

559 莫尔（＝捷克式）Moore

560 **李宁**（大回环转体180°成手倒立）**Li Ning circle**

561 理查兹（挂臂前摆上转体360°成倒立）Richards

562 加滕（屈臂支撑前摆跳转180°支撑）Kato

563 摩里苏（团身后空翻二周成挂臂）Morisue

564 梯佩尔特（屈体直腿莫依分腿后切成倒立）Tippelt

---

565 支撑臂屈伸推起 dip

566 支撑摆越 couronnement

567 挂臂回环 shoulder [giant] roll

568 挂肘回环；屈肘绕环 elbow circle

569 杠下回环 basket

570 杠下后回环成挂臂 under salto onto upperarms

571 跳上成挂臂撑 jump to upperarm hang

572 上杠成分腿直角支撑 mount to straddle L support

573 屈臂撑行进 bent-arm support walk; grasshopper walk

---

574 简单的荷兰人（跳上经手倒立转体90°侧翻下）simple Hollander

575 挺身摆越两杠下 double front vault dismount

576 俯撑屈腿越两杠下 squat dismount

577 克雷斯基赫（摆越两杠直角上或直角下）Kreiskehre

578 杠外正撑挺身越两杠侧下 double flank vault

单杠

579 **弧形上** **cast;** felge across; Schwabenkip

580 急振上 quick upstart

581 慢拉上 still upstart

582 后倒屈伸上 drop kip [upstart]

583 伊藤屈伸上（屈伸上转体180°）Itoh kip; bar snap

584 俄罗斯屈伸上 Russian kip

585 大摆落下屈伸上 giant glide kip

586 弧形摆成腹撑 pullover

587 后摆转体 back twist

588 反吊臂摆动 eagle swing
589 捷克式摆上（正握后悬垂前摆）Czechstemme
590 斯坦内曼摆上（=捷克式摆上）Steinemanstemme
591 科斯特（捷克式摆上屈体摆越出） Köste
592 竹元（前上转体 180° 成反正握）Takemoto
593 杠下垂面 lower vertical

---

594 **回环 circle**
595 正撑回环 hip circle in front support; small circle
596 挂膝回环 hock [knee] circle
597 单挂膝回环 half knee circle
598 后撑回环 hip circle in rear support
599 挂足尖回环 instep [toe] circle
600 立撑回环 foot [sole] circle
601 屈体立撑回环 stoop circle
602 骑撑回环 mill [crotch] circle
603 骑撑侧回环 mill circle sidewards
604 分腿支撑回环 straddle seat [split straddle] circle
605 腹回环 body [hip] circle; belly grind
606 向后腹回环 back hip circle
607 腾身回环 free [clear] hip circle
608 坐回环 circle in sitting position
609 分腿立撑回环 straddle circle
610 夹肘回环 muscle grind
611 中间回环 intermediate circle

---

612 **大回环 giant swing [circle];** Riesenselge
613 **单臂大回环 single-arm giant swing**
614 正反握大回环 mixed grip giant swing
615 扭臂握大回环 el-grip giant swing
616 交叉握大回环 cross-arm giant swing
617 换握大回环 change grip giant swing
618 翻握大回环 reverse grip giant swing
619 大回环转体 180° giant swing with half turn; Drehsprungstemme
620 德国式大回环；正握吊臂大回环 German giant swing; reverse back up
621 俄罗斯式大回环；反握吊臂大回环 Russian giant swing; eagle swing
622 **正掏**；施塔尔德回环（正握分腿屈体支撑向后回环成手倒立）**Stalder**
623 **反掏**；远藤回环（反握分腿屈体支撑向前回环成手倒立）**Endoshoot**
624 正掏回环成腾身支撑 Stalder forward to clear support
625 **穿腿 stoop through;** Stalder shoot
626 中穿腿；屈腿穿越 squat in [through]

---

627 **京格尔空翻**（向后大回环屈体后空翻转体 180° 成悬垂） Gienger
628 季阿米托夫转体（前摆转体 180° 接握倒立转体 180°） Diamidov turn
629 **冢原空翻**（团身后空翻转体 180° 接团身前空翻转体 180°）**Tsukahara salto**
630 德尔切夫空翻（后摆上分腿屈体前空翻抓杠成悬垂） Deltchev salto
631 肖瑞智空翻（向后大回环，前摆分腿前空翻成反握悬垂） Xiao

39

Ruizhi salto

---

632 捷克式侧腾越 Czechwend
633 屈腿腾越 squat through vault
634 小野腾越（反转360°接背腾越）Ono vault
635 沃罗宁（反握后摆上屈体摆越转体180°成悬垂）Voronin
636 猫跳（向前大回环屈体腾越转体180°抓杠） cat leap
637 盖洛德空翻（团身前空翻两周越杠成悬垂后摆） Gaylord salto
638 盖洛德II；京格尔越杠抓杠 Gaylord II
639 **特卡切夫腾越**（向后大回环前摆向后分腿腾越成悬垂） **Tkatschev**
640 马尔凯洛夫腾越（向前大回环后摆上转体180°向后分腿腾越成悬垂） Markelov

---

641 **前空翻下 forward dismount**
642 **后空翻下 flyaway**
643 直体后空翻下 backward flyaway
644 三周下 triple flyaway
645 团身后空翻三周转体360°下 full twisting double flyaway; back in — back out
646 团身后空翻三周转体360°旋下 triple salto backward tucked with full turn
647 直体1080°旋下 double salto backward stretched with triple turn
648 切杠 leg undercut; hop across
649 切杠下 cutaway; cutoff
650 后回环切下 back cutaway
651 挺身下 Wende dismount forward
652 后摆越杠挺身下 Hecht [bird] dismount
653 支撑后摆屈体下 stoop dismount
654 斯特劳曼（向后大回环越杠下面对杠） Straumann
655 向前的斯特劳曼 Straumann forward

高低杠

656 换杠 change
657 低杠前踺子 round-off in front of low bar
658 **绷杠 Hecht**
659 杠间下摆 swing down between bars
660 分腿前空翻抓高杠 straddle front somersault to catch high bar
661 麦克纳马拉转体（腾身回环至手倒立转体180°成高杠手倒立） McNamara turn
662 津克8字 Zinke
663 **科马内奇空翻**（高杠支撑—后摆分腿前空翻至高杠悬垂） **Comaneci salto**
664 米勒转体（后摆手倒立转体540°成扭臂握前翻）Miller turn
665 莫慧兰空翻（前空翻越杠一周半抓杠） Mo Huilan salto
666 金光淑转体（向后大回环经手倒立转体540°成扭臂握前翻） G. S. Kim turn
667 卡尔彭科转体（向前回环成手倒立转体360°成扭臂握） Karpenko turn
668 舒舒诺娃腾越（向后大回环前摆转体360°，分腿向后越杠成高杠悬垂） Schuschunova vault
669 朱乔尔德回环（高杠后撑后倒前上向后穿腿换握低杠成手倒立） Zuchold circle
670 **科马内奇下**（高杠屈体立撑弧形

摆转体 180° 后空翻下）
Comaneci dismount

671 **马燕红下**（向后腹回环蹦杠团身后空翻转体 360° 下）**Ma Yanhong dismount**

平衡木

672 木端 end of beam
673 **狼跳 wolf jump**
674 横木手倒立 side handstand
675 面对横木站立—侧腾越上成后撑 from side stand frontward — flank over to rear support
676 天鹅式平衡；纵劈叉挺身 swan
677 横劈叉跳 side-split jump
678 分腿坐 sitting position straddled
679 挺身前空翻 aerial walkover forward
680 前滚翻 roll forward with hand support
681 手不扶木的滚翻 free roll
682 阿拉伯式依次后软翻 tinsica backward
683 站立向内平转 360° full turn on both legs
684 **拉拉提 salto backward stretched with step-out**
685 倒插虎（向后手翻经胸滚动成俯撑） flic-flac to support frontways
686 转体 360° 倒插虎 flic-flac with full turn to support frontways
687 **罗莉跳**（慢起手侧立屈膝上端同时推手并转体 90° 成纵木手倒立）**Luo Li jump**
688 杨波跳（纵木站立跳起前后分腿成劈叉，同时上体后屈平行于后腿） Yang Bo jump
689 奥梅里杨契柯跳倒立（后手翻转体 90° 或 270° 成横木手倒立停 2 秒） Omeilianchik to handstand
690 分腿跳下 straddle off
691 木端单脚起跳向前团身空翻下 gainer dismount

场地与器材

692 **比赛台 platform; stage; podium**
693 准备活动区 warm-up area
694 示分器 apparatus for flashing scores; mark transmission apparatus
695 示号牌 flash board

---

696 **体操器械 gymnastic apparatus**
697 体操垫 gymnastic mat; floor
698 **单杠 horizontal bar**
699 横杠 bar; rail
700 单杠立柱 uprights of the horizontal bar
701 拉链 stay wire

---

702 **高低杠 uneven bars**
703 高杠 high bar
704 低杠 low bar

---

705 **双杠 parallel bars**
706 双杠立柱 standards of parallel bars
707 松紧器 tightener
708 双杠底座 base support of parallel bars

---

709 **跳马 vaulting horse**
710 近端 croup; near end of the horse
711 远端 neck; far end of the horse
712 中间区 middle zone
713 中间区域线 zone line

714 中轴延长线 extended axis of the horse
715 弹［助］跳板 springboard; approach board
716 助跑道 approach lane

717 鞍马 **pommel horse**
718 马身 leather
719 鞍环 pommel; handle
720 左环 neck pommel
721 右环 tail [croup] pommel
722 近环 near pommel
723 远环 far pommel
724 鞍部 saddle
725 鞍座 seat

726 平衡木 **balance beam**

727 吊环 (still; stationary) **rings**
728 环绳 strap; girth
729 立架 supporting legs [tubes]

730 跳箱 vaulting box; box horse
731 吊杠［杆］；高空秋千 hanging bar; trapeze
732 山羊；跳跃器 (vaulting) buck
733 肋木 rung; wall bars
734 方格爬梯 window ladder
735 悬梯 hanging ladder
736 滚轮；虎伏 gyrowheel; aerowheel; Rhon
737 **垫子 (landing) mat; cushion**

738 **体操服 leotard**
739 小开领女子体操服 bib front
740 保护［安全］带 safety belt; lunge strap; harness
741 绷带 bandages
742 **体操鞋 gym shoe;** slipper
743 护掌 palm pad; leather grip
744 腕皮带 wrist strap
745 松香 resin
746 镁粉 **chalk;** mag(nesia)
747 沙纸 sand paper

40．韵律体操 Rhythmic Gymnastics

（参看 143 页注）

1 韵律体操 **rhythmic gymnastics**
2 绳操 **rope exercise**
3 圈操 **hoop exercise**
4 球操 **ball exercise**
5 棒操 **club exercise**
6 带操 **ribbon exercise**
7 纱巾操 shawl [gauze kerchief] exercise
8 团体［第一种］比赛 **group competition; Competition I**
9 个人全能［第二种］比赛 **individual competition; Competition II**
10 单套［第三种］比赛 **pattern competition; Competition III**
11 规定成套舞蹈 prescribed pattern dance
12 舞蹈动作的编排设计 choreography

肢体动作

13 弓箭步 lunge
14 交叉步 crossed [scissors] step

15 弹簧步 springy step
16 滚动步 rocking step
17 足尖步 toe-step
18 足尖步走动 walking on toes
19 波浪步 waving step
20 身体波浪 body waving
21 身体侧波浪 body waves sideward
22 蛇行行进 wave marching

---

23 **舞步 dance step** [walk]
24 波尔卡舞步 polka step
25 华尔兹 waltz
26 华尔兹舞步 waltz [triple] step
27 肖蒂谢舞步（一种慢速波尔卡舞步） Schottische step
28 芭蕾脚位 ballet foot
29 芭蕾手臂一［二……］位 ballet arm 1 [2…]
30 绷脚尖 tiptoe stretching

---

31 小跳 échappé; jeté
32 跨跳 stride leap
33 反跨跳 counter [reverse] stride leap
34 哥萨克跳 Kozatsky jump
35 沙赛（半蹲并步跳） chassé
36 飞身 flying
37 滑叉 sliding fork
38 羚羊跳 antelope jump
39 结环跳 arched jump
40 击足跳 beat hop
41 击打；巴特曼 battement
42 大踢腿 grand battement
43 小踢腿 battement degage
44 交换腿跳 change-leg jump; scissors leap; jeté passé
45 交换腿跨步跳 change-leg stride leap
46 交换腿跳转体 180° 单结环跳 hop with half turn and rear leg flexed backward
47 交换腿跳转体 180° 劈叉 hop with half turn onto forward straddle split

---

48 J 字平衡 balance J
49 侧举腿平衡 single-leg side lever; balance stand with leg lift sideward
50 踹燕 kick swallow
51 控腿 développé

---

52 单腿转体 single-leg twist
53 跳转 180° jump with half turn
54 蹲立转体 180° squat stand with half turn
55 单腿摆动跳转体 180° single-leg swing with half turn
56 平转 horizontal twist
57 翻身 turn over
58 后软翻 backward reversal
59 希奈（踮脚尖一系列快速移动） Chaîné
60 伊柳辛（单脚支撑后摆经垂直劈腿转体 360°） illusion
61 弗韦泰（单腿转，另一条腿在空中划圈） fouetté

持械动作

62 摆；挥 swing
63 **抛接 throw out and take back**
64 **绕环 circle**
65 绕 8 字 circle in figure 8
66 螺旋绕 spiral

---

67 **摆绳 swing the rope**
68 跨跳过绳 stride leap over the rope
69 两臂交叉跳绳 rope-skipping with hands crossed
70 持绳体前后绕 "8" 字 circle the rope in figure 8 in front and at the back

---

71 滚动圈 **roll the hoop**
72 垂直旋转圈；陀螺转圈 spin hoop gyrally
73 向前滚动圈然后倒回 roll the hoop forward and then backward
74 钻圈 **skip through the hoop**

———

75 背后滚球 **roll the ball on back**
76 单臂滚球 roll the ball on one arm
77 两臂滚球 **roll the ball from one arm to the other**
78 拍球 **pat [bounce] the ball**
79 脚掌拍球 pat the ball with the sole
80 连续拍球 pat the ball continuously

———

81 侧抛 throw sideward
82 火棒体前交叉摆动 move the club in cross scissors in front of the body
83 单手抛棒另手接 throw up the club with one hand and take it back with the other
84 单手抛棒双手接 throw up the club with one hand and take it back with both
85 火棒体前大绕环 move the club in giant circles in front of the body
86 火棒体侧异向大绕环 move the club in giant circles towards the opposite direction
87 火棒体侧向后竖直绕 circle the club vertically backward at the side of the body

———

88 带绕环 **circle the ribbon**
89 水平环绕 **horizontal circle**
90 8 字绕环 circle the ribbon in figure 8
91 内螺形 inner spiral
92 外螺形 outer spiral
93 垂直螺形 vertical spiral
94 垂直蛇行 **wave vertically like a snake**
95 水平蛇带 **wave the ribbon horizontally like a snake**
96 向前后挥带 swing the ribbon forward and backward
97 左右挥带 swing the ribbon leftward and rightward

场地与器材

98 比赛场地 competition area
99 轻器械 hand apparatus
100 （火）棒 **(Indian) club**
101 绳 **rope**
102 圈 **hoop**
103 球 **ball**
104 （绸）带 **ribbon**
105 沙巾 shawl; gauze kerchief

41. 蹦床运动 Trampolining

1 蹦床运动 **trampolining; rebound tumbling**
2 双人［同步］蹦床比赛 **synchro-[nized] trampolining**

———

3 蹦床运动员 **trampolinist**
4 裁判委员会 arbitration court
5 难度裁判员 difficulty judge
6 姿势裁判员 form judge
7 美学裁判员 aesthetic judge

8 美学分数 aesthetic score

技术动作

9 **直体弹跳 free bounce**
10 **团身跳 tuck jump**
11 **屈体跳 pike jump**
12 **打开 open**

---

13 **前空翻 front (somersault)**
14 **后空翻 back (somersault)**
15 直体后空翻 vertical back; back stretched
16 空翻两周 double (somersault)
17 空翻三周 triple (somersault)
18 后空翻两周 double back
19 背着网接团身后空翻 kaboom
20 直体 3/4 空翻 crash dive
21 背着网后接 1 1/4 空翻 ball-out
22 背着网接弹腿 3/4 空翻成站立 back pullover
23 俯落下蹦起接空翻成站立 cody; cote

---

24 **转体 twist; rotation**
25 转体 360° full (twist)
26 转体 720° double twist
27 转体 1080° triple twist
28 俯落下蹦起转体 180° half turntable
29 俯落下蹦起转体 360° turntable

---

30 巴拉尼；前空翻转体 180° Barani
31 前空翻一周接巴拉尼 Barani-out
32 巴拉尼接前空翻一周 Barani-in
33 前空翻转体 360° front-full
34 前空翻转体 540° Randolph; Randy
35 后空翻转体 360° backward somersault with full twist; back full
36 后空翻转体 720° double-full
37 鲁道尔夫；屈体空翻一周半转体 360° Rudolph
38 米勒式跳跃；后空翻两周转体 1080° Miller
39 空翻两周转体 360° fliffis
40 弹起空翻两周转体 360° baby fliffis
41 阿道尔夫；前空翻一周转体三周半 Adolph

---

42 **着网；落下 drop; landing**
43 **背着网 backdrop**
44 **膝着网 knee drop**
45 **坐着网 seat drop**
46 转体 180° 接坐着网 half-twist [swivel hips] to seat drop
47 转体 360° 接坐着网 full-twist to seat drop
48 转体 180° 接背着网 cradle back drop
49 转体 360° 接背着网 cat-twist to back drop
50 转体 540° 接背着网 corkscrew back drop

---

51 同向移动 travel
52 反向移位 gain
53 侧向动作 cast
54 连续动作（一次腾空完成） swingtime
55 压网助弹 kip
56 缓冲蹦床弹力（通过屈腿） checking; killing
57 保护性滚翻 mat roll
58 结束动作 out bounce
59 原地开始和结束的动作 spotter

器 械

60 **蹦床 trampoline;** tramp; bounding bed [table]; recreation bouncer
61 坑式蹦床（与地面平） pit trampoline
62 并列蹦床 double trampoline
63 床 bed

41

64 弹跳区 bouncing area
65 尼龙绳（织成床面） nylon strap
66 网眼 mesh
67 弹簧勾 spring
68 **安全网 safety net**
69 蹦床架子 frame of trampoline
70 框垫 frame pad
71 床上空间 headroom

42．技巧运动 Sports Acrobatics

1 **技巧运动 sports acrobatics;** acrobatic gymnastics; acrosports; tumbling
2 **垫上运动 ground [mat] tumbling**
3 **技巧运动员 sports acrobat; tumbler**
4 同伴 partner
5 **上面人；尖子 topmounter**
6 **下面人；底座 bottom man** [stander]; underperson; understander; balancer

项 目

7 男子单人赛 men's single [tumbling]
8 男子双人赛 men's pairs [duo]
9 男子四人［集体］赛 men's fours
10 女子单人赛 women's single [tumbling]
11 女子双人赛 women's pairs
12 女子三人［集体］赛 women's trios
13 混合双人赛 mixed pairs
14 男女混合项目 co-ed action sport
15 三人项目 threesome; triple
16 四人项目 quadruple
17 第一套规定动作 compulsory routine 1; first exercise
18 第二套规定动作 compulsory routine 2; second exercise
19 联合系列动作 combined routine; third exercise

技术动作

20 单人动作 single stunt
21 技巧连续动作 tumbling sequence; trips down the mat
22 队列［形］ formation
23 **叠罗汉 pyramid** (building)
24 成套动作（由10个动作构成） ten-part routine
25 舞蹈动作 choreographic element
26 动力性动作 tempo routine
27 过渡动作 transition
28 第十个动作；结束动作 tenth skill
29 拆卸 disassemble

---

30 站腿 stand on legs
31 站膝 stand on knees
32 站手 foot-to-hand balance
33 脚上站立 foot-to-foot balance
34 后结环站立 pretzel
35 俯平衡 bird; standing scale frontward
36 站立单臂平衡 high one-hand lever
37 腹平衡（脚上） belly [stomach] balance
38 侧搬腿平衡 Y-scale[-stand]
39 象行 elephant walk
40 侧水平 side planche
41 天鹅式仰撑 swan

42 托背仰平衡 back angel [arch]
43 托举仰平衡 back bird
44 **头对头平衡 head-to-head balance**
45 头垫圈 doughnut; grommet

———

46 倒立劈叉 split handstand
47 肩上倒立 hand-to-shoulders
48 对面握高双臂手倒立 reverse high hand-to-hand

———

49 **翻腾**；筋斗 **tumbling**
50 小［后手］翻 back handspring
51 踢子；侧空翻 side airspring
52 踺子；侧翻内转 round-off
53 虎跳；侧翻外展 tinsica
54 高空弹跳 bungy jump
55 回龙（后空翻接前空翻） back-front
56 快速后空翻 tempo back
57 背上滚翻 roll over back
58 背靠背套肘滚翻 elbow back and roll
59 长滚翻 flying roll
60 空翻下 somie off

———

61 （托）**举 lift;** raise; hold up
62 举髋部 hip lift
63 单臂托举 one-arm lift
64 垂直提举 vertical lift
65 单臂托举俯平衡 overhead bird

———

66 **抛 throw;** pitch; toss; chuck; jerk up
67 **接 catch**
68 抛起接倒立 throw for hand-to-hand
69 倒立抛起成站手 courbette
70 地上拉起；胯下甩浪起 cannonball
71 抛者 thrower
72 被抛起的上面人 flyer

———

73 **桥 bridge;** back bend; crab
74 轿子 crossed hands
75 格子（四手抬轿子） cross grid; grating; grille
76 后桥 wrestler's bridge
77 抛轿子 throw basket
78 轿子接 basket catch

----

79 **立柱** (standing) **column**
80 半立柱 semi-column; half column
81 前倒 fall forward [out]
82 **扯旗 flag;** side bird
83 头踝支撑扯旗 flag on head and ankle

43．体育舞蹈 Dance Sport

1 **体育舞蹈 dance sport;** sports dancing
2 **国际标准交谊舞 international standard dance**

———

3 **舞蹈家 dancer**
4 **舞蹈编导者 choreographer**
5 **舞蹈技师 dancing master**
6 **舞伴 dancing partner**
7 男舞伴 man [carrying] partner
8 舞迷 dance fiend

———

9 **舞会 ball; dance; dancing party**
10 **舞场［厅］ ballroom; dancing hall**

类别

11 **交谊［际］舞 social dancing;**

ballroom dance

12 摩登［现代］舞 modern [contemporary] dance
13 华尔兹舞；慢三步 **waltz**
14 维也纳华尔兹舞；快三步 **Viennese waltz**
15 探戈舞 **tango**
16 狐步舞 **foxtrot**
17 快步舞 quick step

---

18 拉丁舞 **Latin dance**
19 伦巴舞 **rumba**
20 恰恰舞 **cha-cha-cha**
21 桑巴舞 **samba**
22 玛伦给舞 merengue
23 萨萨舞 salsa
24 牛仔舞 **cowboy dance**
25 斗牛舞 **bullfight dance;** paisopopli

---

26 芭蕾舞 **ballet**
27 波尔卡舞 polka
28 踢踏舞 **tap dance**
29 摇滚舞 rock'n'roll
30 迪斯科舞 **disco**
31 街舞 **hip-hop**
32 费鲁格舞 frug
33 爵士舞 jazz dance
34 霹雳舞 **break dance**
35 集体舞 group dance
36 即兴舞 free-form dance

舞步

37 舞步 dance [dancing] step [gait]
38 步法 footwork
39 步位 position of feet
40 三步 triple step
41 快四步 four steps
42 闭锁步 lock step
43 老［常］步 walk
44 开放步 open step
45 原地步 step on site [on the spot]
46 齐步行进 promenade
47 行进步 progressive step
48 后退步 backward step
49 拖步 shuffle; dragging step
50 双擦舞步 double shuffle
51 并退步 fallaway
52 侧身步 sidestep
53 交叉侧步 chassé-croisé
54 斜步 diagonal step
55 大步 big stride
56 荡步 waving [swinging] step
57 联步 link
58 滑步 sliding step
59 扇子步 fan step
60 旋转步 turning step
61 并脚转体步 heel-and-toe
62 足跟转 heel turn
63 转度 amount of turn
64 跳跃舞步 gambade[o]
65 双脚跳起互击脚跟的舞步 pigeon wing
66 葡萄藤舞步 grapevine
67 独人踢蹋舞步 buck-and-wing
68 阿拉贝斯克舞姿 arabesque

---

69 节律［拍］ cadence
70 快速 quick tempo
71 慢速 slow tempo
72 姿势 poise
73 握姿 hold
74 倾斜 body sway
75 升降 rise and fall
76 足不升（身体上升而足跟不离地） no foot rise
77 反身动作 contrary body movement
78 舞程线 line of dance

举重与健美　Weightlifting and Bodybuilding（44–45）

44. 举重运动　Weightlifting

1 举重运动　**weightlifting**
2 挺举　**clean and jerk;** C & J
3 抓举　**snatch**
4 总成绩（两项）　**two-lift total;** total results
5 奥运会总成绩　Olympic total
6 推举　press
7 单手挺举　one-hand clean and jerk
8 单手推举　one-hand (military) press
9 单手抓举　one-hand snatch
10 哑铃比赛　dumbbell competition
11 硬［力量］举（包括深蹲、卧推和硬拉）　powerlifting

人员

12 举重运动员　**(weight)lifter**
13 大力士　Hercules
14 1号［左侧］裁判员　No 1 [left-side] referee
15 2号裁判员；主裁判　No 2 [chief] referee
16 3号［右侧］裁判员　No 3 [right-side] referee
17 量重员　weigher; clerk of the scales
18 加重员　loader

规则

19 体重级别　**bodyweight division [category; class]**
20 量体重；过磅　**weigh in**
21 重新过磅　re-weigh in
22 减轻体重　reduce bodyweight
23 减轻体重到下一级标准　make weight
24 走向杠铃　address [approach] the bar
25 试举　**attempt; trial**
26 第一次试举重量　**starting weight**
27 第一次试举　first attempt
28 第二次试举　second attempt
29 第三次试举　third attempt
30 破纪录试举　record lift; extra attempt
31 要求增加重量　ask for another weight
32 增加重量　**increase weight;** add weight to the bar
33 减轻试举重量　reduce weight
34 标准动作　Olympic set
35 两臂过头完全伸直　arms fully extended overhead
36 犯规的握法　false grasp
37 犯规动作　incorrect movement
38 两臂高低不平　uneven raising of arms
39 杠铃背后脱落　drop the bar behind the back
40 放下杠铃　replace [lay down; put down] the weight
41 放下！　**Down!**
42 失败　**no lift**
43 成功　**good lift**
44 举起的重量超过对手　outlift

技术动作

45 预备姿势 commencing [starting; crouch] position
46 高臀式预备姿势 diving style

---

47 普通［正常］握 **normal** [common] **grip**
48 正握 overgrip; palm down; pronated grip
49 反握 undergrip; palm up; supinated [underhand] grip
50 正反握 alternate [reverse] grip
51 宽握 broad [wide] grip
52 窄握 narrow grip
53 空握 thumbless grip
54 锁握 hook grip
55 握杠距离 grip width; hand spacing
56 最大握距 collar-to-collar grip

---

57 **半蹲 half squat**
58 **深蹲 deep squat**
59 下蹲式 squat style
60 下蹲式抓举 squat snatch

---

61 上拉 pull up
62 **第一次发力**（上拉至膝） **first pull**
63 **提铃至胸 clean (to chest)**
64 悬吊 hang
65 翻腕 turn over the wrists
66 翻肘 turn over the elbows
67 半高翻 half clean
68 高［力量］翻 high [power] clean
69 **第二次发力**（发力硬举） **second pull**
70 举起（杠铃） (up)lift
71 爆发力 explosive power
72 最大力量 maximal force; peak power
73 **上挺 jerk;** thrust
74 上推 press

---

75 弓箭步 **forward** [scissors] **lunge**
76 深箭步 deep split
77 箭步蹲 split squat
78 箭步式抓举 split snatch
79 身体降至杠下 body drop
80 高抓举 high snatch
81 收腿直立 recover to standing position
82 静止姿势 motionless position
83 直立 erect position
84 两腿收回 feet together
85 两脚平行 feet on line

场地与器材

86 比赛场地 ring
87 **举重台 platform**
88 垫木 block; box

---

89 **杠铃 barbell**
90 **杠铃片 disc; disk; plate**
91 标准铃片 Olympic plate
92 白色杠铃片（5公斤） white disc
93 绿色杠铃片（10公斤） green disc
94 黄色杠铃片（15公斤） yellow disc
95 蓝色杠铃片（20公斤） blue disc
96 红色杠铃片（25公斤） red disc
97 **杠铃杆 bar**
98 卡箍 (spin-lock) collar
99 内卡箍 inside collar
100 外卡箍 outside collar
101 套管 sleeve

102 杠铃架 barbell stand

———

103 信号灯 signal lights
104 **红灯 red light [lamp]**
105 **白灯 white light [lamp]**
106 记录台 recording desk

———

107 举重衣 lifting costume [suit]
108 举重鞋 lifting boot
109 负重鞋 iron boot

———

110 **壶铃 kettle-bell**
111 **哑铃 dumbbell**
112 静力［支撑］架 isometric training stand
113 **深蹲架 squat rack** [stand]
114 罗马椅 Roman chair
115 **斜板 incline bench**
116 划船器 rowing apparatus
117 实时分拆系统 real-time analyzer

举重训练

118 **负重［力量］训练 weight training**
119 杠铃练习 barbell exercise
120 起踵练习 calf raise
121 蹬腿练习 leg press
122 负铃跳 jump under the weight
123 蹬举杠铃 leg raise
124 负重下蹲 squat with weight
125 前深蹲 front squat
126 后深蹲 back squat
127 架上拉 pull from the rack
128 俯卧拉 prone arms rowing
129 颈后挺 jerk from the neck
130 颈后推举 back press
131 腿间硬举；跨举 straddle lift
132 杰斐逊式举（＝腿间硬举）Jefferson lift
133 悬垂提铃 pull from the hang
134 仰卧臂拉起 pullover
135 仰卧起坐 sit-up; abdominal curl
136 硬举［拉］ dead lift
137 直臂后举 arms backward lift
138 直臂前上举 arms forward lift
139 坐提铃 seated bench clean
140 坐推 seated press
141 俯卧直臂平举 prone horizontal arm lift

———

142 弯举 barbell curl
143 坐弯举 swing bell curl seated
144 弯身举 bent press
145 屈腕练习 wrist curl
146 屈臂提铃至胸 bent over rowing; reverse curl
147 屈臂练习 arm [biceps] curl
148 屈臂持铃侧举 bent-arm lateral raise
149 屈臂持铃扩胸 bent over chest crossovers
150 体前屈 trunk bending; good-morning exercise
151 弓身提拉哑铃练习 pumper
152 弓身划船练习 bent forward rowing
153 哑铃练习 dumbbell exercise

45

45. 健美运动 Bodybuilding

1 健美［身］运动 **bodybuilding;** physical culture
2 形体训练 **shape-up exercise**
3 健美运动员 bodybuilder; physical culturist
4 奥林匹亚健美比赛 Olympia competition
5 奥林匹亚小姐 Miss Olympia
6 奥林匹亚先生 Mr Olympia
7 世界健美小姐 Miss World
8 宇宙小姐 Miss Universe
9 宇宙先生 Mr Universe
10 健美［有氧健身］操 **aerobics**
11 做有氧操 aerobicise
12 迪斯科操 **disco exercise**

---

13 规定动作 **compulsory pose**
14 自选动作 **free pose;** optional posing routine
15 自由造型 **free posing**
16 前展腹肌和大腿 front abdominal pose with legs
17 前展背阔肌 front lat spread
18 侧展胸部 side chest
19 后展双肱二头肌和小腿 back double biceps
20 后展背阔肌 back lat spread
21 侧展肱三头肌 side triceps
22 前展双肱二头肌和大腿 double front biceps; front double biceps

---

23 形体健美 **symmetry**
24 表演造型 **posing presentation**
25 肌肉发达 **muscularity**

格斗项目 Combat Sports（46–50）

46. 拳击 Boxing

1 格斗项目 **combat**(ive) [fighting] **sports**
2 拳击运动 **boxing;** pugilism; sweet science
3 散手（详见244页） **sanshou;** free sparring
4 空手道 karate
5 合气道 aikido
6 泰拳 **Thai boxing;** Muay Thai

---

7 猛攻猛打的拳击比赛 slugfest
8 赤拳格斗 bare-knuckle fighting
9 拳斗 fist fight; fisticuffs
10 业余拳击比赛 **amateur boxing**
11 职业拳击比赛 **pro(fessional) boxing;** prizefighting
12 拳王争霸赛 title bout
13 世界拳击协会 World Boxing Association (WBA)
14 世界拳击理事会 World Boxing

Council (WBC)
15 国际拳击联合会 International Boxing Federation (IBF)

人员

16 **拳击手**［运动员］ **boxer;** fighter; pugilist
17 业余拳击手 amateur boxer
18 职业拳击手 professional boxer; (prize)fighter; scrapper
19 **拳王 boxing champion**
20 进攻型拳击手 offensive boxer
21 防卫型拳击手 defensive boxer
22 舞蹈型拳击手（移步躲闪多而主动进攻少） dancer
23 猛冲猛打的拳击手 slugger; puncher
24 菜花耳（耳朵受伤后变形） cauliflower ear
25 左撇子（基本姿势中左手在后） southpaw
26 水平不高的拳击手 potato can; ham-and-egger
27 不堪一击的拳击手 glass jaw

---

28 **拳击教练 boxing coach;** handler
29 台边指导 ringside instruction
30 **拳击陪练 sparring partner;** training opponent
31 **辅导员**；助手 **second**
32 第一辅导员 chief second
33 第二辅导员 assistant second
34 **台上裁判员 referee**
35 **台下**［评分］**裁判员 judge;** ringside official
36 推广人 promoter

规则

37 **场**（包括若干回合） **match;** bout;fight
38 **回合 round**
39 体重分级（详见18页） weight division [category; classification]
40 最大体重 weight limit
41 手套检查 glove inspection
42 裁判员口令 referee's command
43 **分开 break;** separate; disengage; disentangle
44 三次击倒规则 three-knockdown rule
45 **数秒 count**
46 强制性数8 standing-eight count
47 数完10秒 full count
48 **被击倒后数10不起 counted out;** down and out; take the count
49 **绝对胜利**（对方数10不起） **knockout** (KO)
50 侥幸脱险（数秒不到10鸣锣停止比赛） narrow escape

---

51 击败对手 outbox; outclass
52 击倒获胜 win by a knockout
53 **技术击倒**［获胜］ **technical knockout** (TKO)
54 分数超过对方 outpoint
55 **得分获胜 win by decision [on points]**
56 10分获胜制 ten-point must system
57 20分获胜制 twenty-point must system
58 裁判员宣布停止比赛 referee stops contest
59 裁判员叫停获胜 win by "referee stops contest"
60 因对方弃权而获胜 win by retirement
61 因对方未出场而获胜 win by walk-over [absence]
62 胜局 winning round
63 **金腰带 gold** [champion] **belt**

———

64 犯规拳 foul blow
65 **腰下拳 low blow;** hit below the belt
66 肾部拳 kidney blow
67 击后背 hit on the back
68 **击后脑勺 rabbit punch;** hit on the back of neck
69 拳背击人 backhander; backhand swing
70 开掌打击 open blow; hit with open gloves
71 用手掌部位击打 hit with the inside of glove
72 以肘击人 elbow blow
73 头撞 headbutting
74 肩撞 hit with the shoulder
75 膝顶 kneeing
76 踢 kick
77 推 push
78 卡脖子 throttle; stranglehold
79 咬人 biting
80 贴靠对方 lean on one's opponent
81 抱着打 hold and hit
82 拉住对方打 pull and hit
83 击打倒地对手 hit opponent when he is down

拳法

84 拳击技术 boxing skill; ringcraft
85 基本站立姿势 fundamental stance
86 前边的手臂 guarding [leading] arm
87 后边的手臂 striking hand
88 摆好架势 square away
89 **防守姿势 on guard**
90 膝部略弯身体前倾的姿势 crouch
91 拳 fist; clenched hand
92 臂长 reach
93 拳头打击面 knocking surface of the fist
94 出拳 deliver [land] a punch
95 出拳过短 short
96 出拳过远 overreach
97 **击打 punch; blow; strike**
98 打击力量 punching [hitting] power
99 **重拳 hard [heavy] blow;** smash; swipe; thump; sock
100 决定性打击 decisive blow
101 最厉害的一击 Sunday punch
102 击中要害的两拳 navy double punch
103 企图击倒对方的重拳 haymaker
104 互击 crisscross; double counter; trade [exchange] blows
105 难分难解 deadlock

———

106 基本拳法 basic [fundamental] blows
107 左手拳 left
108 右手拳 right
109 **直拳 straight** (blow)
110 左直拳 straight left
111 右直拳 straight right
112 短直拳 short straight
113 **刺拳 jab**
114 **钩拳 hook**
115 **上钩拳 uppercut;** hook up; bolo punch
116 长钩拳 long hook
117 短钩拳 short hook
118 短上钩拳 short uppercut
119 侧钩拳 side hook
120 平钩拳 flat hook
121 **摆［横］拳 swing;** roundhouse; round-arm blow
122 侧击 sidewinder; glancing blow
123 钻［螺旋］拳 corkscrew blow
124 捶打 hammer blow
125 向下击拳 chop; downward punch

126 上下交替拳 high-low
127 一、二连击 one-two (punch)
128 跟进拳 follow blow
129 转身击打 pivot blow
130 组合［连续］拳 **combination** [serial] **blows**

---

131 开始拳 lead; leading-off blow
132 试探 feeler
133 虚拳 fake blow
134 击头部的拳 nobber
135 击脸部的拳 facer
136 下巴拳 chin punch
137 拇指击眼部 gouge; thumb
138 眼部青肿 black eye; mouse; shiner
139 击胸部的拳 heart blow
140 击胃部的拳 solar plexus blow
141 **击空 mispunch;** miss blow
142 **击中 hit;** connect
143 摇晃（被击中后） stagger
144 晕头转向 punch-drunk
145 昏迷 unconscious
146 拳击手痴呆症（因头部被重击引起）punch drunkenness; pugilistica dementia
147 **击倒 knock down;** floor; flatten; deck; drop; pound to canvas
148 倒下 fall down
149 倒在围绳上 on the ropes
150 假装被击倒 dive
151 认输 throw [toss] in the sponge [towel]
152 打出台外 ring out

---

153 击掌练习 hitting drill
154 拳击练习 spar
155 影子拳；打空拳 shadow boxing

步法

156 **步法 footwork**
157 **上步 step up**
158 出拳步 knock step
159 侧步 sidestep
160 **往后移步 step back;** bicycle; back pedal
161 环绕步 circle
162 擦地移步 shuffle
163 变换步法移动身体重心 drop shift
164 灵活的步法 nimble footwork

攻防

165 **闪电式进攻 blitz**
166 先失后得（挨一拳再出击） give and take
167 边打边退的战术 hit and sway
168 疲劳战术（让对方连续出拳消耗体力） rope-a-dope strategy
169 引诱性移动 decoy movement
170 前后左右快速移动（以迷惑对方） jitterbug; stunt

---

171 **防守**［御］ **guard; defense**
172 消极防守 passive defense
173 回到防守姿势 recover
174 退却 retreat
175 撤步防守 step-away
176 还击 counter; cross
177 **还击拳 counter blow**

---

178 **格挡 parry; ward off;** shove aside
179 内侧格挡 inside parry
180 内侧伸臂格挡 leverage guard
181 外侧格挡 outside parry
182 同名臂格挡 cross parry
183 手掌格挡 catch

46

184 张掌格开来拳 brush-away
185 张掌压来拳 pin; stop
186 阻挡 **block**
187 前臂阻挡 forearm block
188 安全［两臂］阻挡 safety block
189 肩部阻挡 shoulder block
190 肘部阻挡 elbow block
191 掩护（一臂遮胃，另臂挡头） cover
192 拨开 deflect

193 身法 **body work**
194 身体虚晃 body feint
195 上下左右摆动 bob and weave
196 摆动身体 **sway**
197 摆体躲闪；摇避 weave; rock away; swerve
198 后仰躲闪 sway back
199 头部躲闪 slip
200 下潜［蹲］躲闪 **duck**
201 向前下潜 fold
202 转体弯腰躲闪 drop-away

203 近战 close(-quarter) fight; infighting
204 紧逼 press
205 逼角 corner to the ropes; force to the corner
206 擒拿 hold
207 擒抱 hug
208 扭抱 **clinch**
209 夹住对方双手 double lock

场地与装备

210 拳击台 **(boxing) ring;** squared circle
211 拳击台围绳 **ropes of the ring**
212 拳击台围绳以外部分 apron
213 红角 red corner
214 蓝角 blue corner
215 中立角 neutral corner
216 帆布台面 canvas-covered floor
217 台上坐凳 ring-stool
218 锣 gong

219 拳击手套 **boxing glove**
220 练习手套 training glove
221 护头 **head protector** [guard]; protective headgear
222 拳击鞋 boxing shoe
223 腰带 **belt**
224 拳击手披风 boxing robe

225 拳击沙包 **sandbag;** training [punching; heavy] bag
226 吊球 **speed bag;** speedball; punching ball
227 梨形吊球 pear bag
228 墙靶 wall punch pad

47．击剑 Fencing

1 击剑运动 **fencing**
2 花剑比赛 **foil**
3 重剑比赛 **épée**
4 佩剑比赛 **saber**
5 剑道 kendo

6 击剑运动员 **fencer;** swordsman
7 花剑运动员 foil fencer; foilsman;

fleurette （女）
8 重剑运动员 épée fencer; épéeist; duelist
9 佩剑运动员 saber fencer; sabreur

---

10 **裁判员 judge**
11 **主裁判 president; director**
12 检察员 controller

规 则

13 双方就位 on trip
14 举剑致敬 salute
15 敬礼 grand salute（比赛开始时）; courbette（比赛结束时）
16 **优先裁判权 right of way**
17 剑尖威胁 point in line
18 **击剑时间 fencing time;** temps d'escrime

---

19 有效距离 reach
20 **有效部位 target area** [field]; (valid) target
21 接近有效部位 deep
22 有效面积 valid surface
23 无效面积 invalid surface
24 **击［刺；劈］中 hit; touch**
25 **没击中 hit off the target**
26 互中 mutual [double; simultaneous] touch; coup double
27 判击中无效 annul
28 击中得分 hit received [scored; on the target]
29 击中无效 hit not valid; invalid touch
30 同时进攻 simultaneous action
31 可疑剑 doubtful hit
32 身体接触 corps-à-corps; clinch
33 平分 match null
34 弃权 abandon; no opinion
35 退出比赛 abandon

---

36 故意冲撞 closing in
37 非故意犯规 unintentional foul
38 粗野动作 rough play
39 有意做粗野动作 willful brutality
40 危险动作 dangerous play
41 警告信号 warning signal
42 判罚一分 penalize one touch
43 **罚分 penalty point**
44 黄牌（警告仅对本场有效） yellow card
45 红牌（判罚一剑） red card
46 黑牌（开除出比赛） black card

---

47 **循环赛小组 pool**
48 复赛 fence-off; barrage
49 决胜赛 additional match
50 决胜加时赛 prolongation
51 调换位置 reverse position
52 交换场地 change of place
53 检查器械 control of weapons

---

54 预备！ On guard!; En garde!
55 准备好没有？ Ready?
56 开始！ Fence!; Fight!; Go!; Play!
57 有！（指刺中、劈中） Hit!; Touch!; Yes!
58 没有！ No touch!
59 无效部位！ Yes but not valid!
60 击中部位过低！ Hit too low!
61 地上！（指剑刺地上） Ground!; Planche!
62 停！ Halt!
63 罚退一米！ One meter!
64 罚退两米！ Two meters!
65 我弃权！ I abstain!

剑 术

66 **击剑 fence**
67 **剑术 fencing;** swordplay; swords

manship
68 花剑剑术 foil fencing
69 重剑剑术 épée fencing
70 佩剑剑术 saber fencing

---

71 持剑手 sword hand
72 非持剑手 unarmed hand
73 非持剑手臂 back arm
74 握剑方法 grip
75 手心向上的握剑法 supination
76 手心向下的握剑法 pronation
77 手法 hand technique
78 手腕操纵 manipulation with the wrist
79 手指技术 finger play
80 手的位置 hand position
81 手指控制剑身 fingering; doigté
82 动作方式 manner of execution
83 触剑动作 action on the blade
84 实战接触 on guard
85 剑身交叉［接触］ contact of blades
86 **交锋 engagement**
87 对抗 opposition
88 对抗刺［劈］ opposition [time] hit
89 缠绕剑 prise de fer; takings of the blade
90 变动［换］ transitions
91 连续交锋过程 phrase (d'armes); sequence of play
92 时机感 sense of timing
93 击剑距离 fencing distance
94 剑身位置 blade position
95 在距离之内 within distance
96 拉开距离 open the distance

---

97 **击打 beat; tap**
98 直接击打 direct beat
99 剑背击打 back-edge beat
100 划半圆击打 half counterbeat
101 假击打 false beat
102 变换交叉击打；挂剑交叉 change beat
103 两次变换交叉 double change
104 **压剑 press the sword**
105 压［掏］刺 bind (thrust); liement
106 压滑剑 pressure glide
107 划圆压剑 double bind

---

108 **击剑线 line**
109 开放的击剑线 open line
110 关闭击剑线 close the line
111 交叉线 line of engagement
112 破坏击剑线 cut the line

---

113 **引诱；挑引 invitation;** invito; tempt; catch; challenge
114 **假动作 feint;** deceptive movement; deception
115 两个假动作 double feints
116 复杂假动作 compound feint
117 反欺骗 counter-deception

进攻

118 **进攻 offense**
119 **进攻者 attacker; assailant**
120 进攻行动 offensive action
121 准备进攻动作 preparation
122 进攻路线 line of attack
123 第一意图 first intention
124 第二意图 second intention
125 **延续进攻 remise;** renewed attack
126 连续进攻 redoublement; renewed attack
127 持续进逼 march
128 **近战 close combat;** infighting; fight at close quarters
129 喔吧！（两个连贯步进攻时自我助威喊声） Appel!

130 曲臂进攻 bent arm attack
131 及时进攻 attack into tempo
132 不及时的进攻 delayed attack
133 **直接进攻 direct attack**
134 **间接进攻 indirect attack**
135 简单进攻 simple attack
136 复杂进攻 compound [composite; composed] attack
137 重新进攻 reprise; renewed attack
138 超过还击的重复进攻 appuntata
139 滑剑［转移］进攻 glide; coulé; filo
140 两个节奏［速度］进攻 two-time attack
141 下蹲弓步抢攻 passato sotto
142 击打进攻 attack with beat
143 决定性的一击 coup de grace

---

144 **假进攻 false attack;** attack on second intent; countertime; second-intention attack
145 快步佯攻 appel
146 一个假动作的进攻 attack preceded by a feint
147 两个假动作的进攻 attack preceded by two feints

---

148 **上下转移 disengagement;** dégagement; high-low
149 半圆转移 half dégagement
150 划圆；重复转移 double dégagement; dedouble
151 **划圆**［加倍］**转移 double;** doubler-dedoubler
152 变换交叉 change; transport of blade; coupé; cutover
153 交叉转移 cutover disengage
154 两次转移 one-two
155 三次转移 one-two-three
156 重复转移刺 counter-disengagement

---

157 **刺 thrust**
158 一般反攻刺 stop thrust
159 假直刺 feint direct [straight] thrust
160 平刺 plaqué
161 滑剑还击刺腰侧 flanconnade; croisé to flank
162 滑［戳］刺 glide thrust; pass; passé
163 直［冲］刺 running attack; waist thrust; flèche; balestra; flash
164 甩剑刺 thrown hit [thrust]
165 叉刺 forking thrust
166 及时刺 time thrust
167 格挡 parry; deflect; divert
168 格挡防守 blocking parry; parry of detachment
169 轻擦格挡 graze; froissement; glance off; glisser
170 角度刺 angled [angular] thrust
171 点刺前臂 dig

---

172 **弓箭步刺 lunge**
173 半弓箭步刺 half distance
174 原地弓步刺 rear lunge
175 向前移步刺 advance lunge; march attack

---

176 **劈 cut**
177 及时劈 time cut
178 直接劈 direct cut
179 一般反攻劈 stop cut
180 复杂还击劈 compound riposte with cut
181 平劈 flat cut; plaqué
182 划圆劈 circular cut; (cut) moulinet
183 劈头 head cut
184 由外侧劈头 outside cut at the head

185 劈手臂 arm cut
186 劈腰 flank cut
187 剑刃劈 edge cut
188 剑背劈 back-edge cut

防守

189 防守动作 defensive action
190 **直接防守 direct parry**
191 简单防守 simple parry
192 复杂防守 compound parry
193 反防守 counter-parry; parry of detachment
194 向前防守 guard forward
195 后退防守 guard backward
196 后退拉开距离的防守 ceding parry
197 击打防守 beat [slinging; tap] parry
198 假防守 feint parry
199 **划圆［圆周］防守 circular** [counter] **parry;** counter
200 **划半圆防守 semi-circular parry;** half counter-parry
201 划圆缠绕［阻挠］ envelopment
202 对角线半圆防守 half-circle
203 同侧的半圆防守 half-counter
204 假进攻接防守 contretemps
205 变换防守 change parry
206 对抗防守 opposing [contraction; holding] parry
207 不充分的防守 insufficient parry
208 拨开剑身 déviamento
209 闪躲 dodge; avoid; evade; displace
210 转身闪躲 volt(e)
211 向旁闪躲 sidestep
212 向后弓步闪躲 échappement

姿势与部位

213 **防守**［预备；实战］**姿势 on-guard** [parry] **position;** en garde
214 回到预备姿势 recovery
215 **攻击姿势 attack position**
216 低姿势 low guard
217 高姿势 high guard
218 高手姿势 classic position
219 开始姿势 central [starting; initial] position

---

220 第一姿势 first; prime
221 第一姿势防守 first parry
222 第二姿势 second; seconde
223 第二姿势防守 second parry
224 第三姿势 third; tierce
225 第三姿势防守 third parry
226 第四姿势 fourth; quarte
227 第四姿势防守 fourth parry
228 第五姿势 fifth; quinte
229 第五姿势防守 fifth parry
230 第六姿势 sixth; sixte
231 第六姿势防守 sixth parry
232 第七姿势；半圆 seventh; septime; semi-circle; mezzocerchio
233 第七姿势防守 seventh parry
234 第八姿势 eighth; octave
235 第八姿势防守 eighth parry

---

236 上线（部位） high lines
237 下线（部位） low lines
238 外侧部位 outside lines
239 外上部位 high-outside
240 外下部位 low-outside
241 内侧部位 inside lines
242 内上部位 high-inside
243 内下部位 low-inside

还击

244 反攻 counter-attack

245 一般反攻 stop hit
246 侧身反攻 inquartata
247 变换交叉反攻 change stop hit
248 还击 **riposte; return**
249 反还击 counter-riposte[-return]; counter tempo
250 直接还击 **direct riposte**
251 间接还击 **indirect riposte**
252 简单还击 **simple riposte**
253 复杂还击 **compound riposte**
254 简单直接还击 simple direct riposte
255 简单间接还击 simple indirect riposte
256 交叉还击 riposte with a coupé
257 防守后变换交叉还击 flying parry
258 及时还击 immediate riposte
259 迅速还击 flying riposte
260 转移还击 croisé
261 划圆转移还击 riposte with a double
262 上下线转移还击 riposte by disengagement
263 两次变线转移还击 riposte with a one-two

步法

264 步法 footwork; step
265 向前一步 **step forward**
266 向后一步 **step backward**
267 向前跃步 jump forward
268 向后跃步 jump backward
269 交叉步 cross feet
270 向前交叉步 passado
271 跨步 **stride**
272 滑步 **sliding**
273 侧［横］步 **sidestep**
274 弓步 plunge; gain
275 后撤弓步 backward lunge
276 弓步还原 recover
277 两脚间的距离 foot spacing [spread]
278 跟上［进］ catch up
279 后退 draw back; retreat; retire; give ground

剑

280 剑 **sword**
281 花剑 **foil**
282 重剑 **épée**
283 佩剑 **saber**
284 器械；武器（三种剑的统称） weapon
285 剑身 **blade**
286 易弯的；富有弹性的 whippy
287 剑身强部 forte
288 剑身弱部 foible
289 剑身中部 middle
290 剑身末端 tang
291 剑刃 edge of the blade
292 剑尖 **point; tip**
293 剑背 back edge; flat of the blade
294 剑槽 groove
295 剑头 **button;** pointe d'arrêt
296 电动剑头 electric pointe d'arrêt
297 剑柄 **handle; hilt;** grip
298 松紧带（将剑柄固定在手上） strap; martingale
299 护手盘 **hand [bell] guard;** coquille
300 剑鞘 scabbard; sheath

场地

301 击剑馆 **fencing hall**
302 比赛场地 field of play
303 击剑场 **piste;** fencing strip [terrain];

planche; board
304 金属场地 metallic piste
305 边线 boundary
306 端线 end line; rear limit
307 延伸部分 extension; runback
308 警告区 warning area
309 开始线 guard line
310 中线 middle line
311 红灯 **red lamp**
312 绿灯 **green lamp**
313 白灯 **white lamp**
314 重复信号灯 repeater lights
315 裁判器 judging apparatus
316 电动裁判器 electric judging apparatus
317 导线 cable; cord; wire
318 拖线盘 spool; drum
319 击剑靶；人形靶 dummy

装备

320 击剑服 fencing clothes; suit
321 击剑上衣 fencing jacket
322 **金属衣［背心］ metallic vest** [plastron]
323 击剑裤 fencing breeches
324 **面罩 face guard;** (wire-mesh) mask
325 护颈 neck flap [guard]; bib; bavette
326 护臂 bracer
327 护胸 chest protector; plastron
328 护腕 cuff
329 护腿 cuissard
330 防护手套 gauntlet

48. 摔跤 Wrestling

1 **摔跤运动 wrestling**
2 **古典［希腊罗马］式摔跤 Greco-Roman** [traditional] **wrestling**
3 **自由式摔跤 freestyle** [unrestricted] **wrestling; catch-as-catch-can**
4 学院式摔跤 collegiate-style [scholastic] wrestling
5 **中国式摔跤 Chinese-style wrestling**
6 **相扑 sumo**
7 桑勃式摔跤 sambo
8 浮木摔跤 log-rolling; birling

人员

9 **摔跤运动员 wrestler;** matman
10 **侧面裁判员 judge**
11 **场上裁判员 referee**
12 裁判长 mat chairman
13 裁判组 jury
14 裁判团 adjudication board

规则

15 **场**（包括若干局） **match; bout**
16 **局 period; round**

---

17 注意！ Attention!
18 继续！ Continue!; Go on!
19 **双肩着地！ Fall!**
20 分开 break
21 背后压倒分 back point
22 输分 black mark
23 罚分 penalty point

———

24 犯规动作 foul action
25 不合法抓握 illegal grip
26 被禁止的抱握动作 forbidden hold
27 击打 striking
28 头撞 butting
29 踢 kicking; sweeping
30 **反关节动作 twisting move**
31 反肘关节 twisting the elbow joint; twisting hammerlock
32 反关节扭踝或脚趾 toe hold
33 抓头发 hair-pulling
34 抱举对手重摔 body slam

———

35 优势［控制对方的］时间 riding time; time advantage
36 **积极 activity**
37 **消极 passivity**
38 逃出边线 mat escape
39 故意脱离垫子 intentionally leaving the mat
40 故意进入消极区 intentionally entering the passivity zone
41 **绝对胜利**（对方双肩着地）**win by fall**
42 **得分获胜 win by decision** [on points]
43 以明显优势获胜 win by evident superiority
44 因对方消极逃避而获胜 win by passivity
45 因对方退出比赛而获胜 win by withdrawal
46 因对方弃权而获胜 win by forfeit
47 因对方负伤而获胜 win through injury
48 因对方被取消比赛资格而获胜 win through disqualification

———

49 绝对失败 lose by fall
50 接近绝对失败（双肩离地 4 英寸以内） near fall
51 输分失败 lose on points
52 双方失败 double defeat [loss]
53 平局 dogfall

基本姿势

54 **摔跤 wrestle**
55 同侧的（指臂、腿） ipsilateral
56 近侧的 near
57 远侧的 far; further
58 同名臂 corresponding arm; arm of the same name
59 异名臂 opposite arm
60 同名腿 corresponding leg; leg of the same name
61 异名腿 opposite leg

———

62 **控制 control**
63 控制双腕 double wrist control
64 背后控制 go behind
65 跪 kneel
66 跪撑 ground hold; par terre
67 单腿跪撑 on thigh and hands
68 **跪撑姿势 ground position**
69 迎面跪撑姿势 head-on [kneeling-facing] position
70 防守姿势 defense position
71 准备姿势 neutral position
72 低准备姿势 low “on guard”
73 跪撑防守 on hands and knees
74 蹲伏 crouch
75 蹲撑防守 on legs and hands
76 跪撑摔开始姿势 referee’s position
77 在上面跪撑摔 on top; behind
78 在下面跪撑摔 underneath
79 **在上面的摔跤手 top man**
80 **在下面的摔跤手 underman**
81 迫使对方由跪撑转俯卧 break

down
82 胸腹着地 lie flat on the belly
83 相持姿势 neutral position
84 连续摔跤术 chain wrestling

抓 握

85 **抓握 grip; hold; catch;** seize
86 技术抓握 technical hold
87 合法抓握 legal grip
88 抓握部位 grip zone
89 抢手；扭打 grapple
90 反握 reverse grip
91 扭臂握 eagle grip
92 反攻性抓握 counter grip
93 **双手抓握 double grip**
94 手指搭扣 finger interlock
95 两手搭扣握抱 wrestler's grip
96 抓臂 arm grip
97 握前臂 forearm hold
98 侧握臂 cross face
99 拉臂 arm drag
100 拉倒 pull down
101 背后围抱抓握远侧臂 Mepham
102 **握腕 wrist-hold**
103 双手抓腕 double wristlock; two-on-one
104 抓腿 leg grip
105 穿握外小腿 hold leading foot through legs
106 握颈踝 ankle and neck hold
107 反抱肩颈 reverse head-lock
108 **卡脖子 stranglehold;** choke; clutch at the throat
109 潜入 duck
110 肩下潜入 elbow push-up

---

111 **纳尔逊；腋下握颈 Nelson**
112 反纳尔逊；反肩下握颈 reverse Nelson
113 抢颈腿压桥 reverse Nelson and cradle hold
114 双纳尔逊；双肩下握颈 double [full] Nelson
115 半纳尔逊；侧面肩下握颈 half Nelson
116 锁臂肩下握颈 chicken wing and half Nelson
117 四分之三纳尔逊；后抱躯干肩下握颈翻 three-quarter Nelson
118 四分之一纳尔逊；杠杆握翻 quarter Nelson
119 杠杆纳尔逊；握臂压颈肩 bar Nelson
120 侧面杠杆纳尔逊；侧面肩下杠杆压颈 further bar half-Nelson

抱

121 **抱 hold; lock**
122 相抱 embrace
123 抱住 hug
124 反抱 reverse
125 抱折 drop
126 **双手抱 double hold**
127 完全抱 complete hold
128 不完全抱 incomplete hold
129 组合抱 combination of holds
130 换把位 change holds

---

131 **抱肩颈 neck hold**
132 抱臂；熊抱 bear hug
133 别肩臂转移 standing switch

---

134 **抱躯干 body hold**
135 反抱躯干 reverse body hold
136 侧面抱躯干 cross body hold; body hold from the side
137 从上抱躯干 body hold from above
138 抱躯干及单臂 body and single arm

hold
139 抱肚子 abdomen hold
140 抱腰 waist hold
141 侧抱腰 side waist lock
142 后抱腰 rear waist block; pass behind the opponent

———

143 **抱腿；搂裆 crotch hold**
144 侧面抱腿 near leg hold
145 内抱腿 inside crotch hold
146 外抱腿 outside crotch hold
147 抱腿转移 leg dive

夹、剪、钩、缠

148 **夹；锁 lock**
149 夹臂 armlock
150 侧面夹单臂 whizzer
151 反夹臂 reverse armlock; bar arm; arm grapevine; chicken wing above elbow
152 上锁臂 over hook
153 锁双臂 chicken wing
154 扭臂到背后 hammerlock
155 **杠杆 lever**
156 杠杆锁臂 bar hammerlock
157 臂杠杆 arm bar [lever]
158 夹腕 wrist lock
159 夹腿 leg lock
160 夹头 headlock; chancery

———

161 **剪夹 scissors** (**lock**; hold)
162 单腿夹颈 flying head scissors
163 单腿夹胸 flying body scissors
164 夹躯干；双脚夹身 body scissors
165 直体剪夹 straight body scissors
166 双脚夹胫 flying scissors
167 剪腿 leg scissors
168 剪腿侧面肩下握颈 reverse stretcher; half Nelson and leg scissors

———

169 **钩 hook;** underhook
170 搭钩［扣］ lock one's hands
171 钩滑 hook slide
172 钩腿 leg hook; tripping kick

———

173 **缠腿 leg grapevine** [encircle]
174 双缠腿 double grapevine
175 4 字形缠腿 figure 4 (scissors); hook scissors

提、压、绊、骑

176 **提举 lift; pickup;** tackle
177 后提 rear lift
178 握颈踝提起 head and heel pickup
179 后面抱举 rear body lock and lift

———

180 **压倒 hold down**
181 压躯干 body press
182 压踝 ankle block
183 膝压倒 knee drop
184 直角压倒 hold down at right angle
185 从头部压倒 hold down at the head
186 从肩部压倒 hold down at the shoulder
187 穿腿压倒 hold down between the legs
188 **压倒对方双肩着地 pin**
189 接近压下 near pin
190 固定对手的方法组合 pinning combination

———

191 **绊** (leg) **trip;** heel
192 向后绊摔 back heel
193 握臂颈绊 neck hold and leg trip
194 后绊；钩异名腿 inside trip

195 后抱腰绊腿 forward trip
196 圈臂绊 hip drop
197 长迈步插入 long step-in
198 扫腿 foot sweep

———

199 骑 **ride**
200 缠骑 cross-scissors ride
201 内抱腿侧面骑 inside crotch ride
202 骑双肩下握颈 stretcher
203 后抱躯干骑钩同名腿 crab ride
204 缠腿钩臂骑 cross-body ride

桥

205（角力）桥 **bridge**
206 后倒成桥 fall into bridge
207 高桥 high bridge
208 低桥 low bridge
209 固定桥 block the bridge
210 沉桥 bridge down
211 缠桥 twist bridge
212 压桥 break the bridge
213 圈臂反抱肩颈压桥 reverse head-lock and arm-bar
214 侧面双肩下抱颈压桥 double arm-bar from side
215 抱异名腿背下握同名腕压桥 over-and-under
216 头撑练习 "bridging" exercise

翻滚

217 翻 **turn over;** overturn
218 滚（转） lift-over
219 翻上 reversal; switch; crawfish
220 穿腿翻上 elongated [extended; leg; power] switch
221 翻过来 twist over
222 绕头翻 around-the-head turnover
223 过背翻 turn over across the back
224 交叉握小腿翻 spindle
225 缠腿钩臂翻 leg grapevine and further arm hold; guillotine; crucifix
226 滚翻 **roll;** rolling turn
227 滚翻时两肩着地 rolling fall
228 侧滚翻 side roll
229 侧面抱腿颈翻 cradle; far [jackknife; roll-back] cradle
230 肩下压颈翻 side roll from half Nelson; roll-locking near arm
231 侧滚翻摆脱 Granby roll
232 站立抱腿后滚翻 standing roll
233 站立反夹臂滚翻 standing arm roll with reverse arm
234 夹臂滚翻 wing (lock); arm roll [pull] from underneath
235 滚桥 rolling [momentary] bridge; roll over the shoulders
236 后抱躯干过桥翻 turn over with body hold; tight waist roll
237 锁臂后抱躯干过桥翻 turn over with body hold and arm-bar

摔

238 摔 **throw**
239 摔法 throwing technique
240 摔倒（使对手臀部着地） take [throw] down
241 大幅度摔 throw with a big amplitude
242 摔倒场外 fall outside the mat

———

243 前屈摔 forward bending throw
244 后仰摔 backward bending throw
245 薄烤饼（侧面夹臂后仰摔） pancake
246 侧摔 throw sideways
247 抱摔 **hold and throw**

248 反摔 back-drop
249 夹头过背摔 hiplock; cross buttocks
250 倒栽葱 header
251 使对手倒栽葱 piledriver
252 顶旋摔 airplane spin
253 环绕翻摔倒 around-and-over take-down
254 扭转摔 twisting throw
255 **过背摔 back-flip;** jackknife
256 **肩摔 shoulder throw;** fireman's carry; barrel roll
257 **过胸摔 salto**
258 **过臀摔 hip throw**
259 钩臂过臀摔 underhook hip throw
260 握臂过背摔 arm throw by elbow hold
261 抓手过背摔 arm throw
262 抢手摔 grappling throw
263 握单臂背 flying mare; front wing
264 抱单臂背 single armlock and buttock
265 反夹臂背 reverse arm-throw

---

266 **绊摔 trip and throw**
267 抱大腿摔 single-leg pickup
268 正面抱双腿摔 double-leg drop [pickup; pull-up]
269 抱双腿向前摔 straight drive
270 后抱双腿摔 catch legs to turn down
271 **过腿摔 hip roll;** crotch lift
272 抱肩颈过腿摔 hip roll with cross headlock
273 别腿摔法 elevator
274 异名踝摔 cross-leg pull

---

275 **过桥摔 sit-back**
276 抱单臂过桥摔 sit-back with single elbow-lock
277 握单臂半过桥摔 spin
278 后面锁臂过桥摔 fall back
279 抱肩颈过桥摔 sit-back with headlock
280 正面抱躯干过桥摔 lift with cross-body hold
281 后抱腰过桥摔 supply

---

282 飞腿踢倒 drop kick fall
283 偶然摔倒 accidental fall
284 双方同时倒地 dogfall
285 双肩瞬间着地 instantaneous fall
286 **三点着地 three-point contact**
287 **四肢扑地 go on all fours**

摆脱

288 **摆［逃］脱 escape;** undo a fold; free oneself from a hold
289 坐起摆脱 sit-out
290 滑脱 slip
291 解脱抓握 break [throw off; loosen] a hold
292 逃避抓握 evade [avoid; flee from] a hold
293 反抱后摆脱 reversal and escape
294 摆脱桥 bridge escape
295 避开战斗 avoid combat
296 从比赛场地逃避 flee the mat
297 推开对方 push off the opponent
298 推下巴 chin push

场地与装备

299 **摔跤场地 wrestling surface [area]**
300 中心比赛区 central wrestling surface

301 摔跤台 **ring; platform**
302 保护区 **protection surface**
303 摔跤垫 **wrestling mat**
304 保护垫 supplementary mat
305 垫子中心 center of the mat
306 垫边 edge of the mat
307 红角 **red corner**
308 蓝角 **blue corner**
309 消极区 **passivity zone**

---

310 摔跤服 **wrestling suit** [costume]
311 连裤衩的紧身衣 full-length tights
312 红臂章 red armband
313 蓝臂章 blue armband
314 摔跤鞋 **wrestling boot**
315 假人（训练用） puppet

49. 柔道 Judo

1 柔道 **judo**
2 柔术 jujitsu

人员

3 柔道运动员 **judoist;** judoka; judo player
4 段级 grade; rank
5 段 **dan;** degree
6 级 kyu
7 白色腰带 white belt
8 棕色腰带 brown belt
9 黑色腰带 black belt
10 红白色腰带 red-white belt
11 红色腰带 red belt
12 黄色腰带 yellow belt
13 橙色腰带 orange belt
14 蓝色腰带 blue belt
15 绿色腰带 green belt

---

16 场上裁判 **referee**
17 副裁判 **judge**
18 比赛记录员 contest recorder
19 全部比赛记录员 list-writer
20 整场比赛计时员 overall [real contest] timekeeper
21 压技时间计时员 osaekomi time keeper

规则

22 白色运动员 white competitor
23 红色运动员 red competitor
24 相互施礼 exchange a standing bow; bow to each other
25 **一本；一分** **ippon;** full point
26 **技有**；半分 **waza-ari;** half [near] point; almost ippon
27 **有效** **yuko;** almost waza-ari
28 **效果** **koka;** almost yuko
29 无效 muko; not valid
30 压技时间 osaekomi time
31 压技解脱 osaekomi-toketa

---

32 礼！ Rei!
33 开始吧！ Hajime!; Begin!
34 开始！（指原姿势暂停后重新开始比赛） Yoshi!; Carry on!
35 继续！ Yoshi!
36 压技开始！ Osae-komi!; Holding!
37 压技解脱！ Toketa!; Hold broken!
38 暂停！ Matte!; Wait!; Break!

39 原姿势暂停！ Sono-mama!; Do not move!
40 停止计时！ Jikan!; Time out!; Stop the time!
41 判定！ Hantei!
42 结束！ Sore-made!; That's all!
43 输了！ Maitta!; I give up!; I surrender!

---

44 轻微违例 slight infringement
45 极端的防守姿势（违例） excessively defensive posture
46 虚假进攻（违例） false attack
47 缺乏斗志 non-combativity
48 逃避 avoid combat
49 危险区处罚 danger zone penalty
50 有意作桥 deliberately make a bridge
51 **被禁止动作 prohibited act**
52 **指导** shido; **note**
53 **注意** chui; **caution**
54 **警告** keikoku; **warning**
55 取消比赛资格 hansoku-make; disqualification

---

56 **裁决** hantei; **decision**
57 三者合议取多数的规则 majority-of-three rule
58 稍占优势 slight superiority
59 **获胜** kachi; **win**
60 优势获胜 yusei-gachi; win on superiority
61 微差获胜 kinsa-gachi; win on small advantage
62 计分获胜 tokuten-gachi; win on points
63 综合获胜 sogo-gachi; compound win
64 弃权获胜 kiken-gachi; win by withdrawal
65 不战获胜 fusen-gachi; win by default
66 对方认输获胜 victory by submission
67 拍击垫子（认输） tap [hit] the mat
68 **平局** hiki-wake; **draw**
69 界内 inside
70 界外 outside
71 整理服装 adjustment of judogi
72 系好腰带 tighten the belt

基本技术

73 **防守姿势 defense posture**
74 自然体；正常姿势 sizentai; normal posture [position]
75 自护姿势 ji go hon tai
76 回归原位 keep in the center
77 形；基本动作练习 kata; series of regularized movements
78 乱取；自由练习 randori; free practice
79 打入；重复练习 uchikomi; repeat practice
80 摔方（训练时） tori
81 被摔方（训练时） uke
82 施技 waza kakeru; apply a technique
83 **投技 nage-waza; throwing technique**
84 投影状况；悬空 airborne
85 **寝技；垫上技术 ne-waza; groundwork;** ground technique
86 转入寝技 enter ne-waza
87 拖倒进入寝技 pull down into ne-waza
88 **当身技** atemi-waza; **counter technique**
89 打技 uchi-waza; striking technique

90 突技 tsuki-waza
91 蹴技 keri-waza
92 综合技 renraku-waza; combination technique

投技

93 **立技** tachi-waza; **standing and throwing technique**
94 **手技** te-waza; **hand technique**
95 双手刈 morote gari
96 背负技 seoinage
97 体落 taiotosi

---

98 抓握法 kumi-kata; grip; grappling technique
99 交叉抓握 interlock
100 剪扼法 scissors-hold
101 抓住对手 take hold of the opponent
102 举起 lift up
103 缠绕（使用腰带或柔道衣） encircle
104 解脱抓握 break a grip
105 抓住摔 take hold for throwing
106 潜入 duck
107 拖倒 pull down
108 背后摔 rear throw
109 抱单臂 one-arm shoulder throw
110 后摔 inside-out throw
111 侧倒抛身摔法 side-fall technique
112 抛［过胸］摔 stomach throw
113 肩背投 seoinage; shoulder throw
114 抱双臂肩背投 two-arm shoulder throw
115 掏摔 scoop throw
116 肩车 shoulder-wheel throw
117 谷落 taniotoshi; valley drop throw
118 正后倒抛摔法 rear fall technique
119 舵轮摔（双手抓住翻领转动） wheel
120 丢体；身体下降 utoshi; body drop
121 侧丢 side drop
122 背部大部分着地 largely on the back
123 **倒地** **fall**
124 受身 ukemi; break-fall

腰技

125 **腰技** **koshi-waza; hip technique**
126 扫腰 haraigoshi; sweeping loin throw
127 大腰 oogoshi; hip roll
128 钓入腰 tsurikomi goshi; lift-pull hip throw
129 腰车 koshi guruma; hip wheel
130 后腰 ushiro goshi; rear hip throw
131 移腰 utsuri goshi; changing hip throw
132 弹腰 hane goshi; spring hip throw
133 外卷摔 outside wrap-around throw

足技

134 **足技** ashi-waza; **leg throw**
135 扫技 harai-waza; sweeping technique
136 出足扫 deashi harai; advance foot sweep
137 送脚扫 okuri ashiharai; sweeping ankle throw
138 足车 ashi guruma; leg-wheel
139 大外车 oosoto guruma; big outside wheel
140 钩进扫脚 lift-pull foot sweep
141 钩进预脚 propping ankle throw
142 膝车 hiza guruma; knee wheel throw
143 缠脚摔 leg scissors

---

144 刈 kari; reap
145 扫钓入足 harai tsurikomi ashi
146 支钓入足 sasae tsurikomi ashi
147 大外刈；切；割 oosotogari; major outer reaping throw
148 挑内股 uchimata; inner thigh throw
149 小外刈；搂 kosotogari; minor outer reaping throw
150 大内刈；里钩腿 oouchigari; major inner reaping throw
151 小内刈 kouchigari; minor inner reaping throw
152 小外挂 kosotogake; minor outer breaking throw

舍身技

153 **舍身技** sutemi-waza; **sacrifice throw**
154 巴投 tomoenage
155 隅丢；空气摔 corner drop
156 浮投 floating hip throw
157 横车 winding hip throw
158 横挂 lifting-drawing hip throw

固 技

159 **固技** katame-waza; **holding technique**
160 固技开始；在握 Hold is on
161 **固住 hold down**
162 控制 control
163 固手 hand hold
164 固臂 arm hold
165 固肩 shoulder hold
166 十字固肘 crossmark hold
167 十字逼肘 straight armlock
168 绒肘 arm coil lock
169 腋固技 waki-gatame; armpit lock
170 袈裟固 kasa gatame; (modified; regular) scarf holding
171 四方固 **shiho katame; four quarters hold**
172 上四方固 modified four quarters holding; upper four
173 纵四方固；骑态制压 tateshiho gatame; vertical four quarters holding
174 横［侧］四方固 yokoshiho gatame; lateral [longitudinal] four quarters holding
175 压技 osaekomi-waza
176 同时倒地加压 maki-komi; winding
177 河津挂（缠腿往后压倒）kawazu-gake
178 引入返 hikkomi-gaeshi; locked together rolling action
179 脱把；解脱 break a hold

绞 技

180 **绞技** shime-waza**; strangle technique**
181 十字绞［勒］ jujizime; cross strangle
182 三角勒 sankaku zime; triangular strangle
183 滑襟勒 okuri erizime; sliding lapel-neck lock
184 片羽绞 kataha zime; one-wing strangle
185 朋绞 dojime; leg scissors on trunk
186 裸勒 naked strangle
187 地狱勒 hell strangle

关节技

188 **关节技** kansetsi-waza; **joint lock**
189 反指关节 bend back a finger

190 腕缄 udegarami
191 腕挫十字固 udehishigi jujigatame
192 腕挫腋固 udehishigi hizagatame
193 腕挫腕固 udehishigi udegatame
194 倒挟腿摔 kani basami

场地与设备

195 训练馆 dojio; training hall
196 竞赛场地 competition area
197 **比赛区 contest area**
198 **保护区 safety area**
199 **危险区 danger area**
200 **赛台 platform**
201 **榻榻米；垫子 tatami; mat**
202 垫子表面 mat surface
203 记分板 scoreboard
204 计时台 timekeeping table
205 主席台 joseki
206 红旗（计时员用） red flag
207 蓝旗（计时员用） blue flag
208 红色标志 red marker
209 白色标志 white marker
210 比赛时间计时器 contest duration clock
211 压技时间计时器 osaekomi clock

---

212 **柔道服** judogi; **judo uniform** [suit]
213 柔道衣 judo jacket
214 柔道裤 judo trousers
215 **柔道腰带 judo belt**
216 腰带结 belt knot

50. 跆拳道 Taekwondo

1 **跆拳道 taekwondo;** kick and fist art; kick boxing
2 跆 tae; foot; kick
3 拳 kwon; fist; punch
4 道 do; art; way of life
5 手搏 su-back; Korean self-defense art
6 三才（天、地、人） san jae; three elements
7 天 cheon; heaven
8 地 ji; earth
9 人 in; man
10 阴 eun; negative; darkness
11 阳 yang; positive; brightness
12 八卦 eight trigrams for division
13 太极 taegeuk; Great Absolute
14 跆拳道四要素（对练、套路、自卫和击打测验） four elements of taekwondo

人 员

15 **跆拳道运动员 taekwondo athlete** [fighter; combatant]
16 **教练员 sabeum;** instructor
17 **裁判员 referee**
18 裁判组 panel of judges
19 级 geup; grade; degree
20 段 dan; rank; phase
21 品（15岁以下） poom
22 段位晋级 rank advancement
23 跆拳道测试 taekwondo test [grading]
24 **击打测验 break test**
25 艺术测验 pattern test
26 灵活性测验 flexibility test

规 则

27 局 round
28 平局 tie
29 **局间休息 rest period**
30 **红方** hong; **red**
31 **蓝方** chung; **blue**
32 裁判用语 referee's command
33 准备 joon-bi; get ready
34 开始 shi-jak; start
35 继续 kye-sok; continue
36 停止 keu-man; stop
37 分开 kal-yeo; break; move away from a downed opponent
38 立正 cha-ryeot; adopt a position of attention
39 鞠躬 kyeong-rye; bow
40 暂停 shi-gan; suspend the match
41 加时赛突然死亡法 sudden death overtime system
42 **警告** kyong-go; **warning**
43 警告判罚 kyong-go penalty
44 减点；扣分 gam-jeom
45 接触行为 touching act
46 消极行为 negative act
47 攻击行为 attacking act
48 不正当行为 undesirable act
49 允许的击踢技术 permitted punching and kicking techniques

---

50 **违规 rule violation**
51 抱 holding
52 逃避进攻 avoid fighting
53 用膝进攻 attack with the knee
54 摔出对手 throw the opponent
55 故意摔倒 fall down intentionally
56 假装受伤 pretend injury
57 蹬踏 stomp
58 **减分 deduct** [dock] **points**

---

59 优胜 superiority
60 优胜规则 rules of superiority
61 **击倒获胜 victory by knockout**
62 蓝方获胜 chung seung; blue winner
63 红方获胜 hong seung; red winner

技 术

64 基本动作 basic movements
65 **打斗技巧**；搏击 **combative technique**
66 高雅技术 superior technique
67 姿势 poomsae; pose
68 **手法 hand strike;** fist technique; punch
69 阻击 block
70 腿法 leg [kicking] technique
71 失去平衡 lose balance
72 摇摆 stagger
73 摔倒 fall
74 **击倒 knock down**
75 击倒后（比赛结束） knockout
76 主动还击 counter-attack
77 **积极进攻 aggressiveness**
78 **内功 inner power**
79 **外功 coming force**
80 破坏力 destructive power
81 全接触 full contact
82 半接触 semi contact
83 **对练 sparring**
84 一步对练 id-bo tueryon; one-step sparring; basic sparring combination
85 **套路**；型 hyung; **style form**
86 **自卫 self-defense**
87 直截了当式自卫 hard [linear] way of self-defense
88 温柔委婉式自卫 soft [circular] way of self-defense
89 **目标区域 target area**

90 踢中面部 kick to the face
91 踢中身体 kick to the body
92 击中胸部 kick to the chest
93 击中头部 kick to the head
94 **击打术；硬功 breaking technique**
95 击打木板和砖瓦 kick and punch wood boards, bricks and tiles

---

96 **踢 kick**
97 跳踢 jumping kick
98 站踢 standing kick
99 前踢 ahp cha-gi; front kick
100 侧踢 yop cha-gi; side kick
101 下踢；劈腿 naeryu cha-gi; axe kick
102 后踢 dwi cha-gi; back kick
103 后旋踢 dwi dolryo cha-gi; back spinning kick
104 抡［横］踢 dolryo cha-gi; roundhouse kick
105 钩［摆］踢 guligi cha-gi; hook kick
106 半月踢 bandal cha-gi; half-moon kick
107 推踢 mirruh cha-gi; pushing kick
108 向左转 jwawoon; turn left
109 向右转 yangwoo; turn right

场地

110 训练厅；道场 dojang; training hall
111 警戒区 alert zone
112 警戒线 alert line
113 限制线 boundary line
114 裁判标志 referee's mark

服装

115 道服 dobok; **taekwondo uniform**
116 **段带 belt**
117 段带颜色 belt color
118 **护具** hogu; **protective gear**
119 护胸 chest guard
120 护臂 forearm guard
121 护裆 groin guard

射准项目 Target Sports（51–52）

51. 射箭 Archery

1 **射箭运动 archery**
2 野外射箭 field archery
3 室外射箭 outdoor archery
4 室内射箭 indoor archery
5 光弓射箭 instinctive shooting
6 **射准射箭比赛 target archery [shooting]**
7 射远射箭比赛 flight shooting
8 地环靶射箭比赛 clout shooting

---

9 **射箭运动员 archer; bowman**
10 **场地裁判员 field officer** [referee]
11 **终点裁判员 target captain** [referee]
12 男子项目裁判长 field captain
13 副裁判长 deputy field captain
14 女子项目裁判长 lady paramount
15 野外射箭裁判长 director of field shooting
16 报靶［记录］员 scorer
17 标记员（负责标出箭中靶后的位

置） marker

项 目

18 单轮 **single round**
19 双轮 **double round**
20 前一单轮 first round
21 后一单轮 second round
22 **国际箭联单轮赛 Total Single FITA Round**
23 **国际箭联双轮赛 Double FITA Round**
24 美国轮 American round
25 加拿大单轮 Canadian round
26 哥伦比亚单轮 Columbia round
27 国家轮 national round
28 约克轮 York round
29 奥林匹克淘汰赛 Olympic round
30 排名赛 ranking round
31 淘汰赛 elimination round
32 决赛 finals round
33 团体淘汰赛 team elimination round
34 团体决赛 team finals round

---

35 男子级 gentlemen's class
36 女子级 ladies' class
37 光弓级 barebow class
38 自由式级 freestyle class
39 青少年级 cadet class

规 则

40 射箭顺序 order of shooting
41 靶位分配 allocation of targets
42 起射信号 signal to start shooting
43 停射信号 signal to stop shooting
44 **环**（我国以“环”计分） **point**
45 反弹着靶箭 bouncer
46 中靶箭 scoring hit
47 计分值 scoring value
48 一支箭的得分 value of an arrow
49 **射程 range; shooting distance**
50 组（包括若干支箭） **end**
51 时间限制（每组两分半钟） time limit
52 计时灯光 light
53 试射箭 trial arrow [end; shot]; test-shoot; shooting sighter; sighter arrow
54 **单轮全能成绩 total**
55 **双轮全能成绩 grand total**
56 **总成绩 total score**

技 术

57 **射箭技术 shooting technique**
58 持弓臂 bow arm
59 持弓手 bow hand
60 直腕握弓法 straight-wrist grip
61 持弓手高度 elevation
62 举弓 bow up
63 搭箭 nock the arrow

---

64 **拉［开］弓 draw**
65 拉弦臂 drawing [string] arm
66 拉弦手 drawing [string] hand
67 拉弦手指 drawing [string] fingers
68 拉弦手固定点 anchor point
69 拉弓点 drawing point
70 拉满弓 draw full; home
71 固定姿势（拉满弓后） anchor
72 拉距过大 overdrawn
73 拉距不够 underdrawn
74 “拨弦”（致使弓倾斜而箭不中靶） pluck
75 与嘴齐高的拉弓法 mouth draw
76 地中海式［三指并拢］引弦法 Mediterranean draw
77 东方式［蒙古式］引弦法（使用拇指和食指） Oriental [Mongolian]

51

draw

---

78 瞄准 **aim**
79 瞄准点 mark
80 瞄准标记 point of aim
81 瞄准基线 alignment; sight
82 平射程（瞄准点与靶心一致） point-blank range
83 容差（瞄准略偏一侧以抵消风力影响） allowance
84 低瞄法 low anchor
85 瞄准左右调整 windage adjustment
86 瞄准高低调整 elevation setting
87 停留待发 holding

---

88 撒放 **release**
89 送撒 forward release
90 放箭 let fly; discharge
91 放箭犹豫 creep; flinch
92 放箭过早 bolt
93 后引撒放 flying [sliding; live] release
94 滑弦撒放 slide off the string
95 拉弓臂不稳的撒放 fly shooting
96 开弓后还原 let down
97 离弦 take off

---

98 射出的箭 **shot**
99 箭道 line of flight; trajectory
100 摆动（指箭的飞行） wobble; stagger; oscillate; fishtail
101 侧风 side wind
102 斜风 quartering wind
103 **风力修正量 windage**
104 突然跳动 flirt; porpoise
105 突然改变飞行方向 flick

---

106 射偏 yaw
107 脱靶 miss
108 靶上面飞过的箭 overshot
109 **射中 hit the target**
110 **射中靶心 hit [make] the bull's-eye**
111 全中黄心的一组箭 perfect end
112 远离目标 wide
113 偏离的箭（指触及已中靶的箭） deflected arrow
114 反弹（箭触靶后） rebound
115 回跳 ricochet

---

116 分腿站立姿势 open stance
117 大开立姿势 wide stance
118 侧射 quartering shot
119 对称用力射箭法 push-pull-method
120 放松法 relaxed method

场地

121 **射箭场 archery field [range]**
122 野外射箭场地 course
123 限制［候射］线 waiting line
124 起射线 shooting line
125 **起射位置 shooting position**
126 犯规线 foul line
127 靶道 (shooting; target) lane
128 终点线 target (base) line
129 风力器 wind indicator

弓

130 弓 **bow**
131 弩 crossbow
132 单弓 self bow
133 加固弓 two-piece bow
134 层压板 lamination
135 反曲弓 recurved bow
136 直形弓 straight bow
137 射准用弓 target bow
138 射远用弓 flight bow
139 复合［滑轮］弓 compound bow

140 长弓 longbow
141 足弓 foot bow

---

142 **弓把 bowgrip;** grip (handle)
143 手枪式握把 pistol-grip
144 弓背 bow back; flat side
145 厚背弓 stacked bow
146 弓腹 bow belly
147 弓上臂 upper bow-limb
148 弓下臂 lower bow-limb
149 弓偏（两臂弯度不一致） preference
150 弓长 bow length
151 弓的弹性 life of a bow
152 **弓的拉力 bow [draw;** pull] **weight;** drawing force
153 弓的实际重量 actual weight of a bow
154 弓扣 string nock
155 搭箭点 nocking-point
156 搭箭高度 nocking height
157 弓梢 bow tip
158 箭侧垫 side pad
159 **稳定**［防震］**器 stabilizer** (rod)
160 张弓指示片 draw check indicator
161 测距器 range finder
162 箭台 arrow rest [shelf]
163 **瞄准器 (bow)sight**
164 标尺 plaster; tape
165 瞄准辅助器 aiming aid
166 瞄准窗 sight(ing) window
167 窥孔 peephole

---

168 **弓弦 (bow)string;** cord
169 弓弦缠线部分 serving
170 弦端环套 string loop
171 弦高 brace [string] height
172 弦上瞄准孔 peep sight; string peep
173 鼻珠 nose mark [anchor]
174 上弓弦 string; brace
175 下弓弦 unstring; unbrace
176 弓弦过紧 overstrung; high-braced [-strung]
177 弓弦过松 understrung; low-braced [-strung]
178 上弓弦辅助器 bow stringer

箭

179 **箭 arrow**
180 铝合金箭 aluminum arrow
181 射准用箭 target arrow
182 箭杆 shaft; stem
183 箭的木杆部分 stele; stile
184 加固部分（箭杆前端） footing
185 箭尾［扣］ nock; notch; slot
186 箭尾槽 groove
187 色标 crest(ing)
188 **箭头 arrowhead;** arrow tip; pile; (target) point
189 箭羽 vane; fletch(ing); feather
190 箭杆的特性 spine
191 穿透力 penetrating power
192 箭筒［壶］ quiver
193 插箭架 arrow rack

箭 靶

194 **靶 target;** buttress
195 试射［练习］靶 practice target
196 靶架 (target) stand; frame
197 靶号 target number
198 箭挡 arrow stopper; backstop
199 靶垫 boss; matt
200 靶面 (target) face
201 **环靶纸 target paper** [card; sheet]
202 **靶心 bull's-eye;** center of the gold; gold zone

---

203 **靶环 ring**

204 针孔 pinhole; center spot
205 环 **scoring zone**
206 白环（2环和1环） white zone
207 黑环（4环和3环） black zone
208 蓝环（6环和5环） blue zone
209 红环（8环和7环） red zone
210 环线 dividing-line
211 外环 **outer zone**
212 内环 **inner zone**
213 无环区 non-scoring zone
214 环外边缘 skirt; petticoat

装备

215 护臂 **armguard; bracer**
216 护胸 chestplate; shirt guard
217 腕带 wrist sling
218 手指套；指垫 finger stall [tip]
219 护指皮垫 **(finger) tab**
220 弓把带 bow sling

52. 射击 Shooting

1 射击运动 **shooting**
2 射击运动员；射手 **shooter;** marksman; markswoman (女)
3 步枪射手 rifleman; rifle shooter
4 神枪手；优秀射手 **sharpshooter;** crack [dead] shot; deadeye
5 双向飞碟射击运动员 skeeter

---

6 裁判员 **referee**
7 裁判长 **range officer**
8 副裁判长 assistant range officer
9 总裁判长 chief range officer
10 靶壕裁判员 target controller
11 靶壕裁判长 butt [pit] officer
12 抛靶操纵员 puller
13 靶房操纵员 trap operator
14 边线裁判员 side referee
15 地线裁判员 firing line referee
16 报靶裁判员 marking-pit officer
17 报靶员；示靶手 marker; marking-pit man
18 成绩统计裁判员 target control officer
19 武器检查员 arms examiner [inspector]
20 记分员 marker; target scorer
21 靶场工作人员 range official

项目

22 手枪射击 **pistol shooting**
23 气手枪射击 **air pistol shooting**
24 运动手枪射击 sport pistol shooting
25 手枪速射 rapid-fire pistol shooting
26 室内手枪射击 gallery pistol shooting
27 自选手枪射击 free pistol shooting
28 步枪射击 **rifle shooting**
29 自选步枪射击 free rifle shooting
30 气步枪射击 **air rifle shooting**
31 自选小口径步枪50米60发卧姿；英国式射击 free small-bore rifle 50m 60 shots prone; English match
32 移动靶射击 **running** [moving] **target shooting**
33 飞碟射击 **clay-target** [shotgun] **shooting**
34 飞碟多向射击 **trapshooting;**

Olympic trench shooting
35 **飞碟双向射击 skeet shooting**
36 飞碟双多向 double trap
37 飞碟双双向 double skeet

---

38 射击距离 range; shooting distance
39 射速 rate of fire
40 **速射 rapid fire;** duel shot
41 **慢射 slow [precision] fire**
42 **混合速 mixed speed**
43 三种姿势（立、跪、卧） three positions
44 **立姿 standing position**
45 **跪姿 kneeling position**
46 **卧姿 prone position**
47 坐姿 sitting position
48 无依托立射 offhand shooting

规则

49 射击次序 firing order
50 预习射击 practice shooting
51 试射 sighting shot
52 适应性预射；热枪管射击 warming shot
53 记分射 competition [record; scoring] shot

---

54 **发**（指发射一次） **shot**
55 **组**（包括若干发） **string**
56 **环**（我国以“环”计分） **point**
57 计分环 scoring ring
58 计分价值 score value
59 弹着环数 shot value; value of a hit
60 记分卡 scorecard
61 平分决胜射击 shoot-off; tie-shooting
62 **打中靶心 make [hit; score] the bull's-eye**
63 射中有效 valid shot
64 射中无效 invalid shot; no count
65 脱靶 miss
66 抛靶 throw [release] a target
67 规则靶 regular target
68 报靶 marking; scoring; indication of shots
69 报靶信号 pit signal
70 钟面小时数报靶法 clock system

---

71 弹着点 point of impact [grazing]; position of a hit
72 有争议的弹着 shot in dispute
73 弹孔 bullet [shot] hole
74 横弹孔 keyhole; tip shot
75 弹群 grouping
76 弹群散布 dispersion of grouping

---

77 预备！ Ready!
78 清场完毕！ All clear!
79 准备好了吗？ Are you ready?
80 好！ Go!; Los!; Pull!
81 命中！（飞碟） Dead!; Killed!
82 脱靶！ Lost!
83 未发射！ Not fired!
84 停止射击！ Cease fire!
85 全部停止射击！ Lay down all guns!
86 废靶！（飞碟） No bird!

---

87 **故障 functional failure;** malfunction
88 技术故障 technical fault
89 卡壳 jamming of case
90 卡弹 jamming of cartridge
91 哑火 misfire; dumbfire
92 走火 accidental fire; cock off
93 迟发火 hang fire
94 早发火 premature fire
95 不发火 miss fire

52

96 错射 cross fire
97 错靶 wrong target
98 重射 refire; repeat fire [a shot]
99 安全规则 safety regulations
100 验枪 inspection of arms

技 术

101 **射击技术 shooting technique; marksmanship**
102 射击姿势 shooting [firing] position
103 准备姿势 ready position
104 **装弹 charge; load**
105 举枪 raise the pistol
106 举枪时肘部抵髋骨 hip-rest
107 人为支撑 artificial support
108 依托物 support

---

109 **瞄准 aim; take aim**
110 跟靶（飞碟） swing
111 瞄准点 aiming mark [point]
112 瞄准线 line of sight; sighting line
113 基线 base line
114 **三点成一线 sight alignment**
115 瞄准角 angle of position [sight]
116 射击角 angle of fire [elevation]
117 **调整标准具 sight adjustment** [correction]
118 提前瞄准量 lead
119 瞄准高低调整 vertical adjustment
120 瞄准左右调整 lateral adjustment
121 不定［摇摆］风 fishtail wind
122 风力修正量 windage
123 靶子显得晃动（受热空气等影响） wobble on the target

---

124 准备击发 cock a gun
125 **扣扳机 trigger;** pull [squeeze] the trigger
126 均匀扣扳机 smooth triggering
127 **击发 fire;** shoot; squeeze off
128 按枪不发 holding
129 击发不果断 flinch
130 后座力；反冲 recoil; rearward movement; kick
131 弹丸飞行初速 muzzle velocity
132 平射程 point-blank range
133 **弹道 trajectory**
134 弹道学 ballistics
135 弹道曲线 ballistic curve
136 **命中 hit; home**
137 弹着［命中］角 angle of impact; striking angle
138 命中精确度 hitting accuracy
139 精度射击 precision shooting
140 **射击命中率 shooting average** [percentage]

---

141 瞄准练习 aiming exercise; sighting practice
142 完整练习 full course
143 半个练习 half course
144 空枪练习 dry practice
145 激光射击训练系统 laser shooting system

枪 支

146 **枪支 firearm; gun; arm**
147 手携武器 small arms
148 手枪总称 handgun
149 **手枪 pistol**
150 小口径手枪 small-bore pistol
151 **自选手枪 free pistol**
152 军用手枪 service pistol
153 打靶手枪 target pistol
154 标准手枪 standard pistol
155 自动手枪 automatic [autoloading] pistol
156 半自动枪 repeater; repeating gun

157 左轮［转轮手］枪 revolver

---

158 **步枪 rifle**
159 **小口径步枪 small-bore rifle**
160 标准步枪 standard rifle
161 **运动步枪 sporting rifle**
162 大口径步枪 full-[big-]bore rifle
163 比赛用步枪 match rifle
164 打靶步枪 target rifle
165 军用步枪 army [military; service] rifle
166 自动步枪 automatic rifle
167 半自动步枪 self-loaded rifle; self-loader

---

168 气枪 airgun; pneumatic gun
169 弹簧式气枪 spring air rifle
170 **气手枪 air pistol**
171 **气步枪 air rifle**
172 压杆式气枪 pneumatic rifle
173 瓦斯［二氧化碳］气枪 gas [CO_2] rifle

---

174 **猎枪 shotgun;** scattergun
175 单发猎枪 single loader
176 单管猎枪 single-barreled shotgun
177 双管枪 double-barreled shotgun; double gun
178 平式猎枪 side-by-side shotgun
179 立式猎枪 over-and-under shotgun

枪支结构

180 **瞄准装置 sight device**
181 **光学瞄准具 optical [telescope] sight**
182 瞄准望远镜 sighting telescope
183 十字线（瞄准镜上） hairline; reticle
184 表尺 rear sight; hindsight
185 准星 front sight; foresight
186 柱形准星 post foresight
187 觇式照门 aperture sight
188 孔形照门 peep sight
189 梯形照门 trapeze cut
190 缺口式照门 open sight
191 V 形照门 V-necked sight

---

192 **枪管 barrel; pipe**
193 膛线 rifling
194 **口径 bore;** caliber
195 通条 cleaning rod
196 枪口 muzzle

---

197 **弹膛 chamber**
198 上膛的 loaded
199 未上膛的 unloaded; clear
200 自动装填 autoloading
201 弹匣 magazine
202 **枪机 action; bolt**
203 闩式枪机 bolt action
204 轻拉式枪机 lever action
205 推拉式枪机 pump [slide; trombone] action
206 机柄 bolt [cocking] handle
207 压杆（气枪） side lever
208 气筒 pump
209 **扳机 trigger**
210 扳机护圈 trigger guard
211 扳机连杆 trigger bar
212 待发扳机 front trigger
213 触发扳机 rear trigger
214 **击发机构 firing mechanism**
215 击锤 hammer
216 撞针 firing pin; striker

---

217 握把 (hand)grip
218 **枪托 stock; butt**
219 木托 wooden stock

220 托肩钩 butt hook
221 贴腮 cheekpiece
222 托座 hand stop; palm [hand] rest
223 减震器 muzzle brake
224 消音器 muffler; silencer
225 防跳器 stabilizer
226 附件 **accessories**
227 备件 **spare parts**
228 装配 assemble
229 分解 dismantle; disassemble; take down; strip

弹药

230 弹药 **ammunition;** charge; ammo
231 弹药库 magazine; ammunition depot
232 弹药箱 ammunition box [case]
233 子弹 **bullet; shot; cartridge**
234 有毛病的子弹 defective [faulty] cartridge; dud
235 空弹 blank cartridge
236 弹心 bullet core
237 长头弹 long cartridge
238 短头弹 short cartridge
239 飞行中的弹头 missile; projectile
240 弹壳 **shell;** cartridge case
241 弹夹 ammunition [cartridge] clip; charger
242 弹头 **bullet**
243 尖弹头 pointed bullet
244 底火 primer
245 底火巢 percussion cap
246 底缘 rim
247 边缘发火 rimfire
248 中心发火 center-fire
249 散弹 scatter load
250 弹丸 pellet

靶

251 靶 **target**
252 飞碟靶；泥鸽（曾用名称） **clay target** [pigeon]; bird
253 比赛靶 match target
254 记分靶 competition [record; scoring] target
255 试射靶 sighting [trial] target
256 黑条（试射靶标志） black stripe
257 练习靶 practice target
258 单靶 single target
259 双靶 double target
260 固定靶 **fixed target**
261 移动靶 **running [moving] target**
262 自动靶 automatic target
263 电子靶 electronic target
264 人像靶 silhouette target
265 跑兽靶 running game target
266 跑猪靶 running boar target
267 跑鹿靶 running deer target
268 快速（指移动靶） fast run
269 恒速（指移动靶） slow [normal] run
270 旋转靶 **turning** [rotating] **target**
271 速射靶 **rapid-fire target**
272 转靶器 target-turning mechanism
273 环靶 **round target**
274 靶环 **ring**
275 靶心 **bull's-eye**
276 黑心环 black aiming mark
277 内 10 环 **inner ring** [ten]; X-ring
278 靶纸 target card [paper; sheet]
279 衬靶 backing [duplicate] target; backer

---

280 靶沟［壕］ **marking [target] pit; bunker; trench**
281 靶挡 backstop

282 靶垛 target butt
283 靶子设置线 target line
284 靶位 target [shooting] position
285 靶位号 target number
286 靶距标 target distance marker

射击场

287 **射击场 (shooting) range**
288 射击馆 shooting hall [gallery]
289 练习靶场 practice range
290 靶棚 shelter
291 **射击位置 firing position** [point]; shooting station
292 射击地线 firing line
293 射巷 firing lane
294 屏风 screen
295 射击垫子 shooting mat
296 示风旗；风向旗 wind flag

---

297 **飞碟靶场 clay-target range**
298 碟靶飞行区 target flight area
299 碟靶交叉区 target crossing point
300 碟靶降落区 target fall zone
301 射区界线 shooting bounds
302 射区界标 shooting boundary marker
303 双向飞碟靶场 skeet field [range]
304 **高抛靶房 high house**
305 **低抛靶房 low house**
306 **多向抛靶房 trap house**
307 **抛靶器 trap;** throwing device
308 自动抛靶机 automatic trap
309 抛靶器操纵台 pull stand

装备

310 测环尺 scoring ga(u)ge
311 弹着观察镜 (spotting) scope
312 弹着显示牌 target spotter
313 报靶圆牌 marking disc [disk]
314 报靶杆 marking rod [pole]
315 射击工具箱 shooting kit
316 擦枪毛刷 barrel brush

---

317 **射击衣 shooting coat** [jacket]
318 **射击鞋 shooting boot**
319 **射击手套 shooting glove**
320 射击眼镜 shooting spectacles
321 望远镜 telescope
322 蒙耳器 earmuff
323 护耳器 ear-protector
324 耳塞 earplug
325 跪垫 kneeling pad
326 护垫 recoil pad

车轮项目 Sports on Wheels（53–55）

53．自行车 Cycling

1 **自行车运动 cycling;** biking
2 **山地自行车运动 mountain biking** [cycling]

项 目

3 **自行车竞赛 bicycle racing;** bike grind

4 **赛车场自行车竞赛 track [velodrome] race**
5 **争先赛 sprint**
6 **追逐赛 pursuit** [chase] **race**
7 个人追逐赛 individual pursuit race
8 团体追逐赛 team pursuit race
9 双人赛 paired race
10 记分赛 points race
11 计时赛 time trial; race against the watch
12 单人出发比赛 unpaced competition
13 **公路自行车竞赛 road cycling**
14 个人公路赛 individual road race
15 团体公路赛 team road race
16 短距离公路赛 sprint road race
17 **环行赛 circuit race**
18 环行公路赛 criterium
19 每圈淘汰赛（最后到达终点者出局） miss and out; devil-take-the-hindmost
20 往返赛 out and home race
21 速降赛 downhill race
22 爬坡赛 hill climb
23 摩托车领先赛 motor-paced race
24 短距离赛 short-distance race; sprint
25 长距离赛 long-distance [staying; endurance] race
26 自行车越野赛 cyclo-cross; cross-country [off-road; point-to-point] cycling
27 小轮车赛（详见278页） bicycle motocross (BMX)
28 山地自行车赛 mountain bike race
29 环程越野赛（3-5英里） kermesse
30 分段赛 stage racing
31 凯林赛（赛车场内由摩托车牵引一定圈数后再进行冲刺） keirin race
32 麦迪逊赛（赛车场内两人交替接力，赛程为50公里） Madison race
33 一日赛 one-day race
34 多日赛 race of several days
35 **环法公路赛 Tour de France**

人员

36 **自行车运动员 cyclist; rider;** biker; bicycler; bicyclist; pedal-pusher
37 场地自行车运动员 track rider
38 公路自行车运动员 road racer [rider]

---

39 计圈裁判员 lap judge
40 弯道裁判员 corner [turn] judge; judge in curve
41 折返点裁判员 turnback judge
42 计圈员 lap scorer
43 车辆检查员 machine examiner

规则

44 **集合地点 assembling place**
45 原地出发 standing start
46 行进出发 flying start
47 推车出发 pushing start
48 单独［个人］出发 individual start
49 单骑 isolated riding
50 成组到达 bunch finish
51 交通规则 traffic regulations
52 禁止通行 closed to traffic
53 靠右骑行 keep to the right
54 不合法骑乘 illegal riding

---

55 机械事故 mechanical trouble
56 断链 chain fracture [rupture]
57 车胎扎破 puncture of tire
58 爆胎 tire burst
59 换车 bicycle change
60 车轮打滑 skid

61 换车轮 wheel change
62 多人摔倒 mass fall [tumble]

技术

63 蹬车 **pedal**
64 倒蹬 back-pedal
65 离座骑行 standing on pedals
66 骑行姿势 riding posture
67 领骑 **pace**
68 无人领骑的 unpaced
69 领骑者 **leader; pacemaker**
70 开路先锋 trail breaker
71 领先运动员的替换 leader's change
72 尾随 **support**
73 尾随者 supporting member; domestique
74 滑流 **slipstream**
75 梯形队形 echelon
76 主车群 bunch; pack; peloton
77 摆脱 **breakaway;** runaway
78 超过 **overtake;** pass; outdistance; drop
79 超越 attack from the rear
80 从前面跑开 go off from the front
81 车速调整 pace changing
82 冲刺 **spurt**
83 假冲刺 feinted spurt
84 弯道冲刺 bank dash

---

85 骑上跑道边缘 border climbing
86 上坡 ascend
87 下坡 descend
88 滑行下坡 coast
89 侧逆风 side headwind
90 侧顺风 leading side wind
91 空气阻力 air resistance
92 撒把骑车 freehand cycling
93 后轮平衡特技 wheelie

自行车

94 自行车 **bicycle; bike;** roadster
95 赛车 **racer;** racing bicycle
96 公路赛车 road racer
97 场地赛车 track racer
98 BMX 赛车 BMX bike
99 山地自行车 mountain bike
100 双人自行车 tandem bicycle

---

101 车架 frame
102 车叉 fork
103 立叉 rear [seat] stays
104 平叉 bottom forks; chain stays
105 立管 seat tube
106 下管 down tube
107 横梁 crossbar; top tube
108 车把 **handlebar**
109 赛车车把 drop [racing] handlebar; Sacchi stem
110 反光镜 reflector

---

111 鞍［车］座 **saddle; seat**
112 前轮 **front wheel**
113 后轮 **hind** [rear] **wheel**
114 轮圈 rim
115 碟［封闭］轮 disk wheel
116 辐条 spoke
117 车胎 **tire;** tyre
118 备用车胎 spare tire
119 外胎 outer casing [cover]
120 内胎 inner tube
121 管式车胎 tubular tube
122 气门心 valve core
123 挡泥板 mudguard; fender
124 气筒 pump; inflator

---

125 踏板；脚蹬 **pedal**
126 踏脚套 clip band; toetip strap

53

127 曲柄 crank
128 链轮 chain wheel
129 飞轮 sprocket wheel
130 链齿 sprocket
131 **链条** (bushed; roller; block) **chain**
132 护链板 chain guard
133 链传动 chain transmission
134 传动比 gear ratio
135 齿轮变速装置 gear change
136 变速传动 variable transmission
137 变速手柄 gear-change lever
138 **赛车变速器 derailleur**

---

139 **刹车 brake**
140 前闸 front-wheel brake
141 后闸 rear-wheel brake
142 线闸 caliper brake
143 前轴 front hub
144 后轴 rear hub
145 中轴 bottom bracket bearing
146 轴距 wheelbase
147 中轴与地面的距离 ground clearance

场 地

148 **自行车赛车场 cycling track;** cycle stadium; velodrome; saucer
149 室内赛车场 indoor cycle track
150 外跑道 outer track
151 内圈跑道 inner track
152 终点直道 home straight
153 非终点直道 back straight
154 **斜面 bank;** cant; climbing turn
155 水泥跑道 cement track
156 混凝土跑道 concrete track
157 柏油［沥青］跑道 asphalt-track
158 木制跑道 board [wood] track
159 硬跑道 hard track
160 蓝区 blue area

---

161 **公路** (public) **road**
162 高速路 speedway
163 崎岖不平的路 bumpy road
164 急弯 hairpin bend
165 补给站 feeding station

装 备

166 **场地骑行服 track vest**
167 **公路骑行服 road vest**
168 **黄衫**（分段赛成绩领先者穿着）**yellow jersey**
169 **流线型头盔 aerodynamic helmet**
170 骑行鞋 cycling shoe
171 水壶 feeding bottle; flask
172 工具袋 tool bag
173 **服务车 service van**
174 **护车 escort car**

54．汽车 Auto Racing

1 机动车艇运动（包括汽车、摩托车、摩托艇等项目） motorsports
2 **汽车运动 auto(mobile) racing**
3 场地汽车赛 racing on oval tracks
4 **公路汽车赛 road racing**
5 大奖赛 Grand Prix
6 车辆技术规则 formula
7 **方程式汽车赛 formula racing**

8 F-1汽车赛 **Formula One [F1] racing**
9 F-2汽车赛 Formula Two [F2] racing
10 F-3汽车赛 Formula Three [F3] racing
11 印地车赛 Indy car racing
12 改装车赛 stock-car racing
13 减重短程高速汽车赛 drag racing
14 环行赛 circuit racing
15 回旋赛 slalom
16 耐久赛 Grand Touring (GT)
17 障碍汽车赛 gymkhana
18 **汽车拉力**［多日］**赛** **auto rally**
19 **汽车越野赛** **autocross;** off-road racing
20 直线竞速赛 straight-line racing
21 创记录赛 speed record racing
22 微型汽车赛 midget-car racing
23 **卡丁车赛** **karting**
24 老爷汽车赛 jalopy racing

---

25 **赛车运动员** **driver;** hot-rodder
26 拉力赛运动员 rallyist; rallyman
27 **领航员** **navigator**
28 车主 car owner
29 支援队 support crew
30 拉力赛组织者 rally master
31 机械师 mechanic

驾驶与维修

32 **驾驶技术** **driving skill**
33 超车 overtake
34 操纵失灵 out of control
35 换胎 change tire
36 **维修** **maintenance**
37 大修 overhaul
38 小修 minor repair
39 检修；调整 tune up
40 事故 accident
41 撞车 crash
42 连环碰车 pile up
43 驰入另一赛车后的低压气穴 slip-stream
44 碰车 collision

场地与设备

45 **赛车场** **racecourse;** speedway; motordrome
46 公路赛车场 road(-racing) course
47 赛车道 racing lane [roadway]; chicane
48 封闭式赛车道 closed course
49 弯道 curve
50 路况 road condition
51 出发点 starting grid
52 圈 lap
53 检修加油站 control; pit (stop)
54 车库 garage

汽车种类

55 **汽车** **(motor)car; automobile**
56 **运动汽车**；跑车 **sports** [sporting; racing] **car;** racer
57 高速赛车 speed car
58 减重短程高速赛车 dragster; drag racer
59 **改装赛车** **stock car;** hot rod
60 F-1 **赛车** **F1 car**
61 F-2赛车 F2 car
62 F-3赛车 F3 car
63 印地赛车 Indy car
64 超级V型赛车 Super-Vee racing car
65 **卡丁车** **kart**

汽车结构

66 **底盘** **chassis**
67 车身 body
68 后扰流板 rear spoiler; airfoil

69 发动机；引擎 **engine**
70 发动机容积 engine capacity
71 输出功率 output power
72 马力 horsepower
73 汽缸 **cylinder**
74 油门 accelerator
75 操纵杆 **control bar** [lever]
76 变速器 transmission
77 变速［换档］杆 gearshift; gear lever
78 方向盘 **(steering) wheel**
79 轮胎 **tire**; tyre
80 内胎 tube
81 预备胎 spare

55. 摩托车 Motorcycling

1 摩托车运动 **motorcycling**; motorbiking
2 摩托车运动员 **motorcyclist**; rider

项 目

3 场地［跑道］赛 **track racing; speedway**
4 公路赛 **road racing**
5 环行公路赛 **circuit racing**
6 摩托车越野（详见278页） **motocross** (MTX); scramble
7 草地赛 grass-track racing
8 山地赛 mountain racing
9 冰道赛 ice racing [speedway]
10 短距离场地赛（1/4英里） sprinting
11 长距离场地赛；沙质跑道赛 long-track [sand track] racing
12 摩托车拉力赛 motorcycle rally
13 障碍检查赛 observation [reliability] trial
14 推车出发 push start
15 集体出发 massed start

驾 驶

16 驾驶技术 **riding skill**
17 拐弯技术 cornering technique
18 换档 change gear
19 侧向滑行 broadside; broadslide
20 触地一次 dab
21 多次触地 footing
22 零次扣分 clean; zero-mark lost; unpenalized
23 飞越 drive [fly] over

场 地

24 摩托车跑道 speedway
25 椭圆形赛车场 **oval**
26 沙地赛车场 sand track
27 弯道 bend; curve
28 安全墙 safety fence
29 障碍 obstacle; observed section
30 自然障碍 natural hazard

摩托车

31 摩托车 **motorcycle; motorbike; machine**
32 单人摩托车 mono motorcycle
33 三人摩托车 three-wheeler
34 越野摩托车 **scrambling [cross-country] motorcycle**
35 流线型摩托车 streamlined motor-cycle

36 车架 frame; diamond
37 把手 handlebar
38 前叉 front fork
39 后叉 rear fork
40 单人座 solo seat
41 辐条 spoke
42 链条 chain
43 发动机 engine
44 汽缸 cylinder
45 油箱 fuel [petrol] tank
46 散热片 cooling robs
47 刹车拉索 brake line [cable]
48 避震器 shock absorber
49 号码牌 number disk [disc]

水上运动 Water-Borne Sports（56–61）

56．赛艇 Rowing

1 **水上运动 water** [aquatic] **sports;** aquatics （包括游泳等，本书另立类）；water-borne sports（使用舟、板等漂浮物）
2 **赛艇运动 rowing**
3 **划船比赛 boat racing; regatta**
4 牛津、剑桥大学之间的年度划船比赛 Boatrace

项 目

5 **单人双桨 single sculls**
6 双人单桨无舵手 pair oars without coxswain; pairs
7 **双人双桨 double sculls**
8 四人单桨无舵手 four oars without coxswain; fours
9 四人双桨 quadruple sculls
10 八人单桨有舵手 eight oars with coxswain; eights
11 **有舵手的 with coxswain;** coxed
12 **无舵手的 without coxswain;** cox(swain)less
13 **轻量级 light weight**
14 有舵手赛艇比赛 crew [sweep-oar] racing
15 无舵手赛艇比赛 scull(ing) racing

人 员

16 **全体船员 crew**
17 船员 crew member
18 配置船员 man
19 划手主力部位（八人赛艇中部） engine room
20 **浆手 rower; oarsman;** waterman
21 大桨划手 sweepswinger
22 头桨手 bow(s)man; bow(oar); number one oarsman
23 尾桨手 sternman; stern oarsman; stroke
24 领桨手（靠近船尾） strokesman
25 舵手前的两名划手 stroke pair
26 内舷手 inside hand
27 外舷手 outside hand
28 **舵手 cox(swain)**
29 仰卧舵手 lying coxswain
30 俯卧舵手 prone coxswain
31 轻量级浆手 lightweight oarsman

32 **双桨手 sculler**
33 四人赛艇选手 fourer
34 艇长 skipper

---

35 裁判员 judge
36 裁判长 chief of judges
37 发令员 starter; start organizer
38 排齐舟艇的工作人员 aligner
39 检查员 umpire

规 则

40 **召回 recall**
41 **串道 boring**
42 重划 rerow
43 各就各位！ On your starting stations!
44 预备！ Come forward!
45 划！ Go!
46 保持距离！ Keep apart!
47 不要提桨过高！ Don't sky!

技 术

48 **划船［操桨］技术 rowing technique;** oarsmanship; oar-handling; watercraft; watermanship
49 **划 row; scull;** skull
50 划单桨 row
51 荡双桨 scull
52 变速划 interval rowing
53 **一次划桨动作 stroke**
54 身体动作 body action
55 身体前倾 bend [reach] forward
56 身体后仰 lie [swing; lay] back
57 引身靠桨 meet the oar
58 上体左右倾斜 screw
59 手腕动作 wrist action

---

60 **切入水中**（指桨叶） **chop**
61 斜桨（入水时） bevel; square
62 桨叶入水倾斜过大 knife in
63 插桨过深 dig
64 **划水动作**（桨入水后） **drive**
65 **划桨过深；划空 (catch a) crab**
66 **拉臂动作 arm pull**
67 消极动作 negative work
68 **拉桨 pull**
69 拉桨过程 pulling phase
70 抓水；提桨 catch
71 **回桨**（出水后） **recovery**
72 回桨尽量伸向船首 full reach
73 掌握划桨动作间隔 space
74 推桨 shoot
75 插［横］桨停船 hold (water)
76 倒划 backwater
77 反流 backwash; backwater
78 **划桨频率 (rate of) stroke;** pitch
79 划桨频率高 high stroke
80 旋涡 puddle（划桨造成）; eddy; whirlpool; vortex（自然形成）

船 艇

81 赛艇 racing boat; sportsboat
82 **单人双桨赛艇 scull;** sculling boat
83 **双人单桨赛艇 pair-oared shell**
84 **四人双桨赛艇 four;** quadruple scull shell
85 **八人赛艇 eight;** eight-oared racing shell
86 裁判检察员船 umpires' launch [boat]

---

87 **船身 hull**
88 **座舱 cockpit;** well
89 船身板 planking
90 船底 bottom
91 船底板 strake
92 **船头［首］ bow;** head; prow; fore; stem

93 船尾 **stern;** aft
94 甲板 deck

———

95 舵 (steering) **rudder**
96 舵索 rudder-line; yoke-ropes
97 舵叶 rudder blade
98 舵柄 tiller; steering device
99 横舵柄 yoke
100 舵手座 coxswain's seat
101 浆手座 thwart
102 **滑座**；座板 **sliding seat**
103 滑轨 slide runner
104 踏脚板 stretcher; footboard
105 吃水 draft; draught
106 吃水线 waterline
107 渗漏 leak
108 清除舱中积水 bail
109 倾覆；翻船 capsize

场 地

110 **赛道 rowing course**
111 码头 dock; wharf; landing (place; stage); jetty
112 登陆码头 landing pier
113 出发木筏 embarking raft
114 固定出发点 fixed starting point
115 终点木筏 disembarking raft
116 发令台 starter's tower
117 发令旗 starter's flag
118 船库 boathouse
119 放船支架 trestle

———

120 练习池 rowing tank
121 固定练习船 fixed tub
122 划船练习架 rowing machine
123 赛艇练习器 sculling machine

浆

124 **浆 oar; scull**（用于双浆船）
125 浆杆 loom
126 浆颈 neck; shaft
127 浆叶 blade
128 浆柄 handle
129 浆把 grip
130 浆架 rowlock; oarlock; thole
131 活动浆架 swivel rowlock
132 舷外浆架 (out)rigger; rigger joint
133 护浆皮 leather (sheath)
134 左舷浆 portside oar
135 右舷浆 starboard oar
136 短浆 scull; hollow oar
137 大浆 sweep (oar)

57．皮划艇 Canoe / Kayak

1 **划艇运动 canoeing**
2 **皮艇运动 kayaking**
3 **皮划艇运动 canoe/kayak;** canoeing; paddle sports
4 带帆划艇运动 cruising canoe

项 目

5 划艇比赛 canoe racing
6 单人划艇 C-1; Canadian single
7 单人双浆小划艇 single scull
8 双人划艇 C-2; Canadian pair; canoe two [double]; double
9 皮艇竞赛 kayak racing
10 单人皮艇 K-1; kayak single

11 双人皮艇 K-2; kayak pair; double [tandem; two-seater] kayak
12 4人皮艇 K-4; kayak four
13 静水皮艇赛 flatwater kayaking
14 **划艇回旋 canoe slalom**
15 激流皮艇赛 torrent [whitewater; rapid stream] kayaking
16 漂流活动 whitewater rafting

人员

17 **划艇运动员 canoeist;** canoeman; canoe paddler
18 **皮艇运动员 kayakist;** kayaker; kayak paddler [canoeist]
19 皮划艇桨手 paddler

---

20 分区裁判员 sector judge
21 回旋裁判长 slalom president
22 水门裁判 gate judge
23 水门主裁判 chief gate judge
24 转弯处检查裁判员 turning point judge
25 舟艇检查员 boat scrutineer

规则

26 **赛程** (race) **course**
27 出发顺序 starting order
28 分别出发 separate start
29 间隔出发 interval start
30 **排齐出发 line up for start**
31 同时出发 collective start
32 漏门 miss [omit] a gate
33 舟艇检查 boat inspection

技术

34 **划 paddle**
35 **长划 long stroke**
36 **短划 short stroke**
37 直划法 cruising stroke
38 钩形划法 cruising hook; J-stroke
39 **风车式划桨 windmill paddling**
40 向内弧形划法 sweep stroke; sweeping
41 桨叶向内划的弧形 inward arc of the paddle
42 桨叶向外划的弧形 outward arc of the paddle
43 侧拉转向划法 turning [draw; propelling] stroke
44 侧拉转向外推 pushover
45 倒划动作 reverse stroke
46 **平桨 feather**
47 横叶停船划法 stopping [jamming] stroke
48 靠岸 come alongside

---

49 水流 current
50 静水 flat [dead; still] water
51 激流 wild [rough] water; whitewater
52 流速 (rate of the) flow
53 逆流 counter-current; cross current
54 逆流而上 upstream
55 顺流而下 downstream

---

56 通过水门 go through a gate
57 通过障碍 negotiate an obstacle
58 绕过障碍 skirt an obstacle

场地

59 **水道 course; lane**
60 直线水道 straight course
61 障碍回旋水道 raft channel [chute]
62 水道标志 marking of the course
63 水深 water depth
64 出发线 line of start
65 终点线 finishing line

66 转弯处 turning point
67 自然障碍 natural obstacle
68 人为障碍 artificial obstacle
69 **回旋门** **slalom gate**
70 回程门 reverse gate
71 共同通过的水门 team gate
72 水门杆 gate pole
73 回旋标杆 slalom pole
74 清理水道 clear the course

船艇

75 **皮艇** **kayak; Alaskan canoe**
76 **划艇** **(Canadian) canoe**
77 爱斯基摩人皮艇 Eskimo kayak
78 独木舟 dugout; (log-)canoe
79 折叠船 collapsible [folding] boat; faltboat; foldboat
80 非折叠式的皮艇 rigid kayak
81 玻璃纤维船 fiber-glass boat
82 船身纵轴 front-to-back axis; longitudinal line
83 **防水围裙** **skirt;** splasher; spray screen; canvas
84 前甲板 fore deck
85 后甲板 rear deck
86 **短桨**（不用桨架） **paddle**
87 单叶桨 single(-bladed) paddle
88 双叶桨 double(-bladed) paddle
89 搁脚垫 foot-rest; foot brace
90 足跟套 heel trap
91 膝垫 knee cushion
92 膝托 knee-rest (pad)
93 救生背心 life vest
94 船架 boat rack; boat-stand
95 运船车 boat carriage

58. 帆船运动 Sailing

1 **帆船运动** **sailing; yachting**
2 航海 voyage
3 航海运动 nautical sport
4 **帆船比赛** **sailing** [sailboat; yacht] **race;** regatta
5 近海帆船赛 offshore yacht racing
6 **帆板运动** **windsurfing; boardsailing**
7 冰上帆船运动 ice yachting

型号

8 **级；型** **class**
9 级号标志 class emblem
10 龙级 Dragon Class
11 E22 级 E22 Class
12 H- 艇级 H-Boat Class
13 **索林级** **Soling Class;** fleet match race Keelboat Open
14 暴风雨级 Tempest Class
15 5.5 米级 Five-Point-Five-Meter Class
16 6 米级 Six-Meter Class
17 12 米级 Twelve-Meter Class
18 **星级** **Star Class;** two-person Keelboat Open
19 **49 人级** **49er class;** high performance Dinghy Open
20 竞争者级 Contender Class
21 企业级 Enterprise Class
22 **欧洲级** **Europe Class**
23 火球级 Fireball Class

58

24 飞行少年级 Flying Junior Class
25 470级 **470 Class;** double-handed Dinghy
26 420级 420 Class
27 OK级 OK Dinghy Class
28 乐观者级 Optimist Class
29 14级 Fourteen Class
30 双人发展级 Two-Man Development Class
31 蛾级 Moth Class
32 军训级 Cadet Class
33 **芬兰人级 Finn Class**
34 5-0-5级 5-0-5 Class
35 飞行荷兰人级 Flying Dutchman Class
36 **激光级 Laser Class;** single-handed Dinghy Open
37 闪电级 Lightning Class
38 鹬鸟级 Snipe Class
39 维龙纳级 Vaurien Class
40 **托纳多［龙卷风］级 Tornado Class;** multihull Open
41 英灵级 Yngling Class
42 A间段筏级 A-Division Catamaran Class
43 C间段筏级 C-Catamaran Class
44 D间段筏级 D-Catamaran Class
45 10平方米级 Ten-Square-Meter Class
46 **米斯特拉级 Mistral Class**
47 混合级的 open

人员

48 **帆船运动员 sailor; yachtsman**
49 **帆板运动员 windsurfer; boardsailor**
50 **舵手 helmsman;** steersman
51 船长 captain; skipper
52 竞赛委员会 race committee

竞赛

53 帆船赛程 regatta course
54 三角形赛程 triangular course
55 第一段赛程 first leg
56 第二段赛程 second leg
57 第三段赛程 third leg
58 迎风赛程 windward leg
59 顺风赛程 downwind leg
60 侧［横］风赛程 reaching leg
61 竞赛日程 race schedule
62 赛程图 racing chart
63 航行计划 sail plan; plan of the course
64 **航行权 right of way**
65 有航行权的帆船 right-of-way yacht
66 **赶上 overhaul;** overtake
67 被超越的帆船 overtaken yacht; yacht over
68 并排 overlap
69 绝对领先 clear ahead
70 绝对落后 clear astern
71 抢航 false start
72 **让路 keep clear**
73 碰撞 collide; foul
74 转向！（对附近上风船的呼语）Lee-o!

---

75 竞赛旗 racing flag
76 旗艇（标示航线） flagboat
77 信号旗 signal flag
78 抗议旗 protest flag
79 警告信号 warning signal
80 船帆号码 sail number

帆船技术

81 **帆船技术 yachtsmanship**
82 **驾驶 sail**
83 固定帆向 belay the sails

84 准备转向！（舵手口令） Ready about!
85 开始顺风转向 fall off; bear away
86 **顺风转向** **jibe;** gybe; wear
87 **顺风行驶** **sail** [scud; run] **before the wind**
88 转向迎风行驶 luff; come to
89 **迎风转向** **tack** (on the wind); go about
90 迎风连续调整航向 beat; tack and tack
91 **迎风行驶** **sail against the wind;** head up
92 侧［横］风行驶 sail with the wind abeam
93 避风航行 tack under the lee
94 无法转向（因左右舷均不受风） in stays
95 抢对方的上风 blanket; box
96 受风很少（因对手抢了上风） in the box
97 无风不能航行 becalmed
98 切风过紧（而影响航速） pinch
99 使船身平衡 trim the boat
100 摆平倾斜的帆船 right

---

101 **扬帆** **unfurl the sail**
102 鼓起风帆 swell the sail
103 使帆迎风 fill away
104 松帆 slacken the sail
105 调节帆 trim a sail
106 **缩帆** **reef**
107 飘帆（使帆不受风） let fly
108 飘动（帆受风小时） flutter; flap; shiver
109 下帆 lower the sail
110 卷帆 furl a sail
111 **收帆** **take in sail;** pull [take] in the sheet
112 收帆迎风停航 heave to

---

113 **掌舵** **steer**
114 舵柄向左 port the helm
115 舵柄向右 starboard the helm
116 舵柄转向下风 helm down; steer to leeward; bear off
117 舵柄推向上风 helm up
118 舵略向迎风面 weather the helm
119 **绕标** **round** [turn] **a buoy** [mark]
120 绕标转向时间过长 overstand

自然条件

121 **风力** **wind force**
122 **风级** **wind scale**
123 0级风（= **无风**） wind force 0 (=**calm**)
124 1级风（= 软风） wind force 1 (=light air)
125 2级风（= 轻风） wind force 2 (=light breeze)
126 3级风（= **微风**） wind force 3 (=**gentle breeze**)
127 4级风（= 和风） wind force 4 (=moderate breeze)
128 5级风（= 清劲风） wind force 5 (=fresh breeze)
129 6级风（= 强风） wind force 6 (=strong breeze)
130 7级风（= 疾风） wind force 7 (=moderate [near] gale)
131 8级风（= **大风**） wind force 8 (=(fresh) **gale**)
132 9级风（= 烈风） wind force 9 (=strong gale)
133 10级风（= **狂风**） wind force 10 (=whole gale; **storm**)
134 11级风（= 暴风） wind force 11 (=violent storm)

135 12–17级风（=飓风） wind force 12-17 (=**hurricane**)

---

136 **风速** **wind speed** [velocity]
137 节（每小时一海里） knot
138 **顺风** **favorable** [down; helping; tail] **wind**
139 **逆风** **unfavorable wind;** headwind
140 风向 direction of wind; set
141 风力中心点 center of effort
142 **侧风** **beam wind;** wind abeam
143 后侧风 quarter(ing) wind
144 软风 cat's paw
145 稳定的风 steady wind
146 多变的风 shifty wind
147 急［小暑］风 squall
148 真正风 true wind
149 阵风 gust
150 主［盛行］风 prevailing wind
151 航行风 apparent wind
152 信［贸易］风 trade wind; trades
153 旋［龙卷］风 tornado; cyclone
154 台风 typhoon

---

155 平静的海面 smooth sea
156 稍有浪花的海面 choppy sea
157 风大浪急的海面 rough sea
158 浪花 breaker
159 巨浪 surge
160 船首浪 bow wave
161 波浪阻力 wave resistance

航行

162 航程 course; distance
163 适于航海的 seaworthy
164 延长的航程 extended course
165 缩短的航程 shortened course
166 上船 go aboard; embark; get in
167 下水 launch; take water
168 **起航** **set sail**
169 直航行 sail straight [upright]
170 方位 bearing
171 改变航向 alter the course
172 偏航 yaw
173 **上风的** **windward**
174 上风船 windward yacht
175 **下［背］风的** **leeward**
176 平稳航行 on an even keel
177 船身倾斜 heel（由于风大）; list（由于负荷不平衡）; lean over
178 左右摇晃 roll
179 上下颠簸 pitch
180 船身阻力 hull resistance
181 **航迹** **wake;** wash
182 漂流 drift
183 滑行 run; slide
184 停泊 moor; ride at anchor; come alongside
185 上岸 go ashore; land

场地

186 **竞赛区** **racing area**
187 **水［航］道** **channel**
188 起航区 starting area
189 帆船码头 yacht harbor
190 船坞 boat-yard; dock; shipyard
191 船台 landing stage; pontoon
192 帆船停泊处 yacht-yard
193 泊位 berth
194 **出航点** **starting point**
195 浮标 buoy
196 起点和终点浮标 starting and finishing buoy
197 警告浮标（表示有暗礁等） obstruction buoy
198 风向指示带 telltale
199 风标 wind-vane
200 裁判塔台 judges' tower

201 裁判船 committee boat
202 救生船 rescue boat; lifeboat
203 救生用具 life preserver; life-saving equipment

帆 船

204 **帆船 yacht; sail(ing) boat**
205 小船［艇］ **dinghy;** dingey; dink
206 竞赛帆船 racing yacht
207 单桅帆船（桅靠后） cutter (yacht)
208 单桅多帆船 sloop
209 波罗的海单桅多帆船 Baltic Sea sloop
210 双体帆船 catamaran
211 双桅帆船（前桅高后桅低） yawl
212 双桅纵帆船 schooner (yacht); two-master
213 双桅小帆船 ketch
214 龙骨船 keel boat
215 稳舵板船 centerboard boat; centerboarder
216 护航船 escort boat
217 **帆板 sailboard;** windsurfer
218 透明窗 transparent window
219 万向接头（操纵帆板航向用） universal joint; movable bearing

---

220 船身［体］ hull
221 船身总长 overall length
222 龙骨 keel
223 **左舷 port**
224 **右舷 starboard**
225 **舵 rudder**
226 稳舵 safety helm; centerboard
227 锚 anchor

---

228 **帆 sail**
229 帆布 canvas; sail-cloth
230 帆面积 sail area
231 主帆 mainsail
232 前帆 foresail; jib
233 后帆 mizzen sail
234 方帆 square sail
235 纵帆 fore and after sail
236 三角帆 triangular [balloon] sail; jib; ballooner
237 帆杠；下桁 boom
238 帆索具 rigging

59. 摩托艇 Motorboating

1 **摩托艇运动 motorboating; powerboating;** motorboat [powerboat] racing
2 **摩托艇运动员 motorboater**
3 短程高速赛（1/4 英里）drag boat racing
4 环圈赛 circular race
5 近海赛 offshore racing
6 内陆水域赛 inland racing
7 耐力赛 endurance racing

---

8 直线航道 straight course
9 环圈［闭合］航线 circular [enclosed] course
10 浮标 buoy
11 绕圈 round the buoy
12 **摩托艇 motorboat; powerboat;** sportsboat
13 小汽艇 runabout

14 短程高速艇 drag boat
15 水上滑行艇 hydroplane (boat; skimmer)
16 充气摩托艇 inflatable motorboat
17 舱式游艇 cabin cruiser

———

18 舷外马达 **outboard motor**
19 舷内马达 **inboard motor**
20 尾挂机组 inboard-outboard
21 船身底 hull bottom
22 舵柄 **tiller**
23 螺旋桨 **propeller**

60. 滑水 Water Skiing

1 滑水运动 **water skiing;** aquaplaning
2 滑水运动员 **water skier;** aquaplaner
3 障碍回旋 **slalom**
4 往返（指回旋） out and return
5 竞速滑水 speed skiing
6 特技［花样］滑水 **trick [figure] skiing**
7 跳跃滑水 jump skiing
8 表演滑水 show skiing
9 叠罗汉 pyramid
10 单板滑水 mono-skiing
11 跪板滑水 kneeboard skiing
12 双人滑水 doubles-skiing
13 无板滑水 barefoot skiing
14 花式单板滑水 wakeboarding

技术

15 滑水 **water ski**
16 滑行 plane; slide
17 沙滩起滑 beach start
18 深水起滑 deep-water start
19 码头起滑 dock start
20 单板起滑 scooter start
21 侧滑 side slide
22 抱腿滑 foot-hold slide
23 转体180° **180° turn**
24 向后转体180° front-to-back 180°
25 向前转体180° back-to-front 180°
26 转体360° **360° turn**
27 航迹空翻两周 wake double flip
28 双切 double wake cut; crack-the-whip maneuver
29 反向动作 reverse movement
30 双板［直角］滑 two-ski slide
31 跨绳 step over the tow rope
32 跨绳转体 step-over turn
33 前进路线 line of advance
34 滑水路线 **skiing path**
35 空中姿势 **air-borne position**

———

36 滑水信号 **water-ski signaling**
37 加速信号 signal for faster
38 减速信号 signal for slower
39 速度正好信号 signal for speed OK
40 转弯信号 signal for turn
41 停止信号 signal for stop
42 停机信号 signal for cut motor

场地与器材

43 曲道场地 **slalom course**
44 浮标 buoy
45 滑水台 **ramp**

46 **滑水板 water ski; aquaplane**
47 单板 mono-ski
48 双板 twin [two] skis
49 跳跃滑水板 jump skis
50 特技滑水板 trick [figure] skis
51 跪板 kneeboard skis
52 回旋滑水板 slalom skis
53 脚趾套 toe binding
54 前脚套 front foot binding
55 脚跟套 heel trap
56 **拖绳 tow line** [rope]
57 固定鳍板 skeg; (fixed) fin
58 **把手 handle;** tow bar
59 **滑水快艇 water-ski boat**
60 拖船 towboat
61 航迹；尾流 wake

61. 冲浪 Surfing

1 **冲浪运动 surfing;** surfriding; surf-boarding
2 冲浪比赛 surf competition
3 冲浪决赛 surf-off
4 冲浪海滩 surf beach
5 **冲浪运动员 surfer;** surfrider; surfie
6 右脚在前的冲浪者 goofy footer
7 冲浪迷 surf-bum

浪

8 **波浪 wave**
9 **激浪 surf**
10 滚滚波涛 wheel; swell
11 大浪 hollow breaker; bumper
12 碎浪 rolling breaker
13 离岸流 rip current
14 **水墙 wall of water;** cascade of white water; soup
15 **浪峰 whitecap;** hook; curl; crest; top of the wave
16 波谷 trough

17 **冲浪 surf; ride the surf**
18 冲浪技术 surfmanship
19 卧式冲浪 prone [belly-board] surfing; belly-boarding
20 **身体冲浪 body surfing**
21 直线冲浪 straight(-ahead-of)-wave ride
22 冲浪一次 wave run [ride]
23 赶上浪头 catch (up with) a wave
24 进入浪头 slot in
25 转板迎浪 kick out
26 站起来 rise to standing position
27 跳离冲浪板 bail out
28 冲出浪头 pull out of the wave
29 变向 change direction
30 转移身体重心 transfer body-weight
31 切浪 cut across a wave
32 回切；急转 cutback
33 被浪冲离板子 wipeout; take gas
34 栽跟头 take a purler
35 **保持平衡 keep balance**
36 方向稳定性 directional stability
37 纵向稳定性 longitudinal stability
38 横向稳定性 lateral stability
39 身体姿势 body position
40 空中技巧 aerial (maneuver)

器材

41 冲浪板 **surfboard**
42 长［马利布］冲浪板（长两米以上） long board; malibu
43 小冲浪板（长两米以下） hotdog
44 重型冲浪板 barge
45 卧式冲浪板 belly board
46 冲浪气垫 surf mat
47 尾鳍 skeg; stabilizing fin; thruster

人与动物 Man and Animals（62-66）

62. 马术 Equestrian Sport

1 马术运动 **equestrian sport**
2 马术比赛 equestrian competition; eventing
3 障碍赛 **hurdle race; (steeple) chase**
4 超越障碍赛 **show jumping**
5 盛装舞步；花式骑术 **dressage**
6 三日赛；综合全能马术比赛 **three-day event;** complete competitive examination of horsemanship
7 花式骑术测验 dressage test
8 越野耐力测验 endurance test
9 超越障碍测验 jumping test
10 跳跃障碍测验 puissance
11 马场超越障碍赛 stadium jumping competition
12 放牧人竞技会 rodeo
13 马上技巧 mounted gymnastics
14 马术学校 riding school [academy]; manège

人员

15 马术运动员；骑手 **equestrian; equestrienne**（女）; horseman; horsewoman（女）; rider; jockey
16 障碍赛骑手 show jumper
17 盛装舞步骑手 dressage rider
18 驯马师 horse-breaker[-master; -trainer]; bronco-buster
19 障碍赛裁判员 obstacle judge
20 检查员 patrol judge
21 跑道检查员 clerk of the course
22 赛马工作人员 steward
23 饲养员 groom; stableman
24 马掌工 blacksmith; farrier

障碍赛

25 越过障碍 jump
26 起跳 take off
27 飞跃 fly
28 飞越 leap
29 轻触障碍 tick
30 漏跳 omit an obstacle
31 拒跳 ba(u)lk
32 踌躇（跳障碍前收住脚步）dwell
33 **碰撞障碍 knock down an obstacle**
34 **绊跌 stumble**
35 时间限制 time limit
36 障碍赛平分决胜 jump-off

---

37 **障碍 obstacle; fence**
38 障碍宽度 spread
39 固定障碍 solid obstacle
40 简单障碍 simple obstacle
41 双重障碍 double obstacles; in-and-out
42 直立障碍 vertical [straight] obstacle
43 高宽混合障碍 high and broad obstacle
44 平行杆障碍 parallel poles
45 双重平行杆障碍 double parallel poles
46 三重障碍 triple bars
47 平行三重障碍 triple parallel bars

---

48 **木栅障碍 railing;** paling; oxer; bars; post and rail obstacles
49 单栏障碍 simple oxer
50 蛇形木栅障碍 snake fence
51 宽围栏障碍 spread fence
52 屋顶形障碍 chicken coop
53 低墙障碍；土堤 bank; knoll
54 石墙障碍 stone wall

---

55 **树篱障碍 hedge;** bullfinch
56 窄篱［墙］障碍 narrow stile
57 篱沟障碍 ditch and hedge
58 树篱与木栅障碍 brush and rails
59 **沟 ditch; pit**
60 水沟障碍 water-jump
61 水沟带树篱障碍 water jump with hedge

花式骑术

62 初级花式骑术 elementary training; campagne
63 高级花式骑术 grand dressage; high school; haut école
64 立定 attention
65 前肢起扬 levade; pesade
66 后肢直立 rear
67 昂首跳步 jigging
68 原地快步 trot in place
69 斜横步 two-track; half-pass; appuyer
70 巴沙基；高级快步 passage
71 西班牙舞步；高级慢步 Spanish walk
72 琵阿斐；原地高级步 piaffe
73 跳跃 gambado
74 横驰 gallopade
75 原地腾跃 capriole
76 直立腾跃 curvet; courbette

---

77 **旋转 pivot**
78 后肢旋转 pivot on the quarters; pirouette
79 前肢旋转 pivot on the forehand
80 半旋转 caracole
81 后肢半旋转 half-pirouette
82 环骑 volt(e)
83 转圈（直径超过 6 米） circle
84 8 字形 eight; school figures

赛马

85 **赛马 horse race** [racing]
86 大赛马 derby
87 平地赛马（无障碍物） flat race
88 有奖赛马 stakes race
89 让步赛马 handicap; allowance race
90 负重减量 allowance
91 附加重量 impost
92 根据马匹年龄和赛程而附加的重量 weight-for-age
93 轻驾车赛 harness racing
94 同时到达终点 dead heat
95 领先一头的距离 head
96 落选的马 also-ran

62

马球运动

97 马球运动 **polo**
98 马球运动员 **polo player; poloist**
99 马球队 **quartet**
100 局 **chukker**
101 前锋 forward
102 前卫 halfback
103 后卫 back
104 球门裁判 goal umpire
105 判胜一球 penalty goal
106 原地罚球 free hit
107 得球 right of way
108 球行线 line of ball
109 挤出球行线 ride off the ball
110 向前击球 forestroke
111 向后击球 backstroke
112 右侧向前击球 offside forehand
113 右侧向后击球 offside backhand
114 左侧向前击球 nearside forehand
115 左侧向后击球 nearside backhand
116 马球杆 **mallet;** polo-stick

赌 马

117 赌马 gamble [bet] on horses
118 赌博者 gambler; bettor; horse player
119 登记赌注者 bookmaker; bookie
120 赌注 bet; stake
121 赔率 odds
122 同注分彩赌博 parimutuel
123 赛马内情简报 dope-[tip-]sheet

骑 术

124 骑术 **art of riding; horsemanship;** equestrianism; equestrian skill; equitation; jockeyship
125 无鞍骑乘 ride bareback
126 上马 get up; mount
127 帮助上马 leg up
128 下马 dismount

---

129 骑坐姿势 **riding posture;** seat
130 身体重心居中的骑坐姿势 park seat
131 前倾骑坐 forward [balanced; hunting; modern; military] seat
132 极度前倾骑坐 jockey seat
133 古典骑坐姿势 academic [classical] seat
134 顺随马的动作 go with the horse

---

135 **扶助指挥 aid**
136 自然扶助 natural aid; authorized assistance
137 人工扶助 artificial aid; unauthorized assistance
138 **控缰 draw the rein**
139 开控缰 leading [opening] rein
140 颈上控缰 bearing [neck] rein
141 反向直控缰 direct rein of opposition
142 强力控缰 heavy-handed; mutton-fisted
143 轻控缰绳 light-handed
144 控马 collect a horse
145 控马后退 rein back
146 停住 halt
147 控缰主导腿 active leg
148 控缰支撑腿 passive leg
149 落马 fall from the horse; come a cropper

步 法

150 **步法［态］ gait**
151 自然步法 collected [natural] gait
152 人工步（包括慢跑步、侧对步、破

侧对步） artificial gait
153 侧［横］步 sidestep
154 **慢步 walk;** short pace; jog trot
155 自由慢步 free walk
156 短慢步 short walk
157 跑慢步 running walk
158 **侧对步 amble;** pace; on the diagonal
159 慢侧对步 slow gait; stepping pace
160 破［花］侧对步 broken amble; rack; single foot

---

161 **快步 trot**
162 狐［小快］步 foxtrot
163 骑手稳坐马鞍的小跑 sitting trot
164 骑手随马起伏的小跑 rising trot
165 慢快步 collected trot
166 平稳快步 square trot
167 缩短快步 slow trot

---

168 **慢跑步 canter;** slow pace; hand gallop
169 普通慢跑步 ordinary canter
170 大步慢跑 lope
171 反常跑步 counter canter; false lead
172 **飞奔；疾驰 gallop**
173 **袭步 full** [running] **gallop**
174 狂奔 bolt; take the bit

---

175 伸长步法 extended gait
176 缩短步法 shortened gait
177 碎步 choppy stride
178 乱步 disunited gait
179 两个蹄音的步法 two-beat gait
180 三个蹄音的步法 three-beat gait
181 四个蹄音的步法 four-beat gait
182 善于五种步法的 five-gaited
183 **简单换步 simple change of legs**
184 空中换腿 flying change of legs

马匹

185 **马 horse**
186 **额毛 forelock**
187 马体前部 forequarters; front quarters
188 **马鬃 mane;** crest
189 马肩隆 withers
190 **马背 horseback**
191 颈础 base of neck
192 脊背 back
193 腹部 belly; abdomen; barrel
194 肋 blank
195 臀部 haunch; hind quarters; rump; croup(e); crump; crupper
196 **前肢 forefoot;** front foot; arm
197 左前肢 left fore
198 右前肢 right fore
199 **后肢 hind leg**
200 左后肢 left hind
201 右后肢 right hind
202 斜对肢 diagonal pair of legs
203 飞［附关］节 hock
204 胫 shank; gaskin; second thigh
205 距毛；球节 fetlock
206 系部 pastern
207 **蹄 hoof;** foot

---

208 **品种 breed**
209 **谱系 pedigree**
210 **纯种马 purebred;** bloodstock
211 **英纯种马 thoroughbred**
212 阿拉伯马 Arab (horse); Arabian horse
213 非纯种的 cold-blooded
214 混血马 half-bred
215 母马 mare; dam
216 母驹（5 岁以下） filly
217 公驹（5 岁以下） colt

218 1-2 岁的幼驹 yearling
219 2-4 岁的马 futurity
220 种马 stud horse
221 骟马 castrated horse; gelding

---

222 比赛用马 race horse; racer; bangtail; oat-burner
223 盛装舞步马 dressage horse
224 障碍赛用马 (show) jumper
225 越野障碍赛用马 chaser; hunter
226 球赛马 polo pony
227 轻挽马 harness horse
228 骑乘马 riding [saddle] horse; hackney; saddler

---

229 体形 conformation; quality
230 受衔姿势 collection
231 特征 marking; peculiarity
232 性格 disposition; temperament
233 敏感性 responsiveness
234 **易惊的 shy;** flighty; skittish
235 见人受惊的 manshy
236 易受惊的马 shyer
237 **驯服性 obedience;** suppleness; acceptance to the bridle
238 受衔的 light-mouthed
239 不让装勒的 headshy
240 不服马嚼子的马 puller
241 易于驾驭的 light in hand
242 **难驾驭的 restive**
243 **不驯从的 disobedient**
244 难驯的马 bucking bronco; outlaw
245 弓背跳起（企图摔下骑手） buck jump
246 将骑手摔下来 throw [unseat] the rider

马具

247 **马具 harness;** tackle; horse gear
248 口套；鼻笼 muzzle
249 **嚼子；口衔 bit**
250 马眼罩 blinders; blinkers; winkers
251 头勒 halter; headstall
252 顶革 headpiece; head strap
253 低头革 martingale
254 颊革 cheek piece [strap]
255 颈革 neck strap
256 鼻革 noseband
257 马肚带 girth; cinch; surcingle
258 **缰绳 rein**
259 控制缰 checkrein

---

260 鞍具 saddlery
261 **马鞍 saddle**
262 花式骑术马鞍 dressage saddle
263 鞍座 seat
264 前鞍桥 saddle bow; pommel
265 后鞍桥 high bow; cantle
266 鞍垫 saddle blanket [pad]
267 鞍布 saddle cloth

---

268 **马刺 spur**
269 **马镫 stirrup**
270 **马蹄铁 horseshoe**
271 烙印 brand

场地

272 **跑［赛］马场 (race) course;** turf
273 大跑马场 park
274 马球场 polo field
275 **赛马跑道 race track;** racing strip
276 障碍赛马跑道 steeplechase course
277 8 字形障碍赛跑道 figure-of-eight track
278 花式骑术赛场 arena for dressage competition
279 赛前鞍具着装场 paddock
280 准备活动区 warming-up area

281 出发门 **(starting) gate**
282 起跑位置 post position
283 起跑线 starting line
284 起跑屏障 barrier
285 起跑柱 starting post
286 终点线 finish line
287 终点柱 finish post
288 裁判台 judge box
289 标志旗 marking flag

骑手装备

290 骑装 **jockey dress** [suit]; riding costume
291 **女骑装 riding habit**
292 骑马裤 (riding) breeches; jodhpurs
293 轻便鸭舌帽 jockey cap
294 骑手手套 riding glove
295 长［防护］手套 gauntlet
296 马靴 riding [high] boot
297 **马鞭 (riding) whip;** horsewhip; crop
298 赛马鞭子 racing bat

饲养与调教

299 **养马场 breeding farm**
300 种马饲养场 stud (farm)
301 马房［厩］ **stable**
302 单间马房 stall; box
303 牲口棚 shed
304 草荐 litter
305 **饲料 fodder; forage**
306 饲槽 feed box; feeding trough
307 刷马 curry
308 马刷 body [horse] brush
309 兽医检查 veterinary examination

---

310 **调教 break; school**
311 未经调教的马 unbroken horse; bronco
312 经过调教的马 broken horse
313 调教场 lunge; longe
314 调教竿 rapping pole

63

63. 钓鱼 Fishing

1 **钓鱼 fishing;**(sport) **angling**
2 **钓鱼者 fisherman;** angler
3 淡水钓鱼 freshwater fishing
4 咸水钓鱼 saltwater fishing
5 饵钓 bait [still; bottom] fishing
6 拖钓 trolling
7 冰上钓鱼 ice fishing
8 捕获 **catch**
9 钓捕大鱼 big-game fishing

---

10 **钓具 fishing tackle**
11 钓竿 fishing rod [pole]
12 钓竿架 rod stand [rack]
13 钓钩 fishing hook; fishhook
14 钓丝 fishing line; fishline
15 丝线 silk line
16 **尼龙线 nylon line**
17 缠线盘 reel
18 铅坠 sinker; ledger
19 浮标 float; buoy; bob(ber)

---

20 **钓饵 bait**
21 底饵 ledger bait
22 水底诱饵 ground bait; chum

23 投饵 cast bait

24 上饵 bait a hook

64．狩猎 Hunting

1 狩［打］猎 **hunting**
2 猎手 **hunter;** huntsman
3 **打猎术 huntsmanship**
4 偷猎者 poacher
5 弓猎 bow hunting
6 隐蔽猎法 sitting up; flighting
7 巡行猎法 stalking
8 模仿叫声诱捕法 calling
9 追踪 tracking
10 围猎 driving; beating
11 伏猎 still hunting
12 埋伏处 blind
13 诱捕 ensnare; decoy
14 陷阱 trap; pitfall
15 伪装 camouflage
16 行猎掩蔽体 hunting screen

17 猎场 **hunting field [ground]**
18 禁猎区 sanctuary
19 动物保护区 animal reserve
20 狩猎法 game law
21 狩猎小屋 hunting box
22 **猎枪 shotgun**
23 鸟枪 fowling piece
24 猎帽 hunting cap
25 猎靴 hunting boot
26 猎狗 hound; hunting dog
27 猎鹰 falcon
28 猎物 game; quarry（正在被捕猎）; bag
29 大猎物 big game
30 小猎物 small game
31 猎鸟 game bird
32 濒危物种 endangered species

65．信鸽比赛 Pigeon Racing

1 信鸽比赛［竞飞］ **pigeon racing [flying]**
2 信鸽爱好者 **pigeon fancier;** colombophile
3 竞赛主任 race controller
4 鸽子 pigeon; dove
5 信鸽 **carrier [homing] pigeon;** homer
6 竞飞鸽 racing pigeon
7 杂交品种 crossbreed

8 赛季 racing season
9 **放飞 release; liberate**
10 放飞一次 toss
11 放飞点 liberation [race] point
12 翔距 **flying distance;** distance of flight
13 飞行时间 **flying time**
14 翔速 flying speed
15 归巢 **homecoming;** return to the home loft
16 回归线路 returning route

17 竞翔终点 home point
18 定向力 directional force
19 竞飞能力 flying [racing] ability

———

20 **鸽棚 loft;** pigeon house; cote
21 信鸽公棚 open [public] pigeon house
22 运鸽笼 pigeon basket; transport crate; road transporter
23 信鸽时钟 pigeon [timing] clock
24 登记环（套在信鸽脚上） registration ring
25 环号 ring number
26 标圈（参赛编号）band; race rubber

67

66．其它 Others

1 **斗牛 bullfighting;** corrida
2 斗牛场 bullring; arena
3 斗牛士 bullfighter; matador
4 长矛 lance
5 公牛 bull; toro
6 投枪 banderilla

———

7 **赛［跑］狗 dog** [greyhound] **racing**
8 灵猩（一种身细腿长、视觉灵敏的猎犬，用于赛狗） greyhound
9 假兔（赛狗的追逐目标） mechanical [artificial] hare
10 跑狗场 greyhound race-course

———

11 赛驼 camel racing
12 斗蟋蟀 cricket fighting
13 斗鸡 cock fighting

冬季运动 Winter Sports（67–70）

67．速度滑冰 Speed Skating

1 **滑冰运动 skating**
2 **速度滑冰 speed skating**
3 **追逐赛 pursuit**
4 **短道速滑 short track speed skating**
5 长距离（3000米、5000米、10000米） long distance
6 短距离（500米、1000米、1500米） short distance
7 全能速度滑冰 all-round speed skating
8 **轮滑运动；**溜旱冰 **roller skating** [sport]
9 滑板运动（详见279页） skateboarding

人员

10 **滑冰运动员 skater**
11 **速滑运动员 speed skater; rinker**
12 短距离速滑运动员 sprinter

13 带跑人 **pacemaker**
14 裁判员 **judge**
15 裁判长 **referee**
16 检察员 clerk of the course
17 跑道检查人员 track steward
18 每圈计时员 lap timer
19 换道区指示员 crossing controller

规则

20 **双人小组 pair**
21 编成双人小组 pairing; pair off
22 组次 serial order of pairs
23 比赛组次 starting order of pairs

---

24 起跑口令 starting order
25 集体起跑 mass start
26 同道滑跑（每组4-6人） peloton race
27 **抢跑 false start**
28 重跑 rerun a race
29 让道 give [allow right of] way
30 **换道 change lane** [track]
31 横过跑道 cross the course
32 帮助滑跑 physical assistance
33 圈 lap
34 分圈时间 split time; time for individual lap
35 总分 grand total
36 最低积分 lowest total of points
37 最好成绩 best total of points

技术

38 **滑跑 skate**
39 直道滑跑 straight skating
40 **蹬冰 push;** kick; stroke
41 快速蹬（换腿时刀刃与另一脚平行靠近） chassé
42 利用体重蹬冰 push off by weight
43 蹬冰距离 length of stroke
44 蹬冰角 angle of stroking
45 蹬冰腿 takeoff leg
46 滑行腿 skating leg
47 浮腿 free leg
48 **摆臂 arm swing**
49 摆肩 shoulder swing
50 摆腿 leg swing
51 收腿 draw [hold] back the leg
52 着冰（抠住冰面） purchase
53 长滑步 long stride
54 横滑步 sidestep
55 换脚 change foot
56 双脚急停 two-foot stop
57 平刃滑行 flat skate
58 倒八字形（内刃造成） herringbone
59 前进外刃交叉滑行 forward cross roll
60 冰刀线痕 trace

---

61 **滑跑姿势 skating form**
62 高姿势 high form
63 低姿势 low form
64 蹲屈姿势 crouch
65 身体起伏 pitch; bob
66 背手 arms on the back
67 尾随滑行 tail the pack
68 自由滑行 free glide [slide]
69 欧洲式（低蹲，步幅大，很少摆臂） European style

---

70 **弯道技术 curve technique**
71 拐弯道 negotiate a turn
72 压步；弯道滑行 grind the bar
73 外转 curve outward
74 弯道练习 corner work
75 模拟滑冰 simulated skating
76 陆地训练 dry season training
77 模仿性滑跳（陆上训练） imitation jump

冰场

78 **冰场 ice rink** [stadium]; **rink**
79 人工冷冻冰场 artificially frozen rink
80 冰场情况 ice [rink] condition
81 速滑跑道 speed skating track
82 宽跑道 open course [track]
83 单跑道 single course
84 双跑道 double [separate] course
85 **外圈 outer track** [lane]
86 **内圈 inner track** [lane]
87 雪线；跑道分界线 snow line
88 色线 painted line
89 可移动块体 movable block
90 **换道区 crossing line**
91 **弯道 bend; curve;** corner
92 大弯道 outer curve
93 小弯道 inner curve
94 弯道顶点 apex of bend
95 终点直道 home stretch
96 非终点直道 back line
97 预备起跑线 pre-start line
98 终点线 goal line
99 冰面 ice surface
100 冷冻设备 refrigerating plant

器材

101 **冰鞋 ice-skate**
102 轮滑冰鞋 roller skate
103 **冰刀 skate; runner**
104 **速滑刀 speed** [racing] **skate**
105 开合式冰刀 clap skate
106 冰刀弧度 curve of arch
107 冰刀刃 skate blade
108 刀管 tube of skate
109 冰刀底沟 hollow [concave] ridge
110 外刃 outer edge
111 内刃 inner edge
112 后刃 backward edge
113 磨冰刀架 skate sharpening holder
114 松紧［弹力］服 stretch suit

68. 花样滑冰 Figure Skating

1 **花样滑冰 figure skating**
2 **单人滑 singles skating**
3 **双人滑 pairs skating**
4 **规定自由滑；短节目 short program**
5 **自选自由滑 free program**
6 **冰上舞蹈 ice dancing**
7 规定舞蹈 compulsory dance
8 自由舞蹈 free dancing
9 规定成套舞蹈 prescribed pattern dance
10 创编舞蹈 original dance
11 冰上芭蕾舞 ice ballet
12 冰上舞剧 ice show
13 **集体滑 group skating**
14 列队滑 precision skating
15 四人舞 fours
16 技术节目 technical program
17 长节目 long program

人员

18 **花样滑冰运动员 figure skater**
19 男舞伴 man [carrying] partner
20 女舞伴 woman partner

21 裁判员 judge

规 则

22 技术水平 **technical merit**
23 艺术印象 **artistic impression**
24 艺术表现 **artistic presentation**
25 难度系数 **factor**
26 舞蹈设计 choreography
27 场地利用 utilization of area
28 掌握时间 timing
29 动作编排 combination
30 附加动作 additional move
31 跌倒；触冰 fall; drop
32 评分标准 scale of marks
33 没有滑 not skated
34 极差 bad
35 差 unsatisfactory
36 一般 mediocre; pass
37 好 good
38 很好 very good
39 完美无缺 perfect

基本技术

40 单个动作 individual part
41 规定动作 compulsory [required] move
42 自选［特种］动作 special figure; spec
43 花样（包括若干动作） pattern
44 姿势 **posture;** carriage; gesture
45 飞燕式 flying swallow
46 飞鹰式 flying eagle
47 迎风展翅 arabesque
48 难度动作 difficult movement
49 开始姿势 starting position
50 连接动作 connecting move; linking movement
51 协调 unison
52 对称性 symmetry
53 多样化 variety

---

54 刀刃蹬冰 stroke from edge; toe push
55 平刃 flat edge
56 双刃 double edge
57 滑脚 employed [gliding; tracing] foot
58 浮［平衡］脚 **free** [balancing] **leg**
59 滑行腿 **skating leg**
60 支撑腿 supporting leg
61 换脚 change of feet

---

62 起滑点 starting point
63 起滑曲线 initial curve
64 滑行线痕 edge; edging
65 弧线 curve
66 波浪线痕 subcurve
67 线痕重合 superimposition

图 形

68 图形 **figure**
69 规定图形 school [compulsory] figure
70 基本规定图形 elementary school figure
71 轨迹 trace; tracing
72 8字形 figure eight
73 3字形 figure three
74 双3字形 double three
75 变刃形 change
76 结环形 loop; pig's ear
77 变刃结环形 change-loop
78 括弧形 bracket
79 外钩形 counter
80 内钩形 rocker
81 内刃 **inner** [inside] **edge**
82 前内刃 fore in; forward inside
83 前外刃 fore out; forward outside
84 内刃图形 inside figure

85 外刃 **outer** [outside] **edge**
86 外刃图形 outside figure
87 后刃 backward edge
88 变刃 change edge
89 变刃图形 compound figure
90 后内变刃形 back in; backward inside
91 后外刃 back out; backward outside
92 左脚前进内刃 left forward inside edge
93 右脚向后外刃 right backward out side edge

———

94 圆形 circle
95 圆度 roundness of circle
96 圆形接续步 circular step sequence
97 半圆 half-circle
98 环绕［螺旋］形 spiral
99 直立环绕姿势 Hayes Jenkins spiral
100 鸟嘴形 beak
101 链条S形 chain
102 单脚图形 one-foot figure; paragraph
103 队形 formation
104 线阵 straight line
105 圆形阵 circle
106 轮阵 wheel
107 方阵 block
108 交叉阵 intersecting maneuver

步 法

109 步法变化 variability of steps
110 准备步伐 preliminary [previous] step
111 **起滑 start**
112 后退起滑（倒滑起动） back start
113 急停后起滑 stop-and-go
114 **滑行步 skating step**
115 向前滑 forward skating
116 倒滑 backward skating
117 滑步 glide
118 **自由滑行 free coast**
119 双脚滑行 two-foot skating
120 大［长］滑步 over stride
121 **压步 cross (step)**
122 倒滑压步 back cross over
123 交替步 swing roll
124 侧滑 side glide [slide]
125 侧滑步 sidestep
126 括弧步 bracket step
127 变刃步 change step
128 跑跳步 run step
129 连接步 connecting step
130 连贯步法 continuous skating
131 曲线步 roll pattern
132 **S［蛇］形步 snake**
133 S形接续步 serpentine step sequence
134 3字步 figure three step
135 **舞步 dance step**
136 外钩步 counter step
137 内钩形舞步 one back
138 华尔兹步法 Waltz step
139 维也纳华尔兹舞步 Viennese Waltz

———

140 **蹬 thrust**
141 蹬冰 push stroke
142 深蹬 deep edge
143 蹬地［离］ push off
144 蹬冰腿 drive leg
145 点冰 toe
146 提足 hold the foot
147 拖腿（浮腿出刀前动作） drag

———

148 犁式停止 snowplow stop
149 侧停 sideway thrust
150 侧面停止 hockey stop
151 丁字形停止 T-stop
152 双脚急停 two-foot stop

153 静止站立 stand still
154 半转体 semi-pivot

跳跃

155 **行进中跳跃 jump**
156 起跳腿 push-off [takeoff] leg
157 落冰 landing
158 小（兔）跳 bunny hop
159 联跳 combination jump
160 **跨步跳**（异脚大步跳） **leap**
161 同脚起落跳跃 hop
162 **点冰跳 toe point jump**
163 **不点冰跳 toeless jump**
164 撑竿式跳跃 pole-vault jump
165 变刃3字跳 three change three
166 前外3字跳 figure three [waltz] jump
167 向前屈腿交换跳 cat leap
168 连续跳跃 combination jump
169 括弧跳 bracket jump
170 外钩跳 counter jump
171 鹿式跳；半劈腿跳 stag jump
172 结环跳 loop jump
173 分腿跳 broken jump
174 同脚跳 straight jump
175 横一字 spread-eagle
176 内一字形 inside spread-eagle
177 海斯·詹金斯式；滑脚前举横一字 Hayes Jenkins spiral

转体跳

178 转体半周跳 half-turn jump
179 **转体一周跳 turn jump**
180 横一字转体 spread-eagle turn
181 **转体两周跳 double-turn jump**
182 **转体三周跳 triple-turn jump**
183 **转体四周跳 quadruple-turn jump**

---

184 后外结环一周跳（异脚起落） half loop jump
185 后外结环两周跳(异脚起落) double half loop jump
186 后外结环三周跳（异脚起落） triple half loop jump
187 后外点冰结环一周跳 toe loop jump
188 后外点冰结环三周跳 triple toe loop jump

---

189 **转体一周半跳**；阿克塞尔·保尔森跳 **one-and-half-turn jump;** Axel-Paulsen
190 前内一周半跳 inside Axel-Paulsen
191 前外两周半跳 double Axel-Paulsen
192 前外三周半跳 triple Axel-Paulsen
193 同足前外一周半跳 one-foot Axel-Paulsen
194 内起两周半跳（同脚起落） double inside Axel-Paulsen

---

195 **后外钩点冰一周跳**；卢茨跳 **Lutz jump**
196 后外钩点冰半周跳（异脚起落） half Lutz jump
197 后外钩点冰开脚一周跳 split Lutz jump
198 钩手两周跳 double Lutz jump
199 后外钩点冰开脚三周跳 triple Lutz jump
200 同脚外钩一周半跳 one-foot Lutz jump
201 后外钩点冰同脚三周跳 triple one-foot Lutz jump
202 外钩不点冰一周跳 toeless Lutz jump
203 外钩开脚半周跳（异脚起落） half

split Lutz jump

---

204 后内接后外钩一周跳（双脚起落）；沃利跳 Walley jump

205 后内点冰接后外钩一周跳（同脚起落） toe Walley jump

206 后内钩手双周跳 double toe Walley jump

---

207 后内结环一周跳；萨尔乔跳 Salchow jump

208 后内结环两周跳 double Salchow jump

209 后内点冰半周跳 half toe Salchow jump

210 后内点冰三周跳 triple toe Salchow jump

211 后内点冰两周跳 double toe Salchow jump

212 后内点冰开脚半周跳 half toe split Salchow jump

213 后内点冰开脚一周跳 toe split Salchow jump

214 同脚后内结环一周跳 one-foot Salchow jump

---

215 刀齿点冰后内结环一周跳；梅普斯跳 Mapes jump

216 3 字小跳步转体半周；梅休尔卡跳 Mazurka jump

217 前刃变后刃半周跳；莫霍克跳 Mohawk

218 前内刃变后外刃半周跳 inside forward Mohawk

219 后内钩不点冰一周跳；帕特·洛跳 Pat Lowe

220 换脚转体 180° 乔克托滑法 Choctaw

旋转

221 **旋转 rotation; spin**

222 旋绕动作 rotational movement

223 转身半周 half turn

224 单人旋转 solo spin

225 后转 counter rotation

226 反转（逆跳 3 的方向转） rotation in the sense of counter turn

227 1/4 圆周；小转 quarter turn [circle]

---

228 单脚旋转 one-foot spin

229 单脚直立旋转 upright spin on single leg

230 单脚平刃旋转 flat foot spin

231 双脚旋转 double spin; corkscrew

232 双脚平刃旋转 double flat foot spin

233 双脚交叉旋转 cross foot spin

234 换脚旋转 change foot spin

---

235 **刀齿旋转 toe (scratch)** pirouette; spinning top

236 刀齿慢转 slow toe spin

237 直立快转 upright spin

238 直立弓身转 lay-back spin

239 前内直立旋转 forward inside stand spin

240 后内直立旋转 back in stand spin

---

241 燕式旋转 arabesque [camel; horizontal] spin

242 探戈燕式转 camel spin in tango position

243 燕式转换足 change foot camel spin

244 跳接反燕式转 flying jump camel spin

---

245 **蹲锯旋转**；蹲转 **sit** [Jackson

Haines] **spin**
246 蹲锯刀齿旋转 Haines toe spin
247 蹲锯弓身转 lay-back sit spin
248 跳接蹲转 jump-sit-spin
249 一周半跳接反蹲转 Axel jump sit spin
250 蹲转换足 change foot sit spin
251 华尔兹旋转 Waltz spin
252 联合旋转 combination spins

69

双人动作

253 **双人动作 pair move**
254 双人规定动作 compulsory move for pairs
255 握手 hand-to-hand grip
256 携手姿势 hand-in-hand position
257 握臂 hand-to-arm grip
258 抱身 hand-to-body grip
259 并立背后握手；基利恩姿势 Kilian position

---

260 **抛举 lift-thrown**
261 分腿举 split lift
262 侧翻举 cartwheel lift
263 单臂托举两周半 one-hand lasso lift
264 头上托膝举一周半 overhead catch-knee Axel lift
265 头上单臂托举一周半跳 overhead one-arm hip Axel lift
266 手连手托举结环两周跳 double hand-to-hand loop lift

---

267 借力跳 partner-assisted jump
268 旋圆圈；规尺圆 pivot circle
269 扶腰燕式转 catch-waist camel spin
270 **双人旋转 pair** [combined] **spin**
271 双人蹲转 closed low spin parallel
272 并立环绕 side-by-side spiral
273 不固定轴环绕 life spiral
274 **固定轴环绕**；规尺；死旋 **death spiral**
275 后退内刃固定轴环绕 death spiral backward inside
276 后退外刃固定轴环绕 death spiral backward outside

场地与设备

277 **室内冰场 indoor rink**
278 练习冰场 sub-rink
279 冰冻管道冰场 piping rink
280 滑区 skating area

---

281 **花样冰刀 figure skate**
282 弯刀冰鞋 rocker
283 弯刀 rocked blade
284 双刃的 hollow-ground
285 **刀齿 toe;** sawlike teeth
286 磨刀器 polishing grinder

69. 滑雪 Skiing

1 **滑雪运动 skiing**
2 **高山滑雪**；阿尔卑斯山项目 **alpine skiing**
3 **速降滑雪 downhill**
4 **回转 slalom**
5 **大回转 giant slalom**
6 超大回转 super giant slalom; Super-G
7 平行式大回转 parallel giant slalom

8 高山全能；阿尔卑斯山两项（速降和回转） alpine combined

---

9 **越野滑雪**；北欧项目 **cross-country skiing**

10 **跳台滑雪**；跳雪 **ski jumping** [soaring; flying]

11 **北欧［滑雪］两项**（越野滑雪和跳台滑雪） **Nordic combined**

12 **自由式［花样］滑雪** **freestyle [hotdog] skiing**

13 **雪上技巧**；猫跳 **moguls**

14 **空中技巧** **aerials**

15 **雪上芭蕾** **snow ballet; acroski**

16 **单板滑雪运动（详见279页）** **snowboarding**

17 军事滑雪 military skiing

18 滑雪旅行 ski touring

---

19 **雪橇运动** **tobogganing**

20 **有舵雪橇运动** **bobsledding**

21 **无舵**［平底；短］**雪橇运动** **tobogganing; luge competition**

22 **钢架雪橇**［冰橇］**运动** **skeleton [Cresta] tobogganing**

人员

23 **滑雪运动员** **skier**

24 越野滑雪运动员 cross-country skier

25 **雪橇运动员** **tobogganer;** tobogganist

26 有舵雪橇运动员 bobsledder

27 无舵雪橇运动员 luger

28 钢架雪橇运动员 skeleton rider

29 雪橇舵手 driver; steersman

30 雪橇制动手 brakeman

31 跳台滑雪运动员 (ski-)jumper

---

32 回转裁判长 slalom president

33 线路检查长 head flag keeper

34 线路检查员 flag keeper

滑雪技术

35 **滑雪** **ski**

36 **滑雪技术** **skiing skill**

37 传统式技术（无侧蹬动作的交替滑行） classical technique

38 自由式技术（滑冰式滑行）free-style technique

39 持滑雪杖起步 ski-pole walking

40 **撑杖** **pole pushing**

41 推撑双杖 push with both sticks

42 平地滑行 flat skiing

43 平踏 flatten

44 抠住雪面 purchase

45 滑行步法 gliding gait

46 单脚交替滑行 gliding step

47 半蹲姿势 half crouch

48 跨步 walking step

49 两脚交替滑行步 diagonal stride; two-step

50 三步交替滑进 three-step

51 打滑（雪板） slip

52 滑冰式滑行步 skating stride

53 联合滑进 Finnish step

54 **横滑**；切坡 **traverse**

55 横滑行 skid

56 雪板滑行痕迹 spoor

57 滑倒痕迹 sitzmark; bathtub

---

58 登行 climb; ascend

59 坡度 gradient of slope

60 **开脚**［松状；倒“八”字形］**登行** **herringbone** [V step] **ascent**

61 半开脚登行 half herringbone ascent

62 直线登行 straight ascent

63 斜线登行 uphill traversing

64 斜向梯状登行 half sidestepping

65 横断上坡 traverse ascent

69

66 梯状［侧身］登行 sidestep ascent
67 草地滑雪练习 lawn [snowless] skiing
68 干地滑雪练习 dry skiing
69 沙地滑雪练习 sand skiing
70 雪板长度渐进训练法 graduated length method (GLM)

滑降

71 滑降 **downhill (race)**
72 犁式［制动］滑降 snowplough
73 半犁式［半制动］滑降 half snowplough
74 下坡 descend
75 滑行下坡（惯性） coast
76 直接下滑线 fall line
77 直滑降 Schuss(boom); straight running
78 斜滑降 traverse (running)
79 蛇行滑降 snake
80 降速 check
81 横滑下 sideslipping; Querfahren
82 身体前倾（下坡时） vorlage
83 高姿势 high position
84 低姿势 low position
85 阿尔伯格派滑降（低姿势） Alberg ski

---

86 **通过旗门 cross a gate**
87 反向转肩（通过旗门时） reverse shoulder
88 碰倒旗门 overturn a gate
89 漏门 miss [leave out] a gate

转弯

90 犁式制动 snowplough brake
91 半犁式转弯 stem turn
92 急转弯 hairpin curve [turn]
93 制动［挪威式］转弯 Christiania (turn); Christie; Christy
94 摆动式转弯 swing turn
95 剪式转弯 open Christiania
96 制动急转弯 Christiania swing
97 原地转弯 standing half turn
98 弓步式转弯；摆动回转急停 telemark
99 原地踢脚转弯 standing kick turn
100 踏步式转弯 step turn
101 踢板 kick up
102 踢板转弯 kick turn; reversing
103 踢板急转弯 kick Christiania
104 提板减重转弯 up unweighting
105 压板减重转弯 down unweighting
106 跳跃转弯 jump turn
107 90° 跳跃转弯 Quersprung
108 平行式转弯 parallel (turn)
109 两板平行摆动转弯 wedeln
110 平行式高速转弯 high-speed parallel turn; parallel [stop; pure] Christiania
111 半犁式接平行式转弯 stem-Christiania turn

---

112 滑降转弯 downhill turn
113 速降；并脚转弯 tempo turn; tail-wagging
114 滑降急转停止 downhill Christiania
115 滑降弓步式转弯 downhill telemark

---

116 两次摆动 double swing
117 反向转身 counter rotation
118 变换方向 change direction
119 上坡回转 uphill turn
120 回转急停 stop turn
121 跳转急停 jump stop
122 撑杖单脚转弯 lifted stem turn
123 撑双杖跳跃式转弯 jump turn with two sticks down

124 撑杖跳过障碍 field [Gelände] jump
125 外板 outer ski
126 内板 inner [inside] ski

飞跃技术

127 蹲踞（起跳前） crouch down
128 **脱出 takeoff**
129 **前倾姿势 forward lean**
130 流线型身体姿势 streamlined body position
131 着陆 landing
132 着陆跌倒 fall jump
133 飞跃距离 length of jump

场 地

134 **滑雪基地 skiing base**
135 滑雪场 skiing ground
136 练习雪地 practice snow; snow court; nursery
137 越野滑雪路线 cross-country ski course

———

138 丘陵地带 hilly ground
139 平坦地区 flat terrain
140 凸形地带 convex
141 凹形地带 concave
142 隆起部分 mogul; bump
143 陡坡 steep slope
144 高度差 vertical drop
145 **雪［滑］道 ski track** [course; trail; runway]
146 倾斜弯道 banked bend
147 雪橇滑道 bob-run
148 冰道 ice-covered chute [course]
149 大雪橇滑道 bobsleigh chute

———

150 回转线路 corridor; passage
151 **回转道 slalom course**
152 回转门 slalom gate
153 **旗门 gate**
154 旗门间隔 interval
155 旗门形 gate formation
156 开口门 open gate
157 开口门旗 open flag
158 半开口（垂直）门 open vertical gate
159 垂直门 vertical gate
160 闭口（垂直）门 closed vertical gate
161 双重［螺旋］门 transversal chicane
162 斜线旗门 oblique gate
163 突出的旗门 offset gate
164 蛇行［对角］门 flush [diagonal] gate; Allais chicane
165 半圆形回转线路 elbow
166 U［发夹］形回转线路 hairpin

———

167 飞跃区 jumping hill
168 **跳跃滑雪台 run-down tower;** scaffold
169 起滑台 launching platform
170 **助滑道 inrun;** run-down; approach; ramp
171 起跳点 takeoff point
172 **着陆坡 landing-slope;** alighting ground
173 K 点（着陆坡最低点，红色标志） K point
174 P［临界］点（直区起点，蓝色标志） P [critical] point
175 直区（从临界点至着陆坡最低点） straight section
176 过渡区（在直区与终点区之间） dip; transition
177 终点区 outrun; finish

———

69

178 上山缆索 rope [ski] tow
179 架空缆索 ropeway; suspension [supporting] cable
180 上山吊椅 chair [ski] lift; chair-hoist
181 司令台 judges' stand

雪 情

182 冰雪知识 snowcraft
183 雪情 snow condition
184 新雪 new snow
185 处女雪 virgin snow
186 老［陈］雪 old snow
187 干粉雪 dry powder
188 粉状雪 powder snow
189 粉末状陈雪 settled powder
190 颗粒状雪 corn [granular] snow
191 湿雪 wet snow
192 软雪 soft snow
193 硬雪 hard snow
194 冷风吹成的硬雪面 wind crust
195 捣固的雪 compacted [hard-packed] snow
196 雪壳（晒化又冻结） sun crust
197 老积雪层 base crust
198 雪堆 snowdrift; heap of snow
199 人造雪 machine-made snow
200 扫雪机 snowplough

装 备

201 **滑雪板 ski;** runner
202 速滑用雪板 racing ski
203 回转用雪板 slalom ski
204 飞跃用雪板 jumping ski
205 越野滑雪板 cross-country ski
206 单滑雪板 snowboard
207 简易雪板 toe strap
208 普通［旅行用］雪板 touring ski

---

209 雪板底 bottom; sole
210 雪板尾端 heel; rear; tail
211 雪板前端上翘部分 (ski) bend; upturn
212 雪板绒垫 plush
213 底板 baseboard
214 底槽 groove
215 板面 running surface
216 内刃 inside [inner] edge
217 外刃 outside [outer] edge
218 固铁 toe iron
219 固定装置 bindings
220 雪板制动扣 ski stop
221 雪板弯度 camber; curvature
222 脚板（滑雪板上） foot plate
223 雪板夹 ski press
224 防滑皮 skins; creeper
225 海豹皮（登高防滑用） seal skin
226 雪板腊 ski wax
227 底蜡 base wax
228 爬山腊 climbing [running] wax
229 湿雪腊 klister

---

230 滑雪杖 ski pole [stick]
231 速降用雪杖 downhill racing pole
232 圆头雪杖 round-head stick
233 平头雪杖 cut-head stick
234 雪杖撑圈；雪轮 basket; stick disc; snow ring

---

235 滑雪服装 skiwear
236 越野滑雪服 cross-country wear
237 越野滑雪紧身服 cross-country stretch suit
238 风雪衣 parka
239 滑雪衣 anorak
240 滑雪护目镜 skiing goggles
241 脚跟绑腿 ankle gaiter
242 滑雪屐 gliding ski

243 雪靴 ski boot
244 鞋罩 spat
245 钉鞋（控制钢架雪橇方向） rake

雪橇

246 **雪橇 sled(ge);** sleigh
247 **有舵［长］雪橇 bobsled;** bobsleigh
248 双座有舵雪橇 two-man bobsled; boblet
249 四人座有舵雪橇 four-man bobsled
250 **无舵**［平底；短］**雪橇 luge;** toboggan
251 **钢架雪橇**；冰橇 **skeleton** (toboggan)

---

252 雪橇滑行板 sled runner
253 正面弯曲防护板 protective curved front
254 雪橇缰绳 rein
255 **操纵轮 steering wheel**

70．冰上溜石 Curling

1 **冰上溜石**；**掷冰壶 curling**
2 冰上溜石比赛 bonspiel
3 **冰上溜石运动员 curling player; curler**
4 冰上溜石运动队 curling team; rink
5 队长 skip; captain
6 一垒队员 lead
7 二垒队员 No.2 player; second
8 三垒队员 No.3 player; third; vice skip

---

9 **局 end; inning**
10 投掷 slide; deliver
11 自停投掷 draw shot
12 环绕投掷 come-around draw
13 冻结投掷 freeze shot
14 最后投掷 hammer
15 旋转 curl; curve
16 擦边 chip; cut
17 掷投距离 distance of delivery
18 相等距离 equidistance
19 **扫冰 sweep the ice**
20 撞出垒圈 takeout

---

21 冰上溜石场 curling rink
22 边墙 side wall
23 中心线 center line
24 前卫线 hog line
25 后卫线 back line
26 丁字线 tee line
27 垒圈 house
28 大本营；营垒；目标 tee; button
29 同心［计分］圆圈 concentric [scoring] ring
30 起蹬器 hack

---

31 **砥石**;冰壶 **(curling) stone;** rock
32 砥石把 handle
33 凹面 concave surface
34 溜石帚 curling broom [brush; besom]
35 冰上溜石运动鞋 curling shoe

综合性体育项目 Combined Sports（71–73）

71．现代五项 Modern Pentathlon

1 综合性体育项目 **combined sports**
2 现代五项运动（由射击、击剑、游泳、马术、越野跑五个项目组成） **modern pentathlon**
3 古代五项全能运动（包括四个田径项目和摔跤） ancient pentathlon
4 五项全能运动（田径运动的综合性项目之一） pentathlon
5 现代五项运动员 **modern pentathlete**
6 2500-5000米越野障碍赛马 2500-5000-meter equestrian steeplechase
7 重剑比赛 épée fencing
8 手枪射击 pistol shooting
9 300米自由泳 300-meter freestyle swim
10 4000米越野赛跑 4000-meter cross-country run
11 评分标准 point standard
12 最高总分 highest point total

72．铁人三项 Triathlon

1 铁人三项运动 **(ironman) triathlon;** swim-bike-run events
2 小铁人三项 ironkids triathlon
3 铁人三项运动员 **triathlete**
4 阶段 segment
5 奥运会竞赛距离 Olympic distance
6 1500米游泳 1500-meter swim
7 40公里自行车赛 40-kilometer bicycle race
8 10公里赛跑 10-kilometer run

73．现代冬季两项 Biathlon

1 现代冬季两项运动 **biathlon**
2 现代冬季两项运动员 **biathlete**
3 越野滑雪 cross-country skiing
4 步枪射击 rifle shooting
5 团体赛 team race
6 个人赛 individual race
7 四人接力赛 four-person relay

---

8 卧姿 prone position
9 立姿 standing position
10 脱靶 missed target
11 加被罚的时间 extra time as a penalty
12 加被罚的距离 extra distance as a penalty

13 罚圈 penalty loop
14 滑行路线 skiing course
15 圈 loop; lap
16 射击场 shooting corridor [stop]

武术与登山 Wushu and Mountaineering（74–75）

74. 武术 Wushu

1 武术 **wushu; traditional Chinese martial arts;** kung fu; shadow boxing
2 国术 traditional Chinese martial arts
3 功夫 **kung fu**
4 武艺 martial arts
5 拳术 **quanshu; bare-handed exercise;** unarmed art
6 器械术 **qixieshu; weaponed** [armed] **exercise;** exercise with weapon
7 剑术 **jianshu; swordplay**
8 刀术 **daoshu; broadsword play**
9 枪术 **qiangshu; spear play**
10 棍术 **gunshu; cudgel play**
11 推手 **push-hands sparring [exercises]**
12 表演项目 **demonstration event**
13 单练项目 **solo event**
14 集体项目 group event
15 对练项目 **duel event;** set sparring
16 徒手对练 bare-handed duel
17 器械对练 weaponed duel
18 空手对［夺］器械 **empty hands** [barehanded fight] **against weapons**
19 散手［打］ **sanshou;** free sparring [combat]
20 打擂台 **challenge fight**
21 自卫；防身 **self-defense**

人员

22 武术运动员 **wushu athlete**
23 习武者 wushu practitioner [follower]
24 武术家 **wushu master; martial artist**
25 拳师 boxing coach; boxer; pugilist
26 武术大师 wushu grandmaster
27 师傅 **master; instructor;** coach; trainer
28 陪练者 sparring partner
29 段 duan
30 武英 wuying; grandmaster of wushu
31 武士 wushi; senior master of wushu
32 武童 wutong; junior master of wushu
33 武德 wushu morality [ethics]

---

34 裁判员 **judge**
35 台上裁判员 referee
36 边裁判员 side judge
37 裁判长 **head judge**
38 副裁判长 assistant head judge
39 总裁判长 **chief referee**
40 副总裁判长 assistant chief referee
41 裁判组 jury; judging group
42 仲裁委员会 panel of appeal

43 检录员 registrar
44 检录长 chief registrar
45 检录处 registry
46 套路检查员 routine inspector
47 编排记录员 scheduler-recorder
48 编排记录长 chief scheduler-recorder

规 则

49 套路竞赛 taolu competition
50 散手竞赛 sanshou competition
51 抱拳礼 palm-and-fist salute
52 **规定套路 compulsory** [required] **routine**
53 自选套路 optional routine

---

54 评分 evaluation; scoring
55 评分标准 criteria of evaluation [for scoring]
56 完成情况 execution
57 习惯性错误 habitual error
58 晃动 sway
59 遗忘 forget
60 没有完成套路 routine unfinished
61 漏做动作 missing part
62 应得分 merited point
63 扣分 deduction of point
64 最后得分 final score

---

65 有效部位 valid part
66 击中有效 valid hit
67 有效分 effective point
68 无效分 non-effective point
69 互中 simultaneous hit

---

70 禁击部位 prohibited part
71 禁用方法 prohibited method
72 犯规拳 foul blow
73 击后脑 hit the back of head
74 踢裆 kick the crotch
75 肘犯规 elbow foul; elbowing
76 膝犯规 knee foul; kneeing
77 倒地在先 down first
78 同时倒地 simultaneous fall
79 读秒 count
80 强制读秒 forcible counting
81 **宣告失败**（裁判员数到10被击倒一方仍未站起来） **count out**

主要拳种

82 流派 school; style
83 **太极拳 taijiquan;** taiji boxing
84 太极图 Diagram of the Supreme Ultimate
85 简化太极拳 simplified taijiquan
86 陈氏太极拳 Chen-style taijiquan
87 杨式太极拳 Yang-style taijiquan
88 孙式太极拳 Sun-style taijiquan
89 吴式太极拳 Wú-style taijiquan
90 武式太极拳 Wǔ-style taijiquan
91 老架 old frame
92 新架 new frame
93 中架 middle frame
94 大架 big frame
95 长拳 changquan; long(-range) boxing
96 南拳 nanquan; southern-style boxing
97 少林拳 Shaolinquan; Shaolin boxing
98 自然门 natural school
99 武当派 Wudang school
100 峨嵋派 Emei school
101 形意拳 xingyiquan; form-and-will boxing
102 查拳 Zhaquan; Zha-style boxing
103 华拳 Huaquan boxing
104 六合掌 six-harmony boxing

105 炮锤 cannon boxing
106 岳氏连拳 Yue-style chain boxing
107 梅花拳 meihuaquan; plum-blossom boxing
108 劈挂拳 piguaquan; chop-and-parry boxing
109 梅花桩拳 meihuazhuang boxing; boxing on plum-blossom stakes
110 罗汉拳 arhat boxing
111 七星拳 seven-star boxing
112 八段锦 baduanjin; eight-section brocade exercise
113 八卦掌 baguazhang; eight-trigram palm exercise
114 地躺拳 ditangquan; ground [tumbling] boxing
115 鹰爪拳 hawk's claw boxing
116 猴拳 monkey boxing
117 螳螂拳 mantis boxing
118 醉拳 drunkard's boxing
119 太极推手 taiji push-hands exercise

基本技术

120 **功夫 skill; technique; effort;** work
121 **基本功 basic skills;** fundamentals; ABC
122 **击技 fighting skills**
123 要领 essentials; points to remember
124 **劲力 force; power; strength; energy**
125 用力 exertion of force
126 劲力顺达 smooth channeling of energy
127 **动作 movement;** action; part
128 **绝招 feat;** stunt; forte
129 发声 shout; outcry; utterance
130 过渡动作 transitional movement
131 用力动作 dynamic [strength] part
132 静止动作 static part
133 连接动作 connecting part
134 造型 pose; plastique
135 亮相 strike a pose
136 行如流水 move like flowing water
137 **动 motion; mobility**
138 **静 stillness; immobility;** tranquility; calmness; quiescence
139 动静分明 clear distinction between mobility and immobility
140 **刚 hardness**
141 **柔 softness**
142 刚柔相济 integrate hardness with softness
143 **虚 void; empty**
144 **实 solid**
145 虚实结合 combine the void and the solid
146 **内功 internal work;** inner strength
147 **外功 external work;** outer strength
148 意念领先 guided by consciousness
149 假想对手 imaginary foe
150 意识逼真 sense of truthfulness
151 连贯性 continuity
152 协调 harmonize; synchronize; co-ordinate
153 八法（眼、手、身、步、精神、气、劲力、功夫） eight essentials (eyes, hands, body, footwork, mentality, vital energy, physical strength and skills)

气 功

154 **气功 qigong;** breathing exercise
155 **气 qi; vital energy**

156 内气 internal qi
157 外气 external qi
158 元气 primordial qi
159 真气 genuine qi
160 行气 promote the circulation of qi
161 精气神 essence of life, vital energy and mental faculties
162 导引 **daoyin; conduction** [direction; guidance] **of qi**
163 调息 regulation of breathing
164 动功 dynamic qigong; active course
165 静功 static qigong; passive course
166 静坐 transcendental meditation
167 入静 enter a state of tranquility
168 意守 concentrate one's mind on; focus one's attention on
169 丹田 dantian; elixir field
170 排除杂念 banish all distracting thoughts
171 排浊吸清 get rid of the stale and take in the fresh
172 经络 channels and collaterals
173 阴 **yin;** negative [feminine] element
174 阳 **yang;** positive [masculine] element
175 阴阳平衡 balance between yin and yang
176 天人合一 integration of universe and man

手法

177 手法 **hand technique**
178 拳 fist; clenched hand
179 手型 **hand form**
180 拳法 **fist technique**
181 拳面 striking surface of the fist
182 拳背 fist-back
183 拳心 palm side of the fist
184 拳心向上 palm side up
185 拳心向下 palm side down
186 手心向内 palm inward
187 手心向外 palm outward
188 手心向上 palm up
189 手心向下 palm down
190 握拳 clench
191 松拳 unclench
192 立拳 fist with the thumb side up
193 抱拳 hold fists on hips
194 两手叉腰 hands on hips [akimbo]

---

195 拳击 blow; punch; hit [strike] with fist
196 直［冲］拳 straight blow [punch]; thrust forward
197 上步冲拳 step forward for a thrust
198 弓步冲拳 strike forward in bow step
199 钻拳 corkscrew; drill fist
200 侧击 strike sideways
201 横拳 horizontal punch
202 摆拳 **swing**
203 崩拳 **snap punch**
204 刺拳 **jab**
205 上钩拳 **uppercut**
206 组合拳 **combination blows**
207 栽拳 **punch downward; hammer blow**

---

208 立掌 standing palm
209 劈［砍］掌 hack palm; horizontal palm chop
210 铁砂掌 iron-sand palm
211 架掌 **palm parry**
212 里格 inward parry
213 外格 outward parry
214 按掌 press the palm
215 亮掌 flash the palm
216 拍 slap

217 拍脚 pat the foot
218 穿掌 thread out the palm
219 推掌 push the palm
220 托掌 lift the palm
221 剑指 **sword-fingers**
222 钩手 **hook hand**
223 抓；握 grab; hold; grip; grasp
224 拿 **catch; snatch**
225 撩 **thrust upward**
226 搂手 outward grab
227 捋 stroke; pull back
228 挤 press forward
229 抖腕 **wrist snap**
230 翻腕 turn over the wrist
231 沉肩垂肘 lower shoulders and drop elbows
232 交臂 cross arms

脚法

233 腿法 **leg technique**
234 步法 **footwork**
235 步型 step form [pattern]

---

236 前脚 front [leading] foot
237 后脚 rear foot
238 提踵 raise the heel; heel off floor; on toes
239 钩脚 hook foot
240 屈膝 bend the knee
241 脚尖点地 toes on floor
242 脚跟转向里 heel turned inward
243 脚尖里扣 toes turned inward
244 脚尖外撇 toes turned outward
245 脚尖伸直 toes pointed
246 站立姿势 **stance**
247 直立 stand upright [erect]
248 并步 bring feet together
249 开立步 parallel stance
250 与肩同宽（指两脚距离） shoulder-width apart
251 独立步 stance on one leg
252 站桩 **standing exercise**

---

253 弓步 **bow step [stance]**
254 侧弓步；横裆步 **side bow step**
255 马步 **horse-riding step**
256 实步 **solid step**
257 虚步 **empty step**
258 高虚步 high empty step
259 丁字步 T-step
260 仆步 **crouch step**
261 歇步 **seated** [cross-legged; resting] **stance**
262 双蝶［叠］步 double-fold step
263 拗步 twist step
264 垫步 skip step
265 跺［震］脚 stamp
266 跟步 follow-up step
267 进步 **step forward;** advance
268 进半步 take half a step forward
269 退步 **step backward**
270 后退 retreat; draw back
271 横［侧］步 sidestep
272 插步 back cross step
273 滑步 sliding step
274 擦地移步 shuffle
275 交叉步 crossover step
276 盖［前交叉］步 front cross step
277 跨步 stride
278 扣步 toe-in step
279 摆步 toe-out step
280 碾步 pivot on the ball of foot
281 击步 kick [beat] step
282 劈叉；叉一字腿 **split**
283 横劈叉 parallel [straddle] split
284 跌叉 drop [fall] into a split

---

285 跳 **leap; jump**

286 起跳 take off
287 起跳脚 takeoff foot
288 劈叉跳 split leap

---

289 踢 **kick**
290 蹬腿 **heel kick**
291 踹腿 side heel kick; kick sideways
292 朝天蹬 skyward [upward] sole kick
293 回身蹬脚 heel kick with body turn
294 铲腿 shovel kick; kick sideways with the outer edge of foot
295 **旋风脚 whirlwind kick**
296 弹腿 snap kick
297 钩腿 inner-leg kick
298 倒钩踢 overhead kick
299 斜踢腿 oblique kick
300 压腿 press leg
301 控腿 raised leg position
302 扳腿 leg stretching

---

303 **摆腿 leg swing**
304 **鞭腿 whip leg**
305 高鞭腿 high whip leg
306 低鞭腿 low whip leg
307 里合腿 swing the leg inward
308 外摆腿 swing the leg outward
309 摆莲腿 lotus leg swing

---

310 飞踢腿 flying kick
311 双飞腿 double flying kick
312 腾空摆莲 flying lotus leg swing
313 腾空蹬踢 flying sole kick
314 腾空剪腿 flying scissors leg
315 腾空转身飞脚 flying kick with body turn
316 转身摆腿 kick [swing leg] with body turn
317 转身后摆腿 sweep kick with body turn

---

318 前扫腿 sweep leg forward
319 后扫腿 sweep leg backward
320 **扫堂腿 sweep leg with body turn**

身法

321 身法 body work
322 身型 body form
323 **燕式［俯］平衡 front scale; scale forward**
324 仰平衡 backward scale
325 侧身平衡 side scale
326 前俯 bend [lean] forward
327 后仰 bend [lean] backward
328 跌；倒 fall; drop
329 前倒 fall face down
330 后倒 fall on back
331 侧倒 fall on side
332 **手翻 handspring**
333 后手翻 back handspring; flic-flac; flip-flop
334 后软翻 back (walk)over
335 侧手翻 cartwheel; lateral wheel
336 **空翻；**翻腾 **somersault;** flip
337 后空翻 back somersault
338 侧空翻 side somersault
339 腾空前翻 front flip
340 腾空后翻 back flip
341 转身 turn; twist
342 **旋子 butterfly**
343 **滚翻 roll**
344 头翻 head kip
345 头手倒立 headstand; head balance
346 鲤鱼打挺 The carp jumps on water; kip up; neck spring
347 鹞子翻身 The sparrow hawk turns

over

348 身体重心移到…… transfer [shift] the center of body weight onto …

套路

349 套路 **taolu; routine;** set (pattern)

350 套路结构 structure of a routine

351 式 form

352 起式 starting form

353 收势 closing form; conclusion

---

354 24式太极拳 taijiquan in 24 forms

355 野马分鬃 part the wild horse mane

356 肘底捶 punch under elbow

357 白鹤亮翅 The white crane spreads its wings

358 搂膝拗步 brush knee in twist step

359 手挥琵琶 strum the lute

360 倒卷肱 step back and whirl arms on both sides

361 揽雀尾 grasp the peacock's tail

362 单鞭 single whip

363 云手 move hands like clouds

364 高探马 high pat the horse

365 左蹬腿 kick with the left heel

366 双峰贯耳 strike the opponent's ears with both fists

367 下势独立 push down and stand on one leg

368 玉女穿梭 The fair lady works at the shuttle

369 海底针 needle at the bottom of the sea

370 闪通臂 flash the arm

371 转身搬拦捶 turn, deflect downward, parry and punch

372 进步搬拦捶 step forward to deflect, parry and punch

373 如封似闭 apparent close-up

374 十字手 cross hands

375 白蛇吐信 The white snake puts out its tongue

376 伏虎 subdue the tiger

377 抱虎归山 catch the tiger and return to the mountain

378 金鸡独立 The golden cockerel stands on one leg

379 猛虎扑食 The tiger pounces on its prey

380 弯弓射虎 shoot an arrow at the tiger

381 乌龙绞柱 The black dragon coils round a pillar

382 斜飞式 oblique flying

383 提膝亮掌 lift knee and flash palm

---

384 定步推手练习 push-hands exercise in fixed steps

385 活步推手练习 push-hands exercise in free steps

386 单手练习 single-handed exercise

387 双手练习 double-handed exercise

388 转腰化解 neutralize the oncoming force with waist turn

389 搭手 cross-forearms

390 蓄劲 collecting force

391 捋劲 deflecting force

392 靠劲 leaning force

393 按劲 pressing force

394 化劲 neutralizing force

395 挤劲 pushing force

396 粘劲 sticking force

397 绷劲 warding-off force

398 寸劲 explosive force

器械

399 器械；兵器 **weapon; apparatus**

400 长兵器 long weapon

401 短兵器 short weapon
402 软兵器 flexible [soft] weapon
403 轻器械 light weapon
404 剑 **jian; sword;** saber
405 双剑 double swords
406 青萍剑 qingping sword
407 **刀 dao; broadsword**
408 单刀 single broadsword
409 双刀 double broadswords
410 大刀 long-handle broadsword
411 朴刀；长柄刀 long-hilt broadsword
412 青龙［春秋］刀 falchion

---

413 **枪 qiang; spear**
414 枪［矛］头 spearhead
415 **棍 gun; cudgel**
416 三节棍 three-section[-segment] cudgel
417 斧 axe
418 钺 battle-axe
419 戟 halberd
420 三叉戟 trident
421 鞭 whip
422 九节鞭 nine-section[-segment] whip
423 匕首 dagger
424 峨嵋刺 Emei daggers
425 钩 hook
426 双钩 double hooks
427 锏 rapier
428 流星锤 meteor hammer
429 铲 shovel
430 月牙铲 crescent shovel
431 盾 shield
432 镖 dart
433 叉 fork
434 剑［刀］身 blade
435 剑［刀］把 handle; hilt
436 鞘 sheath; scabbard
437 尖 point; tip
438 缨 tassel
439 刀彩 broadsword band

器械术

440 十八般武艺 skill in wielding various weapons
441 持械方法 holding method
442 **扎 thrust**
443 **戳；截 lunge; cut;** block; intercept
444 带 withdraw (a weapon)
445 点 point; prick
446 挥舞 brandish; wield
447 **劈；砍；斩 cut; chop**
448 **架 raise the weapon horizontally overhead**
449 **挂 upward parry**
450 抡劈 cut with arm swing
451 平抡 swing horizontally
452 扫棍 sweep the cudgel
453 压 press
454 拖枪 drag the spear
455 **舞花 circle** [whirl; rotate] **the weapon;** wave the weapon in figure-8
456 背花 circle a weapon over the back
457 云 spin the weapon
458 崩 tilt the weapon
459 绞 twist the weapon
460 划弧 circle; draw [describe] a curve
461 缠头裹脑 wave the weapon round the head
462 藏刀 hide the broadsword

散手

（参见拳击及摔跤类有关条目）

463 **攻防技术 attack and defense techniques**
464 预备势 ready position

465 回合 **round**
466 逼近对方 close in on the opponent
467 贴靠对方 stick to [press against] the opponent
468 连续进攻 continuous attack
469 **引诱 invite; lure**
470 击胸部 chest blow
471 击下巴 chin blow
472 **击倒 knock down; floor**
473 **被击倒 go down; fall**
474 晕头转向（被击中后） punchdrunk

---

475 **还击 counter (blow); return**
476 反还击 counter return
477 防守还击 counter in defense
478 绕环防守 circular parry
479 **闪步 sidestep**
480 下蹲闪躲 duck

---

481 **抱 hold;** lock
482 **扭打 wrestle;** grapple
483 抱躯干 body lock; clinch; hug; embrace
484 抱腿 hold leg
485 抱膝 hold knee
486 抱起 lifting hold; pick-up
487 消极搂抱 passive holding
488 **分开 break; separate**
489 夹头 headlock; chancery
490 抓腕 wrist lock
491 锁臂 hammer lock
492 夹臂 armlock
493 封喉；卡脖子 stranglehold
494 **反关节 twist bones**

---

495 **摔 throw**
496 **摔倒 throw down**
497 背摔 throw over back; buttock
498 肩摔 shoulder throw [flip]
499 抱摔 body slam
500 抱腿摔 leg hold throw; crotch lift
501 抱双腿摔 double leg tackle [drop]
502 侧摔 throw sideways
503 过桥摔 sit-back
504 过腿摔 hip throw
505 插腿 insert leg
506 后插 insert leg from behind
507 挂腿 hook leg
508 **缠 coil;** grapevine
509 **绊 trip**

场地与装备

510 竞赛场地（套路） competition area
511 地毯 carpet

---

512 竞赛服装 costume for competition
513 立领小褂 upright-collar jacket
514 直绊 cloth toggle
515 灯笼裤 knickers
516 软腰巾 soft belt

---

517 **比赛场地**（散手） **contest area**
518 **擂台 sanshou platform** [ring]
519 阴阳鱼图 yin-and-yang double-fish diagram
520 保护软垫 protective mat
521 帆布盖单 canvas surface
522 警戒线 warning line

---

523 **拳套 boxing glove**
524 护脚背（赤脚用） instep guard
525 色别牌 colored plate
526 劝告牌（黄色） admonition card
527 警告牌（红色） warning card
528 强制读秒牌（蓝色） forcible counting card
529 得3分牌（白色） three points card
530 弃权牌（红、黑色各半） default card

75

75. 登山 Mountaineering

1 登山运动 **mountaineering;** alpinism; alpine climbing
2 爬山活动 hill climbing
3 攀岩运动 **rock climbing**
4 滑雪登山 ski mountaineering
5 探险 exploration; expedition

人员

6 登山运动员 **mountaineer;** (mountain) climber; alpinist
7 登山队 climbing party [expedition; team]
8 科考队 scientific expedition
9 顶峰突击队 assault [main] party
10 突击主峰队员 final climber
11 登顶者 summitter
12 攀岩能手 cliffsman
13 攀岩爱好者 rock jock
14 向导 guide
15 夏尔巴族向导 Sherpa
16 搬运工 carrier; porter

地形

17 **地形 terrain;** topographical feature
18 地形图（标出登山路线） topographical picture; topo
19 经度 longitude
20 纬度 latitude
21 **海拔 above sea level**
22 高地 highland
23 高原 plateau
24 青藏高原 Qinghai-Tibet Plateau
25 世界屋脊（指青藏高原） roof of the world
26 平地 flat ground
27 平原 plain

---

28 山 **mountain; hill; Mount; Mt**（后两条冠用于山名前）
29 火山 volcano
30 **喜马拉雅山脉 Himalaya Mountains;** Himalayas
31 **喀拉昆仑山 Karakoram Mountains**
32 唐古拉山脉 Tanglha Range
33 冈底斯山 Gangdise Range
34 念青唐古拉山脉 Nyainqêntanglha Range
35 **山峰 peak**
36 山峦 massif
37 山顶 hilltop
38 **峰顶 summit**
39 圆形山顶 dome
40 尖峰 pinnacle; aiguille
41 **坡 slope**
42 陡坡 steep slope
43 鞍形山 saddle
44 北坡 northern slope [face]
45 黄色地带（珠穆朗玛峰北坡上无雪覆盖的地带） yellow band
46 山坳 col
47 北坳 North Col; Chang La
48 山肩 shoulder
49 小山梁 rib
50 山谷 valley; ravine
51 山峡 gorge
52 风口 wind [air] gap
53 山嘴 spur
54 平台 platform

55 **山脊 ridge**
56 深渊 chasm; abyss
57 圆形凹地 cirque
58 可攀登的 climbable; accessible
59 **处女峰 virgin [unclimbed] peak**

---

60 悬崖 cliff; precipice
61 陡壁下的碎石 scree
62 峭壁 crag
63 松岩 loose rock
64 石板 slab
65 突岩 outcrop
66 **岩裂缝 cleft;** chink; fissure
67 大岩缝（双手或双脚不能同时触两壁） gully
68 小岩缝（刚够一只手脚插进去） crack
69 漏斗形裂缝 funnel
70 **岩壁 rock face [wall]**
71 **岩壁悬垂部分 overhang;** cornice
72 岩脊［架］ ledge
73 岩层 stratum
74 大圆石 boulder
75 断层 stratification

冰雪

76 **冰川 glacier**
77 被冰封冻的 ice-bound
78 冰川源 source of glacier
79 冰川谷 glacial valley
80 山谷冰川 valley glacier
81 山麓冰川 piedmont glacier
82 冰川舌部 snout
83 冰舌 glacier tongue
84 冰台阶 ice step
85 冰崖 ice wall
86 **冰坡 ice slope**
87 **冰裂缝 crevasse**
88 冰瀑 glacial cascade [fall]
89 **冰瀑区 icefall**
90 冰柱 ice pillar
91 冰塔 ice tower; sérac
92 冰洞［穴］ ice cave
93 冰碛 moraine
94 冰川侧碛 ablation [lateral] moraine
95 终冰碛 end [terminal] moraine
96 冰川横裂缝 transverse crevasse
97 冰川边沿裂缝 Bergschrund
98 冰下水 subglacial water
99 冰下河流 subglacial stream

---

100 粉状雪 powder snow
101 颗粒状雪 corn [granular] snow
102 干雪 dry snow
103 湿雪 wet snow
104 软雪 soft snow
105 硬雪 hard snow
106 风化雪块 windslab
107 **层雪 crusty snow**
108 **万年积雪；冰川粒雪 névé;** firn
109 雪原 snowfield
110 雪檐 snow cornice
111 雪桥 snow bridge
112 雪廊 snow corridor
113 雪洞 snow cave [hole]
114 **雪线 snow line**

气象

115 **气象 meteorology**
116 气象台 meteorological observatory
117 气象图 climograph; meteorological map
118 **气候 climate**
119 **天气 weather**
120 **天气预报 weather forecast**
121 **气温 temperature**
122 **气流 air current**

123 气压 **atmospheric pressure**
124 低气压 barometric depression
125 降水量 **precipitation**
126 雨季 **monsoon**
127 风速 wind speed
128 风力 wind force
129 风力等级（详见211页） wind scale
130 大风雪 blizzard
131 季风 **monsoon**
132 能见度 **visibility**
133 卷云 cirrus
134 积云 cumulus
135 旗云 flag cloud

山间危险

136 山间危险 hazards in the mountains
137 稀薄空气 **rarefied air**
138 缺氧 **oxygen deficit;** lack of oxygen
139 暗冰裂缝 **hidden crevasse**
140 雪崩 **avalanche;** snowslide
141 白色死亡（指雪崩） white death
142 板状雪崩 slab avalanche
143 雪崩气浪 avalanche wind
144 冰崩 ice avalanche
145 石崩 rock avalanche
146 山崩；滑坡 landslide
147 岩崩 rock fall
148 滚石 stonefall
149 岩石滑坡 rockslide
150 泥石流 mudslide
151 融冰流 debacle
152 滑坠 **slip**

行军

153 行军 **march;** hiking
154 适应性行军 acclimatization march
155 进山行军 approach march
156 进山路线 approach
157 上山 **ascend;** uphill
158 下山 **descend;** downhill
159 横过山坡 **traverse**

---

160 基地 **base**
161 前进基地 advance base
162 营地 **camp;** camping ground; campsite
163 大本营 **base camp**
164 高山营地 alpine base; high altitude camp
165 进山营地 approach camp
166 适应性营地 acclimatization camp
167 前进营地 **advance camp**
168 突击营地 **assault [final] camp**

---

169 侦察组 **reconnaissance party; scout group**
170 支援组 **support party**
171 驮运队 **caravan**
172 露营 bivouac; camping
173 开路 pioneer the route
174 涉水过河 ford; wade
175 堆石标 cairn

---

176 结组 **roped party**
177 结组第一人 leader
178 结组第二人 second man
179 结组最后一人 end man

---

180 高山［原］训练 **altitude training**
181 适应性训练 **acclimatization training**
182 攀登练习墙 climbing wall

攀登

183 攀登 **climb;** clamber; scale
184 攀登路线 **route**

185 试登 **attempt; foray**
186 单人登山 **solo climb**
187 无氧攀登 **oxygenless climbing**
188 使用氧气者 oxygenist
189 不用氧气者 non-oxygenist
190 突击顶峰 **attack [assault] a peak**
191 征服；登上 conquer

———

192 登山技术 **mountaincraft**
193 步步为营战术 siege tactics
194 陡坡攀登 steep climbing
195 后仰攀登 layback [lie-back] climbing
196 立脚点 foothold
197 手攀支点 handhold
198 三点固定攀登 three-point climbing
199 四个支点 four-point contact
200 修筑台阶 cut steps
201 攀冰 ice climbing
202 冰上作业 ice work [craft]
203 冰雪作业 snow-and-ice work
204 岩石作业 rockcraft
205 岩石和冰雪混合作业 mixed climbing
206 冰爪技术 crampon work
207 冰镐铁爪作业 axe and crampon work
208 冰雪坡上滑降 glissade
209 左右撑壁攀登岩缝 bridge
210 用背和脚攀登岩缝 back and foot; back up
211 用背和膝攀登岩缝 back and knee
212 塞石（便于攀登岩缝）chockstone

安全

213 安全措施 **safety measures [precautions]**
214 救护 **rescue**
215 冰裂缝救护 crevasse extraction [rescue]
216 自我防滑 self-arrest
217 自我救护 self-rescue
218 阻止坠落 arrest [check] a fall
219 营救组 **rescue party**
220 呼救信号 **distress signal**

———

221 绕绳下降 **abseil; rappel;** rope down
222 自由［座式；杜尔富式］下降 free rappel; Dulfer seat
223 主绳绕单腿下降 thigh rappel
224 主绳绕双腿下降 double thigh rappel
225 斜式绕绳下降 diagonal abseil
226 保护栓 belay
227 固定保护栓 fixed belay
228 移动保护栓 running belay
229 镐柄保护栓 shaft belay
230 岩石栓 belay rock
231 保护绳环索 sling
232 保护绳座；环索套 sling seat

———

233 结绳技术 **rope technique**
234 单绳技术 single rope technique
235 双绳技术 double rope technique
236 活绳 active [live] rope
237 缓冲绳 dead [inactive] rope
238 放绳 **pay out a rope**
239 收绳 take in a rope
240 解绳 unrope
241 绳结 **knot**
242 平结 reef knot
243 单套结 bowline knot
244 索结 hitch
245 简单结 half hitch
246 交织结 single fisherman's knot
247 双交织结 double fisherman's knot
248 紧绳抓结 Tarbuck knot

249 绳索应力 breaking strain

技术装备

250 登山设备 **climbing equipment**
251 登山手杖 **alpenstock;** hiking staff
252 冰镐 **ice-axe**
253 冰镐铲头 adz
254 镐柄 shaft
255 镐箍 ferrule
256 镐尖 spike
257 镐头 pick
258 冰镐底环 stop ring
259 冰锤 ice hammer
260 铁锁 carabiner; karabina; snaplink
261 钢锥 piton
262 冰锥 ice piton
263 刀形冰锥 ice dagger
264 多用途钢锥 general-purpose piton
265 螺丝形冰锥 ice screw
266 楔子 wedge; peg; clog; nut; cracker
267 挂钩（岩石作业用） bracket; fishplate; hanger
268 安全绳 safety rope
269 登山绳 **climbing** [alpine] **rope**
270 尼龙登山绳 nylon climbing rope
271 绳［软］梯 **rope ladder**
272 小绳梯 étrier
273 绳桥 bridge of rope

服装

274 登山背带 climbing harness
275 背架 backpack; pack frame
276 干粮袋 haversack
277 安全头盔 safety [protective] helmet
278 安全带 safety [seat] belt
279 保温衣服 **thermowear**
280 带帽防寒衣 anorak
281 登山帽 alpine cap
282 兜帽 hood
283 毛绒帽 balaclava (cap)
284 护目镜 **snow glasses** [goggles]
285 登山服 alpine jacket
286 鸭绒衣 **duvet jacket**
287 登山裤 climbing breeches [trousers]
288 登山靴 **climbing boot**
289 软底登山鞋 walking boot
290 雪靴 snowshoe
291 高筒靴罩 overboot; snow gaiter
292 虎印登山鞋 cleated boot
293 鞋跟加固护皮 reinforced counter
294 登山靴齿钉 welt nail; clinker
295 冰爪 **crampon**
296 冰爪前齿 front points; lobster claw

仪器

297 测量仪器 **surveying instrument**
298 全球定位系统 global positioning system (GPS)
299 高度计 altimeter
300 测高仪 height ga(u)ge
301 气压计 barometer
302 指南针 compass
303 风速表 anemometer
304 氧气瓶 **oxygen bottle** [container; cylinder]
305 氧气面罩 oxygen mask
306 步话机 walkie-talkie
307 计步器 pedometer
308 信号枪 flare gun

营地装备

309 帐篷；营帐 **tent;** bivvy

310 高山帐篷 high-altitude tent
311 怀姆珀式［三角形］帐篷 Whymper tent
312 极地帐篷 arctic [polar] tent
313 支篷栓 peg
314 营帐柱 tent pole
315 帐篷绳 guy rope
316 袖式入口 sleeve entrance
317 帐篷门帘 fly sheet
318 行军床 camp cot [bed]
319 空气床垫 air mattress
320 **睡袋 sleeping bag;** bivvy sac
321 套头睡袋 mummy bag
322 鸭绒被 duvet; eiderdown
323 防风灯 hurricane lamp
324 炊事用具箱 canteen; mess kit
325 固体燃料灶具 solid-fuel cooker
326 酒精炉 spirit cooker
327 火炉 stove
328 压缩食品 concentrated food

高山病

329 高山［原］病 **mountain [altitude] sickness**
330 **高山反应 altitude effects** [reaction]
331 缺氧症 anoxia
332 **呼吸困难 labored breathing;** respiratory distress
333 窒息 suffocation; asphyxia
334 换气过度 hyperventilation; deep rapid breathing
335 肺水肿 pulmonary edema
336 **冻伤 frostbite**
337 深度冻伤 deep frostbite; freezing injury
338 体温过低 hypothermia
339 **晒伤 sunburn**
340 日照性皮炎 solarized dermatitis
341 恶心 nausea
342 昏迷 coma; trance
343 食欲不振 lack of appetite
344 厌倦，乏力 lassitude
345 高原痛 altitude pain
346 雪盲 snow blindness
347 幽闭恐怖症 claustrophobia
348 绳担架 rope stretcher

附：世界著名高峰 Famous Peaks in the World

(1) 14座8,000米以上高峰(均在亚洲)
14 Peaks Above 8,000m (All in Asia)

名称	位置	海拔(米)
珠穆朗玛 Qomolangma; Everest*	中国 / 尼泊尔边界	8,848
戈里 Qogir; K2	中国 / 巴基斯坦边界	8,611
干城章嘉 Kanchenjunga	尼泊尔 / 锡金边界	8,598
洛子 Lhotse	中国 / 尼泊尔边界	8,501
马卡鲁 Makalu	中国 / 尼泊尔边界	8,481
卓奥友 Cho Oyu	中国 / 尼泊尔边界	8,201

道拉吉里 Dhaulagiri	尼泊尔境内	8,172
马拉斯卢 Manaslu	尼泊尔境内	8,163
南迦帕尔巴特 Nanga Parbat	巴辖克什米尔境内	8,125
安纳布尔I Annapurna I	尼泊尔境内	8,091
加舒尔布鲁木I Gasherbrum I	中国/巴基斯坦边界	8,086
布洛阿特 Broad	中国/巴基斯坦边界	8,047
加舒尔布鲁木II Gasherbrum II	中国/巴基斯坦边界	8,035
希夏邦马 Xixabangma; Gosainthan	中国境内	8,012

* Everest （埃佛勒斯）为西方叫法。

（2） 亚洲以外著名山脉与高峰
Famous Mountains and Peaks Outside Asia

乞力马扎罗山脉（非洲）Kilimanjaro
基博（5,895 米，非洲最高峰） Kibo
阿尔卑斯山脉（欧洲） Alps
勃朗（4,807 米，阿尔卑斯山脉最高峰） Mont Blanc
高加索山脉（欧洲） Caucasus
厄尔布鲁士（5,642 米，欧洲最高峰） Elbrus
安第斯山脉（南美洲）Andes
阿空加瓜（6,960 米，南美洲最高峰） Aconcagua
阿拉斯加山脉（北美洲）Alaska Range
麦金利（6,194 米，北美洲最高峰） McKinley

（3）中国 6,000–8,000 米著名高峰
Famous Peaks Between 6000-8000m in China

南迦巴瓦（7,782 米） Namjagbarwa; Namcha Barwa
公格尔（7,649 米） Kongur
纳木那尼（7,694 米） Naimona'nyi; Gurla Mandhata
公格九别（7,530 米） Kongur Tobe
贡嘎（7,556 米） Gongga
章子（7,543 米） Zhangzi
慕士塔格；冰山之父（7,546 米） Muztagata
托木尔（7,435 米） Tomür 0

念青唐古拉（7,216 米） Nyainqêntanglha
宁金抗沙（7,223 米） Noijin Kangsang
木孜塔格（6,973 米） Muztag
梅里雪山（6,740 米） Moirigkawagarbo
冈仁波齐（6,638 米） Kangrinboqê; Kailas
格拉丹东（6,621 米） Geladaindong
阿尼玛卿；玛卿岗日（6,282 米） Anyêmaqên I; Maqen Gangri
四姑娘（6,250 米） Siguniang

棋牌运动 Board and Card Games（76–80）

76. 象棋 Xiangqi

1 **棋类运动 board [chess] games**
2 **象棋 xiangqi; Chinese chess**
3 **象棋运动员；棋手 xiangqi player**
4 象棋大师 xiangqi master
5 特级大师 grandmaster
6 国际大师 international master
7 特级国际大师 international grandmaster

---

8 裁判员 arbiter
9 裁判长 chief [head] arbiter

棋 具

10 **棋子 piece;** chessman
11 **将 king**
12 **士 assistant**
13 **象 elephant**
14 **马 horse**
15 **车 chariot**
16 **炮 gunner**
17 **卒 pawn**
18 帅（红方的“将”） marshal
19 仕（红方的“士”） assistant
20 相（红方的“象”） councilor
21 兵（红方的“卒”） soldier

---

22 棋盘 xiangqi board
23 磁性棋盘（解说用） magnetic demonstration board
24 横线 horizontal line
25 直线 vertical line
26 斜线 diagonal line
27 方格 square
28 横排 rank
29 直行 file
30 底线 end line
31 边线 sideline
32 交叉点 intersection
33 盘角 corner
34 九宫 sphere of movements for the king and assistants
35 “田”字 sphere of movements for the elephants
36 河界 river; boundary

37 对局评注 annotation
38 棋谱 xiangqi manual

规 则

39 红方 **Red side**
40 黑方 **Black side**
41 盘（指一盘棋） **game**
42 六十回合规则 60-move rule
43 复盘［局］ reproduce a game
44 允许着法 permitted move
45 禁止着法 prohibited move
46 长打［捉］ perpetual attack
47 长杀 perpetual mating
48 长将［照］ perpetual check
49 长拦 perpetual block
50 长跟 perpetual trailing
51 长兑 perpetual exchange
52 长献 perpetual offering of a sacrifice
53 长抽 perpetual delivery check
54 先走 move first
55 让先 handicap
56 让子棋 handicap game
57 闭目盲棋；蒙目下棋 blindfold game
58 车轮战 simultaneous play; séance
59 得还 regain
60 得先 with initiative
61 失先；落后 loss of a tempo

着 法

62 下象棋 play xiangqi
63 **着；走棋** **move**
64 走直线 move vertically
65 走横线 move sideways
66 走斜线 move diagonally
67 平稳着法 quiet move
68 剧烈着法 sharp play
69 **开局着法** **opening move**
70 **正着** **correct move**
71 **好着；妙棋** **ingenuity**
72 错［败；漏；坏］着 **outright blunder**
73 劣着 poor [questionable] move
74 失着 oversight
75 废着 wasted move
76 变着 variation
77 紧着 pressing move
78 防着 defensive move
79 停［闲］着 idle move
80 跟着 trailing
81 **献着；弃子** **offer a sacrifice**
82 **兑着** **exchange**
83 **杀着** **mating move**

战 术

84 全盘战术 general [overall] tactics
85 进攻 attack
86 突然袭击 surprise attack
87 进攻性棋子 offensive piece
88 防守 defense
89 防守性棋子 defensive piece
90 有根子 protected piece
91 无根子 unprotected piece
92 反攻［击］ counterattack
93 **相持不下；被困** **stalemate**
94 前进 advance
95 后退 retreat
96 过河卒 advanced [promoted] pawn
97 高兵 high pawn
98 低兵 low pawn
99 弱兵 weak pawn
100 **牵制** **pin; tie down**
101 **拦着** **block**
102 **切断** **cut down**
103 **封锁** **block** [seal] **off**
104 逼离 drive off; divert
105 计诱 maneuver

106 双重威胁 double threat
107 兑子占先 win the exchange
108 二照一反照 two checks vs one countercheck
109 有利兑换 advantageous exchange
110 兑子吃亏 lose the exchange
111 **捉［吃］子 catch; take;** ensnare
112 炮架 gunner mount
113 抽吃 delivery check
114 丢［失］子 lose [forfeit] a piece

———

115 **（照）将；将军 check**
116 双照将 double check
117 **将死 (check)mate**
118 反将［照］ countercheck
119 闷杀 smothered mate
120 要杀 threat to mate
121 应［解］将 get (the king) out of check; parry a check
122 困毙；欠行；无着 encircle

———

123 局（面） position
124 审势 assess [estimate] the situation
125 **开［布］局 opening of a game**
126 **中局 mid-game; middle game**
127 **残局 endgame**
128 **和［平］局；和棋 draw; drawn game**

77. 国际象棋 Chess

1 **国际象棋** (international; Western) **chess**
2 世界团体锦标赛 World Team Championships
3 国际团体赛 International Team Tournament
4 **国际象棋奥林匹克赛 Chess Olympiad**
5 快棋 lightning game
6 车轮赛 séance; simultaneous play
7 国际象棋奥斯卡奖 chess Oscar
8 电脑国际象棋 computer chess
9 "深蓝"（电脑国际象棋程序） Deep Blue
10 更深的蓝（电脑国际象棋程序） Deeper Blue
11 更弗里茨（电脑国际象棋程序） Deep Fritz
12 更年少者（电脑国际象棋程序） Deep Junior

人员

13 **棋手 chess player**
14 电脑棋手 cyber player
15 **大师 master**
16 候补大师 candidate master
17 棋联大师 FIDE master
18 **特级大师 grandmaster**
19 **国际特级大师 international grandmaster**
20 国家大师 national master
21 国家特级大师 national grandmaster

———

22 **裁判员 arbiter**
23 **总裁判 chief arbiter**
24 裁判委员会 council of arbitration

77

棋具

25 **棋盘 chessboard**
26 横线［排］ rank
27 直线［行］ file; line
28 斜线［行］ diagonal
29 大斜线 long diagonal
30 底线 back [first] rank
31 方格 square
32 **黑格 black** [dark color] **square**
33 **白格 white** [light color] **square**
34 邻格 neighbor square
35 盘角 corner
36 侧翼 wing; side
37 王翼 king's wing
38 后翼 queen's wing
39 中心 center
40 中心格 central squares

---

41 **棋子 piece; (chess)man**
42 **白棋子 white piece**
43 **黑棋子 black piece**
44 **王 king**
45 **后 queen**
46 **车 rook; castle**
47 **马 knight**
48 **象 bishop**
49 **兵；卒 pawn**
50 强子 heavy piece
51 弱子 light piece
52 棋钟 chess clock

规则

53 **白方 White**
54 **黑方 Black**
55 对弈 play chess
56 限着 compulsory number of moves
57 五十回合规则 fifty-move rule
58 时限 time limit; compulsory time of play
59 超过时限 overstep [surpass] the time limit
60 超时判负 lose on time
61 半分（和局各记半分） half point
62 **封棋 adjourned game**
63 封棋续弈 resumption of an adjourned game
64 记录 written record; score sheet
65 棋局记录 writing [record] of a game
66 **评注 annotation;** commentary
67 代数标记法 algebraic notation
68 叙述标记法 descriptive notation
69 瑞士制；积分循环［编排］制 Swiss system
70 埃洛分；国际等级分 Elo rating [points]

着法

71 **着；步 move; tempo**
72 **出子 develop**
73 出子占先 lead in development
74 开局着法 opening move
75 中间着；过门 intermediate move
76 **前进 advance**
77 前进两格 double advance
78 对攻着法 counter move
79 **防着 defensive move**
80 **应着 answer; reply**
81 跳过 leap
82 过路 en passant; in passing
83 跟着 trailing
84 续着 continuation
85 **变着 alternative**
86 激烈着法 sharp play

---

87 **好着 good move**
88 新着 innovation

89 佳着 best move
90 连珠妙着；战术组合 combination
91 逼和的连着 stalemate combination
92 果断的一着 determined move
93 **决定性的一着 decisive move**
94 要着 critical [key] move
95 预期的一着 expectant move
96 威胁 threat
97 两头威胁；捉双 fork
98 双重威胁 double [dual] threat
99 长威胁 perpetual threat
100 有利线 advantage line

---

101 软着 poor [questionable] move
102 **劣着 bad move**
103 无理之着 rude move
104 禁着 taboo
105 理论［书本］着 text move
106 废着 wasted move
107 败着 outright blunder
108 漏［失］着 oversight
109 **丢［失］子 loss of a piece**
110 丢卒 loss of a pawn
111 夺回损失 recoup a loss
112 王车易位 castling
113 **王车人工易位 artificial castling**
114 长易位 queen's side castling
115 短易位 castling on king's side
116 王翼易位 king's side castling

---

117 价值 value
118 等值 equivalent
119 变换价值 exchange a value
120 变后 queening
121 升变［格］ promotion
122 坏象 bad bishop
123 好象 good bishop
124 异色象 bishop of opposite color
125 异色格象 unlike bishop
126 **换［兑］子；对着 exchange**
127 兑子吃亏 lose the exchange
128 兑子占优［得分］ win the exchange
129 有利交换 advantageous exchange

进攻与防御

130 主动权 initiative
131 争夺中心 play in [battle for] the center
132 占领中心 occupy the center
133 中心攻击 center thrust
134 挺进 march up
135 闪击 attack with discovery; discovered attack; battery
136 **截击 intercept**
137 **追击 chase;** pursuit
138 **吃子 capture;** take
139 吃回 recapture
140 处于易被吃掉的地位 en prise
141 **反攻 counterattack**
142 配合攻击 combinative attack
143 双重攻击 double attack
144 长攻击 perpetual attack
145 侧翼出动 flanchetto
146 侧翼攻击 flank attack
147 兵的冲击 bayonet attack
148 逼赶 drive
149 逼入 drive in
150 逼［引］离 divert; drive off
151 埋伏 ambush
152 引入 drive on
153 计诱 maneuver
154 设陷阱 set a trap
155 **封锁 blockade**
156 **围困 encirclement**
157 **牵制 pinning**
158 半牵制 semi-pinning

159 直线牵制 lining pinning
160 反牵制 counter pinning
161 捉 catch
162 **捉住 ensnare**
163 长捉 perpetual attack
164 削弱 scatter
165 削减 liquidation
166 消除 elimination
167 驱散 break up
168 开闭联合战术 opening-shutting combination

---

169 **积极防御 active defense**
170 **消极防御 passive defense**
171 纵深防御 defense in depth
172 没有防守的 unguarded
173 躲；逃 **escape**
174 **击退 parry; repulsion**
175 切断 cut off
176 **拦截 shut off**

兵 形

177 **兵形 pawn formation**
178 兵链 pawns' chain
179 单兵 single pawn
180 固定兵 fixed [immobilized] pawn
181 连接［联结］兵 connected pawns
182 并联兵 united pawns
183 反弃兵 counter pawn
184 叠兵 double pawn
185 落后兵 backward pawn
186 通路兵 passed pawn
187 远距离通路兵 distant passed pawn
188 兵升变 pawn promotion
189 卡罗-卡恩兵形 Caro-Kann pawn formation
190 法兰西兵形 French pawn formation
191 西西里兵形 Sicilian pawn formation

将 军

192 **将军；照将 check**
193 长将 perpetual check
194 抽将；串将抽吃 skewer
195 抽车将 check to the king and rook
196 抽后将 check to the king and queen
197 闪将 check with discovery; discovered check
198 双将 double check
199 应［解］将 parry [block; get out of] a check
200 反将 counter check

---

201 **将杀 (check)mate**
202 **叫杀 announce a mate**
203 简捷杀着 economical mate
204 闷杀 smothered mate
205 杀棋形 mating pattern
206 杀棋形 mating pattern
207 杀棋网 mating net
208 杀棋的战术配合 mating combination
209 封杀出局 force out

弃 子

210 **弃子 sacrifice**
211 弃兵 pawn sacrifice
212 弃后 queen sacrifice
213 弃子抢攻 sacrificial assault
214 强迫弃子 forcing sacrifice
215 局面［阵地］弃子 positional sacrifice

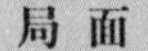

216 **局面 position**

217 局面棋 positional play
218 局面平衡 equilibrium of position
219 理论局面 theoretical position
220 **排局 composition**
221 棋题［式］ problem
222 调整局面 adjust condition
223 原始局面 original position
224 封闭性局面 closed position
225 局促位置 narrow place
226 受逼 zugzwang
227 受制的局面 cramped position
228 杀棋局面 mating position
229 取胜局面 winning position
230 **阵形 lineup**
231 棋［实］力 strength
232 威力 power
233 动态威力 dynamic power
234 静态威力 static power
235 局面估计 estimation of the position
236 局面优势 positional advantage
237 子力相等 material equality
238 子力集中 piece concentration
239 子力优势 material advantage
240 空间优势 space advantage
241 子力不利 material disadvantage

---

242 **开［布］局 opening**
243 开放性布局 opening game
244 半开放性开局 half open opening
245 封闭性开局 closed opening
246 后兵布局 queen's pawn game
247 飞象式开局 bishop's opening
248 四马布局 four knights' game
249 三马布局 three knights' game
250 布达佩斯开局 Budapest opening
251 苏格兰布局 Scotch game
252 英国式开局 English opening
253 维也纳布局 Vienna game
254 西班牙［鲁伊·洛珀兹］布局 Spanish [Ruy Lopez] game
255 意大利布局 Italian game
256 尼姆佐维奇开局 Nimzovitch opening

---

257 **弃兵局 gambit**
258 反弃兵局 counter gambit
259 中心弃兵局 center gambit
260 拒吃弃兵局 declined gambit
261 后翼弃兵局 queen's gambit
262 王翼弃兵局 king's gambit
263 北方弃兵局 north gambit
264 维也纳弃兵局 Vienna gambit
265 丹麦弃兵局 Danish gambit
266 苏格兰弃兵局 Scotch gambit
267 拉脱维亚反弃兵局 Latvian counter gambit
268 阿尔宾反弃兵局 Albin counter gambit

---

269 荷兰防御 Dutch defense
270 印度防御 Indian defense
271 古［王翼］印度防御 king's Indian defense
272 新［后翼］印度防御 queen's Indian defense; Nimzo-Indian defense
273 匈牙利防御 Hungarian defense
274 斯拉夫防御 Slav defense
275 西西里防御 Sicilian defense
276 法兰西防御 French defense
277 俄罗斯防御 Russian defense
278 格林菲尔德防御 Grünfeld defense
279 菲利多尔防御 Philidor's defense
280 尼姆佐维奇防御 Nimzovitch defense
281 阿廖欣防御 Alekhine's defense
282 斯堪的纳维亚防御 Scandinavian defense

283 卡塔兰体系 Catalan system
284 舍维宁根（防御）体系 Scheveningen system
285 双马防御 two knights' defense
286 现代防御 modern defense

---

287 中局 **mid-game; middle game**
288 残局 **end game; ending**
289 后残局 queen ending
290 车残局 rook ending
291 象残局 bishop ending
292 兵残局 pawn ending
293 马残局 knight ending
294 收拾残局 pick up the pieces

和棋

295 和棋 **draw; drawn game**
296 逼和；无子可动 stalemate
297 局面和棋 positional draw
298 理论和棋 theoretical draw
299 提议和棋 offer a draw
300 同意和棋 agree to a draw
301 认输 **resign**

78．围棋 Weiqi

1 围棋；弈 **weiqi; go;** igo
2 比赛 shiai; game
3 棋战 kisen; weiqi match
4 对抗赛 taikosen; match
5 快棋 haya-go; fast [quick] game
6 擂台赛 kachinukisen; knockout tournament
7 天元赛 tengen siai
8 王座 ooza; royal seat
9 本因坊 Honinbo
10 大手合；升段赛 ooteai; promoting match
11 棋理 kiri; weiqi theory
12 围棋谱 kifu; **weiqi manual**

人员

13 围棋运动员 kishi; **weiqi player; goer**
14 段位 dan grading
15 段 **dan**
16 级别 kiu; class
17 名人 Meijin
18 名誉本因坊 Honorable Honinbo; Meiyohoninbo
19 棋圣 kisei

棋具

20 棋具 kigu; implements; tools
21 **棋盘** kiban; **weiqi board**
22 解说用大棋盘 ooban kaisetsu; magnetic demonstration board
23 交叉点 intersection
24 星 hoshi
25 **围棋子** go-ishi; **stone**
26 黑棋子 black stone
27 白棋子 white stone
28 棋钟 kitokei; board game clock

规则

29 规则 kisoku; rules
30 弈 taikyoku; play weiqi
31 换［对］子 koukan; exchange

[swap] pieces
32 贴目 komi; handicap point
33 猜先 nigiri
34 让［授］子 okiishi
35 让子棋 okigo; handicap go
36 让九子 seimoku
37 让［授］先 teisen
38 次序 tejiun; sequence
39 读秒 byo-yomi; read second
40 中盘胜 chuoshi gachi
41 和棋 jigo
42 一又四分之一子；两目半 nimokuhan; one and a quarter of a piece
43 二又二分之一子；五目 go moku; two and half a piece
44 二又四分之三子；五目半 go moku han; two and three quarters of a piece
45 积分制 sekibunsei; integrating system
46 **眼** me; **eye**
47 禁着［入］点 kinshiten; forbidden area [ground]
48 续弈 uchitsu zuki
49 复盘 narabenaoshi
50 对局纪录 taikiyoku kiryoku

着法

51 **本手** honte; **proper move**
52 **妙手**；手筋 tesuji; **wonderful move**
53 欺着 hamete; trick play
54 怪着 huukawar; kishu; strange move
55 先手棋 senteki; offensive move
56 （小）尖 kosumi; diagonal move
57 失着 miotosi; careless [unwise] move; slip

---

58 **劫** ko; **raid;** loot; rob
59 劫材 kozai
60 找劫 kozai sagasu
61 应劫 ko date
62 无忧劫 hanami-ko
63 长生劫 chiyouseiko; eternal life
64 缓气劫 yose-ko; approach-move-ko
65 **打**［叫］**吃** atari; **check**
66 征（子） sichiyo
67 逼 tsume; checking extension
68 打二［三、四……］还一 torikaeru
69 提（吃） ageisi; take prisoner
70 提通 ponnuki

---

71 切断 kiri; setsudan; cut-in
72 断点 danten; cutting point

---

73 **挤** sasikomi; **squeeze**
74 **夹** hasami; **pincer**
75 三间夹 sangen basami; three-pronged pincer
76 一间夹 itsuken basami; one point pincer
77 **挖** warikomi; **wedge**
78 压 osi; kake; press; push
79 角逐 arasou; contend; tussle
80 挡 osae; block
81 拆 hiraki; separate
82 **连**（接） tsunagaru; **connect;** join; link
83 长（与本方子相连） nobi; press close to
84 **空**；**实地** ji; **territory**
85 **围住** torikakomu; **ensnare;** hem [shut] in
86 扳 hane; pull; turn
87 点 oki; nakade
88 枷 kase; fetters; shackles

78

89 手割：手数剖析 tewari
90 数子法 ishi keisanho
91 脱先 tenuki
92 弃子 suteishi
93 跳 haneru; jump
94 气 iki; liberty
95 试应手 ousiu
96 收气 dameosi
97 挂角 kakari; hang [put up] in the corner
98 靠 tsuke; lean against [on]
99 立下 sakari; tachiagaru
100 围地 ji o kakou; contain; enclose; surround

战术

101 **先手** sente; **initiative** [offensive] **position**
102 **后手** gote; **defensive position;** old successor
103 碰 tsukeru; attack
104 棋径 kimeci; tactics
105 **打入** uchikomi; **strike in**
106 攻杀 kogeki
107 对杀 semeai; pit against
108 厮杀 tatakau; fight at close quarters
109 **战胜** katsu; **defeat**
110 模样 moyo; model
111 大模样作战 oomoyou sakusen; big [large] moyo
112 大飞 oogeima; big flying
113 小飞 ko geima; small flying
114 连环计 ichiren no keiliaku; a set of interlocking stratagems
115 筋 suji; skillful style
116 腾挪 sabaki

局面

117 **布局** huseki; **make a plan of moves**
118 大场 ooba; open ground [space]
119 中盘 chuban; middle game
120 定式 jioseki; formalized series of moves
121 见合 miai
122 宇宙流 uchiu liu; cosmic style
123 星小目布局 hosi-komoku fuseki
124 二连星布局 nirenboshi fuseki; two joining stars distribution
125 生死劫 sesiko; fateful crisis; a matter of life and death
126 **官子** yose; **endgame**
127 单官 dame
128 双活 seki; impasse
129 **无胜负** musioubu; **without victory or defeat**
130 厚 atsui; thick
131 薄 usui; thin
132 重 omoi; heavy
133 轻 karui; light
134 味道 azi; potential
135 终局 siu kioku; end; outcome
136 活棋 iki; liberty
137 死棋 shini
138 生存的子 iki ishi
139 审势 kei sei handan; estimation of position
140 变化图 henkazu

79．桥牌　Bridge

1 **纸牌游戏；牌类运动　card games**
2 纸牌；扑克牌　playing cards
3 **桥牌　bridge**
4 **定［合］约式桥牌　contract bridge**
5 竞叫［拍卖］式桥牌　auction bridge
6 盘式［局］桥牌　rubber-bridge
7 惠斯特（桥牌的前身）　whist bridge
8 **复式桥牌　duplicate bridge**

---

9 单人赛　individual tournament
10 双人［对式］赛　pair tournament
11 混合双人赛　mixed pair tournament
12 四人［单人式］赛　team-of-four tournament
13 轮　round
14 节　session
15 轮空　bye
16 豪厄尔轮转法；单冠军赛　Howell movement
17 米切尔轮转法；双冠军赛　Mitchell movement
18 桥牌测验　par contest
19 叫牌测验　bidding contest
20 **世界奥林匹克桥牌赛　World Bridge Olympiad**
21 百慕大杯　Bermuda Bowl

人员

22 **桥牌手　bridge player**
23 桥牌老手　cardhand; cardshark
24 队员；同队　teammates
25 不比赛队长　non-playing captain
26 桥牌一［二；三］级牌手　first-[second-; third-]grade bridge player
27 **大师　master**
28 初级大师　junior master
29 国家大师　national master
30 高级大师　senior [advanced] master
31 特级大师　grandmaster
32 终身大师　life master
33 **国际大师　international master**
34 **国际特级大师　international grandmaster**
35 世界大师　world master
36 **主［总］裁　director**

牌名

37 花色；套　color; suit
38 套名　denomination
39 **爱斯　Ace;** A
40 **国王；**老K　**King;** K
41 **皇后　Queen;** Q
42 **杰克；**钩　**Jack;** J
43 **黑桃　spade**
44 **红心**［桃］　**heart**
45 **方块　diamond**
46 **梅［草］花　club**
47 转换花色　shift
48 高套　major suit
49 低套　minor suit
50 长套花色；边门牌　long [side] suit
51 短套花色　short suit
52 指定花色　specified suit
53 排列；等级　rank
54 花［人头］牌　face [court] card
55 大牌　honor; high card
56 小牌　spot [low] card
57 长牌　long card
58 短牌　short card

59 次牌 junk

规 则

60 开室 open room
61 闭室 closed room
62 轮转 rotation; progression
63 东 East
64 南 South
65 西 West
66 北 North

---

67 局 **game**
68 双局；盘 **rubber**
69 搭档 **partner**
70 洗牌 **shuffle**
71 发牌 **deal**
72 发牌人 **dealer**
73 庄家；定约人 **declarer;** banker
74 摊牌 **(show)down;** spread; lay down

---

75 牌力；实力 **strength; power**
76 弱无主 weak no trump
77 强无主 strong no trump
78 短先强后 canapé
79 极强牌 blockbuster; monster
80 均势牌力 balance of strength
81 大牌点 high-card points
82 牌型点 distributional count
83 单张 singleton; stiff
84 双张 doubleton
85 三张 tripleton
86 间张 tenace fourchette
87 连张 sequence
88 等连张 equals
89 进（手）张 entry
90 帮张；支持 trump support

---

91 牌型 distribution
92 均布牌型 balanced distribution
93 畸布牌型 freak
94 赢张［墩］ winner
95 输张［墩］ loser
96 快墩 quick trick
97 契合 fit
98 阶 level
99 缺门；空门 void

---

100 违规 irregularity
101 犯规者；违规者 offender
102 罚牌 penalty card
103 统吃 claim
104 统输；认失 concession
105 提醒 alerting

叫 牌

106 叫牌 **call; bid**
107 简单叫牌法 common-sense system
108 叫牌过程 auction
109 渐进原则 approach [progressive] principle
110 开叫 initial bid; open
111 弱二开叫 weak two opening
112 五张高套开叫 five-card major opening
113 **不叫；通过 pass; no bid**
114 防守人 defender
115 应叫 response
116 被迫应叫 forced response
117 定约 contract; declare
118 复叫 rebid
119 加叫；抬高 raise; lift; push
120 叫错 misnomer
121 **盖叫**；叫牌过头 **overcall**
122 逆叫 reverse
123 跳转；跳叫新花色 jump shift
124 改叫（同伴的牌） takeout

125 更改叫牌 change a call
126 跳叫 jump [skip] bid
127 一盖一 one over one
128 二盖二 two over two
129 可叫套 biddable suit
130 再叫套 rebiddable suit
131 **加倍 double**
132 **再加倍 redouble**
133 同意加倍 leave in
134 罚分加倍 business penalty double
135 两可加倍 optional double
136 技术性加倍 informatory [take-out] double

---

137 竞争性叫牌 competitive bidding; contested auction
138 约定；特约 convention
139 实［自然］叫 natural bid
140 问叫 asking bid
141 点［扣］叫 cue bid
142 自愿叫；自由应叫 free bid
143 插叫 intervening bid
144 **少叫 underbid**
145 虚叫 psychic [artificial; deceptive] bid
146 牺牲叫 sacrifice bid
147 关煞［阻击］叫 shut-out [pre-emptive] bid
148 移叫 transfer bid
149 过渡叫 interim [transition] bid
150 候叫 waiting bid
151 逼叫 forcing bid
152 进局逼叫 game-forcing bid
153 绝对逼叫 absolute force
154 最终叫牌 final bid

---

155 叫牌体制 bidding system
156 强［大梅］花制 big club system
157 罗马梅花制 Roman club system
158 那波里花制 Neapolitan club system
159 大方块制 big diamond system
160 标准美制 standard American system
161 维也纳制 Vienna system
162 精确制 precision system
163 菲什拜因特约 Fishbein convention
164 罗马局法 Roman asking bid
165 大碰迫叫；大满贯叫 grand slam force

打法

166 **出［攻］牌 lead**
167 首攻 first lead
168 **跟牌 follow**
169 盖 cover
170 逼出 drive out
171 缩；让过 duck
172 扔牌 throw in
173 扔大牌 jettison
174 **垫牌 discard;** ditch; shake; sluff
175 取；拿 take
176 夺；盖拿 overtake
177 逃；速出 run
178 必胜；稳做 cold
179 脱手打法 exit play
180 跌出 drop

---

181 **将［王］牌 trump card**
182 **无主［将］ no trump**
183 **出将牌；将吃 ruff**
184 交叉将吃 cross [double] ruff
185 吊主；引王牌 call [draw] trump
186 不跟；告缺 show out
187 藏牌；有牌不跟 revoke; renege; renounce
188 **止张 stopper**

79

189 半止张 bolster
190 控制 control

---

191 飞（张）；偷牌 **finesse;** hook
192 单飞 simple finesse
193 双飞 double finesse
194 深飞 deep finesse
195 逆飞 backward finesse
196 串飞［偷］ ruffing finesse
197 避免打法 avoidance
198 封锁；阻塞 block

---

199 **明手 dummy [exposed] hand**
200 **暗手 closed hand**
201 双明手 double dummy
202 倒明手打法；转入明手 dummy reversal
203 诈打法 deceptive play
204 剥光法 elimination
205 出假张 false carding
206 守住；忍让 hold-up
207 失张重合法；轮张互垫 loser on loser
208 全套摊出；树立长套 suit establishment
209 安全打法 safety play
210 投入打法 throw-in play
211 阻塞打法 blocking play
212 解封打法 unblocking play
213 将军缩短法 trump reducing play
214 切牌 cut; complete the cut

---

215 **挤 squeeze**
216 单挤 simple squeeze
217 双挤 double squeeze
218 无位［自动］挤压 automatic squeeze
219 可变挤牌法 alternative squeeze
220 交叉挤压 crisscross squeeze
221 位挤 positional squeeze
222 将吃挤压法 ruffing squeeze
223 卫护挤压法 guard squeeze
224 撞击挤压法 clash squeeze
225 复合挤牌法 compound squeeze

---

226 **信号 signal**
227 欢迎［鼓励］信号 come-on signal
228 牌张信号 strength signal
229 高低号 high-low signal
230 回声信号 echo
231 要花色信号 suit reference signal

---

232 综观大局 read the game
233 **开局 opening game**
234 **中局 middle game**
235 **终局 end game**

计 分

236 牌点 point count
237 **墩 trick**
238 **超墩 overtrick**
239 宕 set; go down
240 **宕墩 undertrick**
241 将宕；到限 book
242 满贯 slam
243 **大满贯 grand [big] slam**
244 **小满贯 little [small] slam**
245 **打成；成局 make**
246 **平分；等分 tie**
247 等分定位 tie breaking
248 增值；余力 added value
249 奖分 bonus (point); premium
250 罚分 penalty point
251 局况 vulnerability
252 有局 vulnerable
253 双方有局 game all; horse and horse

254 有局方 in game
255 无局 non-vulnerable
256 双方无局 love all

---

257 **计点法 point-count**
258 **零分 love**
259 **墩分 trick points**
260 **胜利分 victory point** (VP)
261 **比赛分 match point** (MP)
262 国际比赛分 international match point (IMP)
263 结算分 back score; flogger
264 不成局分 part score
265 净分 net score
266 每盘［副］一分 board-a-match
267 带入分 carry-over score
268 平均分 average score
269 调整分 adjusted score
270 原分总数 total point
271 **总［累计］分 aggregate score**
272 计分表；记分表 score sheet
273 成绩总表 summary sheet

80．其它 Others

1 国际跳棋 draughts
2 西洋跳棋 checkers; chequers
3 中国跳棋 Chinese chequers
4 将棋 shogi; Japanese chess
5 五子棋 gobang; go-maku
6 十五子跳棋；巴格门 backgammon

---

7 单人跳棋及纸牌戏 solitaire
8 **扑克牌 poker**
9 **麻将牌 mahjong(g)**
10 **多米诺［西洋］骨牌 dominoes**
11 尤克牌戏 euchre
12 皮诺克尔牌戏 pinochle
13 伯齐克牌戏 bezique
14 皮克牌 piquet
15 **卡西诺牌戏 cas(s)ino**
16 红心牌戏 hearts
17 拉米纸牌戏 rummy
18 金罗美牌戏 gin (rummy)
19 凯纳斯塔纸牌戏；塔牌 canasta
20 接龙牌戏 fan-tan
21 二十一点牌戏 twenty-one; blackjack
22 九点纸牌戏 chemin de fer
23 巴卡拉纸牌戏 baccarat
24 克里比奇纸牌戏 cribbage
25 收集牌戏 collectible card game

航空运动 Air Sports（81–84）

81．飞行 Sporting Flying

1 航空运动 **air sport**; aero(nautic) sport
2 飞行运动 **sporting flying**
3 飞行竞速比赛 **air**(plane) **racing**

4 飞行员 **pilot;** aviator; flyer; birdman

项 目

5 特技飞行比赛 aerobatic contest
6 封闭航线竞速比赛 enclosed circuit air racing
7 直线飞行竞速比赛 straight air racing
8 高空飞行 high-altitude flight
9 往返飞行 out and return flight
10 极限高度；绝对升限 limited altitude; ceiling height; absolute ceiling
11 高度记录 height record
12 速度记录 speed record
13 耐力记录 endurance record
14 编队飞行 formation flying
15 **飞行表演 demonstration** [exhibition] **flight;** air show
16 拉烟 drawing smoke

技 术

17 飞行技能 airmanship; wingmanship
18 **特技飞行 aerobatic** [trick; stunt] **flying;** aerobatics
19 特技飞行动作 aerobatic maneuver
20 起飞 take [get] off
21 下降 descend
22 着陆 land; push down; alight

---

23 **爬升 climb**
24 分段爬升 stepped climb
25 螺旋式爬升 corkscrew climb
26 急上升 zoom
27 急转跃升 chandelle
28 落叶下降 falling leaf

---

29 水平飞行 horizontal [level] flight
30 惯性飞行 coasting flight
31 盘旋 spiral; circle
32 侧飞 crab
33 倾斜飞行 heeling
34 S形飞行 S-ing
35 摆头飞行 snaking
36 摆尾飞行 fishtail
37 倒飞 upside-down [inverted; negative] flight
38 急转弯 hard [flipper] turn
39 急跃升转弯 reversement
40 **掠地［超低空］飞行 treetop** [contour; crazy] **flight;** hedgehop
41 **穿越桥下** fly under a bridge

---

42 **俯冲 dive**
43 死冲 death dive
44 垂直俯冲 vertical dive
45 退出俯冲 pull out; recover

---

46 **筋斗 loop**
47 半筋斗 half loop
48 高速筋斗 high-velocity loop
49 转体 swing; turnabout; veer
50 空翻 airspring
51 **侧滚 roll**
52 半滚；横转 half-roll; wingover
53 横滚 barrel [Dutch] roll
54 横8字 horizontal eight
55 懒8字 lazy eight
56 快滚 rapid [snap] roll
57 慢滚 slow roll
58 失速翻转 stall turn; hammer head
59 尾滑［冲］；急坠失速 tail slide; whipstall
60 滚圈 rolling circle
61 旋冲；尾旋 spin
62 垂直上升旋冲［横滚］ vertical flick spin

机场与飞机

63 **飞机场　airfield; airdrome**
64 飞机库　hangar
65 指挥塔　control tower
66 滑行道　taxiway

———

67 **飞机　air[aero]plane; plane;** aircraft
68 涡轮螺旋桨飞机　turboprop
69 涡轮喷气式飞机　turbojet
70 喷气式飞机　jet (plane)
71 直升飞机　(heli)copter

———

72 **机身　fuselage; body**
73 **机翼　wing**
74 副翼　aileron
75 垂直尾翼　tail [vertical] fin; vertical stabilizer
76 水平尾翼　tailplane; horizontal stabilizer
77 方向舵　rudder
78 升降舵　elevator
79 引擎；发动机　**engine**
80 **螺旋桨　propeller;** airscrew
81 起落架　undercarriage; landing gear

———

82 **座舱　cabin;** cab; cockpit
83 **操纵［驾驶］杆　control column [stick]**
84 油门杆　throttle control [lever]
85 **仪表板　instrument panel**
86 无线电导航设备　radio and navigation equipment
87 弹射椅　catapult; chute chair

82. 滑翔　Gliding

1 **滑翔运动　gliding**
2 **悬挂滑翔运动　hang gliding; sky surfing**
3 **滑翔伞飞行　paragliding**
4 **动力伞飞行　powered paragliding**

———

5 **滑翔员　glider**
6 悬挂滑翔员　sky surfer
7 伞翼滑翔员　paraglider

项目

8 直线距离　straight-line [pure] distance
9 绝对高度　absolute altitude
10 升高高度　gain of height
11 三角航线竞速　speed over a triangular course
12 指定目标距离　distance to a declared goal
13 定点往返距离　distance to a turn point and back to the starting point
14 单座　singles
15 双座　doubles

技术

16 **滑翔　glide; sail;** soar; coast; hover; volplane; glider flight
17 滑翔路线　glide path
18 **起飞　launch; take off**
19 弹射起飞　catapult launch
20 绞盘车牵引起飞　winched launch

21 飞机引航起飞 aerator launch
22 汽车牵引起飞 car towing
23 航空牵引 aero towing
24 牵引索 towline; towing [traction] rope
25 波状气流滑翔 wave soaring
26 热力气流滑翔 thermal soaring
27 倾斜滑翔 slope soaring
28 **上升 ascend; climb**
29 **下降 descend;** go down
30 下降［滑翔］比 glide ratio; descent rate
31 升阻比 lift-drag ratio
32 **留空时间 duration**

气象

33 上升气流 upcurrent; updraft
34 **上升热力气流 thermal;** rising warm air
35 山坡上升气流 ridge current; hill upcurrent
36 下降气流 sinking air
37 风暴锋面 storm front
38 锋面气流 frontal upcurrent
39 升力 lift
40 山坡风的升力 hill [orographic] lift
41 滚轴气团 rotor; rotator
42 涡流 vortex; eddy; swirl
43 上吹风 anabatic wind
44 下吹风 katabatic wind
45 荚状云 lenticular cloud
46 积云 cumulus (cloud); heap cloud
47 积雨云 cumulonimbus (cloud)

滑翔机

48 **滑翔机 glider;** sailplane; soaring machine
49 初级滑翔机 primary glider
50 中级滑翔机 secondary glider
51 高级滑翔机 high-performance glider
52 动力滑翔机 motorized [powered] glider
53 **悬挂滑翔机 hang glider**
54 **滑翔伞 paraglider**
55 动力滑翔伞 powered paraglider
56 单座滑翔机 single-seater
57 双座滑翔机 two-seater
58 教练机 training glider; trainer
59 蝙蝠式滑翔机 bat
60 罗加洛回收滑翔伞 Rogallo wing; delta wing kite
61 帆翼 sailwing
62 操纵架 control frame
63 机身 fuselage
64 座舱 cockpit
65 机翼 airfoil
66 副翼 aileron
67 复梁翼 multispar wing
68 尾翼 tail
69 翼尖 wing tip
70 翼展 wingspan; wingspread
71 翼弦 chord; wing span
72 蒙皮 covering (skin)
73 空速表 airspeed indicator
74 高度表 altimeter
75 （自记）气压计 barograph
76 爬升率测定器 variometer

---

77 滑翔机场 glider field
78 指挥塔 control tower
79 绞盘车 winch
80 绞车索 winch rope

83．跳伞　Parachuting

1 跳伞运动 **(sport) parachuting; skydiving**
2 跳伞运动员 **parachutist; skydiver;** skyman; jumper
3 定点跳伞 **precision landing;** accuracy jumping; fixed-point parachuting
4 集体定点跳伞 group precision landing
5 特技［花样］跳伞 **style [trick] jumping;** acrobatic [fancy] parachuting
6 造型跳伞 **formation skydiving; relative work**
7 踩伞造型跳伞 **canopy relative work**
8 4人造型跳伞 four-way relative work
9 8人造型跳伞 eight-way relative work
10 4伞循环跳伞 four-way rotation
11 8伞速度造型 eight-way speed relative work
12 星形跳伞 star jumping
13 高空跳伞 high-altitude parachuting
14 低空跳伞 low-altitude parachuting
15 伞塔跳伞 tower parachuting
16 夜间跳伞 night jumping
17 表演跳伞 demonstration jump

技 术

18 一次跳伞 dive; jump
19 跳出 **exit;** bail out; escape; jump; leap; drop; brolly hop
20 离机高度 escape altitude
21 绝对高度 absolute altitude
22 下落速度 falling velocity
23 终端速度 terminal velocity
24 自由坠落 **free fall**
25 自由坠落姿势 free-fall position
26 大［四肢伸展］姿势 full spread position
27 蛙式姿势 frog position
28 T型姿势 T position
29 开伞 **opening;** parachute actuation
30 延迟开伞 **delayed opening**
31 延迟开伞降落 delayed drop
32 张伞震度 opening shock

---

33 特技动作 **stunt; maneuver**
34 筋斗 loop; somersault.
35 后筋斗 back loop
36 屈体后筋斗 improved backward loop
37 屈体前筋斗 improved forward loop
38 转身 turn
39 盘旋 spiral
40 横［桶］滚 barrel roll
41 组星 **star-making; hookup**
42 星［环］型 **formation;** figure; star pattern
43 垛型 stack configuration
44 着陆 landing
45 踩点 touch the central disc

降落伞

46 降落伞 **parachute;** (air)chute
47 运动降落伞 sport parachute
48 翼型伞 parafoil [wing] parachute; square class canopy
49 环行降落伞 annular parachute
50 可控降落伞 guided parachute
51 主伞 main chute

52 备份伞 reserve [spare] parachute

---

53 伞身［衣］ canopy; bell
54 伞顶 apex
55 通气口设备 venting equipment
56 转动翼缝 turn slot
57 稳定幅 stabilizing panel
58 伞缘［衣边］ skirt
59 引导伞 pilot [auxiliary; initial] chute
60 伞绳；吊索 suspension [rigging] line
61 操纵绳 steering line
62 开伞索 ripcord (pull)
63 保险索 life line
64 自动开伞钮 timer knob
65 背带 harness; back strap
66 伞包 parachute pack; container; deployment bag
67 椅座 parachute seat; chute chair
68 跳伞装备 jump wear
69 跳伞服 parasuit; jump suit

场地

70 跳伞区 parachute drop zone
71 跳伞塔 parachute tower
72 靶区 target area
73 **跳靶 target**
74 普通靶 ordinary target
75 电子靶 electric target
76 十字标志 target cross
77 内圈 inner circle
78 中圈 middle circle
79 外圈 outer circle

---

80 **地面信号 ground signal**
81 十字［安全］信号；允许跳伞 target cross; permission to jump; conditions are safe
82 T 形信号；暂停跳伞—重飞 T signal; parachuting suspended—repeat flight
83 L 形信号；停止跳伞—飞机必须着陆地 L signal; parachuting suspended — aircraft must land

84. 热气球 Hot-Air Ballooning

1 **热气球运动 hot-air ballooning**
2 气球运动员 balloonist
3 长距离飞行 long-distance flight
4 驾驶员指定目标 pilot-declared goal
5 环球直达飞行 nonstop circumnavigation of the earth

---

6 **热气球 hot-air balloon**
7 球囊 balloon
8 裂幅 rip panel
9 裂幅绳 ripping line
10 系留索 mooring line
11 **吊篮 basket; gondola**
12 吊绳 suspension line
13 气瓶 gas container
14 **燃烧器 burner**
15 燃烧器台 burner platform
16 丙烷 propane
17 丁烷 butane

18 氦气 helium
19 天然气 natural gas
20 气阀 blast valve
21 阀线 valve line
22 排气孔 vent
23 气球嘴 mouth

模型运动 Model Sports（85–86）

85. 航空模型 Model Airplane Sport

1 模型运动 model sport
2 航空模型运动 model airplane sport
3 **航空模型 model airplane** [aircraft]
4 航模运动员 airplane modeler
5 航模爱好者 airplane hobbyist
6 类 category
7 组 group
8 级 class
9 **自由飞行 free flight**
10 **线操纵的 line-controlled**
11 **无线电遥控的 radio remote-controlled**
12 电动的 motor-driven

---

13 模型滑翔机 model glider
14 山坡模型滑翔机 hillside model glider
15 **橡筋模型飞机 rubber-band model airplane**
16 哈佛杯 Harvard Cup
17 **活塞发动机模型飞机 (piston-) engine model airplane**
18 火箭推进模型飞机 rocket-propelled model airplane
19 室内模型飞机 indoor model airplane
20 模型直升机 model (heli)copter
21 竞速模型飞机 competing model airplane
22 特技模型飞机 trick model airplane
23 空战模型飞机 air-battle model airplane
24 小组竞速模型飞机 group-competing model airplane
25 绕标竞速模型机 mark-circled competing model airplane
26 **外观模型 display [scale] model**
27 仿真模型飞机 artificial model airplane
28 水上模型飞机 model hydroplane [seaplane]
29 喷气模型飞机 model jet
30 模型火箭 model rocket

---

31 无线电遥控设备 remote control radio
32 单线操纵系统 mono-line control system
33 伺服机构 servo
34 天线 (transmitting) antenna
35 自动转向 automatic navigation

---

36 飞行高度 height gained
37 封闭速度 speed in a closed circuit
38 留空时间 duration of flight; time aloft
39 圈 circle
40 圆周速度 circular speed
41 直线速度 linear speed
42 直线距离 linear distance

86. 航海模型　Model Ship Sport

86

1 航海模型运动　**model ship sport [shipbuilding]**
2 建造竞赛　**construction test**
3 航向竞赛　**direction test**
4 航速竞赛　**speed test**
5 操舵竞赛　**steering test**
6 评比委员会　panel of judges
7 **模型设计者　model designer**
8 **模型制作者　model-maker;** modeler

---

9 模型级别　model class
10 类　category
11 组　group
12 自由设计制作的模型　self-styled model; model of free design
13 **舰船模型　model ship**
14 **竞速艇模型　model powerboat**
15 耐久赛竞速艇模型　model powerboat for endurance racing
16 **圆周竞速艇　tethered hydroboat**
17 牵引索　tether line
18 牵引三角形　tether circumference

---

19 **仿真模型　artificial model; true copy**
20 类似模型　close copy
21 商船　merchant boat
22 战斗舰　fighter ship
23 划浆船　rowing boat
24 帆船　yacht; sailboat
25 浮吊　floating crane
26 钻井平台　drilling rig
27 技术设备　technical equipment
28 零部件　accessories
29 场景模型　model of place
30 解剖模型　model of anatomy
31 袖珍模型　pocket model
32 比例　scale
33 复制品　replica

---

34 **自航模型　self-navigation model**
35 自航帆船模型　model yacht of self-navigation
36 自航舰船模型　model ships and boats of self-navigation

---

37 遥控舰船模型　radio remote-controlled model ships and boats
38 机械动力　mechanical power
39 电动机　electric motor
40 蒸汽机　steam engine
41 内燃机　combustion engine
42 汽油机　gasoline engine
43 容积　capacity
44 水中螺旋桨　water screw
45 空气螺旋桨　air screw

---

46 三角形航道　triangular course
47 M 形航线　M-course
48 圆形航线　circular course
49 圈数　number of laps
50 门　gate

其它体育项目　Miscellany（87–91）

87. 民间体育　Folk Sports

民间体育

1 民间体育 **folk sports [games]**
2 **武术（详见武术类） wushu;** traditional Chinese martial arts
3 瑜伽 yoga
4 慢跑 jogging
5 迎面接力赛跑 shuttle race
6 **跳绳 rope-skipping**
7 **跳猴皮筋 rubber-band skipping**
8 跳背游戏；跳山羊 leap frog
9 **荡秋千 swing**
10 跷跷板 teeter(-totter) seesaw
11 跳板 teeterboard
12 爬绳 rope-climbing
13 爬竿 pole-climbing
14 **走钢丝 tightrope [tightwire] walking**
15 **踩高跷 walking on stilts**
16 踏板车 scooter

---

17 狗爬式 dog-style swimming
18 扎猛子 diving
19 踩水；浮扁担 treading the water
20 **赛龙舟 dragon-boat race**
21 漂流 rafting

---

22 **踢毽子 kicking shuttlecock**
23 抽陀螺 whipping a top
24 抖空竹 diabolo
25 放风筝 kite-flying
26 滚铁环 hoop trundling
27 呼拉圈 hula hoop
28 跳房子 hopscotch
29 捉迷藏 hide-and-seek
30 老鹰捉小鸡 eagle catches chicks
31 卡巴迪（流行于东南亚） kabaddi

---

32 投镖 darts
33 **弹弓 catapult;** slingshot
34 回飞镖 boomerang
35 **掷飞碟 frisbee**
36 弹子游戏 marbles
37 九柱戏 ninepins
38 挑棒游戏 jackstraws
39 抛接子游戏 jacks; jackstones
40 棒击木片游戏 cat
41 掷铁蹄套柱游戏 horseshoes
42 树干掷远比赛（流行于苏格兰） caber tossing
43 扔沙袋 throwing sandbag
44 打嘎 hitting flying sticks
45 打水漂游戏 ducks and drakes

---

46 **拔河 tug-of-war**
47 **掰手腕 arm wrestling**
48 皮条 exercise on straps
49 举石担 lifting stone discs
50 举石锁 lifting stone padlock
51 健身球 health ball
52 自行车载重 load cycling
53 斗鸡 bumping on one leg

---

54 **秧歌 yangge dance**
55 **龙舞 dragon dance**

56 狮舞 **lion dance**
57 长鼓舞 long-drum dance
58 象脚舞 elephant-leg dance

少数民族体育

59 少数民族体育 **sports and games for ethnic groups**
60 那达慕 **Nadam Fair**
61 蒙古族摔跤 **Mongolian-style wrestling**
62 藏族摔跤 Tibetan-style wrestling
63 彝族摔跤 Yi-style wrestling
64 维吾尔族摔跤 Uygur-style wrestling
65 马背上摔跤 wrestling on horseback

---

66 **木球**（类似曲棍球） **wood ball** (similar to field hockey)
67 **抢花炮**（类似橄榄球） **firecracker ball** (similar to rubgy)
68 珍珠球（类似篮球） pearl ball (similar to basketball)
69 阿莫朵（类似羽毛球，不执拍） amoduo; barehanded badminton
70 吉韧（类似台球） Tibetan-style billiards
71 投绣球 throwing embroidered ball
72 竿球 pole ball
73 手打毽子 hand shuttlecock
74 叉草球 forking straw balls
75 背篓球 basketball on back
76 **板羽球** **battledore and shuttlecock; bat-and-feather ball**

---

77 打马桩 knocking down pegs
78 投矛 spear throwing
79 推杆 pole pushing
80 俄多 eduo; whip catapult
81 打布鲁（类似回飞镖） throwing bulu

---

82 赛牦牛 yak racing
83 **赛骆驼** **camel racing**
84 飞马拾银 picking up silver coins on horseback
85 掼牛 knocking down a bull
86 套马 lassoing
87 骑马拔河 tug-of-war on horseback
88 大象拔河 tug-of-war on fours
89 捉鸭子 catching ducks on water
90 **叼羊** **scrambling for a sheep**
91 **姑娘追** **girl in chase**

---

92 打磨秋千 mill seesaw
93 风车秋千 windmill swing
94 坠绳 sliding down a rope
95 三人穿板鞋 trio-walking with long sandals
96 跳大海 Yi-style hopscotch
97 **达瓦孜** **dawarz**; Uygur-style tightrope walking
98 上刀梯 climbing a ladder of knives
99 **跳竹竿** **skipping over bamboo pole**
100 抱石头 carrying a rock
101 碧秀；响箭 whistling archery

88. 中国古代体育 Sports in Ancient China

1 **武艺 wuyi;** martial arts
2 武舞 wuwu; martial dance
3 **角力［抵］ jueli; juedi;** wrestling
4 相扑［搏］ xiangpu; xiangbo
5 手搏 shoubo; barehanded fighting
6 拳斗［勇］ boxing; pugilism
7 导引；行气 daoyin; xingqi; Taoist breathing exercise
8 **五禽戏 wuqinxi; five-animal play**

———

9 **射 archery**
10 弓射 shooting with a bow
11 弩射 shooting with a crossbow
12 弹射 catapulting
13 骑射 archery on horseback
14 击壤 jirang; throwing lumps of clay at a clout
15 投石 throwing stones
16 投壶 pitch-pot game; throwing arrows into a pot
17 木射；十五柱毬戏 fifteen-pin bowling
18 六搏 six-piece chess

———

19 **击鞠 jiju; polo**
20 驴鞠 polo on donkey
21 **蹴鞠 cuju; football**
22 捶丸（类似高尔夫球）chuiwan; driving wooden balls into holes
23 步打 stick-and-goal game

———

24 奔走 running; footrace
25 贵赤 guichi; cross-country race
26 踏青 excursion in spring
27 超远 broad jump
28 逾高 high jump
29 走索 tightrope walking

———

30 **水嬉 shuixi;** game on water
31 水秋千 diving from a swing
32 弄潮 tide surfing
33 打滑挞 downhill skating

———

34 **杂技 acrobatics**
35 百戏 baixi; one-hundred entertainments; variety show
36 举鼎 tripod lifting
37 **御 charioting**
38 田猎 hunting
39 登高 hill-climbing

89. 极限运动 Extreme Sports

1 **极限运动 extreme** [X-; action] **sport**
2 **自行车越野；小轮车运动 bicycle motocross (BMX)**
3 **摩托车越野 motocross (MTX)**
4 **滑板运动 skateboarding; skurfing**
5 单板滑雪 snowboarding (SNB)
6 极限滑雪 extreme skiing
7 **蹦级 bungy;** bungee
8 缚体式蹦级 body jump

9 缚脚式蹦级 ankle jump
10 **攀岩 rock climbing**
11 难度攀岩 difficulty climbing
12 速度攀岩 speed climbing
13 无绳攀岩 free rock climbing
14 高处跳伞 BASE jump ［BASE 由 building（高楼）、antenna tower（天线塔）、span（拱桥）和 earth（陆地）第一个字母合成］
15 **定向［越野识途］运动 orienteering**
16 夺分式定向赛 score orienteering
17 接力式定向赛 relay orienteering

---

18 **极限运动会 X-Games; Extreme Games**
19 极限精英赛 Xcellent
20 生态挑战赛 Eco-Challenge
21 冒险征程赛 adventure racing
22 越野挑战赛（设越野跑、山地车、划船、直排轮滑等项目） Outdoor Quest

---

23 **极限运动员 extreme athlete**
24 小轮车手 BMXer
25 女车手 Betty
26 滑板运动员 skateboarder
27 单板滑雪运动员 snowboarder

小轮车

28 **自行车特技 bicycle stunt**
29 **自由式小轮车 BMX freestyle**
30 泥地项目 dirt
31 泥地跳跃 dirt jump; ramp
32 小轮车平地花式 bike stunt flatland
33 **小轮车速降 downhill BMX**
34 后轮悬空蹬骑 nose wheelie; hang fire
35 池顶动作 lip trick
36 垂直项目 vert
37 **街式项目 street**
38 街道障碍赛 park riding

---

39 带车原地后空翻 back flip
40 侧转体两周 flatspin 720°
41 后空翻转体 180° flair; back 180°
42 空中来回拧转车把 X-Up
43 转体并拧转车把 360° truck driver
44 把手空中旋转一周 bar spin
45 双手脱离车把落地 no hander lander
46 手脚不触车的空中动作 no-footer/no-hander
47 围绕把手轴在空中摆动自行车 tailwhip
48 人车空中分离 nothing

---

49 腾越 hit
50 两次腾越 double
51 车架上动作 frame stands
52 陡坡［池壁］骑行 wallride
53 坡顶触障碍物后倒骑下坡 abubaca
54 坡顶触障碍物后转体 180° 倒骑下坡 fufanu
55 超人飞行动作（双腿后伸） superman
56 平台上后轮悬空 tire tap
57 踩轮刹车 scuffing
58 坡顶稍停 stall
59 坡顶定轮平衡 pick
60 后骑定车 dumptruck

摩托车越野

61 摩托车特技 motorcycle stunt; Moto X
62 **自由式摩托车特技 moto X freestyle**
63 耐力越野赛 enduro

64 摩托车跳高比赛 step up
65 空中特技（飞越障碍） air
66 超级空中特技 big air
67 悬崖倒挂（双脚钩住车把，双手举向空中） cliffhanger
68 单腿跨越后挡泥板 Nac Nac
69 **连串难度动作 run**

滑 板

70 **滑板公园赛 skateboarding park**
71 垂直滑板 vertical skateboarding; skateboard vert
72 双人垂直滑板 skateboard vert double
73 **越野滑板项目 cross-country skateboarding**
74 **平顶坡障碍赛 tabletop**
75 **直排轮滑 in-line skating**
76 空中滑板 air [aerial; overhead] skateboarding
77 **街式滑板项目 street skate-boarding;** skateboard street
78 **街式速降 street luge; rail**
79 山坡滑板 mountain skateboarding
80 滑板绝招赛 Best Trick
81 半转身直线前进 walkover
82 空中行走 airwalk
83 **起飞 launch**
84 带板腾空 ascend with the board
85 手不抓板空中动作 ollie
86 空中向前旋板 varial
87 麦克转体540° Mctwist
88 越过障碍物下落 acid drop
89 板尾滑行 tail slide
90 膝部滑行 knee slide
91 **陡壁滑行 wallride**
92 技术段（障碍多，难度大） tech-nical
93 板底滑行 railslide
94 板前磨压 crooked grind
95 单手倒立 hand plant
96 斜坡跳跃 jump ramp
97 踢转（板上翘转向） kick turn
98 弹踢跳高 kicker
99 转向立轴 kingpin
100 撞击 wipeout
101 撞墙 zonk

89

单板滑雪

102 **自由式单板滑雪**（多指U型池项目） **freestyle snowboarding**
103 **野地单板滑雪 freeriding**
104 极限滑雪 extreme skiing
105 抓板 grab
106 空中两次抓板 double grab
107 平顶花式动作 flatland
108 回转 slalom
109 **向后滑行 fakie**
110 鸭脚（脚趾朝外） duck foot
111 背对池壁空中动作 backside air
112 空翻转体180° crippler
113 侧后空翻540° corkscrew 540°
114 **攀壁转体180°以上 alley-oop**
115 前空翻 frontflip
116 越坡转体540°或720° backside rodeo
117 落地干净利落 stick

场地与设备

118 **U型池 half-pipe**
119 单面墙U型池 quarterpipe
120 **并列U型池 spine ramp**
121 **池壁顶部 lip**
122 池壁垂直顶端 vertical
123 池壁间平地 flat bottom
124 陡坡 scream
125 90°以内的坡道 bank

126 滑板运动场 **skate(board) park**
127 盒形障碍物（街式赛） fun box
128 斜坡障碍 wedge ramp
129 小轮车 **motocross bicycle**

———

130 山地自行车 mountain [all terrain] bike
131 单滑雪板 snowboard
132 滑板 **skateboard**
133 街式滑板 street board
134 障碍赛滑板 ramp board
135 滑板前端 nose
136 滑板尾部 tail
137 板底横条 rail
138 滑板中段 waist
139 头盔 **brain bucket; (skid) lid**

90. 无线电运动 Radio Sports

1 无线电运动 **radio sport**
2 业余电台通信 **amateur radio communication**
3 快速收发报 **rapid transmission-reception**
4 无线电测向［猎狐］ **direction finding**

电台通信

5 业余无线电台 **amateur radio station**
6 业余无线电爱好者 **ham;** amateur radiop [radio operator]
7 等幅报 continuous wave (CW)
8 调幅话 fone
9 单边带 single sideband (SSB)
10 无线电传 radioteletype (RTTY)
11 无线分组数字交换 packet radio
12 无线电传真 facsimile (FAX)
13 业余电视 amateur television (ATV)
14 慢扫描电视 slow scan television (SSTV)
15 中继通信 repeater communication
16 业余卫星通信 amateur satellite communication
17 业余月面反射通信 amateur earth-moon-earth communication

———

18 波长 wavelength
19 长波 long wave
20 短波 short wave
21 超短波 ultrashort wave
22 调幅 amplitude modulation (AM)
23 调频 frequency modulation (FM)
24 频率 frequency
25 中频 intermediate frequency (IF)
26 高频 high frequency (HF)
27 甚高频 very high frequency (VHF)
28 特高频 ultra high frequency (UHF)
29 超高频 super high frequency (SHF)
30 极高频 extremely high frequency (EHF)
31 频道 channel
32 波段 band
33 **业余波段** **amateur band**
34 民用波段 citizens' band
35 **信号** **signal**
36 可辨度 readability
37 强度 strength
38 质量 tone
39 信号情况 RST (= readability + strength + tone)

40 梅登黑德［业余无线电网络］定位系统 Maidenhead locator system
41 场（为报告电台位置将地球表面按经纬度分成324个“场”） field
42 方（每个“场”分成100“方”） square
43 块（每个“方”分成576“块”） subsquare
44 扫营号（通信前信号） call to quarters (CQ)

收发报

45 无线电收报 radio message reception
46 无线电发报 radio message transmission
47 手抄报 reception by hand
48 机抄报 reception by typewriter
49 **电码 code**
50 莫尔斯电码 Morse [signal needle] code
51 译码 decipher; decode
52 长码 long code
53 短码 short code

设备

54 收音机 radio [wireless] set
55 发报机 transmitter
56 接收机 receiver
57 **无线电收发两用机 transmitter-receiver; transceiver**
58 半导体 semiconductor
59 超导体 superconductor
60 集成电路 integrated circuit (IC)
61 天线 antenna
62 测向器 direction finder

91．电子竞技 Electonic Sports

1 **电子竞技 Electronic [E-]sport**
2 **电子游戏 electronic game; e-game**
3 **视频游戏 video game**
4 **商场游戏 arcade console game**
5 **电视游戏 TV game**
6 **电脑游戏 computer** [PC; cyber] **game**
7 **网络游戏 network game**
8 **互联网游戏 Internet game**
9 **联机游戏 game on-line**
10 **网络［虚拟］空间 cyberspace**
11 **人工智能 artificial intelligence**

12 电子竞技运动会 cyber [e-sports] games
13 世界电子竞技职业联盟 Cyberathlete Professional League (CPL)
14 世界电子竞技大赛 World Cyber Games (WCG)
15 电子竞技世界杯 Electronic Sports World Cup (ECWC)
16 中国电子竞技运动会 China E-sports Games (CEG)
17 完美的计算机比赛 consummate computer competition (C3)
18 自带电脑（参加比赛） BYOC

(=bring your own computer)
19 Alpha 测试（在游戏制作者控制下进行） Alpha
20 Beta 测试（游戏制作者不进行控制） Beta

---

21 电子竞技者 cyberathlete
22 玩家 game player
23 终极玩家 ultimate gamer
24 玩者杀手 player killing
25 游戏测试者 tester
26 裁判 judge
27 仲裁小组 arbitration team

类 型

28 游戏类型 category; genre
29 **家庭娱乐系统 home entertainment system**
30 **教育型娱乐游戏 edutainment**
31 **体育类游戏 sport game**
32 赛车类游戏 racing game
33 射击类游戏 shooting game
34 三维［第一人称］射击类游戏 doom-like; quake-like; first person shooting
35 单人与多人牌类游戏 solitaire and multiplayer card games
36 传统棋类游戏 versions of classic board games
37 动作类游戏 action game
38 格斗类游戏 fighting game
39 探险类游戏 adventure and exploration game
40 解谜［智力测验］类游戏 puzzle game
41 文字冒险类游戏 text adventure
42 图形冒险类游戏 graphic adventure
43 战术类游戏 strategy game
44 即时战略游戏 real time strategy
45 回合制战略游戏 turn-based strategy game
46 角色扮演类游戏 role playing game
47 **模拟类游戏 simulation game**
48 模拟飞行类游戏 flying simulations; flight sim; cyber air sports
49 多用户地牢；“泥巴” multi-user dungeon (MUD)
50 交互式电影 interactive movie

---

51 **虚拟实境 virtual reality**
52 原型制作 prototype
53 虚幻竞技场 Unreal Tournament
54 共享软件作品 shareware software
55 魔兽世界 World of Warcraft
56 星际争霸 StarCraft
57 反恐精英 Counter Strike; CS
58 FIFA 足球 FIFA Football
59 三角洲特种部队 Delta Force
60 雷神之锤 Quake
61 雷霆战队 Karma Online
62 毁灭战士 Doom
63 武器装备 weaponry

---

64 剧情 storyline
65 角色 character
66 动作人物 action figure
67 非玩者人物 non player character
68 大头目；“老板” boss
69 隐藏头目 sub-boss

玩 法

70 **游戏玩法 gameplay**
71 **视角 view**
72 第一人称视角 first person
73 第二人称［追尾］视角 second person

74 第三人称视角 third person
75 游戏界面；操作方式 interface
76 出招 move
77 关卡 level; stage
78 隐藏关卡 hidden level
79 秘技 cheat
80 执行速度 clock speed
81 **手眼协调 hand-eye coordination**
82 技术支持 technical support
83 魔法力 magic point
84 经验点数 experience point
85 生命力 hit point
86 额外的命 free guy
87 全动态影像 full-motion video
88 帧；镜头 frame
89 每秒显示帧数 frames per second
90 向前卷轴（向玩者趋近） forward scrolling
91 横向卷轴（从左向右移动）side-scrolling
92 垂直卷轴（从下向上移动）vertically scrolling
93 游戏攻略 walkthrough
94 攻略提示 hint
95 游戏地图；路线图 map
96 战略指南手册 strategy guide
97 游戏引擎主程序 engine
98 "臭虫"；程序漏洞 bug

---

99 一场比赛 match
100 得分 score
101 游戏结束 game over
102 过关密码 password
103 原代码 source code

设 备

104 **商场游戏机 arcade machine** [console]
105 掌上游戏机；掌机 handheld device
106 任天堂掌上游戏机 GameBoy; GameCube
107 微软游戏机 Xbox
108 索尼游戏机 PlayStation
109 **手柄 joypad**
110 **操纵杆 joystick**
111 游戏控制器 game controller
112 比赛服务器 server
113 游戏平台 platformer
114 USB 接口转换器 USB converter
115 **视讯转接盒 video graphics array box**
116 适配器 adapter
117 变压器 transformer
118 记忆卡 memory card
119 通用串行总线 universal serial bus (USB)
120 **3D 加速器 3D accelerator**
121 **图形处理器 graphics processing unit**
122 图形加速器 graphics accelerator
123 飞行仪表盘（提供综合作战信息） heads up display
124 **像素 pixel**
125 高解析度 high-res
126 低解析度 low-res
127 缩放比例 scaling

第 三 部 分
Part Three

运动医学
Sports Medicine

92. 医疗服务 Medical Service

1 **运动医学 sports medicine**
2 **医学 medicine**
3 **中医 traditional Chinese medicine**
4 **西医 Western medicine**
5 中西医结合 combining traditional Chinese and Western medicine
6 医疗服务 medical service [care]; medicare
7 康复医学 rehabilitation medicine
8 保健 health care [protection]
9 个人卫生 personal hygiene
10 心理卫生 mental hygiene
11 公共卫生 public health
12 环境卫生 environmental hygiene [sanitation]
13 卫生监督 sanitary control
14 医务监督 medical supervision
15 健康证书 health [medical] certificate
16 国家体质测试标准 national physique testing standard
17 国家体育总局运动医学研究所 National Research Institute of Sports Medicine (NRISM)

保健机构

18 保健机构 health institution
19 **医院 hospital**
20 体育医院 Sports Hospital
21 综合医院 general hospital; polyclinic
22 **内科 medical department;** department of internal medicine
23 心血管科 cardiology department
24 心脏外科 department of cardiac surgery
25 **外科 surgical department**
26 创伤外科 traumatology department
27 骨科 orthopedics department
28 脑外科 department of cerebral surgery
29 眼科 ophthalmology department
30 口腔科 stomatology department
31 牙科 dental department
32 耳鼻喉科 ear-nose-throat [ENT] department
33 泌尿科 urology department
34 皮肤科 dermatology [skin] department
35 中医科 department of traditional Chinese medicine

---

36 诊疗所 clinic
37 门诊所 outpatient clinic (OPC)
38 **急救站 first-aid [emergency] station**
39 防疫站；检疫所 quarantine station
40 巡回医疗队 mobile medical team
41 疗养所 nursing-home; sanatorium
42 康复中心 rehabilitation center
43 红十字会 Red Cross Society

---

44 挂号处 registration office
45 门诊部 outpatient department (OPD)
46 住院部 inpatient department
47 候诊室 waiting room

48 诊室 **consulting room**
49 急诊室 emergency room
50 观察室 observation ward [room]
51 重症监护病房 intensive care unit (ICU)
52 **手术室 operation room** [theater]
53 放射科 radiology department
54 化验室 laboratory
55 血库 blood bank
56 **药房 dispensary; pharmacy**
57 **病房 ward**
58 隔离病房 isolation ward
59 病床 hospital bed

人员

60 医务人员 medical staff
61 **医生；大夫 doctor;** physician
62 队医 team doctor
63 场地医生 field doctor
64 中医医生 doctor of traditional Chinese medicine
65 西医医生 doctor of Western medicine
66 主治医生 attending physician
67 主任医生 chief physician
68 住院医生 resident physician
69 内科医生 physician; internist
70 **外科医生 surgeon**
71 理疗医生 physiotherapist
72 牙科医生 dentist
73 麻醉师 an(a)esthetist
74 按摩师 massager; massagist; rubber
75 药剂师 pharmacist; druggist
76 化验员 laboratory technician
77 营养师 dietitian; dietician
78 **护士 nurse**
79 **护士长 head nurse**

---

80 **病人 patient;** subject
81 门诊病人 outpatient
82 住院病人 inpatient
83 急诊病人 emergency case

93. 人体 The Human Body

头部

1 **头 head**
2 头顶 top [crown] of the head
3 头发 hair
4 额 forehead; brow
5 太阳穴 temple
6 面部 face
7 面颊 cheek

---

8 眼睛 eye
9 眼睑；眼皮 eyelid
10 眉毛 eyebrow
11 睫毛 eyelash
12 **眼球 [珠] eyeball**
13 瞳孔 pupil
14 虹膜 iris
15 视网膜 retina
16 角膜 cornea
17 晶状体 lens
18 视神经 optic nerve

---

19 鼻子 **nose**
20 鼻梁 bridge of the nose
21 鼻孔 nostril
22 鼻腔 nasal cavity
23 人中 philtrum
24 耳 **ear**
25 耳垂 ear lobe
26 鼓膜 eardrum
27 嘴 **mouth**
28 嘴唇 lip
29 颏 **chin**
30 喉咙 throat
31 喉 larynx; voice-box
32 喉结 Adam's apple
33 颌 **jaw**

---

34 牙；齿 **tooth**
35 门齿 incisor
36 犬齿 canine
37 前臼齿 premolar
38 臼齿 molar
39 齿龈 gum
40 齿根 root; fang
41 珐琅质 enamel

---

42 口腔 oral cavity
43 舌 **tongue**
44 舌苔 fur on the tongue
45 硬腭 hard palate
46 软腭 soft palate
47 小舌 uvula
48 扁桃体 tonsil
49 声门 glottis
50 声带 vocal cords [chords]
51 咽 pharynx

---

52 颈；脖子 **neck**
53 颈背 nape [scruff] of the neck

躯干

54 躯干 **trunk;** torso
55 肩 **shoulder**
56 背 **back**
57 腋窝 armpit
58 胸 **chest;** thorax
59 乳房 **breast**
60 乳头 nipple
61 腹 **abdomen; belly**
62 上腹 upper abdomen
63 下腹 lower abdomen
64 肚脐 navel
65 腰 **waist; low(er) back;** loins; small of the back; lumbar regions
66 腹股沟；鼠蹊部 groin
67 臀部；屁股 **bottom;** seat; backside
68 髋部 **hip**
69 胯部；裆部 crotch
70 生殖器 genitals; genital organ; private parts

上肢

71 肢 limb
72 手足 extremities
73 上肢 upper limb
74 臂 **arm**
75 上臂 **upper arm**
76 前臂 **forearm**
77 手弯 bend [crook] of the arm
78 肘 **elbow**
79 腕 **wrist**
80 手 **hand**
81 手背 back of the hand
82 手掌 palm
83 掌根 ball of the palm; thenar

prominence [eminence]
84 手指 **finger**
85 拇指 **thumb**
86 食指 **forefinger;** index finger
87 中指 **middle finger**
88 无名指 **ring-finger**
89 小指 **little** [pinky] **finger**
90 指尖 fingertip
91 指甲 nail
92 指节 knuckle
93 虎口 part between the thumb and the index finger

下肢

94 下肢 lower limb
95 腿 **leg**
96 大腿；股 **thigh;** upper leg
97 膝 **knee**
98 膝弯； hollow [back] of the knee
99 胫；小腿 **shin; lower leg**
100 腓 calf
101 脚 **foot**
102 踝 **ankle;** talus
103 脚背 **instep**
104 脚跟 **heel**
105 足底跟 arch
106 脚掌 sole
107 脚掌球形部分 ball of the foot
108 脚趾 **toe**
109 大脚趾 big toe
110 趾甲 toe-nail

心血管

111 心脏 **heart**
112 左心房 left atrium
113 左心室 left ventricle
114 右心房 right atrium
115 右心室 right ventricle
116 间隔 septum
117 二尖瓣 bicuspid valve
118 三尖瓣 tricuspid valve
119 半月瓣 semilunar valve

---

120 血管 **blood vessel**
121 动脉 **artery**
122 主动脉 aorta
123 肺动脉 pulmonary artery
124 冠状动脉 coronary artery
125 静脉 **vein**
126 肺静脉 pulmonary vein
127 毛细血管 **capillary**

---

128 血液 **blood**
129 血细胞 **blood cell;** corpuscle
130 动脉血 arterial blood
131 静脉血 venous blood
132 红细胞 **red cell;** erythrocyte
133 白细胞 **white cell;** leucocyte
134 粒细胞 granulocyte
135 淋巴细胞 lymphocyte
136 血小板 **platelet**
137 血浆 plasma
138 血红蛋白 hemoglobin
139 血清 blood serum
140 血型 **blood group**
141 A 型 A group
142 B 型 B group
143 O 型 O group
144 AB 型 AB group

内脏

145 胸腔 chest [thoracic] cavity
146 内脏 internal organs; viscera
147 呼吸道 respiratory tract
148 气管 windpipe; trachea
149 支气管 bronchial tube
150 肺 **lung**

---

151 横膈 diaphragm
152 腹腔 abdominal cavity
153 食管 gullet; esophagus
154 **胃 stomach**
155 胃肠道 gastrointestinal tract
156 **肝 liver**
157 **胆囊 gallbladder**
158 胆汁 bile
159 胆管 bile duct
160 **脾 spleen**
161 **胰 pancreas**
162 **肠 intestine; bowels**
163 十二指肠 duodenum
164 结肠 colon
165 **大肠 large intestine**
166 **小肠 small intestine**
167 **直肠 rectum**
168 阑尾 vermiform appendix
169 肛门 **anus**

---

170 生殖泌尿道 genitourinary tract
171 **肾 kidney**
172 输尿管 ureter
173 **膀胱 (urinary) bladder**
174 尿道 urethra
175 **子宫 womb; uterus**

骨骼

176 **骨骼 skeleton**
177 **骨 bone**
178 **软骨 cartilage**
179 骨膜 periosteum
180 滑膜 synovium
181 骨髓 (bone) marrow
182 **韧带 ligament**

---

183 头骨［颅］ **skull;** cranium
184 额骨 frontal bone
185 鼻骨 nasal bone
186 下颌骨 mandible
187 下颌关节 mandibular joint
188 **椎骨 vertebra**
189 颈椎 cervical vertebra
190 胸椎 thoracic vertebra
191 腰椎 lumbar vertebra
192 椎间盘 intervertebral disc
193 锁骨 collar-bone; clavicle
194 肩胛骨 shoulder blade; scapula
195 胸骨 breastbone; sternum
196 肋骨 rib
197 **脊柱 spine; backbone;** vertebral column
198 骨盆 pelvis
199 骨盆腔 pelvic cavity
200 髋骨 hip bone
201 髋关节 hip joint
202 骶骨 sacrum
203 坐骨 ischium

---

204 **肘关节 elbow joint**
205 肱骨 humerus
206 桡骨 radius
207 尺骨 ulna
208 腕骨 bone of the wrist; carpal
209 **腕关节 wrist joint**
210 掌骨 bone of the palm; metacarpal
211 指骨 phalange

---

212 股骨 femur
213 **膝关节 knee joint**
214 半月板 semilunar plate; meniscus
215 髌骨，膝盖骨 kneecap; patella
216 胫骨 tibia
217 腓骨 fibula
218 **踝关节 ankle joint**
219 跗骨 tarsal
220 跖骨 metatarsal

221 趾骨 phalange

---

222 **关节 joint;** articulation
223 能动关节 movable joint
224 不动关节 immovable joint
225 自由活动关节 freely movable joint
226 微动关节 slightly movable joint
227 车轴关节 pivot joint
228 关节内游离体 articular mobile corpus; joint mouse

肌 肉

229 **肌肉 muscle**
230 纤维 fiber
231 **肌肉群 muscle group**
232 随意肌 voluntary muscle
233 不随意肌 involuntary muscle
234 **红肌 red muscle**
235 **白肌 white muscle**
236 快肌 fast muscle
237 慢肌 slow muscle
238 主力肌 agonist; prime mover
239 协同肌 synergist
240 对抗肌 antagonist muscle
241 外展肌 abductor
242 内收肌 adductor
243 伸肌 extensor
244 屈肌 flexor
245 扩张肌 dilator
246 旋转肌 rotator
247 外旋转肌 outward rotator
248 内旋转肌 inward rotator
249 平滑肌 smooth muscle
250 骨骼肌 skeletal muscle
251 面肌 facial muscle
252 **肱二头肌 biceps of the arm**
253 **肱三头肌 triceps of the arm**
254 胸肌 pectoral muscle
255 肋间肌 intercostal muscle
256 腹肌 abdominal [tummy] muscle
257 上腹肌 upper abdominal muscle
258 腹斜肌 oblique abdominal muscle
259 腹直肌 lower abdominal muscle
260 三角肌 deltoid muscle
261 背伸肌 extensor of the back
262 长背肌 spinal erector
263 背阔肌 broadest muscle of the back; trapezius
264 臀肌 gluteal muscle; gluteus
265 股二头肌 biceps of the thigh
266 股四头肌 quadriceps

---

267 **皮 skin;** derma; integument
268 表皮 epidermis
269 真皮 dermis
270 汗毛 hair
271 汗孔 sweat pore
272 汗腺 sweat gland
273 皮下脂肪 subcutaneous fat
274 **体脂 body fat**
275 脂肪细胞 fat cell

---

276 肌腱 tendon; sinew
277 腱鞘 tendon sheath
278 跟腱 heel string; calcaneal [Achilles'] tendon

神 经

279 **神经 nerve**
280 神经索 nerve cord
281 神经末梢 nerve ending
282 神经纤维 nerve fiber
283 神经元 neuron
284 **中枢神经系统 central nervous system**
285 周围神经系统 peripheral nervous

system

286 脑 **brain**

287 大脑 cerebrum

288 大脑皮层中枢 cortical center

289 小脑 cerebellum

290 脑神经 cranial nerve

291 脊髓 spinal cord

292 脊神经 spinal nerve

293 交感神经 sympathetic nerve

294 植物性［自主］神经 autonomic nerve

295 感觉器官 sense organ

296 痛觉感受器 pain sensory receptor

297 感觉神经 sensory nerve

腺

298 腺 **gland**

299 垂体 pituitary gland

300 肾上腺 adrenal gland

301 肾上腺素 epinephrin

302 **淋巴腺 lymph gland**

303 胰腺 pancreas

304 **甲状腺 thyroid gland**

305 **前列腺 prostate gland**

306 外分泌腺 exocrine gland

307 内分泌腺 endocrine gland

308 **激素 hormone**

309 雌性激素 female sex hormone; estrogen

310 雄性激素 male sex hormone; androgen

311 两性［阴阳］人 bisexual

细胞

312 细胞 **cell**

313 干细胞 stem cell

314 细胞膜 membrane of a cell

315 细胞核 nucleus of a cell

316 **染色体 chromosome**

317 脱氧核糖核酸 deoxyribonucleic acid **(DNA)**

318 **基因 gene**

319 细胞分化 cell differentiation

320 组织 tissue

321 软组织 soft tissue

322 克隆 clone

系统

323 系统 system

324 神经系统 nervous system

325 心血管系统 cardiovascular system

326 呼吸系统 respiratory system

327 消化系统 digestive [alimentary] system

328 生殖泌尿系统 genitourinary system

329 内分泌系统 endocrine system

330 腺系统 glandular system

331 骨骼系统 skeletal system

332 肌肉系统 muscular system

333 皮肤系统 dermal [dermoid] system

334 免疫系统 immune system

94

94. 生理现象 Physiological Phenomena

1 （新陈）代谢 **metabolism**
2 基础代谢 basal metabolism
3 气体代谢 gaseous metabolism
4 合［组］成代谢 anabolism
5 分解代谢 catabolism
6 有氧代谢 aerobic metabolism
7 无氧代谢 anaerobic metabolism
8 代谢物 metabolite; metabolic waste
9 能量代谢 energy metabolism
10 能量消耗 energy consumption

---

11 身体成份 body composition
12 **葡萄糖 glucose**
13 糖原 glycogen
14 肌糖原 muscle glycogen
15 **血糖 blood glucose [sugar]**
16 （糖）酵解 glycolysis
17 脂肪酸 fatty acid
18 核酸 nucleic acid
19 三磷酸腺苷 adenosine triphosphate (ATP)
20 磷酸肌酸 creatine phosphate
21 脂蛋白 lipoprotein
22 肌纤蛋白 actin
23 尿蛋白 urine protein
24 球蛋白 globulin
25 **乳酸 lactate; lactic acid**
26 **氨基酸**；胺酸 **amino-nitrogen**
27 转氨酶 amino-transferase; transaminase
28 **胆固醇 cholesterol; cholesterin**
29 谷丙转氨酶 alanine aminotransferase
30 谷草转氨酶 aspartase aminotransferase
31 酶 enzyme
32 乳糖酶 lactase
33 **胰岛素 insulin**

---

34 **机能 function**
35 生理机能 physiological function
36 身体工作能力 physical work capacity (PWC)
37 瘦体重 lean body mass
38 机能障碍［失调］ functional disturbance
39 机能恢复 functional recovery
40 超量恢复 super-compensation
41 生物节律 biological rhythm
42 生物节律钟 biological clock
43 特异功能 extrasensory perception and psychokinetic power; extraordinary powers

---

44 **生理平衡 physiological equilibrium**
45 体内平衡 homeostatic equilibrium
46 酸碱平衡 acid-base balance
47 电解质平衡 electrolyte balance
48 生化平衡 biochemical balance

---

49 呼吸功能 respiratory function
50 **呼吸 breathing; respiration**
51 呼吸率 breathing rate
52 喘息 breathless; out of breath
53 **氧 oxygen**
54 氧供给 oxygen supply
55 最大摄氧量 maximal oxygen intake
56 氧利用率 coefficient of oxygen utilization

57 最大通气量 maximal breathing capacity
58 肺活量 vital capacity
59 需氧量 oxygen requirement
60 **氧债 oxygen debt**
61 乳酸性氧债 lactic oxygen debt
62 **第二次呼吸 second wind**
63 **有氧的 aerobic**
64 **无氧的 anaerobic**

---

65 心血管功能 cardiovascular efficiency
66 小［肺］循环 lesser [pulmonary] circulation
67 大［体］循环 greater [systematic] circulation
68 **血压 blood pressure**
69 **收缩压 systolic pressure**
70 **舒张压 diastolic pressure**
71 毫米汞柱（血压计量单位） mmHg
72 **脉搏 pulse**
73 **体温 body temperature**
74 体温调节 body heat [temperature] regulation

---

75 **刺激 stimulation**
76 **应激 stress**
77 **反应 reaction; response**
78 反应时 reaction time
79 **时差 time difference**
80 **时差反应 jet lag**
81 信号系统 signal system
82 **反射 reflex**
83 **条件反射 conditioned reflex**
84 适应行为 adaptive behavior

---

85 先天的 congenital
86 后天的 acquired
87 **习服；服水土 acclimatization**
88 适应 adaptation
89 经期 menstrual flow phase; monthly period; periods
90 极限 limitation
91 老化 aging

95

95. 运动创伤 Sports Injuries

1 **运动创伤 sports [athletic] injury**
2 受伤率 injury rate
3 **外科学 surgery**
4 外伤 trauma
5 **伤；伤口 wound**
6 创伤处 site of injury
7 损害 lesion
8 粘连 adhesion
9 **扭［挫］伤 sprain**
10 肌肉扭伤 muscular sprain
11 **踝关节扭伤 sprained ankle**
12 关节囊挫伤 capsule sprain
13 骑士挫伤（内收肌损伤）rider sprain
14 膝部韧带扭伤 football-knee
15 **挫伤 bruise; contusion**
16 踵［跟］骨挫伤 stone bruise; contusion of the heel
17 擦伤 abrasion; graze
18 裂伤 laceration
19 **撕裂 tear**
20 肌肉撕裂 muscle tear [rupture]; torn muscle
21 **破裂 rupture**

22 肌腱断裂 rupture of the tendon
23 玻璃臂（二头肌长腱损伤） glass arm
24 网球腿（蹠长肌断裂） tennis leg
25 **拉伤 pull**
26 肌腱拉伤 pulled tendon
27 张力性损伤 tension injury
28 运动性肌肉损伤 exercise-induced muscle damage
29 运动延迟性肌肉酸痛 delayed onset of muscle soreness
30 **劳损 strain**
31 肌肉劳损 muscle strain
32 腰肌劳损 lumbar muscle strain
33 肌肉疲劳 muscle fatigue
34 **脑震荡 concussion of the brain;** cerebral concussion
35 脑损伤 brain damage

---

36 肌炎 myositis
37 骨膜炎 periostitis
38 静脉炎 phlebitis
39 腱炎 tenositis
40 **腱鞘炎 tenosynovitis**
41 创伤性关节炎 traumatic arthritis
42 创伤性滑囊炎 traumatic bursitis
43 肌腱炎 myotenositis
44 网球肘（肘部外缘肌腱炎） tennis elbow
45 高尔夫肘（肱骨内上髁炎） golfer elbow
46 跟腱痛 Achilles tendinitis
47 **关节炎 inflammation of a joint; arthritis**
48 肩周炎 periarthritis of shoulder
49 风湿性关节炎 rheumatic arthritis
50 类风湿性关节炎 rheumatoid arthritis

---

51 **骨折 fracture**
52 疲劳骨折 fatigue fracture
53 粉碎性骨折 comminuted [bursting] fracture
54 应力性骨折 stress fracture
55 撕脱性骨折 avulsion fracture
56 颈椎病 cervical spondylosis
57 椎间盘突出 prolapsed intervertebral disc
58 **脱位［臼］ dislocation**
59 髌骨软骨病 chondropathia patellae
60 足球踝（踝关节骨关节病） footballer's anke
61 游泳运动员肩袖损伤（肩关节撞击综合症） swimmer's shoulder
62 棒球投手肘（桡骨头软骨或骨片撕脱） baseball pitcher's elbow

---

63 烧伤 burns
64 一［二］度烧伤 first [second] degree burn
65 大面积烧伤 extensive burns; large area of burns
66 冻疮 chilblain
67 水泡 blister
68 肌肉疼痛 muscle soreness [ache]; myalgia
69 肌肉僵硬 muscle rigidity
70 肌肉痉挛 muscle cramp; myospasm

96．常见疾病　Common Diseases

1 疾病 **disease; illness; sickness;** disorder; ailment; indisposition; malady
2 细菌 **bacteria**
3 病菌 **germ;** pathogenic bacteria
4 病毒 **virus**
5 免疫力 **immunity**
6 常见病 **common illness**
7 多发病 frequently occurring illness
8 慢性病 **chronic disease**
9 后遗症 after-effect; sequela
10 并发症 associated disease; complication
11 流行病 epidemic

---

12 传染病 **infectious disease**（空气传染）；**contagious disease**（接触传染）
13 潜伏期 incubative stage
14 传染期 infective stage
15 流感；流行性感冒 **influenza; flu**
16 疟疾 malaria
17 痢疾 dysentery
18 霍乱 cholera
19 爱滋病；获得性免疫缺损综合症 AIDS (=acquired immunodeficiency syndrome)
20 爱滋病病毒；人体免疫缺损病毒 HIV (=human immunodeficiency virus)
21 爱滋病病毒携带者 HIV carrier
22 萨斯；非典（型传染性肺炎）；急性重症呼吸系统综合症 **SARS** (=severe acute respiratory syndrome)

---

23 心血管疾病 cardiovascular disease
24 心脏病 **heart disease**
25 运动员心脏 athlete's heart
26 心脏扩大 cardiac enlargement
27 冠心病 **coronary heart disease**
28 动脉硬化 arteriosclerosis; hardening of the arteries
29 冠状动脉硬化 coronary arteriosclerosis
30 心绞痛 **angina pectoris**
31 心肌梗塞 **myocardial infarction**
32 贫血 anemia
33 高血糖 **hyperglycemia**
34 低血糖 hypoglycemia
35 糖尿病 **diabetes**
36 高血脂 **hyperlipemia**
37 高血压 **high blood pressure; hypertension**
38 低血压 **low blood pressure; hypotension**
39 运动性高血压 exercise-induced hypertension
40 缺氧症 anoxia
41 缺氧血症 anoxemia
42 白血病 leukemia
43 淋巴腺炎 lymph gland inflammation; lymphadenitis

---

44 支气管炎 bronchitis
45 肺炎 **pneumonia**
46 扁桃体炎 tonsillitis

96

47 胃病 **stomach trouble;** gastric disease
48 运动性腹痛 exercise-induced abdominal pain
49 肠炎 intestinal inflammation
50 **便秘 constipation**
51 肠胃炎 gastroenteritis
52 溃疡 ulcer
53 胃溃疡 gastric ulcer
54 **肝炎 hepatitis**
55 肝硬化 cirrhosis of liver
56 胆结石 gallstone
57 阑尾［盲肠］炎 appendicitis
58 厌食 anorexia
59 食物中毒 food poisoning

---

60 **皮肤病 skin disease; dermatosis**
61 皮炎 dermatitis
62 湿疹 eczema
63 疖 boil; furuncle

---

64 神经衰弱 neurasthenia
65 运动焦虑 sport anxiety
66 运动性晕厥 exertional syncope
67 偏头痛 migraine
68 坐骨神经痛 sciatica
69 中风 apoplexy; stroke
70 半身不遂；偏瘫 hemiparalysis; hemiplegia
71 **截瘫 paraplegia**
72 脑溢血 brain [cerebral] hemorrhage
73 脑炎 encephalitis
74 脑膜炎 meningitis

---

75 肿瘤 tumor; neoplasm
76 良性肿瘤 benign tumor
77 恶性肿瘤 malignant tumor
78 **癌症 cancer**
79 癌扩散 metastasis [proliferation] of cancer

---

80 **结核病 tuberculosis** (TB)
81 前列腺肥大 hypertrophy of the prostate
82 月经失调 irregular menstruation; menstrual disorder
83 闭经；无月经 amenia; suppressed menstruation
84 肾结石 kidney stone
85 肾炎 nephritis
86 高山病（详见251页） mountain [high-altitude] sickness
87 **肥胖病 obesity**
88 **巨人症 gigantism**
89 马凡氏综合症（四肢异常长） Marfan's syndrome
90 快速减重综合症 rapid weight deduction syndrome

---

91 近视眼 shortsightedness; nearsightedness; myopia
92 远视眼 farsightedness; hyperopia
93 色盲 color-blindness
94 沙眼 trachoma
95 白内障 cataract

97．医疗　Medical Treatment

症状

1 症状 **symptom**
2 症候群 syndrome
3 **痛 ache; pain**
4 压痛 tenderness
5 压［触］痛点 tender area
6 酸痛 soreness
7 痛点 point of pain
8 **头痛 headache**
9 牙痛 toothache
10 腰痛 pain in the lower back; lumbago
11 肋部剧痛 stitch in the side
12 胃痛 stomachache
13 麻 numbness; pins and needles
14 痒 itch

---

15 **感染 infection**
16 **发炎 inflammation**
17 局部感染 local infection
18 **肿 swell**
19 浮肿 edema; dropsy
20 血肿 hematoma
21 内出血 internal hemorrhage
22 囊肿 cyst
23 脓 pus
24 脓肿 abscess
25 化脓 suppuration; maturation; purulence
26 疤；瘢痕 scar
27 痂 scab

---

28 **出血 bleeding;** effusion of blood; h(a)emorrhagia
29 咯血 spit blood; hemoptysis
30 呕血 vomit blood; hematemesis
31 拉血 pass blood

---

32 **发烧［热］ fever**
33 白血球增多 leucocytosis
34 谵妄 delirium
35 冷汗 cold sweat
36 寒颤 shivering
37 眩晕 dizzy; vertigo
38 暂时失去视力、知觉或记忆 blackout
39 不省人事 loss of consciousness; unconsciousness
40 腹痛 stomachache; abdominal pain
41 **休克 shock**
42 创伤性休克 traumatic shock
43 中暑 heat [sun] stroke; heat attack
44 脉弱 weak pulse
45 脉速 rapid pulse
46 心悸 palpitation
47 心脏杂音 heart murmur
48 心搏过速 tachycardia
49 **心脏病发作 heart attack**
50 **心搏停止 cardiac arrest**
51 **猝死 sudden death;** mors subita

---

52 **咳嗽 cough**
53 打喷嚏 sneeze
54 流鼻涕 running nose
55 **恶心 nausea**
56 **呕吐 vomit**
57 过敏 allergy
58 药物过敏 drug allergy

97

59 食欲不振 **poor appetite**
60 消化不良 **indigestion;** dyspepsia
61 小便 urine
62 大便 stool
63 尿频 micturition; polyuria
64 排尿困难 difficult urination; dysuria
65 尿血 hematuria
66 腹泻 **loose bowels;** diarrhea
67 脱水 dehydration
68 虚弱 weak
69 衰竭 breakdown; exhaustion; failure
70 虚脱 collapse
71 呼吸困难 respiratory difficulty; dyspnea
72 疲劳 **fatigue; tiredness**
73 过度疲劳 overfatigue
74 过度兴奋 overstimulation
75 过度紧张 overstrain; overtension
76 过度训练综合症 overtraining syndrome
77 失眠 **sleeplessness;** insomnia

就诊

78 生病 **fall ill**
79 复发 recur; relapse
80 发病率 incidence of a disease
81 病危 critically [terminally] ill
82 就诊；看病 **consult [see] a doctor**
83 请大夫出诊 **send for a doctor**
84 急诊 **emergency call**
85 挂号 **register**
86 初诊 first visit [consultation]
87 复诊 subsequent visit [consultation]
88 预约 make an appointment
89 临床观察 clinical observation
90 隔离 isolation
91 病历 case history; medical record
92 晚期病例 late [advanced] case
93 病史 medical history
94 病假 sick leave
95 住院 **hospitalize**
96 转院 **transfer to another hospital**

检查

97 体格检查；体检 **physical** [medical] **examination;** health [physical] checkup
98 常规检查 routine examination
99 临床检查 clinical examination
100 尿分析 urinalysis
101 功能检查 functional check
102 活组织检查 biopsy
103 病理切片 pathological section
104 胃镜检查 gastroscopy; stomachoscopy
105 工作能力试验 work performance test
106 哈佛氏台阶测验 Harvard step test

---

107 脉率 **pulse rate [frequency]**
108 心搏 **heartbeat**
109 验血 **blood test**
110 抽血 draw blood
111 粪便化验 feces examination
112 验大便 **stool test**
113 验小便 **urine test**
114 化验结果 **laboratory report**
115 红细胞计数 red blood cell count
116 白细胞计数 white blood cell count
117 阳性反应 **positive reaction**
118 阴性反应 **negative reaction**
119 正常的 **normal**
120 不正常的 **abnormal**

---

121 X 光检查 **X-ray examination**

122 透视 fluoroscopy
123 心电图 electrocardiogram (ECG)
124 动态心电图监护 Holter monitor electrocardiography
125 脑电图 electroencephalogram (EEG)
126 肌电图 electromyogram
127 超声波检查 ultrasonic examination
128 彩色超声波 color doppler flow imaging
129 钡餐检查 barium meal examination
130 核磁共振 nuclear magnetic resonance (NMR)
131 扫描 scanning
132 断层摄影 laminography; tomography

治疗

133 诊断 **diagnosis**
134 主诉 subjective [chief] complaint
135 主观感觉 subjective feelings
136 听诊 auscultation
137 触诊 palpation
138 叩诊 percussion
139 会诊 **consultation**
140 查病房 ward rounds
141 病灶 focus
142 排除 rule out
143 开处方 prescribe
144 处方 **prescription**
145 运动处方 exercise prescription

---

146 治疗 **treatment**
147 疗程 **course of treatment**
148 护理 **nursing**
149 急救 **first aid;** emergency treatment
150 预防 prevention
151 预防措施 preventive measure
152 疗效 curative [therapeutical] effect
153 治愈 **cure; heal**
154 预防胜于治疗 Prevention is better than cure.
155 康复 **recovery; rehabilitation;** convalescence; recuperation
156 减轻 relieve
157 恶化 worsen; go from bad to worse; deteriorate

---

158 消毒 **sterilization**
159 包扎 **dress; wrap**
160 创伤的清理与包扎 wound toilet
161 敷用 application
162 热敷 **hot compress**
163 冷敷 **cold compress**
164 止痛 **stop [relieve; kill] pain**
165 止血 **stop** [stanch] **bleeding;** hemostasis
166 止咳 soothe coughs

---

167 疗法 **therapy**
168 常规疗法 routine treatment
169 积极疗法 active treatment
170 保守疗法 conservative treatment

---

171 运动疗法 **kinesiotherapy; kinesiatrics**
172 体育疗法 **physical exercise therapy**
173 气功疗法 **qigong therapy**
174 矫正运动 corrective exercise

---

175 按摩疗法 massotherapy
176 按摩 **massage; rubdown**
177 保健按摩 keep-fit massage
178 手法 manipulation; maneuver

179 轻捻法 effleurage
180 重捻法 effleurage with pressure
181 按压法 pressing
182 掐法 squeezing
183 揉压法 ironing
184 揉捏法 kneading; petrissage
185 击打按摩法 beating
186 捶击法 knocking
187 叩击法 thumping
188 轻叩法 tapotement
189 滚动按摩法 skate roll
190 掴按摩法 slapping

---

191 **针刺疗法 acupuncture; needle therapy**
192 经络 channels and collaterals
193 穴位 **acupuncture point; acupoint**
194 穿刺 puncture
195 电针疗法 galvanic acupuncture; acupuncture with electric stimulation
196 灸法 moxibustion
197 拔火罐 cupping

---

198 **注射；打针 injection**
199 预防注射 inoculation
200 接种 inoculate; vaccinate
201 皮下注射 hypodermic [subcutaneous] injection
202 肌肉注射 intramuscular injection
203 血管注射 intravascular injection
204 静脉注射 intravenous injection
205 **封闭针 blockade needle**
206 **打点滴 intravenous drip**
207 输液 fluid infusion
208 补液 fluid supplementation
209 **起敏性注射 sensitizing injection**
210 过敏反应 allergic reaction
211 **输血 blood transfusion**
212 献血 blood donation
213 献血者 blood donor

---

214 **手术 operation**
215 大手术 major operation
216 小手术 minor operation
217 **麻醉 an(a)esthesia**
218 全身麻醉 general anesthesia
219 局部麻醉 local anesthesia
220 针刺麻醉 acupuncture anesthesia
221 体外循环 extracorporeal circulation
222 切口 incision
223 切除 excise; resect; remove
224 截肢 amputate
225 **缝合 suture; sew up; stitch**
226 创伤收口 closure of wounds
227 拆线 remove a stitch
228 植皮 skin-grafting
229 移植 transplant

---

230 **理疗 physical therapy;** physiotherapy
231 电疗 electrical treatment; electrotherapy; galvanism
232 **放射疗法 radiotherapy**
233 超短波疗法 ultrashort wave treatment
234 超声波疗法 ultrasonic treatment
235 光照射疗法 irradiation treatment
236 紫外线疗法 ultraviolet ray treatment
237 日光疗法 heliotherapy
238 **热疗法 heat treatment**
239 **冷冻疗法 cold treatment;** cryotherapy

98

240 水疗 hydrotherapy; hydropathic treatment
241 **化疗 chemical therapy;** chemotherapy
242 组织疗法 tissue therapy
243 封闭疗法 block therapy
244 心理疗法 psychotherapy
245 睡眠疗法 sleep therapy
246 催眠治疗 hypnotherapy
247 饮食疗法 dietotherapy
248 制动术 immobilization
249 **上夹板**；夹固定术 **splintage**
250 绝对卧床 strict bed rest
251 牵引术 traction
252 导液法；引流 drainage
253 关节穿刺 arthrocentesis

98. 器械与药物 Apparatus and Medicine

1 **医疗器械 medical apparatus and instruments**
2 **听诊器 stethoscope**
3 叩诊器 percussion hammer
4 **血压计 blood pressure gauge;** sphygmomanometer
5 **体温计 thermometer**
6 体重计 weighing scale
7 眼底镜 ophthalmoscope
8 视力表 visual testing chart
9 胃镜 gastroscope

---

10 **纱布 gauze**
11 **脱脂棉 absorbent cotton**
12 **橡皮膏 adhesive plaster**
13 **绷带 bandage**
14 止血带 tourniquet
15 **夹板 splint**
16 **石膏模型 plaster cast**
17 **注射器 syringe; injector**
18 注射器针头 syringe needle
19 一次性注射器 disposable syringe
20 **喷雾器 sprayer**
21 热水袋 hot water bag
22 冰袋 ice bag

---

23 **手术台 operating table**
24 手术刀 scalpel
25 激光手术刀 laser scalpel
26 无影灯 shadowless lamp
27 消毒设备 sterilizing equipment
28 **缝线 suture （尚未缝上）; stitch （已缝上）**

---

29 X 光机 X-ray machine
30 紫外线灯 ultraviolet lamp
31 红外线灯 infrared lamp
32 心电图机 electrocardiograph; EGG machine
33 脑电图机 electroencephalograph
34 心脏起搏器 pacemaker; electrotherapeutic apparatus
35 超声波诊断仪 supersonic diagnostic set
36 微波电疗器 microwave diathermy
37 同位素扫描仪 isotope scanner
38 肺活量计 spirometer
39 氧气吸入器 oxygen tank; oxygen cylinder

---

40 医药箱 medical box
41 急救箱 first-aid kit

42 轮椅 **wheelchair**
43 救护车 **ambulance**
44 担架 **stretcher; litter**
45 拐杖 crutch

46 药物治疗 drug therapy; medication
47 药物 **medicine; drug**
48 草药 herbal medicine
49 药片 **tablet**
50 药丸 **pill**
51 胶囊 **capsule**
52 成药 proprietary (medicine)
53 敷料 dressing
54 药膏 **plaster**
55 软膏 **ointment**
56 硫磺软膏 sulfur ointment
57 滴鼻剂 nasal drops
58 注射剂 injection
59 喷雾剂 aerosol
60 用法说明 **directions for use**
61 成分 **ingredient**
62 剂量 **dosage**
63 一次服量 dose
64 副作用 **side** [residual] **effect**

65 止痛剂 pain-killer; analgesic
66 酵母片 yeast tablet
67 头痛片 **headache tablet**
68 胃舒平 gastropine
69 松节油 turpentine
70 甘油 glycerin(um); glycerol
71 消毒剂 **disinfectant**
72 酒精 (ethyl) **alcohol;** spirit
73 高锰酸钾 potassium permanganate
74 抗菌剂 antiseptic
75 硼酸 boric acid
76 止血剂 hemostat
77 退热药 antipyretic
78 阿司匹林 **aspirin**
79 镇静药 **sedative**
80 安眠药 **sleeping pill**
81 特效药 specific (medicine)
82 补药 tonic
83 维生素丸 vitamin pill

84 抗生［菌］素 **antibiotic**
85 青霉素；盘尼西林 **penicillin**
86 红霉素 ery(thromy)cin
87 链霉素 streptomycin
88 黄连素 berberine
89 四环素 tetracycline
90 磺胺类药剂 sulfa-drug
91 磺胺嘧啶 sulphadiazine
92 抗毒素 antitoxin
93 解［抗］毒药 antidote
94 抗破伤风血清 antitetanicus serum

99. 营养 Nutrition

1 营养 **nutrition**
2 营养学 **dietetics;** nutriology
3 营养学家 **nutritionist**; dietitian
4 营养需要 nutritional requirement
5 营养平衡 nutritive equilibrium
6 营养不良 malnutrition
7 营养不足 undernutrition
8 营养过度 overnutrition
9 营养价值 nutritional value
10 营养障碍 nutritional disorder

———

11 营养素［物］ **nutrient**
12 碳水化合物 **carbohydrate**
13 脂肪 **fat**
14 蛋白质 **protein**
15 食物纤维 **dietary fiber**
16 矿物质 **mineral**
17 维生素 **vitamin**
18 微量元素 **trace element**
19 钙 **calcium**
20 钾 potassium
21 钠 sodium
22 铁 **iron**
23 碘 **iodine**

———

24 人类的食物 human food
25 主食 principal [staple] food
26 副食 non-staple food
27 谷类 **cereals**
28 淀粉 starch
29 根类淀粉 starchy roots
30 豆类 **peas and beans**
31 蔬菜类 **vegetables**
32 素食者 vegetarian
33 水果类 **fruits**
34 糖类 sugars
35 肉类 **meat**
36 鱼类 **fish**
37 蛋类 **eggs**
38 奶 milk
39 奶制品 milk product; dairy
40 动物油 animal oil
41 植物油 vegetable oil
42 饮料 **drink; beverage**
43 豆浆 soybean [soya] milk
44 营养增补剂 nutritional supplement

———

45 饮食 **diet**
46 平衡的饮食 **balanced diet**
47 高热量饮食 high-caloric diet
48 低热量饮食 low-caloric diet
49 高蛋白饮食 high-protein diet
50 清淡饮食 light diet
51 低盐饮食 low-salt diet
52 低脂饮食 low-fat diet
53 无盐饮食 salt-free diet
54 半流质食物 semi-liquid diet
55 容易消化的食物 easily digestible food
56 摄入食物 dietary intake
57 食入 ingestion
58 消化 digestion
59 吸收 absorption
60 限制饮食 **on diet**
61 吃得过多 overeat
62 增加体重 increase [put on] weight
63 减轻体重 reduce [lose] weight
64 减肥 slim
65 热消耗 heat exhaustion
66 卡 **calorie**
67 千卡 **kilocalorie**
68 卡值 caloric value

100．禁用兴奋剂 Anti-Doping

1 使用兴奋剂 **doping; drugging**
2 禁止使用兴奋剂 **anti-doping; doping control**
3 滥用兴奋剂 **drug abuse**
4 使用兴奋剂的人 **drug user**
5 “三严”政策：严格禁止、严格检查、

严肃处理 “Three S” principle: strict prohibition, strict examination and severe punishment

6 奥林匹克反兴奋剂条例 Olympic Movement Anti-Doping Code

7 “独立观察员”计划 Independent Observer Program

8 世界反兴奋剂机构 World Anti-doping Agency (WADA)

9 反体育运动中使用兴奋剂统一行动组 Concerted Action in the Fight Against Doping in Sport (CAFDIS)

10 违反禁用兴奋剂条例的行为 doping offense; doping infraction

11 运动员护照系统（包括接受药检情况） Athletes Passport System

12 兴奋剂检查站 doping control station

13 特别工作组；专门调查委员会 task force

14 国际奥委会鉴定合格的实验室 IOC-accredited laboratory

15 中国兴奋剂检测中心 China Doping Control Center

检测

16 **兴奋剂检查**；药检 **doping** [dope; drug] **test**

17 检查人员 anti-doping officer

18 监督 monitor

19 赛外［飞行］检查 out-of-competition test

20 比赛期间进行的检查 in-competition test

21 随机抽查 random test

22 临时通知 short notice

---

23 **样本采集 sample [specimen] collection**

24 一次性采样容器 disposable collection vessel

25 密封的采样用品箱 sealed sample collection kit

26 密封容器 sealed container

27 保密程序 confidentiality procedure

28 生物样本 biological sample

29 **尿样 urine sample**

30 **血样 blood sample**

31 残存部分；碎片 residue; fragments

32 A样；A瓶 sample A; bottle A

33 B样；B瓶 sample B; bottle B

34 鉴定 identify

35 筛选；甄别 screening

36 样本分析 sample analysis

37 质谱分析法 mass spectrometry

38 测出；查明 detect

39 核实；查对 verify

40 检查结果 result; findings

41 **阴性的 negative**

42 **阳性的 positive**

43 中性的；不确定的 neutral

44 化验结果超标 elevated result

45 结果报告 results reporting

违禁药物

46 **违禁药物 banned** [forbidden; prohibited] **drugs [substances]**

47 血液兴奋剂法 blood doping

48 国际奥委会公布的违禁药物清单 IOC list of prohibited substances

49 违禁药物数据库 database of illicit substances

（下列药物系参照国际奥委会2003年《禁用物质类与禁用手段》）

50 **刺激剂 stimulants**

51 阿米苯唑 amiphenazole

52 苯丙胺类 amphetamine

53 布罗曼坦 bromantan
54 咖啡因 caffeine
55 卡非多 carphedon
56 可卡因 cocaine
57 麻黄碱类 ephedrines
58 莰苯乙胺 fencamfamin
59 麦索卡 mesocarb
60 尼可刹米 nikesamide
61 戊四氮 pentetrazol
62 阿扎环醇 pipradrol
63 福莫特若 formoterol
64 沙美特罗 salmeterol
65 特普他林 terbutaline

---

66 **麻醉剂 an(a)esthetic;** narcotic
67 局部麻醉剂 local anesthetic
68 叔丁啡 buprenorphine
69 右吗拉米 dextromoramide
70 **海洛因 heroin;** diamorphine
71 美沙酮 methadone
72 **吗啡 morphine**
73 镇痛新 pentazocine
74 哌替啶 pethidine

----

75 **蛋白同化制剂 anabolic agents**
76 氯斯太宝 clostebol
77 氟甲睾酮 fluoxymesterone
78 大力补 metandienone
79 迈载诺龙 metenolone
80 诺龙 nandrolone
81 19-去甲雄烯二醇 19-norandrostenediol
82 19-去甲雄烯二酮 19-norsandrostenedione
83 氧甲氢龙 oxandrolone
84 司坦唑醇 stanozolol
85 雄烯二醇 androstenediol
86 雄烯二酮 androstenedione
87 普拉雄酮 dehydroepiandrosterone (DHEA)
88 双氢睾酮 dihydrotestosterone
89 睾酮 testosterone
90 克仑特罗 clenbuterol
91 沙丁胺醇 salbutamol

---

92 **利尿剂 diuretic**
93 乙酰唑胺 acetazolamide
94 布美他尼 bumetanide
95 氯噻酮 chlortalidone
96 依他尼酸 etacrynic acid
97 呋塞米 furosemide
98 氢氯噻嗪 hydrochlorothiazide
99 甘露醇 mannitol
100 汞撒利 mersalyl
101 螺内酯 spironolactone
102 氨苯喋啶 triamterene

---

103 **肽类激素 peptide hormone**
104 人绒毛膜促性腺激素 human chorionic (hCG)
105 垂体促性素及合成促性素 pituitary and synthetic gonadotrophins
106 黄体生成素 luteinizing hormone
107 促肾上腺皮质激 corticotrophins; adrenocorticopopic hormone
108 二十四肽促皮质素 tetracosactide
109 生长激素 human growth hormone (hGH)
110 胰岛素样生长因子 insulin-like growth factor (IGF-1)
111 促红细胞生长素 erythropoietin **(EPO)**
112 **胰岛素 insulin**

---

113 有抗雌激素作用的制剂 antiestrogenic substance
114 氯米芬 clomiphene
115 环芬尼 cyclofenil

116 他莫昔芬 tamoxifen

———

117 掩蔽剂 masking agent
118 表睾酮 epitestosterone
119 丙磺舒 probencid
120 血浆膨胀剂 plasma expander
121 羟乙基淀粉 hydroxyethyl starch

———

122 **乙醇 alcohol**
123 **大麻类 marijuana**
124 哈希什 hashish
125 **类固醇 steroid**
126 糖皮质类固醇 glucocorticosteroid
127 四氢乙基羟二降孕三烯炔酮 tatrahydrogestrinone (THG)

———

128 **ß-阻断剂 ß-blocking agent**
129 醋丁酰心安 acebutolol
130 心得舒 alprenolol
131 氨酰心安 atenolol
132 降压乐 labetalol
133 美托洛尔 metoprolol
134 羟氢萘心安 nadolol
135 心得平 oxprenolol
136 普萘洛尔 propranolol
137 甲磺胺心定 sotalol

附录1 Appendix 1

历届夏季奥林匹克运动会 Games of the Olympiad

届次 No	时间 Year	城市 City	参加国家/地区 NOC Represented	大项 Sports	小项 Events	运动员（女） Competitors (Women)
1	1896	雅典 Athens	14	9	43	241(0)
2	1900	巴黎 Paris	24	18	95	997(22)
3	1904	圣路易 St. Louis	12	17	91	645(6)
4	1908	伦敦 London	22	22	110	2008(37)
5	1912	斯德哥尔摩 Stockholm	28	14	102	2407(48)
6	1916*					
7	1920	安特卫普 Antwerp	29	22	154	2626(65)
8	1924	巴黎 Paris	44	17	126	3089(135)
9	1928	阿姆斯特丹 Amsterdam	46	14	109	2883(277)
10	1932	洛杉矶 Los Angeles	37	14	117	1332(126)
11	1936	柏林 Berlin	49	19	129	3963(331)
12	1940*					
13	1944*					
14	1948	伦敦 London	59	17	136	4104(390)
15	1952	赫尔辛基 Helsinki	69	17	149	4955(519)
16	1956	墨尔本/斯德哥尔摩 Melbourne/Stockholm	72	17	145	3314(376)
17	1960	罗马 Rome	83	17	150	5338(611)
18	1964	东京 Tokyo	93	19	163	5151(678)
19	1968	墨西哥城 Mexico City	112	20	172	5516(781)
20	1972	慕尼黑 Munich	121	23	195	7134(1059)
21	1976	蒙特利尔 Montreal	92	21	198	6084(1260)
22	1980	莫斯科 Moscow	80	21	203	5179(1115)
23	1984	洛杉矶 Los Angeles	140	23	221	6829(1566)
24	1988	汉城 Seoul	159	25	237	8391(2194)
25	1992	巴塞罗那 Barcelona	169	28	257	9356(2704)
26	1996	亚特兰大 Atlanta	197	26	271	10318(3512)
27	2000	悉尼 Sydney	200	28	300	10651(4069)
28	2004	雅典 Athens	/	28	301	/
29	2008	北京 Beijing	/	/	/	/

* 未能举行。 *Not celebrated.

附录2 Appendix 2

历届冬季奥林匹克运动会 Olympic Winter Games

届次 No	时间 Year	城市 City	参加国家 / 地区 NOC Represented	大项 Sports	小项 Events	运动员（女） Competitors (Women)
1	1924	夏蒙尼 Chamonix	16	6	16	258(11)
2	1928	圣莫里茨 St. Moritz	25	4	14	464(26)
3	1932	普莱西德湖 Lake Placid	17	4	14	252(21)
4	1936	加米施－帕滕基兴 Garmisch-Partenkirchen	28	4	17	646(80)
5	1948	圣莫里茨 St. Moritz	28	4	22	669(77)
6	1952	奥斯陆 Oslo	30	4	22	694(109)
7	1956	科蒂纳丹佩佐 Cortina d'Ampezzo	32	4	24	821(134)
8	1960	斯阔谷 Squaw Valley	30	4	27	665(144)
9	1964	因斯布鲁克 Innsbruck	36	6	34	1091(199)
10	1968	格勒诺布尔 Grenoble	37	6	35	1158(211)
11	1972	札幌 Sapporo	35	6	35	1006(205)
12	1976	因斯布鲁克 Innsbruck	37	6	37	1123(231)
13	1980	普莱西德湖 Lake Placid	37	6	38	1072(232)
14	1984	萨拉热窝 Sarajevo	49	6	39	1272(274)
15	1988	卡尔加里 Calgary	57	6	46	1423(301)
16	1992	阿尔贝维尔 Albertville	64	7	57	1801(488)
17	1994	利勒哈默尔 Lillehammer	67	6	61	1737(522)
18	1998	长野 Nagano	72	7	68	2176(787)
19	2002	盐湖城 Salt Lake City	77	7	78	2399(886)
20	2006	都灵 Turin	/	/	/	/
21	2010	温哥华 Vancouver	/	/	/	/

附录3 Appendix 3
国际体育组织 International Sports Organizations

1. 国际奥林匹克委员会
International Olympic Committee (IOC)

国际奥委会执行委员会 IOC Executive Board

国际奥委会下属委员会
IOC Commissions

运动员委员会 Athletes' Commission
文化和奥林匹克教育委员会 Commission for Culture and Olympic Education
道德委员会 Ethics Commission
财务委员会 Finance Commission
国际关系委员会 International Relations Commission
司法委员会 Juridical Commission
市场委员会 Marketing Commission
医学委员会 Medical Commission
提名委员会 Nominations Commission
奥运会研究委员会 Olympic Games Study Commission
奥林匹克集邮、钱币和纪念品委员会 Olympic Philately, Numismatic and Memorabilia Commission
奥林匹克项目委员会 Olympic Program Commission
奥林匹克团结基金委员会 Olympic Solidarity Commission
新闻委员会 Press Commission
广播和电视委员会 Radio and Television Commission
体育与环境委员会 Sport and Environment Commission
体育与法律委员会 Sport and Law Commission
群体委员会 Sport for All Commission
电视和国际互联网转播权委员会 TV and Internet Rights Commission
妇女和体育委员会 Women and Sport Commission
国际奥委会行政部门 IOC Administration

奥运会协调委员会
Coordination Commissions for the Olympic Games

2004 年雅典夏奥会协调委员会 Coordination Commission for the Games of the XXVIII Olympiad - Athens 2004
2006 年都灵冬奥会协调委员会 Coordination Commission for the XX Olympic Winter Games - Turin 2006
2008 年北京夏奥会协调委员会 Coordination Commission for the Games of the XXIX Olympiad - Beijing 2008
2010 年温哥华冬奥会协调委员会 Coordination Commission for the XXI Olympic Winter Games - Vancouver 2010

获国际奥委会承认的组织
IOC-Recognized Organizations

夏季奥运会项目国际单项体育联合会总会 Association of Summer Olympic International Federations (ASOIF)

冬季奥运会项目国际单项体育联合会总会 Association of International Olympic Winter Sports Federations (AIOWF)

获国际奥委会承认的国际单项体育联合会总会 Association of the IOC Recognized International Sports Federations (ARISF)

国际单项体育联合会总会 General Association of International Sports Federations (GAISF)

国家 / 地区奥林匹克委员会协会
Association of National Olympic Committees (ANOC)

非洲国家 / 地区奥林匹克委员会协会 Association of National Olympic Committees of Africa (ANOCA)

泛美体育组织 Pan American Sports Organization (PASO)

亚洲奥林匹克理事会 Olympic Council of Asia (OCA)

欧洲国家奥林匹克委员会总会 European Olympic Committees (EOC)

大洋洲国家奥林匹克委员会总会 Oceania National Olympic Committees (ONOC)

2. 国际奥运会项目体育联合会
International Olympic Sports Federations (IFs)

夏季

国际游泳联合会 International Swimming Federation (FINA)

国际业余拳击协会 International Amateur Boxing Association (AIBA)

国际射箭联合会 International Archery Federation (FITA)

国际田径联合会 International Association of Athletics Federations (IAAF)

国际羽毛球联合会 International Badminton Federation (IBF)

国际棒球联合会 International Baseball Federation (IBAF)

国际篮球联合会 International Basketball Federation (FIBA)

国际皮划艇联合会 International Canoe Federation (ICF)

国际自行车联盟 International Cycling Union (UCI)

国际马术联合会 International Equestrian Federation (FEI)

国际击剑联合会 International Fencing Federation (FIE)

国际足球联合会 International Association Football Federation (FIFA)

国际体操联合会 International Gymnastics Federation (FIG)

国际手球联合会 International Handball Federation (IHF)

国际曲棍球联合会 International Hockey Federation (FIH)

国际柔道联合会 International Judo Federation (IJF)

国际现代五项联盟 International Union of Modern Pentathlon (UIPM)

国际赛艇联合会 International Federation of Rowing Associations (FISA)

国际帆船联合会 International Sailing Federation (ISAF)

国际射击联合会 International Shooting Sport Federation (ISSF)

国际垒球联合会 International Softball Federation (ISF)

国际乒乓球联合会 International Table Tennis Federation (ITTF)

世界跆拳道联合会 World Taekwondo Federation (WTF)

国际网球联合会 International Tennis Federation (ITF)

国际铁人三项联盟 International Triathlon Union (ITU)

国际排球联合会 International Volleyball Federation (FIVB)

国际举重联合会 International Weightlifting Federation (IWF)

国际摔跤联合会 International Federation of Associated Wrestling Styles (FILA)

冬 季

国际冬季两项联盟 International Biathlon Union (IBU)

国际有舵/平底雪橇联合会 International Bobsleigh and Tobogganing Federation (FIBT)

世界冰壶联合会 World Curling Federation (WCF)

国际冰球联合会 International Ice Hockey Federation (IIHF)

国际无舵雪橇联合会 International Luge Federation (FIL)

国际滑冰联盟 International Skating Union (ISU)

国际滑雪联合会 International Ski Federation (FIS)

3. 获国际奥委会承认的国际单项体育联合会
IOC-Recognized International Sports Federations

国际航空运动联合会 World Air Sports Federation (FAI)

国际汽车联合会 International Automobile Federation (FIA)

国际俄罗斯式冰球联合会 International Bandy Federation (FIB)

世界台球运动联合会 World Confederation of Billiards Sports (WCBS)

世界滚木球运动联合会 World Boule Sports Confederation (CMSB)

国际保龄球联合会 International Bowling Federation (FIQ)

世界桥牌联合会 World Bridge Federation (WBF)

世界象棋联合会 World Chess Federation (FIDE)

国际体育舞蹈联合会 International DanceSport Federation (IDSF)

国际高尔夫球联合会 International Golf Federation (IGF)

世界空手道联合会 World Karate Federation (WKF)

国际合球联合会 International Korfball Federation (IKF)

国际救生联合会 International Life Saving Federation (ILSF)

国际摩托车联合会 International Motorcycling Federation (FIM)

国际无挡板篮球协会联合会 International Federation of Netball Associations (IFNA)

国际登山和攀登联合会 International Mountaineering and Climbing Federation (UIAA)

国际定向越野联合会 International Orienteering Federation (IOF)

国际巴斯克回力球联合会 International Federation of Basque Pelota (FIPV)

国际马球联合会 Federation of International Polo (FIP)

国际短网拍墙球联合会 International Racquetball Federation (IRF)

国际轮滑运动联合会 International Roller Sports Federation (FIRS)

国际橄榄球理事会 International Rugby Board (IRB)

世界壁球联合会 World Squash Federation (WSF)

国际冲浪协会 International Surfing Association (ISA)

国际拔河联合会 Tug of War International Federation (TWIF)

世界水下运动联合会 World Underwater Federation (CMAS)

国际滑水联合会 International Water Ski Federation (IWSF)

国际武术联合会 International Wushu Federation (IWUF)

4. 综合体育组织和项目 / 群众体育 Multi-sports Organizations and Events/Sport for All

国际大学生体育联合会 International University Sports Federation (FISU)

国际学校体育联合会 International School Sport Federation (ISF)

国际天主教学校体育联合会 International Catholic School Sport Federation (FISEC)

国际劳动体育联合会 International Labour Sports Confederation (CSIT)

国际军事体育理事会 International Military Sports Council (CISM)

国际警察体育联盟 International Union of Police Sports (USIP)

国际世界运动会协会 International World Games Association (IWGA)

国际地中海运动会委员会 International Committee of Mediterranean Games (CIJM)

国际体育教育联合会 International Federation of Physical Education (FIEP)

国际群众体育联合会 International Sport for All Federation (FISpT)

国际国家体育组织大会 International Assembly of National Organizations of Sport (IANOS)

国际群众体育协会 - 瘦身 / 健身 Trim and Fitness International Sport for

All Association (TAFISA)
国际儿童运动会委员会 Committee of the International Children's Games (CICG)
欧洲非政府体育组织 European Non-Governmental Sports Organization (ENGSO)
国际老将运动会协会 International Masters Games Association (IMGA)

5. 残疾人体育
Disabled Sport

国际残疾人奥林匹克委员会 International Paralympic Committee (IPC)
脑瘫国际体育和娱乐协会 Cerebral Palsy International Sports and Recreation Association (CP-ISRA)
国际盲人体育联合会 International Blind Sports Federation (IBSA)
国际智障人体育联合会 International Sports Federation for Persons with Intellectual Disability (INAS-FID)
国际斯多克·曼德维尔轮椅体育联合会 International Stoke Mandeville Wheelchair Sports Federation (ISMWSF-ISOD)
国际聋人体育委员会 International Committee of Sports of the Deaf (CISS)
特殊奥林匹克运动会 Special Olympics Inc. (SOI)

6. 教育/传播奥林匹克理想/公平竞争
Education/Dissemination of the Olympic Ideal/Fair Play

国际奥林匹克学院 International Olympic Academy (IOA)
国际皮埃尔·顾拜旦委员会 International Pierre de Coubertin Committee (CIPC)
皮埃尔·顾拜旦学院 Pierre de Coubertin Institute (IPC)
泛伊比利亚奥林匹克学院协会 Associación Panibérica de Academias Olímpicas (AIAO)
国际公平竞争委员会 International Committee for Fair Play (CIFP)
国际健康、体育教育、娱乐、体育和舞蹈理事会 International Council for Health, Physical Education, Recreation, Sport and Dance (ICHPER-SD)
欧洲体育科学学院 European College of Sport Science (ECSS)
国际无暴力体育协会 International Association for Non Violent Sport (AICVS)
非洲奥林匹克国际基金会 Foundation Internationale Olympafrica
英联邦运动会联合会 Commonwealth Games Federation

7. 奥林匹克休战
Olympic Truce

国际奥林匹克休战基金会 International Olympic Truce Foundation (IOTF)

国际奥林匹克休战中心 International Olympic Truce Center (IOTC)

8. 运动医学和科学
Sports Medicine and Sciences

国际体育科学和体育教育理事会 International Council of Sport Science and Physical Education (ICSSPE)

国际奥林匹克运动医学研究协会 Association Olympique Internationale pour la Recherche Medico-Sportive (AIORMS)

国际运动医学联合会 International Federation of Sports Medicine (FIMS)

9. 体育器材与设施
Sports Equipment & Facilities

国际体育和休闲设施协会 International Association for Sports and Leisure Facilities (IAKS)

世界体育用品工业联合会 World Federation of the Sporting Goods Industry (WFSGI)

10. 媒体/信息
Media/Information

法新社 Agence France Presse (AFP)

美联社 Associated Press (AP)

路透社 Reuters

国际体育信息协会 International Association for Sport Information (IASI)

国际体育记者协会 International Sports Press Association (AIPS)

国际体育电影电视联合会 International Sporting Cinema and Television Federation (FICTS)

国际计时联合会 International Timekeeping Federation (FIC)

11. 国际奥林匹克运动合作伙伴

Olympic Movement Partners

体育仲裁法庭 Court of Arbitration for Sport (CAS)

国际公平竞争委员会 International Committee for Fair Play (CIFP)

国际残疾人奥林匹克委员会 International Paralympic Committee (IPC)

世界反兴奋剂机构 World Anti-Doping Agency (WADA)

世界奥运选手协会 World Olympians Association (WOA)

附录4 Appendix 4
亚洲体育组织 Asian Sports Organizations

东亚网球协会 East Asia Tennis Association (EATA)

东亚运动会联合会 East Asian Games Association (EAGA)

国际滑水联第三区（亚太地区） Group III (Asian and Australasian Region) of International Water Ski Federation

亚洲奥林匹克理事会 Olympic Council of Asia (OCA)

亚洲棒球联合会 Baseball Federation of Asia (BFA)

亚洲保龄球联合会 Asian Bowling Federation (ABF)

亚洲单项体育联合会总会 General Association of the Asian Sports Federations (GAASF)

亚洲登山联盟 Union Association of Asia Alpins (UAAA)

亚洲帆船联合会 Asian Yachting Federation (AYF)

亚洲滑雪联合会 Asian Skiing Federation (ASF)

亚洲击剑联合会 Fencing Confederation of Asia (FCA)

亚洲技巧联合会 Asian Federation of Sports Acrobatics (AFSA)

亚洲举重联合会 Asian Weightlifting Federation (AWF)

亚洲篮球联合会 Asian Basketball Confederation (ABC)

亚洲垒球联合会 Asian Softball Federation (ASF)

亚洲龙舟联合会 Asian Dragon Boat Federation (ADBF)

亚洲轮滑联合会 Confederation Asia of Roller-Skating (CARS)

亚洲马术联合会 Asian Equestrian Federation (AEF)

亚洲门球联合会 Asian Gateball Federation (AGF)

亚洲排球联合会 Asian Volleyball Confederation (AVC)

亚洲皮划艇联合会 Asian Canoe Confederation (ACC)

亚洲乒乓球联盟 Asian Table Tennis Union (ATTU)

亚洲曲棍球联合会 Asian Hockey Federation (AHF)

亚洲拳击联合会 Federation of Asian Boxing (FAB)

亚洲柔道联合会 Judo Union of Asia (JUA)

亚洲软式网球联合会 Asian Soft-Tennis Federation (ASTF)

亚洲赛艇联合会 Asian Rowing Federation (ARF)

亚洲射击联合会 Asian Shooting Confederation (ASC)

亚洲射箭联合会 Asian Archery Federation (AAF)

亚洲手球联合会 Asian Handball Federation (AHF)

亚洲摔跤委员会 Asian Associated Wrestling Committee (AAWC)

亚洲水下运动联合会 Asian Underwater Sports Federation (AUSF)

亚洲、太平洋和大洋洲体育总会 Asia, Pacific and Oceania Sports Assembly (APOSA)

亚洲体操联盟 Asian Gymnastic Union (AGU)

亚洲体育记者联盟 Asian Sports Press Union (ASPU)

亚洲、大洋洲跳伞联合会 Asiania Parachute Federation (APF)

亚洲铁人三项联合会 Asian Triathlon Confederation (ATC)

亚洲网球联合会 Asian Tennis Federation (ATF)

亚洲武术联合会 Wushu Federation of Asia (WFA)

亚洲现代五项和冬季两项联合会 Asian Modern Pentathlon & Biathlon Federation (AMPBF)

亚洲（中国）象棋联合会 Asian Xiangqi Federation (AXF)

亚洲学校足球联合会 Asian School Football Federation (ASFF)

亚洲田径联合会 Asian Athletics Association (AAA)

亚洲业余游泳联合会 Asian Amateur Swimming Federation (AASF)

亚洲羽毛球联合会 Asian Badminton Confederation (ABC)

亚洲运动会联合会 Asian Games Federation (AGF)

亚洲自行车联合会 Asian Cycling Confederation (ACC)

亚洲足球联合会 Asian Football Confederation (AFC)

远东桥牌联合会 Far East Bridge Federation (FEBF)

远东亚射击联合会 Far Eastern Asia Shooting Confederation (FEASC)

附录5 Appendix 5
中国体育组织 Chinese Sports Organizations

中华人民共和国国家体育总局 General Administration of Sport of the People's Republic of China

办公厅 General Office

群众体育司 Sport for All Department

竞技体育司 Competition and Training Department

体育经济司 Finance Department

政策法规司 Policy and Regulation Department

人事司 Personnel Department

对外联络司 External Affairs Department

科教司 Science and Education Department

宣传司 Press and Publicity Department

中国奥林匹克委员会 Chinese Olympic Committee (COC)

中华全国体育总会 All-China Sports Federation (ACSF)

国家体育总局体育科学研究所 China Institute of Sport Science (CISS)

国家体育总局运动医学研究所 National Research Institute of Sports Medicine (NRISM)

体育信息中心 Sports Information Center

中国体育报业总社 China Sports Publications Corporation

文史工作委员会 Sports History Working Committee

体育器材装备中心 Sports Equipment Administrative Center

体育彩票管理中心 Sports Lottery Administrative Center

人力资源开发中心 Human Resources Development Center

对外体育交流中心 International Sports Exchange Center

训练局 Beijing National Sports Training Center

奥体中心 National Olympic Sports Complex

中华全国体育基金会 All-China Spots Foundation

残疾人奥林匹克运动管理中心 Paralympic Sports Administrative Center

登山运动管理中心 Mountaineering Administrative Center

冬季运动管理中心 Winter Sports Administrative Center

航空无线电模型运动管理中心 Aeronautics, Radio, Orienteering and Model Sports Administrative Center

健身气功管理中心 Health Qigong Administrative Center

篮球运动管理中心 Basketball Administrative Center

排球运动管理中心 Volleyball Administrative Center

乒乓球羽毛球运动管理中心 Table Tennis and Badminton Administrative Center

棋牌运动管理中心 Board and Card Games Administrative Center

汽车摩托车运动管理中心 Automobile

and Motorcycling Administrative Center

社会体育指导中心 Leisure Sports Administrative Center

射击射箭运动管理中心 Shooting and Archery Administrative Center

水上运动管理中心 Water Sports Administrative Center

体操运动管理中心 Gymnastics Administrative Center

田径运动管理中心 Athletics Administrative Center

网球运动管理中心 Tennis Administrative Center

武术运动管理中心 Wushu Administrative Center

小球运动管理中心 Multi-Ball Games Administrative Center

游泳运动管理中心 Swimming Administrative Center

重竞技运动管理中心 Weightlifting and Combat Sports Administrative Center

自行车击剑运动管理中心 Cycling and Fencing Administrative Center

足球运动管理中心 Football Administrative Center

注：以上单位名称可根据情况在后面加上 "of the General Administration of Sport" 或 "General Administration of Sport" 以及国名；也可在前面加 "China" 或 "Chinese"。

中国棒球协会 Chinese Baseball Association

中国保龄球协会 Chinese Bowling Association

中国冰球协会 Chinese Ice Hockey Association

中国残奥会 China Paralympic Committee

中国车辆模型运动协会 Chinese Model Vehicle Sport Association

中国大学生体育协会 Chinese Federation of University Sports

中国登山协会 Chinese Mountaineering Association

中国地掷球协会 Chinese Bocce Association

中国钓鱼协会 Chinese Angling Association

中国定向运动协会 Chinese Orienteering Association

中国帆船帆板协会 Chinese Sailing Association

中国风筝协会 Chinese Kite Association

中国高尔夫球协会 Chinese Golf Association

中国国际象棋协会 Chinese Chess Association

中国航海模型运动协会 Chinese Marine Model Sport Association

中国航海运动协会 Chinese Marine Sports Association

中国航空模型运动协会 Chinese Model Aeroplane Sport Association

中国航空运动协会 Air Sports Federation of China

中国滑冰协会 Chinese Skating Association

中国滑水协会 Chinese Water Skiing Association

中国滑雪协会 Chinese Skiing Association

中国击剑协会 Chinese Fencing Association

中国极限运动协会　China Extreme Sports Association
中国技巧协会　Chinese Sports Acrobatics Association
中国健美操协会　Chinese Sports Aerobics Association
中国健美协会　Chinese Bodybuilding Association
中国毽球协会　Chinese Shuttlecock Association
中国举重协会　Chinese Weightlifting Association
中国篮球协会　Chinese Basketball Association
中国老年人体育协会　Chinese Sports Association for Senior Citizens
中国垒球协会　Chinese Softball Association
中国龙狮运动协会　Chinese Dragon and Lion Dances Association
中国龙舟协会　Chinese Dragonboat Association
中国聋奥会　China Deaflympic Committee
中国轮滑协会　Chinese Roller-Skating Association
中国马术协会　Chinese Equestrian Association
中国门球协会　Chinese Gateball Association
中国摩托艇运动协会　Chinese Motorboating Association
中国摩托运动协会　Chinese Motor Sports Association
中国农民体育协会　Chinese Farmers' Sports Association
中国排球协会　Chinese Volleyball Association
中国皮划艇协会　Chinese Canoe Association
中国乒乓球协会　Chinese Table Tennis Association
中国汽车运动协会　Chinese Automobile Federation
中国桥牌协会　Chinese Bridge Association
中国曲棍球协会　Chinese Hockey Association
中国拳击协会　Chinese Boxing Association
中国柔道协会　Chinese Judo Association
中国软式网球协会　Chinese Soft Tennis Association
中国赛艇运动协会　Chinese Rowing Association
中国少数民族体育协会　Chinese Ethnic Sports Association
中国射击协会　Chinese Shooting Association
中国射箭协会　Chinese Archery Association
中国手球协会　Chinese Handball Association
中国摔跤协会　Chinese Wrestling Association
中国水下运动协会　Chinese Underwater Sports Association
中国台球协会　Chinese Billiards Association
中国跆拳道协会　Chinese Taekwondo Association
中国特奥会　Special Olympics China
中国藤球协会　Chinese Sepaktakraw Association
中国体操协会　Chinese Gymnastics Association
中国体育集邮协会　Chinese Sports

Philately Association

中国体育记者协会 Chinese Sports Press Association

中国体育科学学会 China Sports Science Society

中国体育用品联合会 Chinese Sporting Goods Federation

中国田径协会 Chinese Athletics Association

中国铁人三项运动协会 Chinese Triathlon Association

中国网球协会 Chinese Tennis Association

中国围棋协会 Chinese Weiqi Association

中国无线电运动协会 Chinese Radio Sports Association

中国武术协会 Chinese Wushu Association

中国武术研究院 Chinese Wushu Research Institute

中国现代五项和冬季两项运动协会 Chinese Association of Modern Pentathlon and Biathlon

中国象棋协会 Chinese Xiangqi Association

中国信鸽协会 Chinese Homing Pigeon Association

中国雪车雪橇协会 Chinese Bobsleigh and Tobogganing Association

中国游泳协会 Chinese Swimming Association

中国羽毛球协会 Chinese Badminton Association

中国中学生体育协会 Chinese School Sports Association

中国自行车协会 Chinese Cycling Association

中国足球协会 Chinese Football Association

中华全国总工会体育部 Sports Department of the All-China Federation of Trade Unions

中国兵器工业体育协会 China Ordnance Industry Sports Association

中国船舶工业总公司体育协会 China State Shipbuilding Corporation Sports Association

中国地质体育协会 Chinese Geology Sports Association

中国电力体育协会 Chinese Electric Power Sports Association

中国电子体育协会 Chinese Electronic Industry Sports Association

中国航空体育协会 Chines Aeronautical Industry Sports Association

中国航天体育协会 Chinese Space Industry Sports Association

中国化工体育协会 Chinese Chemical Industry Sports Association

中国火车头体育协会 Chinese Locomotive Sports Association

中国机械体育协会 Chinese Machine-Building Industry Sports Association

中国建设体育协会 Chinese Construction Sports Association

中国建筑工程总公司体育运动协会 China State Construction Engineering Corporation Sports Association

中国科学院体育协会 Chinese Academy of Sciences Sports Association

中国林业体育协会 Chinese Forestry Sports Association

中国煤矿体育协会 Chinese Coal Industry Sports Association

中国汽车工业体育协会 Chinese Auto Industry Sports Association

中国前卫体育协会 Chinese Vanguard Sports Association

中国石油化工总公司体育总会 China State Petroleum & Chemical corporation Sports Association

中国石油体育协会 Chinese Petroleum Industry Sports Association

中国水利体育协会 Chinese Water Conservancy Sports Association

中国冶金体育协会 Chinese Metallurgical Industry Sports Association

中国银鹰体育协会 Chinese Silvery Eagle Sports Association

中国邮电体育协会 Chinese Posts & Telecommunications Sports Association

附录6　Appendix 6
北京奥运会组委会各部门　BOCOG Departments

秘书行政部　General Office
总体策划部　Project Management Department
国际联络部　International Relations Department
体育部　Sport Department
新闻宣传部　Media & Communications Department
工程部　Venue Planning & Construction Department
环境活动部　Environment Department
市场开发部　Marketing Department
技术部　Technology Department
法律事务部　Legal Affairs Department
运动会服务部　Games Services Department
监察审计部　Audit & Supervision Department
人事部　Human Resources Department
财务部　Finance Department
文化活动部　Culture & Ceremonies Department
安保部　Public Security Department
医疗卫生部　Medical & Health Department
信息中心　Information Center

第29届奥运会组委会帆船委员会（青岛）内设机构
29th Olympiad Organizing Committee Sailing Sub-committee Departments (Qingdao)

综合部　Synthesis Department
宣传部　Promotion Department
人事培训部　Human Resources Training Department
竞赛部　Competition Department
工程与环保部　Project & Environmental Protection Department
运动会服务部　Games Services Department

附录 7 Appendix 7

北京奥运会比赛场地 Competition Sites for the Beijing Olympic Games

奥林匹克公园中心区 Olympic Green Central Area

国家体育场 National Stadium

国家体育馆 National Indoor Stadium

国家游泳中心 National Swimming Center

中国国际展览中心展馆 A CIEC (China International Exhibition Center) Hall A

中国国际展览中心展馆 B CIEC Hall B

中国国际展览中心展馆 C CIEC Hall C

中国国际展览中心展馆 D CIEC Hall D

奥林匹克公园射箭场 Olympic Green Archery Field

国家网球中心 National Tennis Center

国家曲棍球场 National Hockey Stadium

奥体中心体育场 Olympic Sports Center Stadium

奥体中心体育馆 Olympic Sports Center Gymnasium

奥体中心垒球场 Olympic Sports Center Softball Field

英东游泳馆 Ying Tung Natatorium

西部社区 Western Community Area

北京射击场（飞碟靶场） Beijing Shooting Range (Clay Target Field)

北京射击场（射击馆） Beijing Shooting Range (Hall)

老山自行车馆 Laoshan Velodrome

老山山地车场 Laoshan Mountain Bike Course

城区公路赛场 Urban Road Cycling Course

五棵松体育馆 Wukesong Indoor Stadium

五棵松棒球场 Wukesong Baseball Field

丰台棒球场 Fengtai Baseball Field

北部风景旅游区 North Scenic Area

顺义奥林匹克水上公园 Shunyi Olympic Aquatic Park

北京乡村赛马场 Beijing Country Equestrian Park

大学区 University Area

首体院体育馆 Shoutiyuan Sports Hall

北航体育馆 Beihang Gymnasium

北体大体育馆 Beitida Sports Hall

首都体育馆 Capital Indoor Stadium

其它 Miscellaneous

工人体育场 Workers' Stadium

工人体育馆 Workers' Indoor Arena

朝阳公园沙滩排球场 Beach Volleyball Ground in Chaoyang Park

十三陵水库铁人三项赛场 Triathlon Venue on the Ming Tombs Reservoir

其它城市 Sites in Other Cities

青岛国际帆船中心 Qingdao International Marina

天津体育场 Tianjin Stadium

秦皇岛体育场 Qinhuangdao Stadium

沈阳五里河体育场 Shenyang Wulihe Stadium

上海体育场 Shanghai Stadium

附录8　Appendix 8
2004 年夏季奥运会竞赛项目
Sports on the Program of the 2004 Olympic Games

（大项按汉语拼音字母次序排列）

棒球　Baseball

8 个队参赛　8-team tournament

帆船　Sailing

男子　Men

帆板米斯特拉级　Windsurfer (Mistral one design)

帆船470级　Double-handed dinghy (470)

帆船荷兰人级　Single-handed dinghy (Finn)

帆船星级　Keelboat (Star)

女子　Women

帆板米斯特拉级　Windsurfer (Mistral one design)

帆船470级　Double-handed dinghy (470)

帆船荷兰人级　Single-handed dinghy (Finn)

帆船欧洲级　Single-handed dinghy (Europe)

帆船英灵级　Keelboat (Yngling)

男女混合　Mixed

帆船托纳多级　Multihull (Tornado)

帆船 49 人级　Double-handed dinghy (49er)

帆船激光级　Single-handed dinghy (Laser)

击剑　Fencing

男子　Men

个人花剑　Foil, individual

个人重剑　Epée, individual

个人佩剑　Saber, individual

团体花剑　Foil, teams

团体重剑　Epée, teams

团体佩剑　Saber, teams

女子　Women

个人花剑　Foil, individual

个人重剑　Epée, individual

个人佩剑　Saber, individual

团体重剑　Epée, teams

举重 Weightlifting

男子 Men

56 公斤级 up to 56kg
62 公斤级 up to 62kg
69 公斤级 up to 69kg
77 公斤级 up to 77kg
85 公斤级 up to 85kg
94 公斤级 up to 94kg
105 公斤级 up to 105kg
105 公斤以上级 over 105kg

女子 Women

48 公斤级 up to 48kg
53 公斤级 up to 53kg
58 公斤级 up to 58kg
63 公斤级 up to 63kg
69 公斤级 up to 69kg
75 公斤级 up to 75kg
75 公斤以上级 over 75kg

篮球 Basketball

男子 Men

12 个队参赛 12-team tournament

女子 Women

12 个队参赛 12-team tournament

垒球 Softball

8 个队参赛 8-team tournament

马术 Equestrian

障碍赛 Jumping

男女混合 Mixed

团体赛 team competition
个人赛 individual competition

盛装舞步 Dressage

男女混合 Mixed

团体赛 team competition
个人赛 individual competition

3 日赛 Eventing

男女混合 Mixed

团体赛 team competition
个人赛 individual competition

排球 Volleyball

室内 Indoor

男子 Men

12 个队参赛 12-team tournament

女子 Women

12 个队参赛 12-team tournament

沙滩 Beach

男子 Men

24 对 24 pairs

女子 Women

24 对 24 pairs

皮划艇 Canoe-Kayak

静水 Flatwater

男子 Men

单人划艇 500 米 K-1 500m
单人划艇 1000 米 K-1 1000m
双人划艇 500 米 K-2 500m
双人划艇 1000 米 K-2 1000m
四人划艇 1000 米 K-4 1000m
单人皮艇 500 米 C-1 500m
单人皮艇 1000 米 C-1 1000m
双人皮艇 500 米 C-2 500m
双人皮艇 1000 米 C-2 1000m

女子 Women

单人划艇 500 米 K-1 500m
双人划艇 500 米 K-2 500m
四人划艇 500 米 K-4 500m

激流回旋 Slalom

男子 Men

单人划艇 K-1 kayak single
单人皮艇 C-1 kayak single
双人皮艇 C-2 canoe double

女子 Women

单人划艇 K-1 kayak single

乒乓球 Table Tennis

男子 Men

单打 Singles
双打 Doubles

女子 Women

单打 Singles
双打 Doubles

曲棍球 Hockey

男子 Men

12 个队参赛 12-team tournament

女子 Women

12 个队参赛 12-team tournament

拳击 Boxing

男子 Men

48 公斤级 up to 48kg (Light Fly)
48-51 公斤级 48 to 51kg (Fly)
51-54 公斤级 51 to 54kg (Bantam)
54-57 公斤级 54 to 57kg (Feather)
57-60 公斤级 57 to 60kg (Light)
60-64 公斤级 60 to 64kg (Light Welter)
64-69 公斤级 64 to 69kg (Welter)
69-75 公斤级 69 to 75kg (Middle)
75-81 公斤级 75 to 81kg (Light Heavy)
81-91 公斤级 81 to 91kg (Heavy)
91公斤以上级 over 91 kg (Super Heavy)

柔道 Judo

男子 Men

60 公斤级 up to 60kg
60-66 公斤级 60 to 66kg
66-73 公斤级 66 to 73kg
73-81 公斤级 73 to 81kg
81-90 公斤级 81 to 90kg
90-100 公斤级 90 to 100kg
100 公斤以上级 over 100kg

女子 Women

48 公斤级 up to 48kg
48-52 公斤级 48 to 52kg
52-57 公斤级 52 to 57kg
57-63 公斤级 57 to 63kg
63-70 公斤级 63 to 70kg
70-78 公斤级 70 to 78kg
78 公斤以上级 over 78kg

赛艇 Rowing

男子 Men

单人双浆 Single Sculls
双人单浆无舵手 Pairs
双人双浆 Double Sculls
四人单浆无舵手 Fours
四人双浆 Quadruple Sculls
八人单浆有舵手 Eights
双人双浆轻量级 Double Sculls (lightweight)
四人单浆无舵手轻量级 Fours (lightweight)

女子 Women

单人双浆 Single Sculls
双人单浆无舵手 Pairs

双人双浆 Double Sculls
四人双浆 Quadruple Sculls
八人单浆有舵手轻量级 Eights (lightweight)
双人双桨轻量级 Double Sculls (lightweight)

射击 Shooting

步枪 Rifle

男子 Men

50 米小口径运动步枪 50m Prone
50 米三种姿势 50m 3 Positions
10 米气步枪 **10m Air Rifle**

女子 Women

50 米三种姿势 50m 3 Positions
10 米气步枪 10m Air Rifle

手枪 Pistol

男子 Men

50 米运动手枪 50m Pistol
25 米手枪速射 25m Rapid Fire Pistol
10 米气手枪 10m Air Pistol

女子 Women

25 米运动手枪 25m Pistol
10 米气手枪 10m Air Pistol

移动靶 Running Target

男子 Men

10 米移动靶 10m Running Target

飞碟 Shotgun

男子 Men

飞碟多向 Trap
飞碟双多向 Double Trap
飞碟双向 Skeet

女子 Women

飞碟多向 Trap
飞碟双多向 Double Trap
飞碟双向 Skeet

射箭 Archery

男子 Men

个人赛 individual competition
团体赛 team competition

女子 Women

个人赛 individual competition
团体赛 team competition

手球 Handball

男子 Men

12 个队参赛 12-team tournament

女子 Women

10 个队参赛 10-team tournament

摔跤 Wrestling

自由式 Freestyle

男子 Men

55 公斤级 up to 55kg
55-60 公斤级 55 to 60kg
60-66 公斤级 60 to 66kg
66-74 公斤级 66 to 74kg
74-84 公斤级 74 to 84kg
84-96 公斤级 84 to 96kg
96-120 公斤级 96 to 120kg

女子 Women

48 公斤级 up to 48kg
48-55 公斤级 48 to 55kg
55 – 63 公斤级 55 to 63kg
63 – 72 公斤级 63 to 72kg

古典式 Greco-Roman

男子 Men

55 公斤级 up to 55kg
55-60 公斤级 55 to 60kg
60-66 公斤级 60 to 66kg
66-74 公斤级 66 to 74kg
74-84 公斤级 74 to 84kg
84-96 公斤级 84 to 96kg
96-120 公斤级 96 to 120kg

水上运动 Aquatics

（亦称游泳大项，下设游泳、跳水等 4 个分项）

游泳 Swimming

男子 Men

50 米自由泳 50m freestyle
100 米自由泳 100m freestyle
200 米自由泳 200m freestyle
400 米自由泳 400m freestyle
1500 米自由泳 1500m freestyle
100 米仰泳 100m backstroke
200 米仰泳 200m backstroke
100 米蛙泳 100m breaststroke
200 米蛙泳 200m breaststroke
100 米蝶泳 100m butterfly
200 米蝶泳 200m butterfly
200 米个人混合泳 200m individual medley
400 米个人混合泳 400m individual medley
4x100 米自由泳接力 4x100m freestyle relay
4x200 米自由泳接力 4x200m freestyle relay
4x100 米混合泳接力 4x100m medley relay

女子 Women

50 米自由泳 50m freestyle
100 米自由泳 100m freestyle
200 米自由泳 200m freestyle
400 米自由泳 400m freestyle
800 米自由泳 800m freestyle
100 米仰泳 100m backstroke
200 米仰泳 200m backstroke
100 米蛙泳 100m breaststroke
200 米蛙泳 200m breaststroke
100 米蝶泳 100m butterfly

200 米蝶泳 200m butterfly
200 米个人混合泳 200m individual medley
400 米个人混合泳 400m individual medley
4x100 米自由泳接力 4x100m freestyle relay
4x200 米自由泳接力 4x200m freestyle relay
4x100 米混合泳接力 4x100m medley relay

跳水 Diving

男子 Men

个人跳板 Individual Springboard
个人跳台 Individual Platform
双人跳板 Synchronized Springboard
双人跳台 Synchronized Platform

女子 Women

个人跳板 Individual Springboard
个人跳台 Individual Platform
双人跳板 Synchronized Springboard
双人跳台 Synchronized Platform

水球 Water Polo

男子 Men

12 个队参赛 12-team tournament

女子 Women

8 个队参赛 8-team tournament

花样游泳 Synchronized Swimming

女子 Women

双人赛 Duet Competition
团体赛 Team Competition

跆拳道 Taekwondo

男子 Men

58 公斤以下级 under 58kg
68 公斤以下级 under 68kg
80 公斤以下级 under 80kg
80 公斤以上级 over 80kg

女子 Women

49 公斤以下级 under 49kg
57 公斤以下级 under 57kg
67 公斤以下级 under 67kg
67 公斤以上级 over 67kg

体操 Gymnastics

(参见 143 页注)

竞技体操 Artistic Gymnastics

男子 Men

团体赛 Team competition
个人全能 Individual competition
自由体操 Floor
鞍马 Pommel horse
吊环 Rings
跳马 Vault
双杠 Parallel bars
单杠 Horizontal bar

女子 Women

团体赛 Team competition

个人全能 Individual competition
跳马 Vault
高低杠 Uneven bars
平衡木 Balance beam
自由体操 Floor

韵律体操 Rhythmic Gymnastics

女子 Women

个人赛 Individual competition

团体赛 Team competition

蹦床 Trampoline

男子 Men

个人赛 Individual event

女子 Women

个人赛 Individual event

田径 Athletics

径赛项目 Track Events

男子 Men

100 米 100m
200 米 200m
400 米 400m
800 米 800m
1500 米 1500m
5000 米 5000m
10000 米 10000m
110 米跨栏跑 110m hurdles
400 米跨栏跑 400m hurdles
3000 米障碍 3000m steeplechase
4x100 米接力 4x100m relay
4x400 米接力 4x400m relay

女子 Women

100 米 100m
200 米 200m
400 米 400m
800 米 800m
1500 米 1500m
5000 米 5000m
10000 米 10000m
100 米跨栏跑 100m hurdles
400 米跨栏跑 400m hurdles
4x100 米接力 4x100m relay
4x400 米接力 4x400m relay

田赛项目 Field Events

男子 Men

跳高 High jump
撑竿跳高 Pole vault
跳远 Long jump
三级跳远 Triple jump
铅球 Shot put
铁饼 Discus throw
链球 Hammer throw
标枪 Javelin throw

女子 Women

跳高 High jump
撑竿跳高 Pole vault
跳远 Long jump
三级跳远 Triple jump
铅球 Shot put
铁饼 Discus throw
链球 Hammer throw
标枪 Javelin throw

综合性项目 Combined Events

男子 Men

十项全能 Decathlon

女子 Women

七项全能 Heptathlon

公路项目 Road Events

男子 Men

20 公里公路竞走 20km road walk
50 公里公路竞走 50km road walk
马拉松 Marathon

女子 Women

20 公里公路竞走 20km road walk
马拉松 Marathon

网球 Tennis

男子 Men

单打 Singles
双打 Doubles

女子 Women

单打 Singles
双打 Doubles

铁人三项 Triathlon

男子 Men

个人赛 Individual competition

女子 Women

个人赛 Individual competition

现代五项 Modern Pentathlon

男子 Men

个人赛 Individual competition

女子 Women

个人赛 Individual competition

羽毛球 Badminton

男子 Men

单打 Singles
双打 Doubles

女子 Women

单打 Singles
双打 Doubles

男女混合 Mixed

混合双打 Mixed Doubles

自行车 Cycling

场地 Track

男子 Men

1 公里计时赛 1km time trial
个人争先赛 Sprint
个人追逐赛 Individual pursuit
计分赛 Points race
凯林赛 Keirin
团体争先赛 Team Sprint
团体追逐赛 Team Pursuit
麦迪逊赛 Madison

女子 Women

500 米计时赛 500m time trial
个人争先赛 Sprint
个人追逐赛 Individual pursuit
计分赛 Points race

公路 Road

男子 Men

集体出发赛 Mass start event
计时赛 Time trial event

女子 Women

集体出发赛 Mass start event
计时赛 Time trial event

山地自行车 Mountain Bike

男子 Men

越野赛 Cross-country

女子 Women

越野赛 Cross-country

足球 Football

男子 Men

16 个队参赛 16-team tournament

女子 Women

10 个队参赛 10-team tournament

附录9　Appendix 9
2002 年冬季奥运会竞赛项目
Sports on the Program of the 2002 Olympic Winter Games

（大项按汉语拼音字母次序排列）

北欧两项　Nordic Combined

7.5 公里短距离赛　7.5km sprint
15 公里个人　15km individual
4x5 公里团体接力　4x5km team relay

冰球　Ice Hockey

男子冰球　Men's ice hockey
女子冰球　Women's ice hockey

冰上溜石　Curling

男子冰上溜石　Men's curling
女子冰上溜石　Women's curling

单板滑雪　Snowboarding

男子 U 型池　Men's halfpipe
男子平行式大回转　Men's parallel giant slalom
女子 U 型池　Women's halfpipe
女子平行式大回转　Women's parallel giant slalom

冬季两项　Biathlon

男子 10 公里短距离赛　Men's 10km sprint
男子 12．5 公里追逐赛　Men's 12.5km pursuit
男子 20 公里个人　Men's 20km individual
男子 4x 7.5 公里接力　Men's 4x7.5km relay
女子 7.5 公里短距离赛　Women's 7.5km sprint
女子 10 公里追逐赛　Women's 10km pursuit
女子 15 公里个人　Women's 15km

individual

女子4x7.5公里接力 Women's 4x7.5km relay

短道速度滑冰 Short-Track Speed Skating

男子500米 Men's 500m
男子1000米 Men's 1000m
男子1500米 Men's 1500m
男子5000米接力 Men's 5000m relay

女子500米 Women's 500m
女子1000米 Women's 1000m
女子1500米 Women's 1500m
女子3000接力 Women's 3000m relay

钢架雪橇 Skeleton

男子钢架雪橇 Men's skeleton

女子钢架雪橇 Women's skeleton

高山滑雪 Alpine Skiing

男子速降 Men's downhill
男子回转 Men's slalom
男子大回转 Men's giant slalom
男子超级大回转 Men's super giant slalom (Super-G)
男子速降/回转混合 Men's downhill/slalom combined

女子速降 Women's downhill
女子回转 Women's slalom
女子大回转 Women's giant slalom
女子超级大回转 Women's super giant slalom (Super-G)
女子速降/回转混合 Women's downhill/slalom combined

花样滑冰 Figure Skating

冰上舞蹈 Ice dancing
男子花样滑 Men's figure skating

女子花样滑 Women's figure skating
双人滑 Pairs figure skating

速度滑冰 Speed Skating

男子500米 Men's 500m
男子1000米 Men's 1000m
男子1500米 Men's 1500m
男子5000米 Men's 5000m
男子10000米 Men's 10000m

女子500米 Women's 500m
女子1000米 Women's 1000m
女子1500米 Women's 1500m
女子3000米 Women's 3000m
女子5000米 Women's 5000m

跳台滑雪 Ski Jumping

90 米级个人 K90 individual
120 米级个人 K120 individual
120 米级团体 K120 team

无舵雪橇 Luge

男子单人 Men's singles
女子单人 Women's singles
混合双人 Doubles

有舵雪橇 Bobsleigh

男子双人 Two-man
男子四人 Four-man
女子双人 Two-woman

越野滑雪 Cross-Country Skiing

男子 1.5 公里短距离赛 Men's 1.5km sprint
男子 10 公里自由式混合追逐赛 Men's 10km free pursuit
男子 15 公里传统式 Men's 15km classical
男子 30 公里自由式 Men's 30km free mass start
男子 50 公里传统式 Men's 50km classical
男子 4x10 公里接力 Men's 4x10km relay
女子 1.5 公里短距离赛 Women's 1.5km sprint
女子 5 公里自由式混合追逐赛 Women's 5km free pursuit
女子 10 公里传统式 Women's 10km classical
女子 15 公里自由式 Women's 15km free mass start
女子 30 公里传统式 Women's 30km classical
女子 4x5 公里接力 Women's 4x5km relay

自由式滑雪 Freestyle Skiing

男子雪上技巧 Men's moguls
男子空中技巧 Men's aerials
女子雪上技巧 Women's moguls
女子空中技巧 Women's aerials

汉 英 索 引

A

B

B

B

B

C

C

D

D

D

D

D

D

D

D

E

F

F

F

F

F

G

G

G

G

H

H

H

H

J

J

J

J

J

K

K

K

L

L

L

L

M

M

M

N

O

P

P

Q

Q

Q

R

R

S

S

S

S

S

S

S

T

T

T

T

W

W

X

X

X

X

Y

Y

Z

Z

Z

Z

Z

Z

Z

西文字母开头的词

英 汉 索 引

A

A

A

B

B

B

B

B

B

B

B

B

C

C

C

C

C

C

D

D

D

D

D

E

E

E

E

F

F

F

F

G

G

G

H

H

H

H

J

J

L

L

M

M

M

M

N

N

N

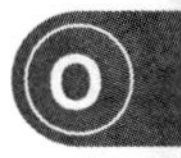

O

O

P

P

P

P

P

P

Q

R

R

R

R

S

S

S

S

S

S

S

S

S

S

S

S

T

T

T

T

T

T

T

U

U

V

W

W

X

Y

Z